Realschule Bayern



# Deutschbuch

## Sprach- und Lesebuch 10

Herausgegeben von
Renate Kroiß und Petra Stich

Erarbeitet von
Dennis Haida (München), Timo Koppitz (Höchberg),
Renate Kroiß (Neumarkt), Ulrike Meier-Robisch (Nürnberg),
Katrin Pfeuffer (Kitzingen), Kerstin Scharwies (Hersbruck),
Petra Stich (Burglengenfeld), Doris Thammer (Vohenstrauß),
Gunder Wießmann (Neumarkt), Stefanie Wolf (Parsberg)
und Anja Zwengauer (Wassertrüdingen)

Unter Beratung von
Hans-Peter Kempf

Cornelsen

Teile einiger Kapitel dieses Bandes wurden erarbeitet auf der Grundlage der Ausgaben von Gertraud Bildl, Daniela Brems, Christian Fritsche, Monika Hochleitner-Prell, Franziska Klingelhöfer, Sonja Wiesiollek; Ina Cattaneo, Julie Chatzistamatiou, Friedrich Dick, Agnes Fulde, Hans-Joachim Gauggel, Verena Jäger, Marianna Lichtenstein, Ruth Malaka, Deborah Mohr, Lisa Nahberger, Gabriele Neie, Toka-Lena Rusnok, Frank Schneider, Anna Ulrike Schütte, Volker Semmler, Mechthild Stüber, Carolin Wemhoff-Weinand.

Redaktion: Annabella Köhrsen, Janina Theresa Brandt

Illustrationen (Cornelsen):
Stefan Bachmann, Wiesbaden: S. 167–168, 177, 179, 190
Carlos Borrell Eiköter, Berlin: S. 188
Heribert Braun, Berlin: S. 8, 123, 125, 127, 133–134, 136, 142
Nils Fliegner, Hamburg: S. 13, 241, 243, 246, 248–249, 251–252, 262, 265, 269
Kathrin Frank, Regensburg: S. 272–277, 279–280
Marie Geißler, Berlin: S. 153, 156–157, 161
Sylvia Graupner, Annaberg: S. 7, 95, 99–102, 104–105, 108–110, 112, 118, 120
Jutta Melsheimer, Berlin: S. 73, 79, 88
Christoph Mett, Münster: Vorsatz
Bianca Schaalburg, Berlin: S. 32, 40, 42, 44, 47–48, 50
Ulrike Selders, Köln: S. 16, 21–22, 24, 26, 28–30, 68
Sulu Trüstedt, Berlin: S. 12, 194, 198, 201, 207, 210–211, 215, 219, 223, 226–227, 231–233, 236, 240

Coverfoto: stock.adobe.com/raeva
Umschlaggestaltung und Layoutkonzept: werkstatt für gebrauchsgrafik, Berlin
Technische Umsetzung: Straive

**Begleitmaterialien für Schülerinnen und Schüler zu Deutschbuch Klasse 10**

| | |
|---|---|
| Schulbuch als E-Book | ISBN 978-3-06-067355-1 |
| Arbeitsheft | ISBN 978-3-06-067331-5 |
| Schulaufgabentrainer | ISBN 978-3-06-200210-6 |

**www.cornelsen.de**

Soweit in diesem Lehrwerk Personen fotografisch abgebildet sind und ihnen von der Redaktion fiktive Namen, Berufe, Dialoge und Ähnliches zugeordnet oder diese Personen in bestimmte Kontexte gesetzt werden, dienen diese Zuordnungen und Darstellungen ausschließlich der Veranschaulichung und dem besseren Verständnis des Inhalts.

Dieses Werk berücksichtigt die Regeln der reformierten Rechtschreibung und Zeichensetzung.
Bei den mit **R** gekennzeichneten Texten haben die Rechteinhaber einer Anpassung widersprochen.

Die mit * markierten Texte wurden aus didaktischen Gründen gekürzt und/oder verändert.

1. Auflage, 2. Druck 2022

Alle Drucke dieser Auflage sind inhaltlich unverändert und können im Unterricht nebeneinander verwendet werden.



Druck: Mohn Media Mohndruck, Gütersloh

ISBN 978-3-06-067349-0

PEFC
PEFC/04-31-1033

PEFC zertifiziert
Dieses Produkt stammt aus nachhaltig bewirtschafteten Wäldern und kontrollierten Quellen.

www.pefc.de

# Euer Deutschbuch auf einen Blick

Das Buch ist in **vier Kompetenzbereiche** aufgeteilt.
Ihr erkennt sie an den Farben:

**Sprechen, zuhören und schreiben**
**Mit Texten und Medien umgehen**
**Über Sprache nachdenken**
**Arbeitstechniken und Methoden**

Jedes **Kapitel** besteht aus **drei Teilen:**

**1 Hauptkompetenzbereich**
Hier wird das Thema des Kapitels erarbeitet, z. B. in Kapitel 1, „Ob privat oder im Beruf – Angemessen kommunizieren".

1.1 Mündliche Gesprächsformen – Alltagssituationen sprachlich meistern

**2 Verknüpfung mit einem zweiten Kompetenzbereich**
Das Kapitelthema wird mit einem anderen Kompetenzbereich verbunden und vertiefend geübt, z. B.:

1.2 Harmonie oder Disharmonie – Kommunikation analysieren

**3 Fit in ...?, Projekt oder Vertiefung**
Hier überprüft ihr das Gelernte anhand einer Beispielschulaufgabe und einer Checkliste oder ihr erhaltet Anregungen für ein Projekt, z. B.:

1.3 Projekt: Kommunikationstraining – „Hosentaschen-Knigge" für Kommunikation

Das **Grundwissen** findet ihr in den blauen Kästen mit der Bezeichnung **Wissen und Können**.

Folgende **Kennzeichnungen** werdet ihr im Buch entdecken:

- ●○○ Diese Aufgaben geben euch Starthilfen.
- ●●● Diese Aufgaben verlangen, dass ihr sie möglichst selbstständig bearbeitet.
- 3 Zusatzaufgabe
- Partnerarbeit
- Gruppenarbeit
- Rollenspiel
- Diese Texte könnt ihr euch anhören.
- ► S. 235 f. Auf der angegebenen Seite könnt ihr weitere Informationen nachschlagen.

Am Ende des Buches findet ihr den **Nachschlageteil** mit dem gesamten Grundwissen (► S. 281–321), dem Textartenverzeichnis (► S. 322), dem Autoren-, Text- und Bildquellenverzeichnis (► S. 323 –325) sowie dem Sachregister (► S. 326–328).

# Inhaltsverzeichnis

Kompetenzschwerpunkt
- ziehen mit Hilfe der aus Texten gewonnenen Informationen begründete Schlussfolgerungen.
- bereiten Diskussionen und Debatten vor, führen sie durch; Diskussionsregeln und unterschiedliche Argumentationsstrategien wenden sie dabei sicher an.
- werten das eigene Diskussionsverhalten und das anderer aus.
- setzen unterschiedliche Medien für den eigenen Lernprozess ein und nutzen sie für kooperative Lernformen. Sie reflektieren ihre eigene Mediennutzung.

Sprechen, zuhören und schreiben



Kompetenzschwerpunkt

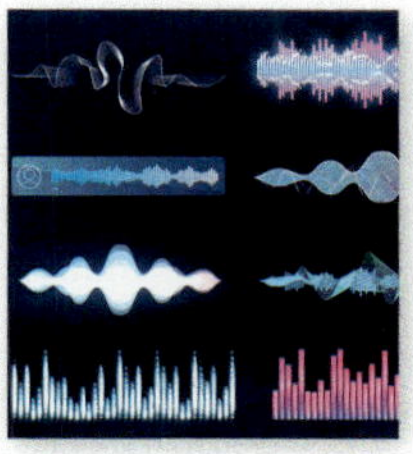



Die Schülerinnen und Schüler ...
- präsentieren Themen, Texte und Projektergebnisse, gestalten sie inhaltlich und sprachlich bewusst, binden geeignete Medien ein und visualisieren wichtige Aspekte.
- verwenden geeignete Informationsquellen.
- lesen effizient, indem sie die angemessene Lesestrategie einsetzen.
- exzerpieren selbstständig aus umfangreichen Text- und Materialgrundlagen und nutzen zweckmäßige Textbelege.
- bewerten komplexere zusammenhängende Gesprächsbeiträge anderer und nutzen sie z. B. für Protokolle.
- erfassen wesentliche Aussagen gesprochener pragmatischer Texte.
- leisten längere argumentative und appellative Redebeiträge.

# 4 Umgang mit Gewalt – Materialgestützt argumentieren 69

Die Schülerinnen und Schüler ...

- lesen effizient, indem sie die dem jeweiligen Text und der Leseabsicht angemessene Lesestrategie einsetzen, um Texte zu verstehen, zu reflektieren, kritisch zu beurteilen und in einen größeren Zusammenhang einordnen zu können.
- entnehmen auch anspruchsvolleren kontinuierlichen und diskontinuierlichen Texten Informationen, vergleichen und prüfen sie und nutzen sie zur argumentativen Unterstützung und zur Verdeutlichung ihrer Haltungen und Aussagen in eigenen Texten.
- ziehen mit Hilfe der aus Texten gewonnenen Informationen begründete Schlussfolgerungen, vergleichen diese mit ihrer eigenen Position und bewerten sie.
- gestalten argumentative Texte selbstständig unter Berücksichtigung formaler Vorgaben.
- wenden unterschiedliche Formen schriftlicher Darstellung (Argumentieren) routiniert und selbstständig an. Ihre Texte strukturieren und gliedern sie dem jeweiligen Schreibauftrag angemessen.
- setzen sich mit Hilfe vorgegebener Materialien argumentativ mit Problemstellungen auseinander bzw. nehmen begründet zu Aussagen eines Textes Stellung oder entwerfen Gegenargumente, um Sachverhalte differenziert zu beleuchten.
- wenden geeignete Korrekturstrategien gezielt an, um Inhalt, Aufbau und Sprache ihrer eigenen Texte zu verbessern.

# 5 Gesagtes, Gemeintes, Gedachtes – Literarische Kurzformen erschließen 95

Die Schülerinnen und Schüler ...

- erfassen wesentliche Aussagen anspruchsvoller literarischer Texte.
- entnehmen literarischen Texten Informationen, stellen Zusammenhänge zwischen Texten unterschiedlicher Art her.
- unterscheiden ein breites Spektrum an literarischen Texten, indem sie deren Merkmale zur Interpretation nutzen.
- beschreiben unter Verwendung von Fachbegriffen wesentliche Elemente von Texten.
- erschließen Texte inhaltlich, formal und strukturell mit Hilfe geeigneter Verfahrensweisen und interpretieren sie; unter Verwendung von Fachbegriffen stellen sie Zusammenhänge (zwischen Aufbau, Inhalt, Wirkung, Absicht) dar.
- wenden unterschiedliche Formen schriftlicher Darstellung routiniert an, um Schreibintentionen sicher im entsprechenden Format umzusetzen. Ihre Texte strukturieren und gliedern sie dem Schreibauftrag angemessen.
- erschließen selbstständig den Inhalt, die Textfunktion bzw. Textsorte und weitere Besonderheiten literarischer Texte.
- nehmen begründet zu Aussagen eines Textes Stellung.
- wenden produktive Methoden zur Erschließung von Texten an, um zu einem vertieften Textverständnis zu gelangen und mit Hilfe gewonnener Erkenntnisse eigenes Handeln zu reflektieren.
- wenden geeignete Korrekturstrategien gezielt an, um Inhalt, Aufbau und Sprache ihrer eigenen Texte zu verbessern.

Kompetenzschwerpunkt

Die Schülerinnen und Schüler ...

- entnehmen komplexeren literarischen Texten selbstständig Informationen.
- unterscheiden ein breites Spektrum an literarischen Texten, indem sie deren spezifische Merkmale zur Interpretation des Textgehalts nutzen.
- erschließen den Inhalt, die Textsorte und weitere Besonderheiten literarischer Texte und bringen ihr Textverständnis und ihre Deutung zum Ausdruck, indem sie die Ergebnisse strukturiert darstellen.
- beschreiben unter Verwendung von Fachbegriffen wesentliche Elemente von Texten.
- nutzen Inhalt und/oder Strukturelemente literarischer Vorbilder als Anregung und Vorlage für produktive Schreibformen.
- wenden komplexere produktive Methoden (z. B. innerer Monolog) zur Erschließung von Texten an, um zu einem vertieften Textverständnis zu gelangen.
- nutzen die Möglichkeiten des szenischen Spiels, um literarische Texte künstlerisch umzusetzen, sie zu interpretieren sowie eigene Deutungen darzustellen.
- wenden geeignete Korrekturstrategien gezielt an, um Inhalt, Aufbau und Sprache ihrer eigenen Texte zu verbessern.

Kompetenzschwerpunkt

# 7 Zeit für Lyrik – Gedichte als Spiegel ihrer Zeit 145

Die Schülerinnen und Schüler ...

- erfassen wesentliche Aussagen anspruchsvoller literarischer Texte.
- beschreiben unter Verwendung von Fachbegriffen wesentliche Elemente von Texten sowie Zusammenhänge zwischen Texten, Entstehungszeiten und Autorenbiografien an Beispielen aus der Literatur des 20. und 21. Jahrhunderts.
- beschreiben Merkmale expressionistischer Lyrik an ausgewählten Themenschwerpunkten und setzen sie in Beziehung zu eigenem Erleben sowie zu literarischen Texten der Gegenwart.
- vergleichen interpretierend Mittel und Ziele politischer Lyrik (auch Liedtexte) im historischen Kontext.
- nutzen Inhalt und/oder Strukturelemente literarischer Vorbilder als Anregung und Vorlage für produktive Schreibformen und geben so eigenen kreativen Schreibideen Form und Gehalt.
- tragen Texte sinngestaltend und sprachlich artikuliert (Sprechtempo, Lautstärke, Stimmführung) vor, um ihre eigene Interpretation zum Ausdruck zu bringen.
- präsentieren Themen, Texte und Projektergebnisse, gestalten diese inhaltlich und sprachlich bewusst, binden Medien ein und visualisieren wichtige Aspekte.

# 8 Verbot und Neubeginn – Einblicke in die Literatur des 20. Jahrhunderts 163

Die Schülerinnen und Schüler ...

- entnehmen komplexeren literarischen Texten selbstständig wesentliche Informationen.
- unterscheiden ein breites Spektrum an literarischen Texten, indem sie deren spezifische Merkmale zur Interpretation des Textgehalts nutzen.
- beschreiben unter Verwendung von Fachbegriffen Elemente von Texten sowie Zusammenhänge zwischen Texten, Entstehungszeiten und Autorenbiografien an Beispielen aus der Literatur des 20. Jahrhunderts (u. a. an einem Text eines Literaturnobelpreisträgers).
- wenden produktive Methoden zur Erschließung von Texten an, um zu einem vertieften Textverständnis zu gelangen.
- nutzen die Möglichkeiten des szenischen Spiels, um literarische Texte künstlerisch umzusetzen und sie zu interpretieren.
- bewerten Einsatz und Wirkung medienspezifischer Gestaltungsmittel und reflektieren mediale Darstellungen, indem sie Verfilmungen literarischer Texte mit dem Original selbst vergleichen.
- dokumentieren ihre vielfältigen Leseerfahrungen, darunter mindestens eine Ganzschrift eines bedeutenden Autors des 20. Jahrhunderts in Auszügen oder als Inhaltszusammenfassungen.
- präsentieren Themen, Texte und Projektergebnisse, gestalten diese inhaltlich und sprachlich bewusst.
- wenden Korrekturstrategien gezielt an, um ihre Texte im Hinblick auf Adressatenbezug und Verständlichkeit zu verbessern.

# 9 Was wirklich zählt – Pragmatische Texte erschließen 191

Die Schülerinnen und Schüler ...

- entnehmen komplexeren pragmatischen Texten selbstständig wesentliche Informationen.
- lesen effizient, indem sie die dem jeweiligen Text und der Leseabsicht angemessene Lesestrategie einsetzen.
- erschließen Texte inhaltlich, formal und strukturell mit Hilfe geeigneter Verfahrensweisen.
- unterscheiden journalistische Textsorten anhand ihrer Merkmale, geben den Inhalt wieder und beschreiben den Zusammenhang zwischen formalen bzw. sprachlichen Merkmalen und der Textintention.
- unterscheiden Textfunktionen, indem sie sachliche Informationen und Meinungen gegenüberstellen und bewerten.
- ziehen mit Hilfe der aus Texten gewonnenen Informationen begründete Schlussfolgerungen, vergleichen diese mit ihrer eigenen Position und bewerten sie.
- erschließen selbstständig den Inhalt, die vorherrschende Textsorte und weitere Besonderheiten pragmatischer Texte.
- gestalten argumentative Texte unter Berücksichtigung formaler Vorgaben.
- wenden unterschiedliche Formen schriftlicher Darstellung (Erzählen, Argumentieren) routiniert an, um Schreibintentionen sicher umzusetzen.
- wenden Korrekturstrategien gezielt an, um ihre Texte zu verbessern.

# 10 Erziehen und erzogen werden – Glossen lesen und verstehen 217

Die Schülerinnen und Schüler ...

- erfassen wesentliche Aussagen gesprochener pragmatischer Texte.
- unterscheiden journalistische Textsorten anhand ihrer spezifischen Merkmale, geben den Inhalt wieder und beschreiben den Zusammenhang zwischen formalen bzw. sprachlichen Merkmalen und der Textintention.
- erschließen selbstständig den Inhalt, die vorherrschende Textsorte und weitere Besonderheiten pragmatischer Texte und bringen ihr Textverständnis und ihre Deutung zum Ausdruck.
- wenden unterschiedliche Formen schriftlicher Darstellung (Erzählen, Argumentieren) routiniert an, um verschiedene Schreibintentionen sicher umzusetzen.
- bringen Anliegen, Vorschläge, Meinungen und Wertungen in argumentativen Schreibformen vor und nutzen textsortentypische sprachliche Mittel gezielt zur Steigerung ihrer Überzeugungskraft.
- wenden geeignete Korrekturstrategien gezielt an, um Inhalt, Aufbau und Sprache ihrer eigenen Texte zu verbessern.

Kompetenzschwerpunkt

# 11 Grammatik und Rechtschreibung – Texte überarbeiten 241

Die Schülerinnen und Schüler ...

- nutzen Regeln, Strategien sowie die Einsicht in eigene Fehlerschwerpunkte, um Texte orthografisch und grammatikalisch richtig zu verfassen.
- wenden geeignete Korrekturstrategien an, um Inhalt, Aufbau und Sprache ihrer Texte zu verbessern.
- nutzen Nachschlagewerke routiniert, setzen Rechtschreib- und Grammatikfunktionen von Textverarbeitungsprogrammen ein und berücksichtigen deren Grenzen.
- unterscheiden verschiedene Funktionen von Fachsprachen und bewerten deren Nutzen situationsbezogen.
- beschreiben Sprachwandel und Sprachentwicklungen in ihrer spezifischen Funktion.
- beurteilen Wert, soziokulturelle Aufgabe und Verwendungsmöglichkeiten ausgewählter unterschiedlicher Sprachvarietäten.
- nutzen die Mehrsprachigkeit zum Sprachvergleich und zur Einsicht in die Besonderheiten der deutschen Sprache.
- gebrauchen die aus Jahrgangsstufe 9 bekannten sprachlichen Strukturen weitgehend fehlerfrei.
- wenden sprachliche Mittel funktional an und reflektieren Zusammenhänge zwischen sprachlich-stilistischer Gestaltung und Wirkung bzw. Funktion für die Textkohärenz.
- erkennen individuelle Fehlerschwerpunkte, um diese abzubauen und ihre Texte formal richtig zu verfassen.

# 12 Alles klar? – Die Abschlussprüfung vorbereiten 271

Die Schülerinnen und Schüler ...

- geben gewonnene Informationen differenziert wieder.
- kommunizieren zielorientiert und bewusst.
- fassen Gesprächsergebnisse zusammen.
- präsentieren Themen, Texte und Projektergebnisse, gestalten diese inhaltlich und sprachlich bewusst, binden geeignete Medien ein und visualisieren wichtige Aspekte.
- wenden routiniert geeignete Lesetechniken bzw. -strategien an und setzen dabei vielfältige Strukturierungshilfen ein.
- informieren sich und andere mit Hilfe von Fachbegriffen differenziert über Inhalt, Aufbau, Gestaltung und Intention anspruchsvollerer literarischer und pragmatischer Texte.

## Grundlegendes Wissen und Können 281

# 1 Ob privat oder im Beruf – Angemessen kommunizieren

**1** Sprecht über die dargestellten Kommunikationssituationen: In welcher Situation befinden sich die Personen wohl? In welcher Beziehung könnten sie zueinander stehen und worüber könnten sie sprechen?

**2** Tauscht euch darüber aus, was ihr von einer gelungenen Kommunikation im schulischen und beruflichen Bereich erwartet, und sammelt mögliche Gesprächsregeln.

## In diesem Kapitel ...

- übt ihr euch im Small Talk und im aktiven Zuhören,
- analysiert ihr Kommunikations-situationen mit Hilfe eines Kommuni-kationsmodells,
- erarbeitet ihr, wie ihr euch angemessen und höflich ausdrückt.

# 1.1 Mündliche Gesprächsformen – Alltagssituationen sprachlich meistern

## Small Talk privat und beruflich

*Chris hält mit seinem neuen Mitschüler Tobi einen kleinen Plausch:*

**Chris:** Hi, Tobi!
**Tobi:** Hallo!
**Chris:** Wie hat dir denn deine erste Woche in unserer Klasse gefallen?
**Tobi:** War ganz okay, aber es ist alles noch sehr ungewohnt. Sind alle Lehrer so streng?
**Chris:** Nee, eigentlich sind die ganz in Ordnung, nur die vielen Hausaufgaben nerven.
**Tobi:** Stimmt!
**Chris:** An welcher Schule warst du denn vorher?
**Tobi:** Oh, die wirst du sicherlich nicht kennen, das war ganz im Süden von Bayern.
**Chris:** Und jetzt bist du mit deiner Familie hierhergezogen?
**Tobi:** Genau.

**1**
a Lest den Dialog in verteilten Rollen.
b Fasst zusammen, was der Anlass des Gesprächs ist und worum es geht.
c Sammelt Fragen und Themen, die zur Fortsetzung des Gesprächs geeignet wären.

Ihr trefft eine flüchtige Bekannte in der Bahn.

Ihr seid neu in einem Betrieb und geht in die Kantine.

**2**
a Tauscht euch darüber aus, was ihr unter dem Begriff „Small Talk" versteht. Nennt dabei konkrete Situationen, in denen ihr schon einmal ein solches Gespräch geführt habt.
b Betrachtet die auf den Bildern dargestellten Situationen. Wie könnte ein Gespräch geführt werden? Entwickelt einen kurzen Small Talk. Achtet auf sinnvolle Themen.

**3** Ein Experte bezeichnet Small Talk als „Schmierstoff im sozialen Getriebe". Erklärt, was damit gemeint ist.

## Small Talk lernen

von Saskia Weneit

**Keine Angst vor Banalitäten: Small Talk ist ein Eisbrecher für jedes Gespräch. Und darum so wichtig für die Karriere.**

Erst mal ans Büffet, dann ist man beschäftigt. Die Fortbildung ist zwar spannend, aber leider kennt man keinen der anderen Teilnehmer. Und zu welchem Grüppchen soll man sich bloß gleich stellen mit seinem Teller? Und was soll man sagen? Jeder kennt solche oder ähnliche Situationen, in denen Small Talk gefordert ist mit Menschen, die man entweder gar nicht oder nur kaum kennt. „Es ist die größte Angst von allen, dass das Gespräch ungewollt ist und man auf Ablehnung stößt", sagen Ilona Quick und Renate Birkenstock. Seit zehn Jahren beschäftigen sie sich mit dem Thema und arbeiten als Small-Talk-Coaches für Firmen in Berlin. Dabei sei es die Ausnahme, an einen Gesprächsmuffel zu geraten.

„Small Talk ist der Einstieg für ein Verhandlungs- oder Fachgespräch oder einfach, um Kontakte zu knüpfen", sagen sie. Und darum eine wichtige Schlüsselqualifikation für die Karriere. „Ohne Small Talk ist beruflicher Erfolg kaum möglich", schreibt Karriereberaterin Svenja Hofert in ihrem Buch „Karrieretipps für jeden Tag". „No big talk without small talk", ist das Motto von Quick und Birkenstock, also kein wichtiges Gespräch ohne die kleine Plauderei am Anfang. Man müsse es nur üben und ein paar einfache Regeln befolgen – „dann klappt das schon". Jeder kann das lernen und sich so Vorteile im Beruf verschaffen. Laut einer IBM-Studie entscheidet über den Karriereerfolg zu 60 Prozent die Bekanntheit, zu 30 Prozent das Image und nur zu zehn Prozent die Qualifikation. Wer also mit niemandem spricht, wird nicht gesehen – egal, wie gut man ist.

Aber kann man mit einem potenziellen Kunden oder dem Chef tatsächlich über das Wetter reden? Das sei doch viel zu oberflächlich, denken viele und verkrampfen in solchen Situationen. Doch sie liegen falsch. Es geht darum, Gemeinsamkeiten zu finden und so eine positive Stimmung und Sympathie zu erzeugen. Und sich dadurch den Zugang zum Gegenüber zu erschließen – sei es der Chef, ein Kunde oder ein neuer Kontakt. Das gelingt am ehesten über naheliegende Themen, die für jeden interessant sind. „Mit dem Wetter liegen Sie nie falsch", schreibt Svenja Hofert. Andere Themen könnten die Anreise sein oder der Ort, an dem man sich befindet. Reisen, Urlaub, gesellschaftliche Ereignisse oder Genüsse wie Essen und Trinken funktionieren auch immer.

„Gut ist es, Gemeinsamkeiten zu suchen und einander in seinen Ansichten zu bestätigen", sagt auch Frank Naumann, der das Buch „Die Kunst des Small Talks: Leicht ins Gespräch kommen, locker Kontakte knüpfen" geschrieben hat. Er rät, thematisch erst mal an der Oberfläche zu bleiben, „um gegebenenfalls ohne Gesichtsverlust voneinander wieder scheiden zu können, wenn man schon an der Oberfläche keinen gemeinsamen Punkt findet". Small Talk ist das Aufwärmen, man sollte nie mit Sachinformationen starten – es braucht das lockere Wort davor, dazwischen und danach, betont auch Svenja Hofert. [...] Es gehe darum, das Eis zu brechen, eine gemeinsame Basis zu schaffen, um dann auf ein Anliegen zu kommen. Svenja Hofert rät, ein Interesse am Gesprächspartner zu zeigen, indem man genau zuhört und auf das Gesagte eingeht. Ganz wichtig: authentisch bleiben. [...]

Und wer doch mal an einen Gesprächsmuffel gerät: Das ist nicht die eigene Schuld. *

**4** a Lest den Zeitungsartikel und fasst die wichtigsten Tipps für einen beruflichen Small Talk in einer Mind-Map zusammen. Ordnet eure Begriffe nach „Themen", „Zweck" und weiteren Oberpunkten.

b Präsentiert eure Mind-Maps in der Klasse.

Haben Sie auch schon gehört, dass Frau ... sich von ihrem Mann getrennt haben soll?

Also, diese Entscheidung vom Landrat war völlig daneben, finden Sie nicht auch?

Dieser Frühling ist wirklich angenehm mit diesen milden Temperaturen, oder?

Haben Sie schon die neue Aussichtsplattform in den Weinbergen besucht? Das ist wirklich toll dort!

Verstehen Sie, weshalb Frauen nicht als Pfarrerinnen arbeiten sollten?

Ich habe mir letzten Monat endlich auch ein E-Bike gekauft. Fahren Sie auch gerne Fahrrad?

**5** a Lest die Sprechblasen für beruflichen Small Talk und beurteilt, ob die gewählten Themen jeweils geeignet sind.

●○○ Übertragt die folgende Tabelle ins Heft und ergänzt sie mit weiteren Themen, die euch einfallen.

| Geeignete Themen | Ungeeignete Themen |
|---|---|
| *Wetter* | ... |
| ... | ... |

b Erklärt, warum manche Themen ungeeignet für eine Kontaktaufnahme im beruflichen Umfeld sind, und nennt die Gründe, z. B.: zu ernst, zu privat ...

**6** Um ein Gespräch zu beginnen, stellt man häufig eine Frage. Dabei eignen sich offene Fragen besser, um eine Kommunikationssituation aufzubauen. Geschlossene Fragen solltet ihr möglichst vermeiden.

a Erklärt mit Hilfe des Merkkastens den Unterschied zwischen offenen und geschlossenen Fragen.

b Untersucht die folgenden Fragen und begründet, welche offen und welche geschlossen sind.

c Formuliert die geschlossenen in offene Fragen um. Schreibt in eure Hefte.

Hat Ihnen das Essen in der Kantine auch geschmeckt? • Welche Desserts können Sie denn empfehlen? • Haben Sie die Ausbildung zum Bankkaufmann hier im Betrieb gemacht? • Haben Sie hier einen festen Stellplatz für Ihr Auto? • Gibt es dieses Jahr ein Sommerfest? • Arbeiten Sie in der Marketingabteilung? • Wie haben Sie das Wochenende verbracht?

**Wissen und Können** **Small Talk führen**

Wählt für den Small Talk ein **unverfängliches Thema,** um ein Gespräch zu beginnen oder fortzuführen: z. B. das Wetter oder den Ort, den Betrieb, die Region. Tabu sind Themen wie Politik, Krankheiten oder persönliche Probleme. Steigt mit einer **offenen Frage** ein. Denn diese erfordert eine Antwort, die als Anknüpfungspunkt für das weitere Gespräch dienen kann, z. B.: auf einem Fest: *Woher kennen Sie die Gastgeberin oder den Gastgeber?* oder auf einer Veranstaltung: *Was (welches Thema, welches Seminar) interessiert Sie hier am meisten?* Vermeidet **geschlossene Fragen,** da dann nur eine Ja-/Nein-Antwort zu erwarten ist. Auch beim Small Talk sollte man auf eine angemessene, höfliche Sprache achten.

# Die Kommunikation unterstützen – Mimik, Gestik und aktives Zuhören

**1** Wichtig für eine gelingende Kommunikation sind verschiedene Faktoren.
Beschreibt die dargestellten Kommunikationssituationen:
- Was könnten die Personen in welchem Tonfall sagen?
- Wie könnten sie sich fühlen?
- Wie ist ihre Körpersprache? Unterstützen Gestik und Mimik die Gesprächsabsichten?

**2** Körpersprache soll das Kommunizieren unterstützen. Nennt Beispiele, wann Gestik und Mimik jedoch auch übertrieben wirken können.

**3** Auf einem Bild wird mit einer bestimmten Gestik Zustimmung signalisiert. Diese und andere Gesten können aber je nach Kulturkreis eine ganz andere Bedeutung haben. Recherchiert im Internet fünf Beispiele für Gesten mit unterschiedlicher Aussage und präsentiert sie vor der Klasse.

**4** a Am Telefon oder bei Smartphone-Kurznachrichten fehlen die Mimik und die Gestik der Beteiligten. Besprecht, was das für Konsequenzen und Probleme mit sich bringen kann.
b Sammelt Lösungen, wie man das Fehlen ersetzen kann.

**5** Wichtig für gelingende Gespräche ist auch das Zuhören. Seht euch die Bilder an und benennt die Personen, bei denen ihr vermutet, dass sie richtig zuhören. Erklärt, warum man das an der Körpersprache erkennen kann.

**6** **a** Beim aktiven Zuhören zeigt ihr Interesse und konzentriert euch auf euer Gegenüber. Ihr könnt zum Beispiel an Äußerungen anknüpfen, sie kommentieren oder weiterführen.
Die folgenden Formulierungen im Wortspeicher helfen euch dabei. Ordnet sie richtig zu.

| Anknüpfung | Kommentar | Weiterführen |
|---|---|---|
| *Du sagst, dass ...* | *Ich empfinde das genauso / leider nicht so ...* | *Sie meinen, ...* |

Du sagst, dass ... • Was Sie über ... erzählt haben, erinnert mich an ... • Ihre Anmerkung ist ... • Tatsächlich? Das ist ja ... • Nicht vergessen darf man ... • Ich kann mir vorstellen, wie du dich in dieser Situation gefühlt hast. • Verstehe ich das richtig, dass ... • Könnte nicht auch ... • Sie meinen ... • Ich verstehe darunter auch ... • Ich empfinde das genauso / leider nicht so ...

**b** Julia berichtet ihrem Mitschüler von ihren Problemen bei der Vorbereitung einer Präsentation. Formuliert auf die folgende Aussage offene Fragen oder Antworten, die zeigen, dass ihr aktiv zugehört habt.

Ich fürchte, dass das Referat noch mehr Medien braucht und etwas zu knapp ist.

**7** **a** Besprecht, warum Zuhören wichtig ist, damit ein Gespräch gelingt.
**b** Werden in einer größeren Runde Sachfragen erörtert oder diskutiert, solltet ihr euch Notizen machen. Erklärt, warum diese hilfreich für aktives Zuhören sind.

**Wissen und Können** **Kommunikation unterstützen: Mimik, Gestik und aktives Zuhören**

Der Mensch kommuniziert mit **verbalen, paraverbalen** (die Art, wie gesprochen wird, z. B. Tonfall) **und nonverbalen Mitteln** (Körpersprache). Der Einsatz von **Mimik** (Gesichtsausdruck) und **Gestik** (Körpersprache und Gebärden) ist für die Kommunikation wichtig. Dabei sollte man beachten, dass Gesten je nach Kulturkreis unterschiedliche Bedeutungen haben können. Auch **aktives Zuhören** drückt sich in der Gestik und Mimik aus. Folgende Verhaltensweisen zeigen der Gesprächspartnerin / dem Gesprächspartner, dass man „bei der Sache" ist:
- Man konzentriert sich auf die Gesprächspartnerin / den Gesprächspartner und stellt Rückfragen, wenn etwas im Unklaren bleibt.
- Das Interesse sollte man auch durch nonverbale Signale zeigen, z. B. durch Blickkontakt.
- Das Gesagte des Gegenübers sollte man „spiegeln" bzw. daran anknüpfen, indem man sinngemäß die Beiträge teilweise wiederholt.
- Man lässt die andere / den anderen ausreden und merkt sich besonders die Dinge, auf die man selbst eingehen möchte.

# Besser kommunizieren

Ingrid Ute Ehlers / Regina Schäfer

## Talkshow mit Tobias

Tobias hat vor vierzehn Tagen seine kaufmännische Lehre bei einer mittelständischen Maschinenbaufirma angetreten. [...]

Heute ist der große Tag: der Geburtstag vom Chef mit feierlichem Umtrunk und großem Büfett! Alle dürfen bereits um 17 Uhr Feierabend machen. Tobias ist, ehrlich gesagt, ganz schön aufgeregt. Er wird jeder Menge neuer Gesichter begegnen (er kennt ja noch kaum jemanden), darunter sämtliche Abteilungsleiter und natürlich der Chef persönlich, mit dem er seit seinem Bewerbungsgespräch auch noch kein weiteres Wort gewechselt hat. Aber Tobias macht sich Mut und ist ganz gespannt, wie das festliche Ereignis verlaufen wird. *Schließlich bin ich ja nicht auf den Mund gefallen,* denkt er sich. Bei seinen Freunden ist er wegen seines selbstbewussten Auftretens und seines Humors geschätzt. Und in der Schule hat er mit seinen Pausenwitzen immer für gute Stimmung gesorgt.

Als er kurz nach 17 Uhr die Kantine betritt, ist schon mächtig was los. Sein Kumpel Peter ist allerdings nirgendwo zu sehen. Überall fremde Gesichter. *Na dann, auf ins Getümmel,* denkt Tobias. Er erspäht zwei Anzugträger jüngeren Alters, die in der Nähe des Getränkeausschanks stehen. Sie haben jeder ein Glas Sekt in der Hand und unterhalten sich angeregt. *Mensch, so einen schicken Anzug würde ich mir auch gern leisten,* überlegt Tobias. In welcher Abteilung die Jungs wohl arbeiten? Entschlossen geht er auf die beiden zu.

*Nur nicht gleich mit der Tür ins Haus fallen,* überlegt er sich, *sich erst einmal dezent[1] zu den beiden dazustellen.* Er nimmt sich vor, das Gespräch erst einmal eine Weile zu verfolgen. Die beiden Männer tauschen sich offensichtlich über die Besetzung einer offenen Sekretärinnenstelle aus. Der „graue Anzug" sagt: „Ja, die zweite Bewerberin hat einen guten Eindruck hinterlassen. Wie liefen denn die Gehaltsverhandlungen mit ihr?"

„Du, das erzähle ich dir lieber bei ein paar Häppchen", antwortet sein Gegenüber. Beide drehen sich plötzlich weg und schlendern in Richtung Büfett, ohne Tobias Beachtung zu schenken. *Na, so was,* denkt Tobias, *die waren ja so in ihr Gespräch vertieft, die haben mich gar nicht bemerkt –,* und er beschließt, seine Annäherungsstrategie zu ändern.

Er bemerkt eine lebhafte, gemischte Fünfergruppe. Er stellt sich dicht dazu und verfolgt interessiert das Gespräch. Die jüngere der beiden Frauen erzählt gerade von ihrem neuen Hobby, dem Kite-Surfen, das sie während des Sommerurlaubs in Thailand erlernt hat. Mit den witzigen Schilderungen ihrer verunglückten Anfängerversuche bringt die Erzählerin alle zum Lachen. *Da kann ich noch einen*

1 dezent: zurückhaltend, unaufdringlich

*draufsetzen,* denkt sich Tobias. Ermutigt von der lebhaften Stimmung der Gruppe beginnt er nun seinerseits von seinem Hobby – Computerspiele – zu erzählen. Das Spiel „Herr der Ringe – Schlacht um Mittelerde“ hat es ihm besonders angetan. „Die realistische Darstellung der Figuren und ihrer Handlungswelt – einfach der Hammer! Am besten wirkt das Ganze natürlich, wenn man einen 21-Zoll-Flatscreen und ein leistungsstarkes Headset zur Verfügung hat. Da knallt es dann erst so richtig“, erzählt er. Als ihm nichts mehr einfällt, verabschiedet er sich von seinen Gesprächspartnern mit der Bemerkung, dass er überhaupt noch nichts gegessen hat und jetzt endlich einmal das Büfett erkunden will. *Komisch, die junge Kite-Surferin ist auf einmal verschwunden.* Auch die anderen zerstreuen sich rasch. Schade, er hätte gern erfahren, wie sie heißen und in welcher Abteilung sie arbeiten.

*Hätte er sich mit seinem Namen vorstellen sollen? Ach nein, das ist doch viel zu altmodisch und steif,* denkt er.

Am Büfett reiht sich Tobias in die Schlange der Hungrigen ein. Mit Teller, Serviette und Besteck bewaffnet, muss er sich noch etwas gedulden, bis er an der Reihe ist. Plötzlich wird die Frau vor ihm von einem heftigen Niesanfall geschüttelt. Fürsorglich legt er ihr eine Hand auf die Schulter und wünscht ihr Gesundheit. Sofort fühlt er sich an seine schwere Grippe erinnert, die ihn vor wenigen Wochen fest im Griff hatte, und er beschreibt der Kollegin ausführlich den Krankheitsverlauf. Da ist es ihm dreckig gegangen, o Mann! Schüttelfrost und eine Schniefnase, die sich gewaschen hat. [...] „Am besten heute noch in die heiße Wanne, das wirkt bekanntlich Wunder“, empfiehlt er der Kollegin abschließend. „Super Idee. Danke für den Hinweis. Hoffentlich ist mir jetzt der Appetit nicht vergangen“, gibt die Frau zurück, nimmt sich eine Portion Thunfischsalat und entschwindet wort- und grußlos. *Oje, entweder chronisch schlecht gelaunt oder schon der erste Fieberschub,* denkt Tobias. *Da habe ich aber auch ein Pech heute!* [...] *

**1** a Tobias kommuniziert ungeschickt. Benennt die drei Situationen, die er erlebt.
b Arbeitet die Fehler heraus, die Tobias jeweils macht, und notiert sie.
c Wie hätte Tobias besser kommunizieren können? Sammelt Tipps.
d Wählt eine Situation aus dem Text aus und entwickelt ein kurzes Rollenspiel. Denkt dabei an die Eröffnung der Kommunikation im beruflichen Small Talk bzw. an ein passendes Thema und an die richtige Körpersprache.

**2** a Präsentiert eure Rollenspiele als „Neue und gelungene Talkshow mit Tobias“ vor der Klasse.
b Gebt euch gegenseitig Feedback mittels der Sandwich-Methode (► S. 281).
Formuliert dazu:
- zuerst eine positive Beobachtung / ein Lob,
- eine sachliche Kritik, was euch aufgefallen ist,
- zum Schluss einen Tipp mit einem Verbesserungsvorschlag.

# 1.2 Harmonie oder Disharmonie – Kommunikation analysieren

## Die vier Seiten der Kommunikation

Mit einer Äußerung teilt eine Sprecherin oder ein Sprecher nicht nur das tatsächlich Gesagte mit, sondern es werden weitere Botschaften übermittelt. Auch die Gesprächspartnerin oder der Gesprächspartner nimmt nicht nur den bloßen Inhalt der Äußerung wahr.

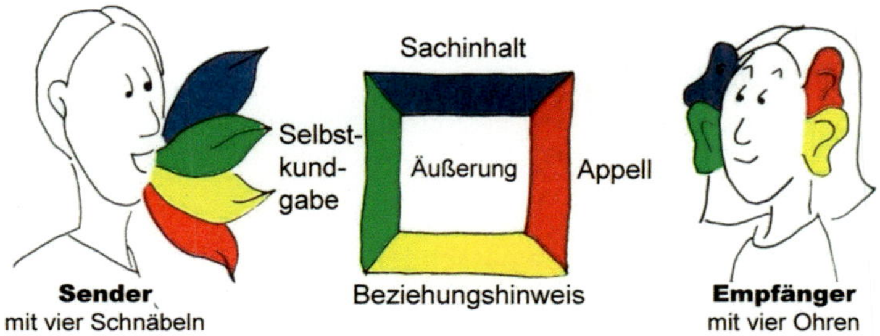


Der ? wird über die Art und Weise zu sprechen kommuniziert, die Formulierung an sich, aber auch über Mimik, Gestik und den Tonfall.

Der ? ist, was der Sender beim Empfänger erreichen möchte; Wünsche, Ratschläge oder Anweisungen können entweder offen oder „zwischen den Zeilen" erscheinen.

?: Es geht um die konkrete Information und den tatsächlichen Inhalt der Äußerung.

?: Jede Äußerung enthält einen Teil, der – explizit oder implizit – auf die Gefühle, Werte sowie Bedürfnisse des Senders verweist.

**1** a Die Abbildung zeigt das Modell des Kommunikationsquadrats. Ordnet den vier Seiten einer Nachricht – Sachinhalt, Selbstkundgabe, Beziehungshinweis und Appell – die dazugehörige Erklärung zu.

b Arbeitet in Vierergruppen. Erklärt euch gegenseitig das Kommunikationsquadrat mit eigenen Worten. Beachtet die Farben der „Schnäbel" und der „Ohren". Jede/-r von euch ist für eine Farbe zuständig.

**2** Die Mutter sagt zur Tochter: „Hier ist ja immer noch so ein Saustall."

a Erklärt diese Äußerung mit Hilfe des Kommunikationsquadrats. Beantwortet dazu die Fragen:
- Was hat die Mutter gesagt? Worüber informiert sie die Tochter?
- Was sagt die Mutter dabei über sich selbst aus?
- Was hält die Mutter von ihrer Tochter?
- Was möchte die Mutter bei ihrer Tochter erreichen?

b Was erfährt die Tochter? Beantwortet dazu die folgenden Fragen:
- Welche Information hat die Tochter erhalten?
- Was hat sie über die Mutter erfahren?
- Was denkt die Tochter in dieser Situation wohl über die Mutter?
- Wozu fühlt sich die Tochter vielleicht aufgefordert?

## Das Kommunikationsquadrat

Friedemann Schulz von Thun (*1944), ein deutscher Psychologe und Kommunikationswissenschaftler, hat ein ? entwickelt, um einzelne Faktoren bei Kommunikationsprozessen zueinander in Beziehung zu setzen. Er unterscheidet vier verschiedene ? einer Nachricht. Wenn jemand, der ? in diesem Modell, etwas von sich gibt, so kann diese Nachricht auf vierfache Weise beim ? wirksam werden. Denn jede Äußerung enthält, ob sich der Sender dessen bewusst ist oder nicht, vier Botschaften: eine Sachinformation, eine ?, einen Beziehungshinweis und einen Appell. Die Kommunikationspartnerin oder der Kommunikationspartner nimmt die Äußerung auf, indem sie oder er diese vier Botschaften empfängt. Schulz von Thun ordnet daher dem Sender einer Nachricht ? zu, während er dem Empfänger ? zuteilt. Die ? eines Gesprächs hängt davon ab, in welcher Weise die unterschiedlichen Botschaften der vier Schnäbel und der vier Ohren zusammenspielen. Wenn der Sender zum Beispiel etwas anderes meint, als der Empfänger auf einem der vier Ohren hört, kann dies zu ? und Konflikten und somit zu einer gestörten ? führen.

**3** a Ergänzt mündlich im Text zum Kommunikationsquadrat die passenden Angaben aus dem Wortspeicher.

b Erklärt die eingesetzten Begriffe mit eigenen Worten mit Hilfe des Textinhalts.

Sender • Qualität • Seiten • Modell • vier Schnäbel • Missverständnissen • Selbstkundgabe • Kommunikation • Empfänger • vier Ohren

Ja, guten Morgen, Herr Bach. Sie sind aber heute mal sehr früh dran.

Na ja, sonst bleibe ich abends aber auch oft länger.

**4** Das Kommunikationsquadrat hilft zum Beispiel, Missverständnisse aufzuklären.

a Der Azubi könnte die Chefin missverstehen. Analysiert, was er vielleicht mit den „vier Ohren" aus der Äußerung seiner Vorgesetzten entnommen haben könnte, und schreibt es auf.

b Was müsste die Chefin sagen, damit der Azubi sie nicht missversteht?
Schreibt einen kurzen Dialog auf, in dem die Kommunikation zwischen der Chefin und dem Azubi gelingt.

**Wissen und Können** **Kommunikationsstörungen vermeiden, Disharmonie beseitigen**

Kommunikation kann entweder gelingen oder misslingen. Dies passiert, wenn der Empfänger eine Aussage mit einem „anderen Ohr hört" und dadurch die Kommunikation gestört wird. Dann ist es sinnvoll, wenn man versucht, zu verstehen, auf **welchem Ohr der Empfänger** hört. Auch kann es helfen, als Sender die eigene **Botschaft genauer zu beschreiben oder zu erklären.**

# Angemessen und höflich kommunizieren

## Sich höflich ausdrücken

**1** Lest das Gedicht laut vor der Klasse vor.
Achtet auf die richtige Betonung.

Johannes Conrad

Wenn ich nur darf, wenn ich soll,
aber nie kann, wenn ich will,
dann mag ich auch nicht, wenn ich muss.

Wenn ich aber darf, wenn ich will,
dann mag ich auch, wenn ich soll,
und dann kann ich auch, wenn ich muss.
Merke: Die können sollen, müssen wollen
dürfen.

**2** Modalverben (► S. 305) verändern den Aussagewert eines Verbs.
- **a** Nennt die verwendeten Modalverben und erklärt ihre Bedeutung.
- **b** Sucht euch einen Vers aus und beschreibt dazu eine passende Alltagssituation.
- **c** Sprecht darüber, inwiefern Modalverben für eine höfliche und angemessene Kommunikation wichtig sein können.

**3** Modalverben, der Konjunktiv II sowie das Wort „bitte" machen jede Frage/Bitte höflicher.
- **a** Vergleicht die folgenden Sätze und erklärt die unterschiedlichen Grade der Höflichkeit der Aussagen mit eigenen Worten.
- **b** Erklärt, weshalb die unterschiedlichen Modalverben die Aussage der Sätze verändern.

**A** Muss ich das machen? – Kann ich das machen? – Könnte ich das machen?
**B** Machen Sie die Tür zu! – Würden Sie bitte die Tür zumachen? – Machen Sie bitte die Tür zu.

**4** Gebt mit eigenen Worten wieder, wie der Konjunktiv II die Wirkung der zweiten Frage verändert.

**A** Darf ich Ihnen helfen? **B** Dürfte ich Ihnen helfen?

**5** Die Partikeln „gern", „einmal" und „vielleicht" machen eine Bitte ebenfalls höflicher.
Formuliert den folgenden Satz so um, dass er höflich und angemessen klingt.

Beschreiben Sie mir den Weg zum Fahrradkeller.

**Wissen und Können** **Höfliche Ausdrucksformen**

**Modalverben** (► S. 305), der sinnvolle Einsatz des **Konjunktivs II** (► S. 304) sowie das Wort **„bitte"** machen jede Frage oder Aufforderung höflicher. Dabei sollte man darauf achten, dass der Konjunktiv II nicht übertrieben klingt, um zum Beispiel nicht einen ironischen oder verletzenden Unterton zu erzeugen. Die **Partikeln** (► S. 305) „gern", „einmal" und „vielleicht" kann man ebenfalls einsetzen, um sich höflicher auszudrücken.

**6** Auf dem Bild ist die Situation in einem Schulsekretariat dargestellt.

a Begründet, warum die Ausdrucksweise der Jugendlichen nicht angemessen ist.

b Formuliert die Aussagen der Schüler/-innen in höfliche Bitten um. Nutzt hierfür auch die Partikeln „gern" „einmal" und „vielleicht" sinnvoll.

*Boris macht eine Ausbildung in einer Kfz-Werkstatt.*

**Boris:** Hallo, Chef, ich soll ja noch zu 'nem Gespräch zu Ihnen kommen. Geht das jetzt?
**Herr Steiner:** Guten Morgen, Boris. Gerade ist es etwas ungünstig.
**Boris:** Ich muss aber heute Mittag schon wieder weg.
**Herr Steiner:** Sicherlich finden wir in den nächsten Tagen die Zeit für ein Gespräch in aller Ruhe.
**Boris:** Aber ich will schon schnell wissen, was Sie wollen.
**Herr Steiner:** Trotzdem müsste ich Sie noch um Geduld bitten!
**Boris:** Es geht wahrscheinlich um das Gespräch mit der Kundin letzte Woche, deswegen muss ich zu Ihnen, oder?
**Herr Steiner:** ...

**7** Boris führt ein kurzes Gespräch mit seinem Chef, Herrn Steiner.

a Was möchte Boris erreichen? Bewertet, wie er kommuniziert.
Was wird Herr Steiner wohl erwidern?

b Überlegt, wie Boris besser kommunizieren könnte.
Überarbeitet seine Äußerungen und schreibt den Dialog von Boris und Herrn Steiner auf.

## Kommunikationstraining mit Video-Feedback

### Eine schwierige Kommunikationssituation

**Kundin:** Guten Tag. Kürzlich wurde mein Auto in Ihrer Werkstatt repariert. Nun ist in der Rechnung ein Posten für eine Reparatur aufgelistet, die nicht vereinbart und meiner Meinung nach auch nicht nötig war.
**Boris:** Hm, ich kann zur Rechnung nichts sagen und bin dafür gar nicht zuständig. Der Meister ist nicht da. Kommen Sie besser ein anderes Mal vorbei.
**Kundin:** Das kann doch wohl nicht wahr sein. Ich bin jetzt extra hergefahren, weil ich telefonisch auch niemanden erreicht habe. Holen Sie dann mal einen Mitarbeiter, der sich auskennt.
**Boris:** Ich bin gerade allein in der Werkstatt und muss jetzt auch weiterarbeiten.
**Kundin:** ...

**1** a Die Kundin reagiert verärgert. Analysiert die Gesprächssituation mit dem Kommunikationsmodell (► S. 23). Was sagt Boris (Sender) auf die Beschwerde hin, was hört die Kundin (Empfänger)? Was stört die Kommunikation?
b Beurteilt die Reaktion von Boris.

**2** Arbeitet in Vierergruppen.
a Sammelt Ideen, wie Boris höflich und angemessen reagieren könnte.
●○○ Notiert euch dazu Stichpunkte, z. B.:
*Namen der Kundin notieren, Grund ...*
b Formuliert das Gespräch zwischen Boris und der Kundin so um, dass die Kommunikation gelingt.

**3** a Legt einen Feedbackbogen nach dem folgenden Muster an.

**Feedbackbogen**

Notiert im Heft: + für *gut,* (+) für *recht gut,* (–) für *weniger gelungen* und – für *nicht gelungen.*

| Inhalt | Sprache und Sprechweise | Mimik, Gestik, Körperhaltung |
|---|---|---|
| ■ Gesprächseinstieg | ■ Verständlichkeit (Lautstärke) | ■ Auftreten |
| ■ angemessene Reaktion | ■ Sprechtempo | ■ Körperhaltung |
| ■ antworten (aktives Zuhören) | ■ Sprechweise/Sprachstil | ■ Gesichtsausdruck |
| ■ weiterführen / das Gespräch positiv abschließen | ■ Satzbau | ■ Gestik |
| | ■ Höflichkeit | ■ Blickkontakt |

b Spielt das Gespräch aus Aufgabe 2 b mit verteilten Rollen.
– Ein Gruppenmitglied filmt den Dialog, eine Schülerin oder ein Schüler notiert Beobachtungen mit Hilfe des Feedbackbogens.
– Anschließend tauscht ihr die Rollen und spielt das Gespräch erneut.

c Seht euch die Videos in der Gruppe an und reflektiert eure Rollenspiele nach dem Ansehen der Filme mit Hilfe des Feedbackbogens.
Achtet auch in der Feedbackphase auf eine angemessene Kommunikation:
→ *Das ist uns recht gut gelungen: ...*
→ *Das empfanden wir als besonders schwierig: ...*
→ *Darauf werden wir in Zukunft besser achten: ...*

# Testet euer Wissen!

## Kommunizieren

**1** Prüft die Tipps für bessere Kommunikation. Verbessert falsche Aussagen.
Die Buchstaben ergeben in der Reihenfolge der richtigen Aussagen eine wichtige Kompetenz.

| | |
|---|---|
| **BL** | Im Small Talk kommt es darauf an, möglichst witzig und unterhaltend zu sein. |
| **AK** | Small Talk dient der Kontaktaufnahme. |
| **TI** | Als Gesprächseinstieg eignen sich offene Fragen meist besser. |
| **UK** | Politische Themen im Small Talk passen gut, da es immer aktuelle Entwicklungen gibt, über die man sprechen kann. |
| **VE** | Ein Kommunikationsmodell kann dabei helfen, Missverständnisse zu vermeiden. |
| **TA** | Aus einem Satz kann man immer nur eine Botschaft „heraushören". |
| **SZ** | Mit Modalverben kann man den Aussagewert eines Verbs verändern und auf diese Weise betonen. |
| **UH** | Auch Partikeln und Verben im Konjunktiv II können dabei helfen, sich höflicher auszudrücken. |
| **VI** | Um sein Ziel zu erreichen, sollte man sich möglichst direkt ausdrücken und Höflichkeitsfloskeln vermeiden. |
| **ÖR** | Der Konjunktiv II sollte nicht übertrieben eingesetzt werden. |
| **EN** | Ein Sandwich-Feedback besteht aus einer positiven Beobachtung / einem Lob, einer Kritik und einem Tipp. |

**2** **a** Die Tochter bittet den Vater um ihren Lieblingskuchen. Beim Kaffeetrinken am Nachmittag fragt sie: „Hast du das Rezept verändert?" Der Vater reagiert beleidigt und die Tochter wundert sich. Ordnet die „vier Ohren", mit denen er die Aussage wohl gehört hat, den Fachbegriffen des Kommunikationsmodells zu.

Der Kuchen schmeckt anders als sonst.

Sie hat eine geschmackliche Veränderung des Kuchens bemerkt, die sie nicht gut findet.

Ich soll in Zukunft wieder das alte Rezept verwenden.

Sie traut sich nicht, mir direkt zu sagen, dass ihr das neue Rezept schlechter schmeckt.

**b** Warum misslingt die Kommunikation zwischen Vater und Tochter? Ergänzt die Erklärung.

Die Botschaften zwischen den ? ? und den ? ? spielen nicht zusammen:
Die Tochter als ? meint etwas anderes, als der Vater als ? hört.

# 1.3 Projekt: Kommunikationstraining – „Hosentaschen-Knigge“ für Kommunikation

**1** Um auf viele Kommunikationssituationen gut vorbereitet zu sein, kann man sich mit einem Buddybook eine Art Spickzettel, einen „Hosentaschen-Knigge“ basteln.

Der Ausdruck **„Knigge“** geht zurück auf das Standardwerk „Über den Umgang mit Menschen“ von Adolph Freiherr Knigge (1752–1796), eine Sammlung von moralischen Umgangsregeln für ein höfliches und respektvolles Benehmen.

a Nehmt ein weißes DIN-A4-Blatt und teilt es in acht kleine Seiten. Notiert wie in der Abbildung mit Bleistift die Seitenzahlen von 1 bis 8.
**Tipp:** Faltet das Buddybook einmal probeweise (▶ S. 30).

b Schreibt auf Seite 1 die Überschrift **„Mein Hosentaschen-Knigge für Kommunikation“** und euren Namen.

**2** Benennt die **„Fünf Tipps für einen gelingenden Small Talk“** und übernehmt diese als ausformulierte Sätze auf der Seite 2 des Buddybooks. Ergänzt gerne auch kleine Zeichnungen.

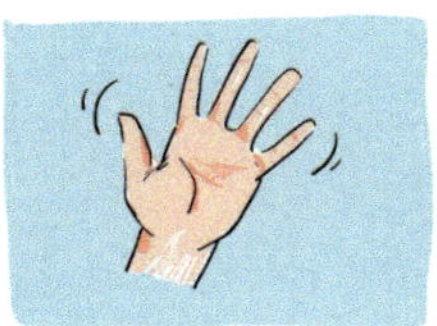
Einstieg

Thema

Anknüpfung

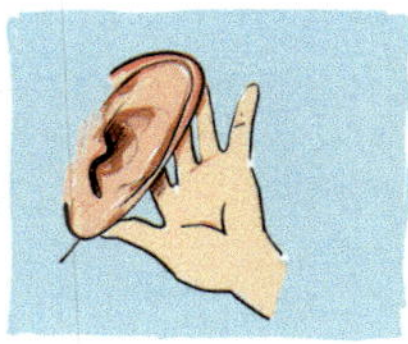
Ohren auf

Übung

**3** Die schwierigste Phase des Small Talks ist der Einstieg. Überlegt euch zu zweit konkrete Sätze, die man zu Beginn einer Unterhaltung nutzen könnte. Übertragt diese auf die Seiten 3 und 4 des Blatts unter der Überschrift **„Gesprächseinstiege“.**

●○○ Der Wortspeicher kann euch helfen.

Buch • Vortrag • Film • Inspiration • Kindheitsheld • gelungener Tag • Lob für die Kleidung • Getränkewunsch

**4** Wiederholt zu zweit sinnvolle Themen für Small Talk im beruflichen Umfeld und notiert diese Themen als Cluster auf Seite 5 des Hosentaschen-Knigges unter der Überschrift **„Small-Talk-Themen“.**

**5** Grundlage für eine angemessene Kommunikation ist eine höfliche Ausdrucksweise.
Notiert unter der Überschrift **„Kleine Stilkunde“** dazu auf Seite 6 des Buddybooks geeignete sprachliche Mittel.
**Tipp:** Wiederholt dafür die Modalverben, den Konjunktiv II und die Partikeln mit Hilfe des Grundwissens (▶ S. 302 ff.).

**6** Sammelt typische Small-Talk-Fehler, die man vermeiden muss, mit Hilfe der Abbildungen und übertragt diese auf die Seiten 7 und 8 eures Buddybooks als **„Don'ts"**.

**7** Faltet und schneidet nun das Buddybook mit Hilfe der Anleitung und vergleicht eure Inhalte.

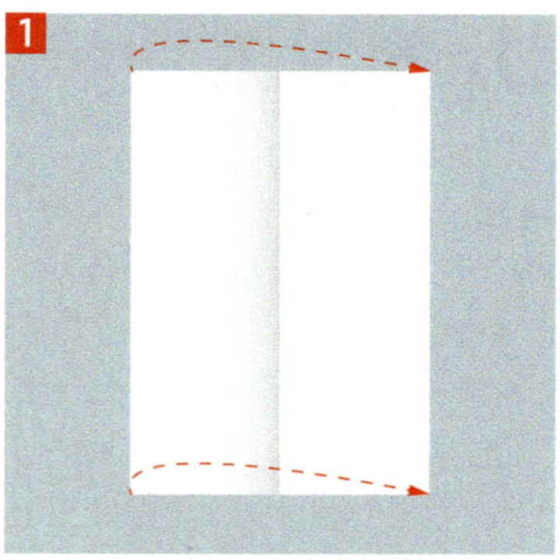

1 Zuerst wird das Blatt einmal der Länge nach gefaltet und dann wieder aufgeklappt.

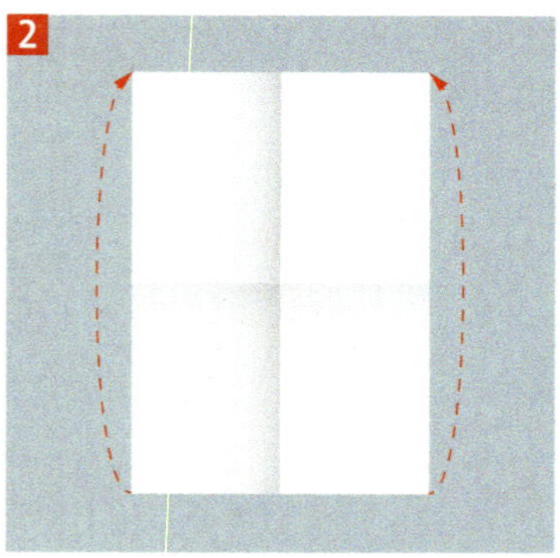

2 Nun wird es quer gefaltet.

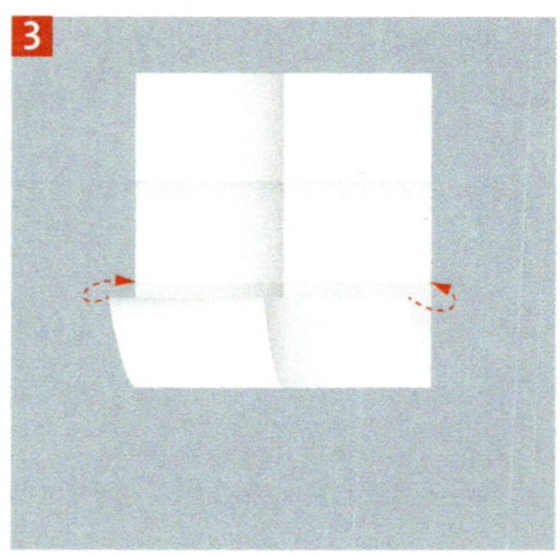

3 Das Blatt wird an der hinteren und der vorderen schmalen Seite je zur Hälfte bis an die Unterkante wie zu einem „M" gefaltet.

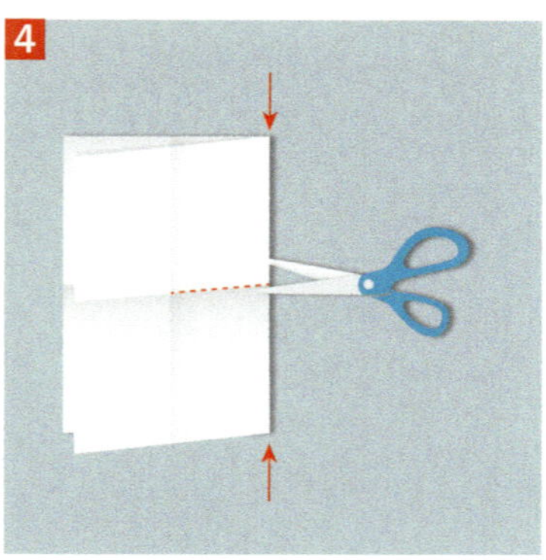

4 Dann wird das Blatt von der geschlossenen Seite eingeschnitten – **aber nur bis zur Querfaltung.**

5 Wenn man das Buddybook mit der aufgeschnittenen Seite nach oben aufstellt, lässt sich das Blatt zu einem Stern zusammenfalten. Nun kann man das Blatt zusammenschieben, sodass ein Büchlein entsteht.

# 2 Alles im Netz? – Das Leben in der digitalen Welt diskutieren

**1** a Beschreibt die Zeichnung und vergleicht eure heutigen Kommunikationsmöglichkeiten mit früher.

b Sprecht darüber, welche Formen der Kommunikation von früher ihr heute auch nutzt.

**2** a Tauscht euch darüber aus, welche der dargestellten Dienste ihr selbst am häufigsten verwendet, und begründet eure Wahl.

b Nennt die sozialen Netzwerke, die ihr außerdem nutzt, und sprecht darüber, mit wem ihr auf diese Weise kommuniziert.

### In diesem Kapitel ...

- untersucht ihr soziale Medien hinsichtlich ihrer Merkmale,
- setzt ihr euch kritisch mit datenschutzrechtlichen Aspekten und Datenspuren im Internet auseinander,
- diskutiert und debattiert ihr über die Chancen und Risiken des Internets,
- präsentiert ihr Formen der E-Partizipation.

# 2.1 Fremd und nah – Soziale Medien untersuchen

## Privates öffentlich? – Merkmale sozialer Medien analysieren

### Kommunikation ...

Geht es um Kommunikation heute, so denkt man sofort an das Internet und dort angebotene soziale Netzwerke, die von zahlreichen Menschen weltweit genutzt werden und inzwischen fest zu ihrem Alltag gehören. Mit Hilfe dieser Netzwerke kann man chatten, Daten wie Texte, Musik, Bilder und Filme austauschen oder gemeinsam spielen. Darüber hinaus stellt man auf Plattformen in der Regel sein eigenes Profil dar. Das Problem dabei ist, dass viele für die Darstellung ihrer Person Persönliches preisgeben, zum Beispiel wo man wohnt, wann man zu Hause ist und welche besonderen Vorlieben man hat. Diese Daten können dann sowohl die Netzdienstbetreiber als auch andere Internetnutzer einsehen, obwohl man sie gar nicht dazu eingeladen hat.

Die unglaublichen Nutzerzahlen einiger sozialer Netzwerke [...] zeigen, wie sehr das Internet die heutige Art der Kommunikation beeinflusst und verändert hat. Bei ihnen sind weltweit Nutzer in Milliardenhöhe angemeldet. Und jeder zweite Nutzer loggt sich täglich ein.

Gerade jüngere Menschen können sich ein Leben ohne Internet und Smartphone kaum mehr vorstellen. Wie war das vor den 1990er-Jahren, als man allgemein noch nicht die Möglichkeit hatte, online zu kommunizieren oder von überall mit dem Handy zu telefonieren?

Die Antwort: Man schrieb entweder Karten und Briefe oder telefonierte von einem festen Anschluss aus, den man auf keinen Fall irgendwohin mitnehmen konnte. Der Freundeskreis war in der Regel überschaubarer bzw. man kannte sich persönlich. In erster Linie hielt man Kontakt zu den engsten Freunden sowie zur Familie. Andere lasen nicht mit und blieben außen vor. Statt sich in einem sozialen Netzwerk virtuell oder über Kameras zu besprechen und zu begegnen, traf man sich zu Hause, in einem Café oder an anderen Orten. Welche Art der Kommunikation ist besser? Die früheren Formen, bei denen man vielleicht weniger, aber engere Freunde hatte und sich persönlich mit den Menschen, die einem wichtig sind, getroffen hat? Oder die Kommunikation über das Internet, bei der man sich problemlos weltweit austauschen kann?

Die Frage wird heiß diskutiert. Denn die Kommunikation über das Internet gilt als bequem, weil sie praktisch an jedem Ort der Welt zu jeder Zeit stattfinden kann. Dagegen garantierten die früheren Formen mehr Privatsphäre und man konnte anderen Menschen direkt begegnen.

**1** a Lest den Text und vervollständigt die Überschrift treffend, indem ihr ausdrückt, worum es in dem Artikel geht.

b Beschreibt, wie sich die Kommunikation zwischen Menschen durch soziale Netzdienste verändert hat.

**2** a Sammelt Merkmale und Funktionen, die viele soziale Netzwerke gemeinsam haben.
b Sprecht in eurer Klasse darüber, was euch ohne soziale Netzdienste fehlen würde.

**3** a Ordnet folgende Begriffe den Erklärungen zur Kommunikation im Internet zu.
**Tipp:** Ihr könnt die Ausdrücke auch im Wörterbuch oder im Internet nachschlagen.

Kontextwechsel • Permanenz • Auffindbarkeit • Interesse

**A** Unser Gesagtes bleibt bestehen und verschwindet nicht wie bei persönlichen Unterhaltungen. So kann man auch zeitlich versetzt kommunizieren. Allerdings vergisst das Internet nichts, weshalb stets Aussagen auftauchen können, die man derart nicht mehr äußern würde.

**B** Aussagen im Netz kann man leicht kopieren und in einen anderen Zusammenhang stellen. Private Kommentare werden somit plötzlich für eine größere Öffentlichkeit zugänglich.

**C** Die meisten Beiträge in den sozialen Medien werden kaum oder nur von wenigen Personen gelesen. Dies kann sich jedoch von einem auf den anderen Moment ändern.

**D** Häufig findet man im Internet durch relativ einfache Suchmethoden Informationen von Personen, die eigentlich privat sind. Menschen und ihr Leben werden also öffentlich.

b Welche Art der Kommunikation ist besser? Diskutiert Vor- und Nachteile von echter zwischenmenschlicher Kommunikation und Internetkommunikation und haltet die Ergebnisse an der Tafel oder an einem Flipchart fest. Ihr könnt auch eine digitale Pinnwand nutzen.

**Wissen und Können** **Soziale Medien**

Die Bezeichnung **soziale Medien** oder **Web 2.0** ist sehr weit gefasst. Alle Anwendungen haben jedoch gemeinsam, dass Nutzer/-innen über das Internet mit anderen **kommunizieren** und **kooperieren** können. Neben dem Austausch persönlicher Informationen dient die Kommunikation auch dem **Wissensaustausch**. Inhalte der sozialen Medien werden von den Nutzerinnen und Nutzern erzeugt und/oder verändert. Soziale Medien umfassen unterschiedliche Formen, zum Beispiel soziale Netzwerke, Blogs, Videoportale, Kontakt- und Tauschbörsen, aber auch Apps zur Kommunikation.
Auf **sozialen Netzwerken** erstellt man kostenlos ein **persönliches Profil**, mit dem man sich präsentiert und mit anderen vernetzt. Dabei wird auf unterschiedliche Weise miteinander kommuniziert (Chat, Nachrichten, Pinnwände). Soziale Netzwerke funktionieren in erster Linie über die Selbstdarstellung der Mitglieder und über deren Vernetzung untereinander.

# Gemeinsam einsam? – Freundschaft in sozialen Netzwerken betrachten

**1** Was bedeutet für euch Freundschaft? Verfasst jeweils eine eigene Definition des Wortes „Freund/-in“ und vergleicht sie untereinander.

**Diagramm A: Anzahl Follower/-innen bei Instagram nach Geschlecht**

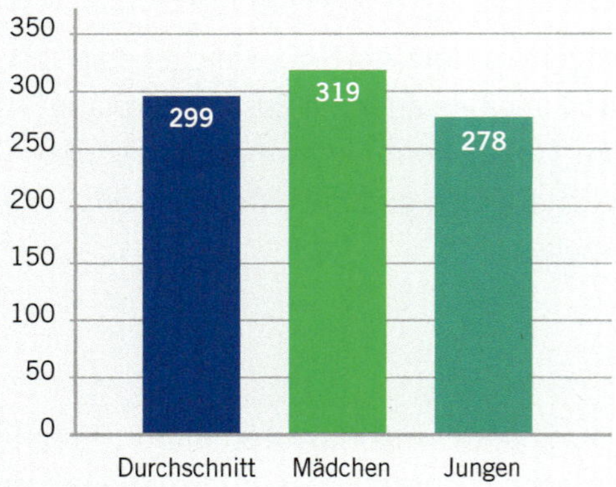


**Diagramm B: Anzahl Follower/-innen bei Instagram nach Alter**

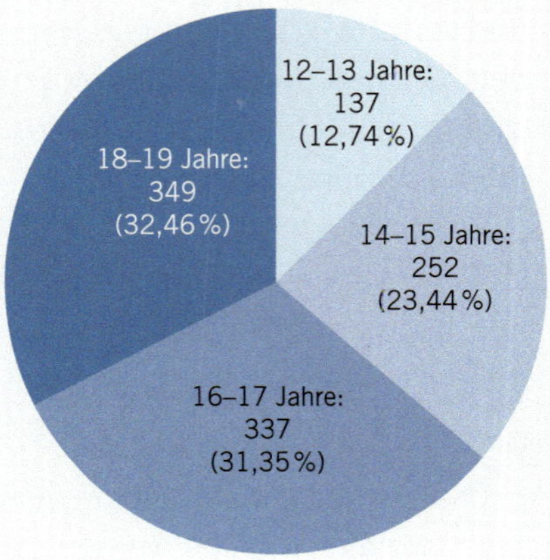


**2** a Betrachtet die Grafiken. Habt ihr selbst Freundinnen und Freunde bzw. Follower/-innen in sozialen Netzwerken? Vergleicht deren Anzahl mit den Daten aus der JIM-Studie 2019.

b Begründet, warum Jugendliche möglichst viele Freundinnen und Freunde bzw. Follower/-innen im Internet vorweisen wollen.

c Sprecht darüber, weshalb eine solche Anzahl von Freundschaften in der Realität unmöglich ist.

## Freundschaften im digitalen Zeitalter

Tausende Follower auf Instagram oder Twitter, Hunderte Freunde bei Facebook – viele vor allem jüngere Menschen sind in den sozialen Netzwerken mit zahlreichen Personen befreundet. „Aber Freundschaft ist nicht gleich Freundschaft“, weiß Psychologin Anna Schneider von der Hochschule Fresenius in Köln.

Denn Onlinefreunde zu haben sei lediglich eine Vorgabe des Netzwerkes. Das digitale Zeitalter hat nach ihren Angaben reale Freundschaften nicht grundlegend verändert – vielmehr seien neue Möglichkeiten entstanden.

**Soziale Netzwerke als Ergänzung**

Die sozialen Netzwerke könnten helfen, intensive Verhältnisse zu pflegen, betont Anna Schneider, die zu Freundschaften im digitalen Zeitalter geforscht hat. „Instagram und Co. können verhindern, dass Freundschaften zu Bekanntschaften werden.“ Die Kontaktpflege auch über große Distanzen fiele leichter denn je – und ein „Gefällt mir“ oder „Online-Herzchen“ könnten wichtige Symbole der Zuwendung sein […].

Die Symbole allein reichten jedoch nicht. Solch „soziale Snacks“ suggerierten[1], Teil einer

1 suggerieren: vorgeben, vorgaukeln

Gemeinschaft zu sein. In Wahrheit hinterließen sie einen faden Beigeschmack. „Spätestens dann, wenn die Beziehung belastet wird – zum Beispiel bei einem Umzug – kann man auf diese Menschen meist nicht zählen", sagt die Psychologin. Der Titel „Freund" sei online ein ganz anderer als im realen Leben. Das offenbart auch eine Studie des britischen Forschers Robin Dunbar von der Universität Oxford aus dem Jahr 2016. Ergebnis: Facebook-Nutzer sehen nur etwa vier ihrer Onlinefreunde als enge, vertraute Bezugspersonen an.

**Freundschaft lebt von Nähe**

Für Schneider ist das keine Überraschung. „Denn wahre Freundschaften leben von Begegnungen, von Nähe. Und wie soll man solch eine Bindung denn mit oft mehreren Hundert Onlinefreunden aufbauen?", fragt die Forscherin. Echte Umarmungen zeigten doch erst, wie es dem Gegenüber körperlich und seelisch gehe. „Skype-Anrufe können also niemals dauerhafter Ersatz für persönliche Treffen sein", erklärt sie.
Als „innige und persönliche Herzensbeziehung" definiert der Berliner Psychologe Wolfgang Krüger Freundschaft. Normalerweise habe jeder rund drei dieser engen „Herzensfreunde" und zwölf weitere Durchschnittsfreunde. „Mehr kriegen wir nicht hin. Schließlich muss man Freundschaften aufbauen und pflegen. Das ist eine Lebensaufgabe", sagt der Buchautor. […]

**Soziale Medien fördern häufig Isolation**

Vor allem starker Internetkonsum, insbesondere der sozialen Medien, geht einher mit weniger realen Freundschaften. Das zeigt eine Studie des Medizinforschers Brian Primack von der Universität Pittsburgh aus dem Jahr 2017. Bei Menschen, die mehr als zwei Stunden täglich auf Instagram und Co. verbringen, ist die Wahrscheinlichkeit, dass sie sozial isoliert sind, demnach etwa doppelt so groß wie bei Menschen, die weniger als eine halbe Stunde dort verbringen.
„Klar, wenn man zur Internetsucht neigt, geht das immer zu Lasten aktiver Freundschaften. Das ist aber eine geringe Ausnahme", kommentiert Wolfgang Krüger die Untersuchung. Gut vernetzt zu sein, heiße nicht, dass man sich im realen Leben einsam fühle. Gerade in der jüngeren Generation bis 35 Jahre herrsche eine gesunde Skepsis. „Die sind sich durchaus bewusst, dass Onlinefreunde nicht gleichzusetzen sind mit realen Freunden."

**Freundschaften werden anders gelebt**

Aber Digitalisierung hin oder her: „Echte Freundschaften brauchen echte Begegnungen", fasst Expertin Schneider zusammen. Grundsätzlich habe sich das Wesen der Freundschaft durch die Digitalisierung also nicht geändert: „Freundschaften werden heute nur anders gelebt." So würden neue Kontakte durch den gezielten Einsatz von bestimmten Kommunikationskanälen auf Sicherheitsabstand gehalten, während vertrauten Kontakten der vollumfängliche digitale Zugang gewährt werde. Videotelefonie sei ein beliebtes Mittel innerhalb der Familie oder engen Freunden. „Aber wenn der Vermieter eine Videobotschaft schickt, wäre das wohl eher verstörend", sagt Schneider. Denn auch online gelte: Freundschaft ist nicht gleich Freundschaft. *

**3** a Gebt eure ersten Eindrücke wieder: Was hat euch überrascht, was fandet ihr interessant?
b Sucht Aspekte aus dem Text heraus, die reale Freundschaften von virtuellen unterscheiden. Nehmt auch Bezug zu eurer eigenen Definition des Wortes „Freund/-in" (▸ S. 34, Aufgabe 1).
c Erklärt, wie virtuelle Freundschaften reale stärken können.

**4** Diskutiert die Aussage, dass soziale Medien einsam machen.

# Meine Daten, deine Daten, unsere Daten?! – Datenpreisgabe und Datensammlung im Internet

## Grundlagen des Datenschutzes untersuchen

**Klaras Universum**

Live von der Party am See. Wie geeiiilll! 15.06.20.. 3

Lustiges Foto, oder? Meine beste Freundin Nina. Sie hat gar nicht mitbekommen, dass ich sie fotografiert habe. 20.06.20.. 7

Hier könnt ihr euch selbst ein Bild von unserer Lehrerin im Unterricht machen. Mann, wie hasse ich Frau Schmidt!! 23.06.20.. 1

**1** Lest die Posts von Klara. Sprecht darüber, welche Probleme sich daraus ergeben könnten.

Nach dem Grundgesetz hat jeder das Recht auf eine freie Entfaltung seiner Persönlichkeit, soweit er nicht die Rechte anderer verletzt. Dieses „allgemeine Persönlichkeitsrecht" hat viele Facetten. Es gibt vor, dass es Datenschutzrechte gibt, also dass nicht jeder beliebig personenbezogene Daten anderer erheben, speichern und verwenden (etwa veröffentlichen) darf.

Es enthält das Recht am eigenen Bild, nach dem jeder selbst entscheiden kann, ob und unter welchen Bedingungen jemand anderes Abbildungen der eigenen Person verbreiten oder veröffentlichen darf. Das allgemeine Persönlichkeitsrecht umfasst auch den Schutz der Ehre (weshalb etwa Beleidigungen verboten sind), des gesprochenen Wortes und allerhand mehr. […] Auch das Urheberrecht macht vor sozialen Netzwerken nicht halt. Werke wie etwa Fotos, Musik, Videos oder Zeitungsartikel sind in der Regel urheberrechtlich geschützt. Grundsätzlich gilt: Was private Nutzer selbst gemacht haben, können sie auch nutzen, wie sie wollen, solange sie damit nicht in andere Rechte – zum Beispiel die Persönlichkeitsrechte anderer – eingreifen. Ein selbst erschaffener Song, private Fotos vom Sonntagsausflug zum See oder selbst geschriebene Gedichte können zumeist rechtlich problemlos ins Netz gestellt werden. *

**2** a Vereinfacht den Text für einen Beitrag in der Schülerzeitung, sodass ihn auch Schülerinnen und Schüler der fünften Klasse verstehen können: Was darfst du? Was darfst du nicht?

b Stellt dar, von welchem Grundrecht sich wichtige datenschutzrechtliche Bestimmungen ableiten.

c Klärt, welche Rechte Klara durch ihre Posts missachtet hat.

## Datenspuren im Netz

Constantin Wißmann

### Du stehst auf blonde Frauen, oder?

*Aufklärung auf die brutale Tour: Ein französisches Magazin googelt sich Porträts seiner Leser zusammen und veröffentlicht sie.*

Der Artikel fängt nett an. „Herzlichen Glückwunsch zum Geburtstag", wünscht der Verfasser, aber schon dann wird es gruselig: „Wir dürfen doch du sagen, Michel, nicht wahr? Gewiss, du kennst uns nicht. Aber wir wissen sehr viel über dich. Du bist heterosexuell und Single. Im Frühjahr 2008 hattest du eine Geschichte mit Claudia, charmant, kleine Brüste, kurzes Haar, schöne Beine." Dazu druckte das Magazin Bilder: Eine Umarmung am 31. Mai, Händchenhalten am 22. Juni.

Als der 29-jährige Michel aus Mérignac seine Geschichte im Magazin „Le Tigre" gelesen hatte, konnte er mehrere Nächte nicht schlafen. Danach entschloss er sich, gegen das Medium, das so ungeniert aus seiner Privatsphäre geplaudert hatte, zu klagen. Doch die Anwälte machten ihm wenig Hoffnung: Denn alles, was „Le Tigre" veröffentlicht hatte, war zuvor von Michel selbst ins Netz gestellt worden. Aber erst der gedruckte Artikel hatte ihm vor Augen geführt, wie viel er von sich schon preisgegeben hatte.

Michel war nicht der einzige Leser, der im Magazin ein Porträt über sich lesen musste.

Die Redakteure von „Le Tigre" haben es sich zur Aufgabe gemacht, ihre Leserinnen und Leser für das Thema Datenschutz zu sensibilisieren – auf die brutale Tour. Bei Michel hat die Lektion auf alle Fälle gewirkt, er versuchte anschließend, im Internet so viel wie möglich von sich zu löschen. Nur eines hatten die Redakteure nicht von ihm herausgefunden – seine Adresse, um ihm das Porträt per Post zu schicken. „Aber", so schließt der Artikel, „die brauchen wir auch nicht, um dir dein Porträt zu schicken. Du kennst es ja schon, dein Leben."

Freiwillig löschte „Le Tigre" auf seinen Wunsch zumindest in der Onlineausgabe die persönlichsten Dinge und anonymisierte die Handynummer. Für Michel sei es ein „heilsamer Schock" gewesen, sagt ein Redakteur des Magazins. „Die Naivität[1] und der Exhibitionismus[2] vieler Menschen sind grenzenlos."

1 die Naivität – hier: die Vertrauensseligkeit

2 der Exhibitionismus: die Zurschaustellung

**1** a Erklärt, wie die Journalisten das Porträt von Michel im Magazin erstellen konnten.

b Beurteilt Michels Schock über das veröffentlichte Porträt und erläutert seine Reaktion.

c Denkt an eure eigenen Posts in den sozialen Medien. Tauscht euch mit eurer Partnerin / eurem Partner darüber aus, welche Informationen man über euch im Internet finden könnte.

**2**
a Betrachtet die Karikatur und beschreibt, was zu sehen ist.
b Erklärt, welche Problematik die Karikatur veranschaulicht.
c Nennt Daten, die man im Internet freiwillig und bewusst angibt.
d Sammelt Aktionen, durch die man im Internet Datenspuren hinterlässt. Die Bilder helfen euch dabei.

## Welche Spuren hinterlasse ich im Netz? Interview mit einem Informatiker

**Bei Social Networks hinterlässt man Daten, die man freiwillig und bewusst angibt. Es ist somit kontrollierbar, wo ist also das Problem?**
Das ist richtig. Allerdings glaube ich, dass vielen die Konsequenzen nicht klar sind. Gerade die automatische Auswertung beziehungsweise Verknüpfung von allen freiwillig hinterlassenen Daten erlaubt Einblicke, die der Nutzer so nicht erwartet hat. Am Ende wundert man sich nur, warum man trotz entsprechender Qualifikation nicht zum Bewerbungsgespräch eingeladen wurde.
**Was passiert dann eigentlich mit den über mich gesammelten Daten?**
Das ist genau das Problem: Man weiß es nicht wirklich. Das geschieht in den seltensten Fällen transparent. Man sollte sich dabei immer fragen, warum die Seite, der man die Daten anvertraut, eigentlich kostenlos ist. Wie schaffen es die Anbieter sozialer Netzwerke, kostenlos Millionen Accounts zu hosten? Das geht nur, wenn man Interessenten für die Daten findet, wie zum Beispiel Werbefirmen.
**Was sollte man beim Surfen beachten, um möglichst wenige Daten preiszugeben?**
Bei freiwillig eingegebenen Daten sollte man sich immer vorher fragen, ob man das wirklich tun sollte und was man selbst damit eigentlich erreichen will. Auf Privacy-Einstellungen von Social Networks würde ich mich nicht verlassen. Bei der E-Mail-Adresse kann man sich mit einer Fake-Mail-Adresse behelfen […]. Bei Seiten, bei denen es nicht um rechtsverbindliche Verträge geht, helfen durchaus auch Fantasiedaten für Name, Geburtsdatum und so weiter. *

**3**
a Erklärt, wie es die Betreiber/-innen sozialer Netzwerke schaffen, kostenlose Accounts anzubieten.
b Tauscht euch darüber aus, wann die Datenspuren im Netz zum Problem werden könnten.

Unter **personalisierter Werbung** versteht man Werbung, die auf eine bestimmte Zielgruppe ausgerichtet ist. Die Werbung wird so platziert, dass sie von genau dieser Zielgruppe wahrgenommen wird. Ihre Wirkung ist besonders stark, da sie nur Interessierten gezeigt wird. Wichtig für personalisierte Werbung ist die Auswahl der Zielgruppe. Dafür werden verschiedene Methoden angewendet. Die einfachste Methode ist, die Werbebanner oder Werbeeinblendungen im Internet auf den Inhalt der aufgerufenen Internetseite abzustimmen.

**Tracking** bedeutet im Internet das Protokollieren unseres Surf- und Konsumverhaltens mit Hilfe von Cookies (Dateien zur Identifizierung der Nutzerin / des Nutzers), um passgenaue (= personalisierte) Werbung zeigen zu können. In den Browser-Einstellungen kann man das Speichern von Cookies einschränken.

## So funktioniert personalisierte Werbung im Internet

*Werbung ist im Internet überall. Auffällig ist, dass sie oft auf die Nutzer abgestimmt ist. Das resultiert aus gesammelten Daten von Werbeunternehmen.*

Jeder hinterlässt Spuren im Netz. Beim Surfen, beim Onlineshopping oder durchs Anmelden bei sozialen Netzwerken und anderen Diensten. Unternehmen stricken aus diesen Daten personalisierte Werbung. Doch noch weit schwerer wiegt die Gefahr, dass all diese Informationen zu Nutzerprofilen zusammengeführt werden könnten, warnen Experten. An solchen Daten besteht großes Interesse. Banken möchten etwa wissen, ob ein Kunde zahlungsfähig ist. Versicherungen interessieren sich für das Risikoverhalten.
Und Arbeitgeber halten Ausschau danach, wie zuverlässig ihre Mitarbeiter sind. [...] Internetnutzer sollten sich daher nicht nur technisch gegen die Profilbildung rüsten. „Das Beste ist, Spuren im Netz zu vermeiden", sagt Thilo Weichert, Schleswig-Holsteins Datenschutzbeauftragter. In Kauf nehmen muss man dabei immer einen gewissen Komfortverlust. [...] Kritisch sehen Experten auch die Nutzung mehrerer Dienste vom gleichen Anbieter – etwa wenn man Google oder Microsoft nicht nur als Suchmaschinenanbieter verwendet, sondern auch für E-Mails, Kalender, Kontakte, Kartendienste oder als Bilderspeicher. „Je mehr Dienste man bei einem Anbieter hat, desto mehr Informationen sammelt dieser Anbieter auch", sagt Falk Garbsch, Sprecher des Chaos Computer Clubs. Besser ist das Verteilen der Daten auf viele Anbieter. [...] *

**4** a Erklärt, was man unter personalisierter Werbung versteht und wie sie funktioniert.
b Sprecht darüber, welche passende Werbung euch schon einmal in einem sozialen Netzwerk angezeigt worden ist, nachdem ihr etwas in eine Suchmaschine eingetippt habt.

**5** a Sprecht darüber, welche Sprachassistenten ihr kennt.
b Habt ihr Sprachassistenten schon einmal im Alltag benutzt? Tauscht euch darüber aus.
c Recherchiert im Internet, wie Sprachassistenten funktionieren, und sammelt Informationen zu Chancen sowie Gefahren solcher Geräte.

**6** Zeig mir, wo du surfst, und ich sage dir, wer du bist: Folgende Personen waren im Internet unterwegs. Analysiert anhand der Spuren folgende Fragen: Wer surft hier? In welcher Situation befindet sich vermutlich die Person?

**Person 1**
Das Video mit den Tipps für Hochsteckfrisuren ist wirklich zu empfehlen. Im Warenkorb liegen noch die Pumps. Soll ich sie bestellen? Oh, das Foto muss ich liken. Hashtag „Best dresses ever".

**Person 2**
Die Erfahrungsberichte über die verschiedenen Action-Kameras im Forum waren wirklich hilfreich. Nun suche ich nach den aktuellen Öffnungszeiten der Liftanlagen am Spitzingsee. Spätestens übermorgen müsste die gerade bestellte Sonnencreme mit LSF 50 kommen.

**Person 3**
Die Bundesliga-App wurde vollständig heruntergeladen und das Buch „30 Dinge, die du nach der Schule tun solltest" ist bestellt. Jetzt kann ich mir in Ruhe das Video „Wie baue ich ein Zelt auf?" ansehen.

**Person 4**
So, das Foto mit der Wärmflasche in meinen Händen ist gepostet. Welche schnellen Hausmittel wurden mir gerade nochmals in dem Video präsentiert? Corsilexa, nenne mir eine Versandapotheke.

**7**
a Ergänzt folgende Aussage: Durch Datenspuren im Internet können Nutzerprofile erstellt werden, weil ...
b Legt dar, unter welchen Bedingungen es Internetkonzernen schwerfällt, zielgerichtete Werbungen zu schalten oder Nutzerprofile zu erstellen.
c „Personalisierte Werbung hat auch Vorteile." Bewertet diese Aussage, indem ihr dazu im Internet recherchiert.

**8** Formuliert Tipps, wie ihr mit wenig Datenspuren im Internet surfen könnt. Die Texte auf den Seiten 38 und 39 helfen euch dabei.

●○○ *Nutzt für E-Mails, Speicher etc. unterschiedliche Anbieter.*
*Verwendet ...*
*Gebt keine ...*

# Testet euer Wissen!

## Sicherheit im Netz

**1** a Welche Aussagen treffen zu? Notiert die fett gedruckten Buchstaben. Richtig sortiert ergeben sie ein Lösungswort.
b Korrigiert die falschen Aussagen.

**SPH** Ein großer Vorteil der Internetkommunikation ist die Möglichkeit zur weltweit zeitversetzten Kommunikation.

**AMS** Man sollte möglichst viele Internetdienste von einem Anbieter benutzen, damit man sie leicht bedienen kann.

**VAT** In sozialen Medien können Nutzer/-innen Inhalte verändern.

**SCH** Unter personalisierter Werbung versteht man das Zusenden von Werbenewslettern per E-Mail.

**PRI** Soziale Netzwerke finanzieren sich über Werbung und den Verkauf der Daten.

**ACK** Wenn du ein von dir gemachtes Foto deines Lehrers auf Snapchat stellst, verletzt du das Urheberrecht.

**ÄRE** Aus den hinterlassenen Spuren im Netz können wertvolle Nutzerprofile erstellt werden.

**TRA** Wenn ich meine Privatsphäreneinstellung so konfiguriere, dass nur meine Follower/-innen die geposteten Fotos sehen, hinterlasse ich keine Spuren im Internet.

**2** Verbindet die passenden Satzteile und notiert die Aussagen in euer Heft.

**A** Bei Sprachassistenten handelt es sich um mit dem Internet verbundene Lautsprecher, ...

**B** Sprachassistenten hören immer zu, ...

**C** Man muss Sprachassistenten komplett ausschalten, ...

**D** Sprachassistenten leiten Daten an ihre Mutterkonzerne weiter, ...

**E** Mit Sprachassistenten kann man Informationen rasch per Sprachbefehl abrufen, ...

**1** ... wenn man keine Aufzeichnung durch solche Geräte möchte.

**2** ... ohne die gerade ausgeführte Tätigkeit unterbrechen zu müssen.

**3** ... damit sie das Aktivierungswort erkennen und Befehle ausführen können.

**4** ... die menschliche Sprache erkennen und analysieren können.

**5** ... um Werbung stärker personalisieren zu können.

# 2.2 Chancen und Risiken des Internets – Diskussionsrunden durchführen

## Gleich und Gleich gesellt sich gern – Über Filterblasen diskutieren

Der Begriff der **Filterblase** (auch Informationsblase) kommt aus der digitalen Welt und beschreibt das Phänomen, dass Webseiten und Plattformen mit Hilfe entsprechender Algorithmen den Einzelnen nur oder hauptsächlich Informationen und Meinungen einblenden, die mit den bisherigen Ansichten und Interessen weitgehend übereinstimmen. *

Nils Kinkel, Bettina Less

### Wie geht's raus aus der Filterblase?

[...] Auch im Internet gibt es das psychologische Phänomen: Gleich und Gleich gesellt sich gern. Das ist auch in sozialen Netzwerken zu beobachten, wo sich Freunde, Familien und Gleichgesinnte vernetzen und ihre Meinung austauschen, teilen und liken. Wenn also ein Nutzer der Meinung ist, die Erde sei flach, wird er Artikel darüber online lesen und Freunden empfehlen. Je häufiger er das macht, desto mehr Artikel sieht er, in denen der Autor behauptet, die Erde sei eine Scheibe.

Im personalisierten Internet sieht der Nutzer nur noch Artikel, die ihn interessieren. Mit diesem Geschäftsmodell verdienen Internetkonzerne ihr Geld, weil sie mit diesem Werkzeug auch die Werbung auf das jeweilige Profil zuschneiden. Wer beispielsweise Urlaub in Schweden anklickt, bekommt plötzlich nur noch Angebote von Blockhütten an einem schwedischen See angezeigt. Der Artikel über eine Motorradtour im Atlasgebirge erreicht den Nutzer nicht mehr, weil er sich in seiner Skandinavien-Blase befindet. Das Problem: Je mehr personalisiert wird, umso mehr wird vom Rest der Welt ausgeblendet. Im schlimmsten Fall bekommt der Nutzer also gar nichts anderes mehr mit.

Wissenschaftler befürchten, dass Leser nur noch die eigene Überzeugung wahrnehmen. In der Filterblase kann sich nämlich auch eine Echokammer bilden. Wer beispielsweise einen Artikel von Impfgegnern kommentiert, bekommt automatisch auch viele andere Artikel angezeigt, die von Impfschäden handeln.

In einer freien Gesellschaft gibt es eigentlich immer einen Wettbewerb um die besten Ideen und einen Austausch von Argumenten. Wer sich aber nur noch seine Meinung bestätigen lässt, der wird zunehmend intolerant. Das kann zu einer Spaltung der Gesellschaft führen. Andererseits gibt es Filterblasen auch ohne Internet. […] Was also kann man tun?

Unbequeme Meinungen zulassen und andere Meinungen aktiv suchen: Um den Horizont zu erweitern und den Algorithmus[1] zu verwirren, kann es sinnvoll sein, gezielt Seiten zu „liken", die man eigentlich nicht mag. Beispielsweise Organisationen, Vereine oder Politiker, deren Parteien einem nicht liegen.

Ins Gespräch kommen: Wer sich aufraffen kann, in eine Diskussion einzusteigen, kann im Idealfall nicht nur die eigene, sondern sogar fremde Filterblasen zum Platzen bringen. Nämlich dann, wenn er mit seiner Gegenmeinung auftaucht in einer Gemeinschaft, die sich bislang in einem abgeschotteten Raum gegenseitig bestätigt hat.

Durchhalten: Wer seine Filterblase wirklich zum Platzen bringen will, muss es sich ungemütlicher machen, andere Meinungen aushalten und auch mal diskutieren.

Raus aus dem Netz: Die Filterblase gibt es auch im echten Leben. Die meisten Freunde und Bekannten haben einen ähnlichen Ausbildungsgrad, ähnliche Einstellungen und ein ähnliches Umfeld, sie konsumieren auch dieselben Medien. Wer allerdings diese Perspektive wechseln will, hat es heute einfach: Mal eine andere Tageszeitung lesen als die gewohnte – geht alles online. Das kann die eigene Perspektive nachhaltig ändern. *

1 der Algorithmus: Rechenformel

**1** a „Gleich und Gleich gesellt sich gern." Beschreibt anhand dieses Sprichworts, was man unter einer Filterblase versteht.

b Filterblasen existieren auch in der realen Welt. Benennt Faktoren, die eure Meinung dort beeinflussen.

c Legt dar, was man unter einer „Echokammer" versteht, und ergänzt Beispiele aus eurer eigenen Erfahrung.

**2** Formuliert Tipps, wie man sich online und offline vor Filterblasen schützen kann.

**3** Diskutiert Nutzen und Gefahren von Filterblasen in sozialen Netzwerken.

a Teilt die Klasse in zwei Gruppen (Nutzen/Gefahren) auf.

b Erarbeitet in Partnerarbeit Argumentationen zu eurem Standpunkt.

c Führt in der Klasse ein Positionsspiel durch (▶ Merkkasten).

**Wissen und Können** **Positionsspiel**

Bis zu drei Personen nehmen jeweils die **Pro- und Kontraposition zu einem Thema** ein und stellen sich in die **gegenüberliegenden Ecken des Raums**. Die restlichen Schüler/-innen, die zu Beginn in der Mitte stehen, wechseln ihre Position nach jeder vorgetragenen Argumentation der Rednerin / des Redners: Befürworten sie ihre/seine Argumentation, machen sie **einen Schritt auf sie/ihn zu**, überzeugt diese sie nicht, gehen sie **einen Schritt zurück**. Die Aufstellung des Plenums stellt damit ein Feedback dar, wie überzeugend die jeweiligen Argumentationen der Pro- und Kontraredner/-innen gewesen sind.

# Die digitale Schule: Unterricht nur noch online? – Eine Debatte vorbereiten

1 Hört euch den Romanauszug an oder lasst ihn euch vorlesen. Notiert in Stichpunkten, in welcher Welt die Figur Maddie im Jahr 2060 lebt.

Katie Kacvinsky

## Die Rebellion der Maddie Freeman

*Maddie Freemans Geschichte spielt im Jahr 2060 und wie alle um sie herum führt sie ein Leben im Netz. An ihrem 17. Geburtstag bekommt sie von ihrer Mutter ein leeres Tagebuch mit echten Papierseiten, was für Maddie ein Relikt aus einer anderen Zeit ist.*

Als immer mehr Bäume durch Waldbrände und Rodungen starben, waren Bücher das Erste, was verboten wurde, um die Bäume zu schützen. Heutzutage lädt man sich alles digital herunter. Man bestellt ein Buch und in Sekundenschnelle hat man es auf der Festplatte seiner Bookbag. Dann lasse ich es mit Zipfeed umwandeln, damit es mir laut vorgelesen wird. Praktischer geht es kaum. Natürlich habe ich auch gelernt, selbst zu lesen. Das gehört zum Unterrichtsstoff an der Digital School. Die Chatnachrichten auf meinem Handy lese ich zum Beispiel. Aber die Wissenschaft hat herausgefunden, dass Audioinformationen schneller verarbeitet und gelernt werden. Zumindest haben das ein paar Professoren bei Ratten festgestellt. Sie haben mit Nagern experimentiert und daraus abgeleitet, wie man Menschen am besten etwas beibringen kann. Weil diese Theorie so schön medienwirksam war, sind die Politiker darauf angesprungen. So kam es zu einer Gesetzesänderung, die unsere Welt verwandelte. Und das ist der Grund, warum ich meine Bücher höre, statt sie zu lesen. Allerdings besteht meine Mutter darauf, dass ich ab und zu meine Augen anstrenge. Sie hat ihre alten Romane aufbewahrt und hinter Glas in Spezialmöbeln stehen, die man Bücherschränke nennt. Jedes Jahr schenkt sie mir ein paar Bücher, die sie besonders gern mag. Ich muss zugeben, dass es mir auch gefällt, zwischen den bunten Einbänden zu verschwinden. Beim Lesen fühlt es sich so an, als wäre ich ganz bei der Sache, statt nur meine Ohren zu benutzen [...] Also könnt ihr euch wahrscheinlich vorstellen, wie überrascht ich war, als Mom mir ein leeres Buch gab. Bedrucktes Papier ist schon selten genug, aber ein Buch ohne Text ... Was für eine Verschwendung. Kein Wunder, dass wir die Bäume ausgerottet haben. Und ich soll darauf schreiben. Mit der Hand. Kaum zu glauben, wie langsam das geht! Wenn ich Leute in alten Filmen mit der Hand schreiben sehe, muss ich immer lachen. So was gibt es schon seit zwanzig Jahren nicht mehr. In der Schule haben wir gezeigt bekommen, wie man schreibt, aber natürlich haben wir es nur als Simulation auf unseren Flipscreens ausprobiert. Um einen Stift zu kaufen, muss man im Netz schon einen Spezialversand finden. Nur meine Mom würde auf die Idee kommen, für so ein historisches Gerät noch Geld auszugeben. Ich

habe ein schlechtes Gewissen, wenn ich leeres Papier beschreibe. Es kommt mir vor, als würde ich mit meinen Worten etwas beflecken, das durch seine Unberührtheit wertvoller und interessanter war als alles, was ich jemals zu sagen haben könnte. Mein Leben ist alles andere als aufregend. Ganz im Gegenteil. Jede Minute ist vorherbestimmt, kontrolliert und starr festgelegt. Es gibt nur einen schmalen Pfad, auf dem ich mich bewegen darf.
Außerdem, warum sollte ich Zeit dafür opfern, meine Gedanken aufzuschreiben, wenn niemand sie sonst lesen kann? Ich bin es gewohnt, dass Millionen von Leuten an allem beteiligt sind, was ich sage und tue. Normalerweise bekomme ich Massen von Feedback und jeder meiner eingetippten Gedanken wird von Dutzenden Kommentaren begleitet. Das gibt mir das Gefühl, in meinem Leben etwas richtig zu machen. Es zeigt mir, dass es Menschen gibt, denen ich wirklich etwas bedeute. Im Netz fühle ich mich real und ich bekomme den ständigen Beweis, dass ich existiere. Warum sollte ich mein Ich in einem Buch verstecken? Richtig geheim halten lässt sich sowieso nichts. *

**2** Sucht Aspekte aus dem Text heraus, die schon heute auf unsere digitalisierte Welt zutreffen, und nehmt dazu kritisch Stellung.

## Kreide und Schultafel statt Computer im Silicon Valley

*Das Silicon Valley ist das Tech-Mekka der Welt. Doch ausgerechnet im Zentrum des digitalen Fortschritts gibt es Eltern, die für ihren Nachwuchs altmodische Klassenzimmer und Schulen mit wenig Computereinsatz favorisieren.*

Mit bunten Kreidestücken drängen sich Mädchen und Jungen in einer Schule der kalifornischen Stadt Mountain View vor der großen Tafel. Auf einem Holzpult liegen Menschen- und Affenschädel, teils gelblich verfärbt. „Fasst sie ruhig an“, fordert Biologielehrerin Jennifer Staub die 15 und 16 Jahre alten High-School-Teenager auf. Es läuft der Wissenschaftsunterricht, die Waldorfschule liegt im Herzen von Silicon Valley, der US-Hochburg für neue digitale Technologien. […] Doch diese Schule setzt auf wenig Techniknutzung. Sie orientiert sich am alten Ansatz der Waldorfpädagogik, um kreative und soziale Kräfte zu entwickeln. Der Raum kommt ohne Monitore und Computer aus. „Hier lernen wir mit unseren Sinnen, mit Anfassen“, erläutert Schulleiter Pierre Laurent. „Es ist doch gefährlich, wenn Schüler nur noch auf einen Bildschirm starren und Lehrer nur als Tutoren hinter ihrem Rücken stehen.“ Neun Jahre arbeitete der Informatiker aus Frankreich bei einem Software-Giganten, jetzt setzt der dreifache Vater im neuen Beruf als administrativer Schulchef auf „Lowtech“. Solche Konzepte, die wenig oder gar keine digitale Unterstützung im Unterricht einsetzen, finden seit einiger Zeit viel Aufmerksamkeit. Und das gerade mitten im Silicon Valley? „Na klar“, lacht der 56-Jährige. „Wir haben lange Wartelisten für einige Klassen.“ *

**3** **a** Arbeitet heraus, warum die Schule im Silicon Valley keine Computer im Unterricht einsetzt.
**b** Recherchiert über das Silicon Valley und den Widerstand, der sich dort gegen die Digitalisierung regt.

**4** Wie denkt ihr über die Digital School, in der Maddie lernt? Setzt euch damit in Form einer Blätterlawine (► S. 320) auseinander.

# Die digitale Schule: das Modell der Zukunft? – Eine Debatte führen

Die digitale Schule: das Modell der Zukunft?

Sollte der Unterricht an bayerischen Schulen nur noch digital zu Hause am heimischen PC oder Tablet stattfinden?

Viele Schulen in Bayern nehmen am bundesweiten Wettbewerb **„Jugend debattiert"** teil, der unter der Schirmherrschaft des Bundespräsidenten steht und von mehreren Stiftungen ausgetragen wird. Die Debatte läuft dabei nach **festen Regeln** ab, die ihr auch hier vorfindet.

**1** a Betrachtet die beiden Sprechblasen. Ordnet die Themafragen mit Hilfe des Merkkastens (▸ S. 47) den Diskussionsformen Diskussion und Debatte zu.

b Bei einer Debatte gibt es verschiedene Rollen. Ergänzt die Mind-Map.

*Rollen bei einer Debatte*
- *2 Pro-Debattanten*
- …
- …
- …
- *Zeitwächter/-in*

**2** a Ordnet die Begriffe aus dem Wortspeicher den drei Teilen einer Debatte zu.

| Eröffnungsrunde | freie Aussprache | Schlussrunde |
|---|---|---|
| *je 2 Minuten Redezeit* | *12 Minuten Redezeit* | *je 1 Minute Redezeit* |

Diskussion im freien Wechsel •
Rede und Gegenrede (Pro 1 – Kontra 1, Pro 2 – Kontra 2) •
keine neuen Argumente •
Streitfrage aus der Sicht der neu gewonnenen Erkenntnisse beantworten •
Streitfrage aus der persönlichen Sicht beantworten •
Rednerreihenfolge wie in der Eröffnungsrunde

b Wiederholt die Bestandteile einer überzeugenden Argumentation.

c Erklärt, was im Hinblick auf die Reihenfolge der Argumentationen zu beachten ist.

**3** Führt nun eine Debatte zur folgenden Frage durch: „Sollte der Unterricht an bayerischen Schulen nur noch digital zu Hause am heimischen PC oder Tablet stattfinden?“

**a** Teilt die Klasse in Pro- und Kontragruppen (jeweils zwei Personen) ein und bestimmt einen Moderator oder eine Moderatorin, Zeitwächter/-innen sowie Beobachter/-innen.

**b** Die Debattengruppen bereiten sich nun auf das Thema vor. Greift dabei auf eure Inhalte aus der Blätterlawine (▶ S. 45) zurück. Die Beobachter/-innen machen sich mit dem Bewertungsbogen (▶ S. 48) vertraut.

**c** Die Zeitwächter/-innen sollten unter anderem mit einer Glocke zu folgenden Zeitpunkten während der Debatte Signale geben:
- In der Eröffnungs- und Schlussrunde soll jeweils zehn Sekunden vor Ende der jeweiligen Sprechzeit ein Signal ertönen.
- In der freien Aussprache genügt ein Signal eine Minute vor Ende dieser Phase.

**d** Die Debattantinnen und Debattanten sollten ohne vorgefertigte Notizen in die Gesprächsrunde gehen. Während der Debatte können sie sich aber Notizen von Gesprächsbeiträgen anderer machen, um daran anzuknüpfen.

**Wissen und Können** | **Debatte**

Eine Debatte stellt eine **Diskussion** dar, bei der die Debattantinnen und Debattanten sich im Vorfeld für eine Position entscheiden. Die Sitzordnung ist dabei vorgegeben. Einer Moderatorin / einem Moderator kommt die Aufgabe zu, das Publikum sowie die Debattantinnen und Debattanten zu begrüßen. Sie/Er nennt nach einer kurzen Einleitung die Themafrage und fasst am Ende das Diskussionsergebnis zusammen.
Die Debatte selbst besteht aus **drei Teilen**:
- In der **Eröffnungsrunde** (je zwei Minuten Redezeit) wird die Streitfrage aus der Sicht der einzelnen Teilnehmer/-innen beantwortet und mögliche Argumente werden kurz erwähnt.
- In der **freien Aussprache** (zwölf Minuten) werden diese Argumente ausführlich diskutiert.
- In der **Schlussrunde** (je eine Minute) beantwortet jede/jeder die Streitfrage erneut.

**4** a Ordnet die vier Kriterien, die bei einer Debatte beachtet werden sollten, den Aussagen zu.

| Ausdrucksvermögen | Gesprächsfähigkeit | Überzeugungskraft | Sachkenntnis |
|---|---|---|---|

| Die Rednerin / Der Redner … | 5 | 4 | 3 | 2 | 1 | 0 |
|---|---|---|---|---|---|---|
| … weiß, worum es geht. | ausge-zeichnet vorbereitet | genau informiert | kennt die wichtigs-ten Fakten | weiß eini-germaßen Bescheid | kennt sich kaum aus | kennt sich gar nicht aus |
| … sagt, was sie/er meint. | einpräg-sam und originell | klar und anschau-lich | verständ-lich und flüssig | einigerma-ßen ver-ständlich | gerade noch ver-ständlich | nicht ver-ständlich |
| … geht auf die anderen ein. | sehr auf-merksam | gut | zum Teil gut | manchmal | wenig | überhaupt nicht |
| … begründet gut, was sie/er sagt. | immer überzeu-gend | stets gut | teils gut, teils schlecht | teilweise | kaum | überhaupt nicht |

b Sprecht darüber, was euch an diesem Bewertungsbogen gefällt und was euch weniger gefällt. Entwerft selbst eine Vorlage, die ihr für eure Debatten einsetzen könnt.

**5** Die Teilnehmer/-innen erhalten nach der Debatte von einer Beobachterin / einem Beobachter Rückmeldung. Geht dabei nach der „Sandwich-Methode“ vor.

a Seht euch die Abbildung an und begründet, welchen Vorteil der Aufbau dieses Feedbacks mit sich bringt.

b Stellt Formulierungshilfen zusammen, die ihr stets verwenden könnt. *Besonders überzeugend fand ich … Bedenke in Zukunft …*

c Gebt den Debattantinnen und Debattanten eine Rückmeldung in Form eines Sandwich-Feedbacks (▶ Merkkasten).

**Wissen und Können** **Sandwich-Feedback**

Beim sogenannten Sandwich-Feedback wird eine **negative Rückmeldung von einem Lob und einem Tipp eingerahmt.** Dabei ist zu beachten, dass die Feedbackgeber/-innen ihre positive und negative Kritik **konkretisieren** und sich nicht in allgemeinen Floskeln verlieren.
Statt „Du hast das gut gemacht“ könnt ihr beispielsweise formulieren:
*Als Zuhörer/-in hat man gemerkt, dass du dich im Vorfeld der Debatte genau über das Thema informiert hast, da du viele Zusammenhänge anhand konkreter Daten anschaulich erklären konntest.* **(Lob)** *Allerdings solltest du in Zukunft noch mehr auf das Gesagte deiner Vorrednerin / deines Vorredners eingehen, indem du es bekräftigst, einschränkst oder entkräftest.* **(Kritik)** *Wenn du deine eigenen Thesen auf das Vorhergesagte beziehst, kannst du du deine Position noch deutlicher abgrenzen.* **(Tipp)**

# 2.3 Projekt: Formen der E-Partizipation – Digitale Plakate präsentieren

**E-Partizipation** bezeichnet die altersunabhängige Beteiligung von Bürgerinnen und Bürgern an politischen Entscheidungsprozessen über das Internet. Die Partizipation erfolgt mit Hilfe von digitalen Medien und Geräten. Es lassen sich **drei Arten der Teilhabe** unterscheiden:
- sich positionieren,
- sich einbringen und
- andere aktivieren.

**1** a Das Internet bietet auch die Möglichkeit, sich politisch zu beteiligen. Lest euch die Definition durch und erklärt mit eigenen Worten, was man unter E-Partizipation versteht.
b Ordnet folgende Beispiele der E-Partizipation den drei Formen zu.
c Tauscht euch darüber aus, an welcher der drei Aktionen ihr euch beteiligen würdet.

| | | |
|---|---|---|
| Einen Forumsbeitrag zu Windkraftanlagen schreiben | Einen Link zur Online-Unterschriftenaktion „Verantwortungsvoll konsumieren“ weiterleiten | Einen Zeitungsartikel über erneuerbare Energien liken |

**2** a Betrachtet die Karikatur und beschreibt, was sie zeigt.
b Deutet die Karikatur und geht dabei auf ihre Kritik an der E-Partizipation ein.

**3** Habt ihr euch selbst schon im Netz zu politischen und gesellschaftlichen Themen positioniert? Sammelt in einem Webtool, das euch die Lehrkraft vorgibt, Beispiele, wofür ihr euch digital politisch eingesetzt habt.

Erweitert euer Wissen über die E-Partizipation und erstellt digitale Plakate, die ihr auch den Schülerinnen und Schülern anderer Klassen zugänglich machen könnt.

## Projektschritt 1: Themengruppen bilden

**1** a Sammelt Plattformen, die ihr kennt und mit deren Hilfe man sich politisch engagieren kann.
b Bildet Kleingruppen: Jede Gruppe beschäftigt sich mit einer Plattform.

## Projektschritt 2: Informationen recherchieren und auswählen

**2** Recherchiert im Internet zu den Plattformen. Folgende Aspekte solltet ihr beachten:
- Hintergründe zur Plattform (Wer? Wann? Warum?)
- Beschreibung der Plattform (Reichweite, Akzeptanz ...)
- Beispiele für Projekte dieser Plattform
- Eigenes Urteil zur Plattform

## Projektschritt 3: Ein digitales Plakat erstellen

**3** Erstellt ein digitales Plakat zu eurer Plattform, indem ihr passende Informationen auswählt. Auf einer virtuellen Wand könnt ihr zeitgleich und gemeinsam arbeiten.

## Projektschritt 4: Präsentation der digitalen Plakate

**4** a Stellt den anderen eure Plattform mit Hilfe eures digitalen Plakats vor.
b Gebt euch gegenseitig Rückmeldung.

**Wissen und Können** | **Digitale Plakate erstellen**

Auf einer digitalen Pinnwand lassen sich Informationen zu einem Thema ansprechend digital präsentieren. Achtet dabei auf Folgendes:
- Informiert **sachlich** und **prägnant** über das Thema.
- Gebt den Informationen eine sinnvolle, leicht verständliche und ansprechende **Struktur**.
- Baut zur **Veranschaulichung** Links, Videos, Sprachaufnahmen oder Bilder ein.
- Überprüft die **sprachliche Gestaltung** (Rechtschreibung, Zeichensetzung, Satzbau, Stil).

# 3 Technik verändert die Welt – Recherchieren und präsentieren

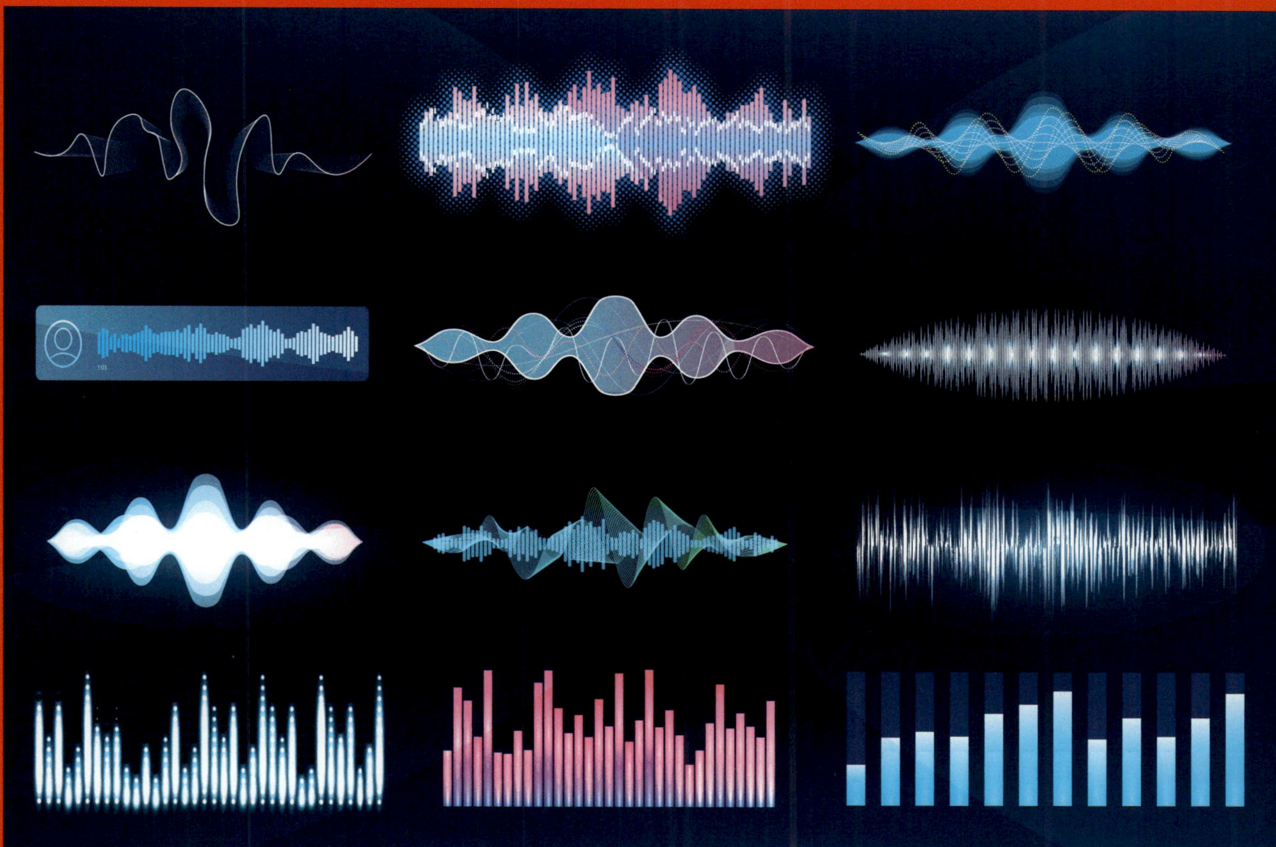

**1** Sprecht darüber, was in der Abbildung dargestellt ist.

**2** Tragt zusammen, was ihr über moderne Musiktechnologie wisst.

**3** **a** Für welche technischen Zukunftstrends interessiert ihr euch? Formuliert Fragen, z. B.:
- *Auf welche Weise werden wir in Zukunft miteinander kommunizieren?*
- *Wie verändert die Technik unser Berufsleben?*

**b** Tauscht euch aus, wo und wie ihr Informationen dazu recherchieren könnt.

**In diesem Kapitel ...**

- recherchiert ihr zum Thema „Wie Technik unseren Alltag verändert",
- präsentiert ihr ein mediengestütztes Referat,
- verfasst ihr eine kurze Rede,
- nehmt ihr einen Podcast auf.

# 3.1 Die Technisierung des Alltags – Referate vorbereiten und halten

## Das Thema erfassen und strukturieren

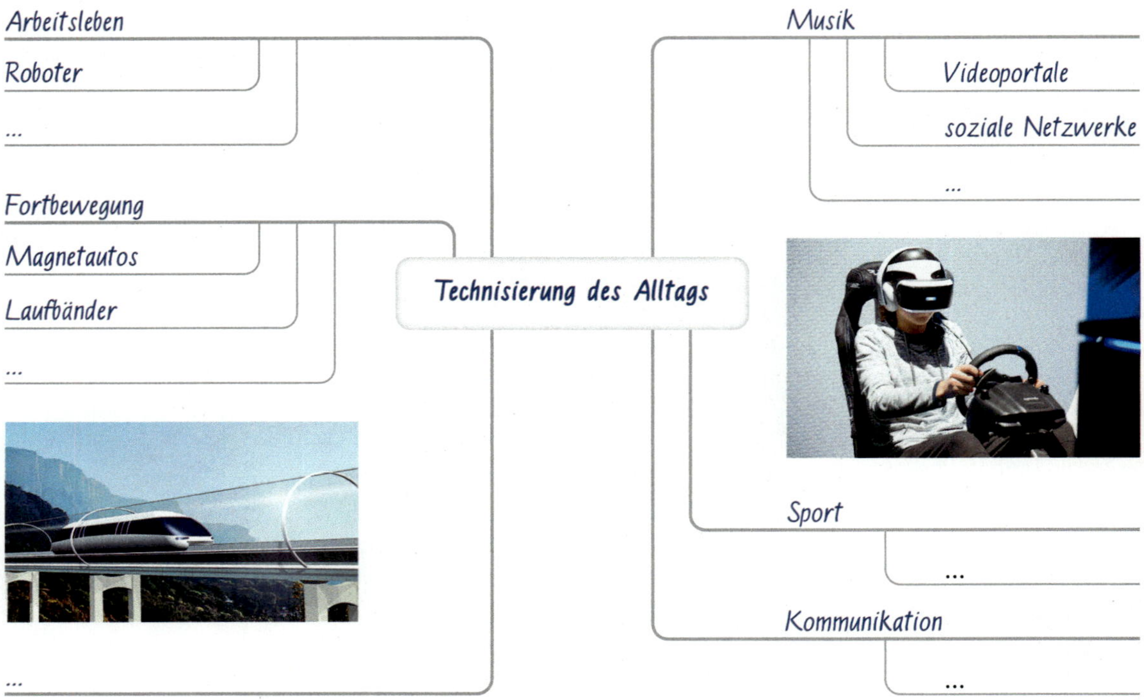


**1** Moderne Technologien spielen in unserem Alltag eine immer größere Rolle.

a Übertragt die Mind-Map zur Technisierung des Alltags in euer Heft und ergänzt sie durch weitere Bereiche, in die Technik Einzug halten kann.

b Vergleicht eure Mind-Maps und besprecht die genannten Aspekte.

**2** Wählt aus der Mind-Map ein Oberthema, zu dem ihr gern ein Referat halten würdet.

a Informiert euch, wie sich die Technik in diesem Bereich bis heute entwickelt hat.

b Notiert Fragen, denen ihr bei der Erarbeitung des Referats nachgehen möchtet.
**Tipp:** Verwendet dazu Karteikarten, die ihr später in einer passenden Reihenfolge nummerieren könnt.

c Erstellt eine Gliederung für das Referat:
- Notiert das Oberthema.
- Ordnet darunter die Unterthemen und Fragen in sinnvoller Reihenfolge an.
- Nummeriert die Unterthemen.

d Stellt euch gegenseitig eure Gliederungen vor.

*Musik*
1. *Musik früher:*
   *Geschichte der Tonträger*
   *Frage: Was war der erste Tonträger?*
   *Frage: ...*
2. *Musik heute:*
   *Videoportale und soziale Netzwerke*
   *Frage: ...*
   *...*

# Materialien recherchieren

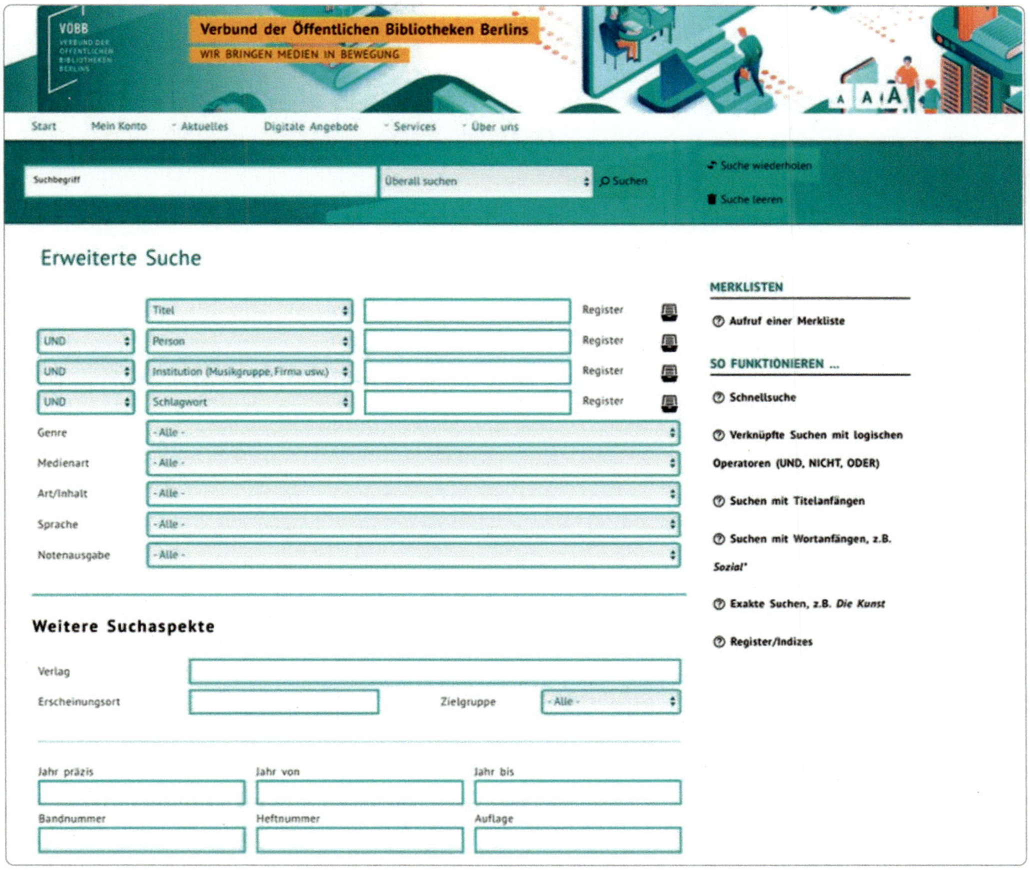


**1** Zur Vorbereitung auf ein Referat könnt ihr den Onlinekatalog einer Bibliothek in eurer Nähe nutzen.
**a** Habt ihr bereits Erfahrungen in der Nutzung von Onlinekatalogen? Sprecht darüber.
**b** Beschreibt, welche Möglichkeiten zur Recherche die abgebildete Suchmaske bietet.

**2** Sucht mit Hilfe der Suchmaske des Onlinekatalogs eurer Bibliothek nach Büchern und weiteren Medien zu eurem Referatthema, z. B.:
*Werner Keil: Musikgeschichte im Überblick. Stuttgart, Utb 2018.*

**3** Besprecht die Vor- und Nachteile der Nutzung von Büchern bei der Vorbereitung auf ein Referat.

**4** Führt zu eurem Referatthema eine gezielte Recherche im Internet durch (▸ S. 318):
- Leitet von den Fragen in eurer Gliederung aus Aufgabe 2 (▸ S. 52) geeignete Suchwörter ab, z. B.:
  *Was war der erste Tonträger? → Suchwort: erster Tonträger – ...*
- Grenzt eure Suche durch Einstellungen zum Medium ein: Sucht ihr Texte, Bilder oder Videos?
- Speichert die Internetadressen der Seiten, die ihr besonders hilfreich findet.

# Informationen aus Texten entnehmen

## Überfliegendes und orientierendes Lesen

Bevor ihr nach Material sucht, solltet ihr wissen, welche Fragen ihr in eurem Referat beantworten möchtet. Da es zu fast jedem Thema eine Fülle an Materialien gibt und ihr nicht alles im Detail lesen könnt, verschafft ihr euch am besten zunächst einen schnellen Überblick mit Hilfe des **überfliegenden und orientierenden Lesens.**

**1** Zum Referatthema „Neue Wege der Vermittlung von Sprache und Musik" wurde der Text „Von der Wachsrolle zum MP3" ausgewählt.

a Überfliegt den folgenden Sachtext und prüft innerhalb von zwei Minuten, welche Informationen die Textbestandteile im Wortspeicher liefern.

Überschrift • Zwischenüberschriften • Foto • erster und letzter Abschnitt

b Erklärt, für welchen Aspekt des Referats die Informationen aus dem Artikel verwendet werden können.

### Von der Wachsrolle zum MP3 – die Geschichte der Tonträger

**Die Urahnen von MP3: Phonograph und Grammophon**

Die vermutlich älteste Musikaufnahme der Welt stammt aus dem Jahr 1888 und enthält eine Passage aus dem Händel-Oratorium „Israel in Egypt". Das Aufnahmegerät hatte Thomas Edison ein Jahrzehnt zuvor erfunden[1]. Sein Phonograph bestand aus einem Trichter, mit dem der Schall aufgefangen und an eine Membran weitergeleitet wurde. Eine daran befestigte Nadel ritzte eine Spur auf eine Wachsrolle oder Zinnfolie, die über eine Stahlwalze gespannt war. Zum Abhören brauchte man nur noch die Nadel auf den Ausgangspunkt zu setzen und die Walze zu drehen. Das Ergebnis glich jedoch eher einem fernen Summen als einer mitreißenden orchestralen Offenbarung. Doch immerhin – der Anfang der Tonaufzeichnung war geglückt.

Kurz darauf entwickelte der Deutsche Emil Berliner ein Verfahren, mit dem Töne auf einer flachen Scheibe gespeichert und auf einem Grammophon abgespielt werden konnten. 1897 kam sie auf den Markt, die erste Schellackplatte mit einem Durchmesser von zwölf Zentimetern und wenigen Minuten Spieldauer. Ein Jahr später begann in Hannover die Deutsche Grammophon Gesellschaft mit der Massenproduktion. […]

**Der Durchbruch: Tonband und Schallplatte**

1928 kam das erste vollelektronische Grammophon auf den Markt, das die bis dahin notwendige Handkurbel überflüssig machte. Im gleichen Jahr ließ sich der Ingenieur Fritz Pfleumer das erste Tonbandgerät patentieren. Es dauerte dann allerdings noch weitere sieben Jahre, bevor das Magnetophon K1 auf der 12. Funkausstellung in Berlin vorgestellt werden konnte. Es bestand aus Laufwerk, Verstärker und Lautsprecher und wog rund einen Zentner. Bei

1 Thomas Edison meldete seinen Phonographen im Dezember 1877 zum Patent an.

diesem Prototypen wurde als Tonträger ein Kunststoffband mit magnetisierbarer Eisenoxydschicht verwendet. Die Klangqualität dieser Technologie war schon sehr annehmbar, wie [eine] Aufnahme aus dem Jahr 1935 belegt.
Auch in der Schallplattentechnik gab es bald enorme Fortschritte. 1931 veröffentlichte die Radio Corporation of America (RCA) die erste Schallplatte mit 33 ⅓ Umdrehungen pro Minute, kurz darauf folgte die Stereoplatte, und 1948 wurde schließlich Vinyl als Material genutzt. Die neuen schwarzen Tonträger waren nicht nur viel stabiler als die Schellacks, sie rauschten auch weniger. Der Tonabnehmer des Schallplattenspielers wandelte die Schwingungen der Nadel in elektrische Ströme um, die dann entsprechend verstärkt über Lautsprecher die Tonsignale wiedergaben. Dies war der Durchbruch, denn ob in den ersten Diskotheken, zu Hause auf dem Plattenteller oder in den Jukeboxen der Bars und Cafés: das gerade angebrochene Rock-'n'-Roll-Zeitalter bescherte der noch immer jungen Industrie einen Boom. [...]

**Kleiner und feiner: Musikkassette und Compact Disc**
1963 stellte der holländische Philips-Konzern die Musikkassette vor. Sie war nicht nur ein sehr robustes und damit für den Alltag besser geeignetes Medium, sondern stellte auch eine Zeitenwende dar. Denn ab sofort konnten mit einem Kassettenrecorder die Hits aus dem Radio problemlos selbst mitgeschnitten werden – zuvor hatte man noch die großen Tonbandgeräte dafür gebraucht. Und auch das Anhören sollte einfacher werden: Mit einem Abspielgerät für unterwegs revolutionierte das japanische Unternehmen Sony 1979 den Markt. Dank dem Walkman konnte man Kassetten auch beim Joggen im Park oder im Zugabteil hören.
Doch das war nur ein weiterer Zwischenschritt hin zur digitalen Zukunft: Die Compact Disc erwies sich als die wohl größte mediale Umwälzung auf dem Tonträgermarkt. Es handelt sich hierbei um ein optisches Speichersystem, bei dem ein Laser die versiegelte Oberfläche der CD abtastet und der Player diese Signale in hörbare Töne umsetzt. Das neue Medium sollte ähnlich kompakt sein wie die Musikkassette, und der Legende nach einigten sich Philips und Sony auf zwölf Zentimeter Durchmesser, weil so Beethovens Neunte Symphonie ohne Unterbrechung abgespielt werden konnte.

Die Vorteile der CD lagen auf der Hand: eine überragende Klangqualität, Wegfall des lästigen Umdrehens bei gleichzeitig erhöhter Abspieldauer. Auch entfielen Kratzer, Knacken und andere akustische Ärgernisse, sofern man mit den CDs einigermaßen pfleglich umging.
Kein Zweifel – die CD erwies sich bald als kaum zu ersetzendes Medium, zumal sie um verwandte Formate wie CD-ROM, DVD und bespielbare CDs ergänzt wurde. [...] Doch der nächste Schritt ermöglichte ein ganz neues Vertriebsformat – die Bereitstellung von Musikdateien im Internet. [...] *

## Aktiv lesen

**1** Tauscht euch darüber aus, was ihr euch unter der Technik „Aktiv lesen“ vorstellt.

Die vermutlich älteste Musikaufnahme der Welt stammt aus dem Jahr 1888 und enthält eine Passage aus dem Händel-Oratorium „Israel in Egypt“. Das Aufnahmegerät hatte Thomas Edison ein Jahrzehnt zuvor erfunden. Sein Phonograph bestand aus einem Trichter, mit dem der Schall aufgefangen und an eine Membran weitergeleitet wurde. Eine daran befestigte Nadel ritzte eine Spur auf eine Wachsrolle oder Zinnfolie, die über eine Stahlwalze gespannt war. Zum Abhören brauchte man nur noch die Nadel auf den Ausgangspunkt zu setzen und die Walze zu drehen. Das Ergebnis glich jedoch eher einem fernen Summen als einer mitreißenden orchestralen Offenbarung. Doch immerhin – der Anfang der Tonaufzeichnung war geglückt.
Kurz darauf entwickelte der Deutsche Emil Berliner ein Verfahren, mit dem Töne auf einer flachen Scheibe gespeichert und auf einem Grammophon abgespielt werden konnten. 1897 kam sie auf den Markt, die erste Schellackplatte mit einem Durchmesser von zwölf Zentimetern und wenigen Minuten Spieldauer. Ein Jahr später begann in Hannover die Deutsche Grammophon Gesellschaft mit der Massenproduktion.

*Randkommentare:*
*!*
*Phonograph Erkl.*
*! Schellackplatte Massenproduktion*
*↓*

**2** Der Auszug aus dem Text (► S. 54 f.) wurde aktiv gelesen.

**a** Beschreibt mit Hilfe der Abbildung, wie ihr bei dieser Lesestrategie vorgeht.
**b** Erklärt die Bedeutung der Markierungen.
**c** Erläutert, warum man Farben und Unterstreichungen gezielt und sparsam einsetzen sollte.
**d** Abkürzungen erleichtern das aktive Lesen. Erklärt folgende Abkürzungen und Symbole:

vgl. Z. • Def. • Bsp. • ? • ! • +/- • → • Erkl.

**Wissen und Können** **Überfliegendes und aktives Lesen**

Bei der Vorbereitung eines Referats trifft man durch **überfliegendes** und **orientierendes** Lesen eine gezielte Auswahl aus dem Materialangebot.
Hat man sich für einen Text entschieden, liest man diesen am besten **aktiv:**

- Durch den gezielten Einsatz von Farben, Symbolen, verschiedenen Formen der Unterstreichung und aussagekräftigen Randkommentaren **visualisiert** man die **Struktur** des Textes, fasst Kernaussagen zusammen und hebt Wichtiges hervor.
- Für die Randkommentare nutzt man aussagekräftige **Abkürzungen** und **Symbole**.
- Mit den Markierungen geht man sparsam um und hebt nur das **Wesentliche** hervor.

## Exzerpieren

VORSICHT FEHLER!

*Geschichte der Musik*
*Älteste Musikaufnahme der Welt*
*Händel-Oktave Jsrael in Ägypten*
*Thomas E.: Phonograph bestand aus einem Trichter,*
*mit dem der Schall aufgefangen und an eine*
*Membran weitergeleitet wurde. Eine daran befestigte Nadel*
*ritzte eine Spur auf eine Wachsrolle oder*
*Zinnfolie, die über eine Stahlwalze gespannt war*
*Summen*

Georg Friedrich Händel (1685–1759)

**1** Dieses Exzerpt zum ersten Abschnitt des Sachtextes (▶ S. 54 f.) ist zum Teil wenig hilfreich. Besprecht, woran das liegt:
- Woher stammen die Informationen?
- Welche Informationen fehlen?
- Wo geht das Exzerpt zu sehr ins Detail?
- Welche Notizen sind unklar?
- Welche Punkte sind falsch?

**2** **a** Verbessert die Aufzeichnungen zum ersten Abschnitt auf der Grundlage eurer Besprechungsergebnisse. Bei dem Text bietet es sich an, das Exzerpt in Form einer vertikalen Zeitleiste anzulegen, weil im Artikel eine Entwicklung dargestellt wird.

**b** Vervollständigt das Exzerpt anhand des Textes (▶ S. 54 f.).

*1877*

↓ *Thomas Edison – Phonograph*
…

**3** Exzerpiert eure recherchierten Materialien (▶ S. 53, Aufgabe 4).

**Wissen und Können** | **Aus Texten exzerpieren**

Beim Exzerpieren (lat. „herausklauben“, „auslesen“) werden **gezielt Informationen** aus einem Text **ausgewählt** und in **kurzer, prägnanter Form aufgeschrieben.** Wichtig ist, die Vielzahl der **Informationen zu reduzieren** und **mit eigenen Worten zu formulieren:**
- Man notiert bibliografische Angaben: Autor/-in oder Herausgeber/-in, Titel, Erscheinungsort, Erscheinungsjahr, ggf. Auflage, Fundort (Bibliothek oder Internet, Aufrufdatum).
- Markierte Textstellen und Randnotizen gibt man in knapper Form, inhaltlich korrekt und mit eigenen Worten wieder.
- Wörtliche Übernahmen kennzeichnet man als Zitate.
- Enthält der Text bzw. das Material Abbildungen, die man für ein Referat verwenden möchte, so macht man sich dazu auf dem Exzerpt eine Notiz.

# Folien für ein Referat vorbereiten

Neue Wege der Vermittlung von Sprache und Musik

| | |
|---|---|
| 1. Einstieg | (Folie 1: Zitat Musiker) |
| | (Folie 2: Jnhalt Referat) |
| 2. Historischer Rückblick: Geschichte der Tonträger | |
| – Kurzinfo Thomas Edison | (Folie 3: Foto) |
| – älteste Musikaufnahme der Welt | (Folie 4: Phonograph) |
| – Kurzinfo: Emil Berliner / Schallplatte | (Folie 5: Foto) |
| 3. … | … |

**1** Wenn ihr euer Referat durch Medien, z. B. Präsentationsfolien, unterstützen wollt, müsst ihr das vorab gut planen.

a Beschreibt anhand der Notizen oben Aufbau und Gestaltung eines Referats.

b Wertet eure bisherige Recherche aus:
- Strukturiert eure Notizen zu eurem Referatthema. Recherchiert noch fehlende Informationen.
- Wählt Materialien aus, die ihr in eurem Vortrag berücksichtigen wollt, z. B.: Internetartikel, Bücher, Bilder, Videos.

c Erstellt für eure Präsentation eine Gliederung wie im Beispiel oben.

Folie 4

**Edisons Phonograph (1877)**

**Funktionsweise:**

→ **Trichter** nimmt Schall auf

→ Weiterleitung des Schalls an eine **schwingende Membran**

→ **Nadel** schreibt Tonspur auf **Wachs- oder Zinnfolie**

**2** Die Abbildung zeigt Folie 4 der Präsentation zur Technikentwicklung in der Musik.

a Beschreibt die Gestaltung der Folie. Achtet dabei auf folgende Elemente:
Aufbau • Schriftart • Schriftgröße • Bildauswahl • farbliche Gestaltung.

b Erklärt, worauf man beim Gestalten von Präsentationsfolien achten sollte.

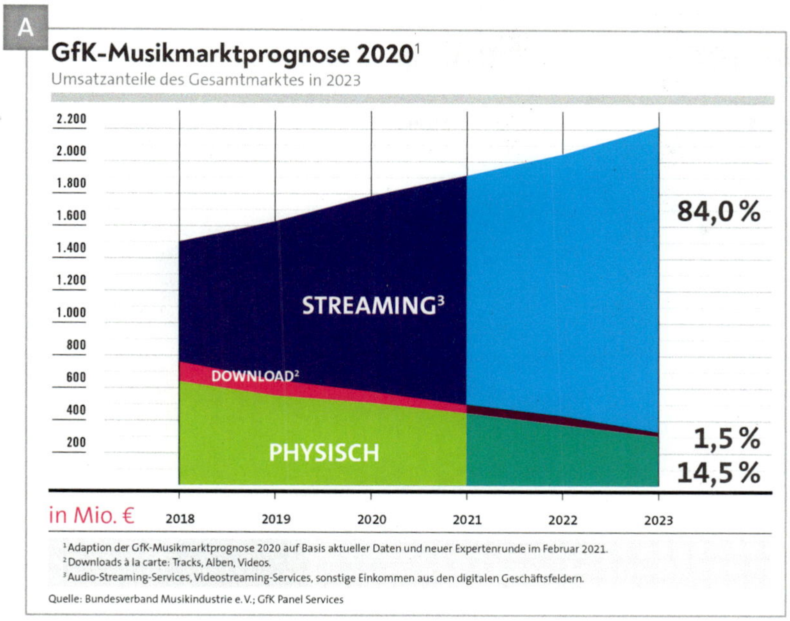


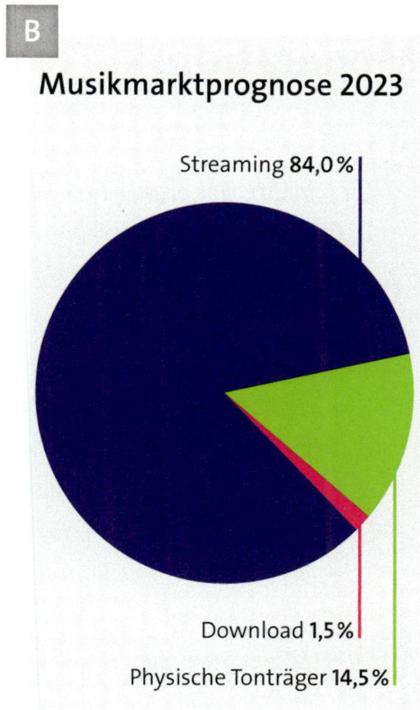


**3** Mit Hilfe von Grafiken oder Schaubildern kann man Sachverhalte anschaulich darstellen.
- a Vergleicht die Diagramme A und B zur Entwicklung des Musikmarkts. Beschreibt die Unterschiede auf der Gestaltungsebene und auf der Inhaltsebene.
- b Welches der beiden Diagramme haltet ihr für ein Referat zu dem Thema für geeigneter? Begründet.

**4** Erstellt zur Gliederung eures Vortrags (▶ S. 58, Aufgabe 1c) passende Präsentationsfolien. Orientiert euch dabei an dem Beispiel auf Seite 58 und beachtet die Hinweise im Merkkasten.

**5** Die Informationen zur Entwicklung des Musikmarkts (Diagramm B) hätte man auch als Text darstellen können. Erklärt, warum sich hier eine Grafik besser eignet.

**Wissen und Können** | **Präsentationsfolien gestalten**

- Mit Hilfe von Präsentationsfolien kann man die **Struktur** und den **Inhalt** eines Vortrags veranschaulichen.
- Man unterscheidet folgende **Folientypen:**
  - Die **Einstiegsfolie** stellt das Thema vor und macht das Publikum auf den Vortrag neugierig.
  - Die **Gliederungsfolie** stellt den Aufbau des Vortrags dar.
  - Auf **Inhaltsfolien** werden wichtige Informationen zu einzelnen Unterthemen zusammengefasst.
  - **Visualisierungsfolien** veranschaulichen Inhalte durch Bilder und Grafiken.
  - **Auflockerungsfolien** enthalten herausfordernde Fragen, Aussagen oder Bilder, die immer wieder das Interesse des Publikums wecken.
- Achtet bei der **Foliengestaltung** auf gute **Lesbarkeit** und auf eine einheitliche **Gestaltung** (Textmenge, Schriftfarbe, Schriftgröße, Hintergründe).
  Eine Folie sollte nur wenige, aussagekräftige Stichworte und nur ein bis zwei Bilder oder Grafiken zeigen.

# Moderationskarten erstellen und den Vortrag halten

*Geschichte der Tonträger* (Folien 3/4)
1. Ohröffner/Einstiegsfrage:
   Musik produzieren – Was verbindet ihr damit?
   (kurzer Austausch)
2. (Folie mit Foto)
   - Thomas Edison, US-amerikanischer Elektroingenieur, Erfinder und Unternehmer
   - erfand das erste Aufnahmegerät der Welt
3. (Folie: Informationen zur Funktion)
   - verwandelt Schall in Töne (Tonspur)

Überleitung zu Folie 5: ...

**1** Betrachtet die Moderationskarte und beschreibt ihren Aufbau und ihre Gestaltung. Welche Elemente wurden in welchen Farben geschrieben?

**2** Erklärt, warum der genannte „Ohröffner“ besser geeignet ist als eine vorgetragene Einleitung.

**3** Erstellt Moderationskarten für euer Referat.
- Bezieht euch auf eure Präsentationsfolien. Sie sind der „rote Faden“ eures Referats.
- Schreibt „Ohröffner“ auf, mit denen ihr die Zuhörerinnen und Zuhörer einbeziehen könnt (z. B. treffende Zitate, persönliche Bemerkungen zum Thema, Fotos ...).
- Notiert die Einleitung, Überleitungen und den Schluss in einer anderen Schriftfarbe.

**4**
a Bildet Gruppen und einigt euch auf ein Thema und eine Moderationskarte dazu.
b Besprecht, wie die verschiedenen Sprechweisen wirken, und legt fest, welche Regeln ihr in Bezug auf die Sprechweise beachten müsst:
laut – leise • mit Pausen – ohne Pausen • frei sprechend – von der Karte ablesend.
c Testet reihum verschiedene Formen der Mimik und Gestik und beurteilt ihre Wirkung beim Vortrag: ruhende Hände – gestikulierend • stehend – sitzend • lockere Körperhaltung – starre Körperhaltung • ernste Miene – lächelnd.

**5**
a Sammelt Aspekte, die ein gut gelungenes Feedback enthalten soll.
b Entwickelt einen Feedbackbogen für eure mediengestützten Referate und formuliert zu den genannten Aspekten passende Fragen.

Inhalt • Aufbau • Vortragsweise • Gestaltung der Präsentationsfolien

**6**
a Haltet euer Referat vor einer Gruppe und lasst euch dabei filmen.
b Wertet anschließend die Videoaufnahmen mit Hilfe des Feedbackbogens (► Aufgabe 5) aus.

# Ein Handout zu einem Referat erstellen

Rana El-Amin, Fach: Deutsch, 2. Mai 20..

## Thema: Neue Wege der Vermittlung von Sprache und Musik

1. **Einstieg:** Zitat und Frage – Was verbindet ihr mit Musikproduktion?

**2. Historischer Rückblick: Geschichte der Tonträger**
- 1877: Thomas Edison konstruiert den Phonographen.
- 1897: Die von Emil Berliner entwickelte Schellackplatte kommt auf den Markt.
- 1898: Valdemar Poulsen entwickelt das Telegraphon.
- 1935: Das Tonbandgerät wird auf der Funkausstellung vorgestellt.
- ab 1983: Musik wird mit dem DAT (Digital Audio Tape) und der CD (Compact Disc) digital.
- ab 1998: Mit dem MP3-Player löst sich Musik von physischen Tonträgern.

**3. Musik heute**
Die Herstellung und Nutzung von Musik hat sich durch die Technisierung stark verändert. Sie löst sich von physischen Tonträgern und wird zunehmend „körperlos". Immer mehr Menschen nutzen das Internet, um Lieder als Tondateien herunterzuladen oder zu streamen. Musik kann mit Hilfe neuer Technik ganz anders produziert und präsentiert werden.

**4. Blick in die Zukunft**
Bei der Verbreitung, Beurteilung und Nutzung von Musik werden Videoportale, soziale Netzwerke und die Internet-Community eine immer größere Rolle spielen.

Quellen:

- Jürgens, Kai U.: https://www.wissen.de/podcast/von-der-wachsrolle-zum-mp3-die-geschichte-der-tontraeger-podcast-126 [13.08.2021]
- Keil, Werner: Musikgeschichte im Überblick. Stuttgart, Utb 2018


**1** a Beschreibt die Gestaltung und den Aufbau des Handouts. Berücksichtigt dabei folgende Punkte: Textmenge • Textanordnung • Schriftgröße • Schriftart.
b Erklärt, warum es wichtig ist, Quellen anzugeben.
c Besprecht, welchen Nutzen ein Handout für die Zuhörerinnen und Zuhörer hat.

**2** Erstellt ein Handout für euer Referat. Beachtet die Hinweise im Merkkasten.

**Wissen und Können** **Ein Handout erstellen**

Ein Handout gibt **Aufbau** und **Kerninformationen** eines Referats auf einer Seite wieder.
- Nennt auf dem Handout die **Namen der Vortragenden,** das **Fach,** das **Datum,** das **Thema.**
- Formuliert **Stichworte** oder kurze Sätze zu den wichtigen **Gliederungspunkten.**
- Gebt die **Quellen** an – bei Büchern: Name, Vorname, Titel, Ort, Verlag, Erscheinungsjahr, ggf. Seiten; bei Internetquellen: Internetadresse und Datum des Seitenaufrufs (Download).

# Ein Ergebnisprotokoll verfassen

**Protokoll der Unterrichtsstunde vom 2. Mai 20..**
**zum Thema „Neue Wege der Vermittlung von Sprache und Musik"**

| | |
|---|---|
| Ort und Fach: | Helene-Lange-Schule Freyung, Raum A 123, Deutsch |
| Datum: | 2. Mai 20.., 9:50-10:35 Uhr |
| Anwesend: | Klasse 10 a, Frau Fischer |
| Moderation: | Rana El-Amin |
| Protokoll: | Marek Peters |

**Tagesordnung**
TOP 1: Einführung
TOP 2: Referat „Neue Wege der Vermittlung von Sprache und Musik"
TOP 3: Diskussion über unsere Nutzungsgewohnheiten und Feedback

**Zu TOP 1:** Rana führt in das Thema ein und stellt ihr Konzept der Stunde vor.

**Zu TOP 2:** In einem Referat informiert Rana darüber, wie die Technik die Herstellung und Nutzung von Musik verändert hat und noch weiter verändern wird. Außerdem geht sie in einem historischen Rückblick auf die Entwicklung der Tonträger ein.
Anschließend beantwortet Rana Fragen zu ihrem Referat.

**Zu TOP 3:** Wir diskutieren über unsere Musiknutzungsgewohnheiten. Es wird deutlich, dass die meisten dem allgemeinen Trend folgen und ihre Musik downloaden oder streamen. Allerdings werden Schallplatten wieder beliebter. Zum Schluss entsteht eine Diskussion über illegale Downloads, die in der nächsten Stunde fortgesetzt wird.
Rana erhält von der Klasse ein Feedback für ihr Referat.

Freyung, den 2. Mai 20..

Marek Peters

**1** Wiederholt den Aufbau und Nutzen eines Ergebnisprotokolls.

**2** Bei manchen Streamingdiensten kann man Musik für einen bestimmten Zeitraum kostenlos downloaden oder streamen. Dagegen haben sich Musiker/-innen gewehrt. Zu Recht?

a Entscheidet euch in der Gruppe für eine Position und notiert eure überzeugendste Argumentation.

b Tragt eure Argumentationen im Plenum vor und eine Schülerin / ein Schüler protokolliert die Ergebnisse.

In einem **Ergebnisprotokoll** stellt man nur die relevanten Ergebnisse oder Vereinbarungen dar. Wenn es dagegen zum Beispiel wichtig ist, wer etwas gesagt hat und wie sich Beschlüsse entwickelt haben, ist ein **Verlaufsprotokoll** geeigneter.
Ein Protokoll gliedert sich in drei Teile:
- **Protokollkopf:** Thema, Ort, Termin, Zeit, Teilnehmer/-innen, Protokollant/-in
- **Hauptteil:** sachliche Wiedergabe des Wesentlichen in ganzen Sätzen. Der Aufbau orientiert sich an den Tagesordnungspunkten (TOP).
- **Schluss:** Ort, Datum, Unterschrift der Protokollantin / des Protokollanten

# Testet euer Wissen!

## Referate vorbereiten und halten

1 Von Fragen abgeleitete Suchwörter erleichtern die Recherche im Internet. **(L)**
2 Das überfliegende Lesen der Materialien kann man auch weglassen. **(B)**
3 Beim aktiven Lesen notiert man Kommentare zu einem Text. **(E)**
4 Beim Exzerpieren soll die Vielzahl der Informationen reduziert werden. **(F)**
5 Wörtliche Übernahmen müssen in einem Exzerpt nicht als Zitat gekennzeichnet werden. **(A)**
6 Texte aus dem Internet dürfen ins Referat kopiert werden. **(M)**
7 Bilder und Grafiken machen ein Referat anschaulicher. **(O)**
8 Um auf eine Quelle im Internet zu verweisen, muss man die Internetadresse und das Abrufdatum angeben. **(I)**

**1** Bei der Vorbereitung und der Präsentation eines Referats mit Medien müsst ihr einiges beachten.
a Lest die Sätze **1** bis **8**. Welche der Aussagen treffen zu? Notiert die Buchstaben am Satzende.
**Tipp:** Richtig sortiert ergeben die Buchstaben ein Lösungswort.
b Korrigiert die falschen Aussagen.

**Emil Berliner – Erfinder der Schallplatte**

**1870:** Auswanderung in die USA
**1877:** Patent für ein neues Mikrofon
**1887:** erste Zinkplatte nach Experimenten mit Ton- und Sprachübertragung

**Emil Berliner – Erfinder der Schallplatte**

- Berliner wanderte in die USA aus.
- Dort entwickelte er das Patent für ein neues Mikrofon.
- **Er experimentierte mit Ton- und Sprachübertragung und entwickelte die erste Zinkplatte.**

**2** Vergleicht die beiden Präsentationsfolien zu Emil Berliner, dem Erfinder der Schallplatte.
a Welche der beiden Folien eignet sich besser für einen Vortrag? Formuliert eine kurze Begründung.
b Notiert Verbesserungsvorschläge für die Folie, die eurer Meinung nach ungeeignet ist.

**3** Vergleicht eure Ergebnisse mit einer Lernpartnerin oder einem Lernpartner.

# 3.2 „Packen wir es an!" – Reden untersuchen, verfassen und halten

## Eine Rede analysieren

**1** Hört euch die Rede der Politikerin Elfi Scho-Antwerpes an oder lasst sie euch vortragen.

**Elfi Scho-Antwerpes** (geboren 1952) ist eine deutsche Politikerin. Die nebenstehende Rede, die auch im Fernsehen übertragen wurde, hielt sie am 17.02.2017 im Bundestag.

Elfi Scho-Antwerpes

### Rede zur Förderung von MINT-Fächern[1]

Sehr geehrte Frau Präsidentin! Meine lieben Kollegen und Kolleginnen! Meine sehr geehrten Damen und Herren!

Deutschland ist ein Innovationsland. Wir sind das Land der Dichter und Denker, und wir sind das Land der Ideen. Zu unseren Stärken gehört die Hightechbranche, und „Made in Germany" ist ein Garant für höchste Qualität. Das klingt exzellent, aber ist es nachhaltig? [...] Wir dürfen uns nicht mit gegenwärtigen Etiketten und Zuschreibungen beschäftigen, sondern müssen nach vorne sehen. Die Herausforderungen sind schon lange bekannt. Der demografische Wandel und der industrielle und digitale Fortschritt setzen uns sozusagen unter Zugzwang. Wir brauchen jetzt mehr Menschen, die sich den Herausforderungen stellen. Wir brauchen Fachkräfte und gut ausgebildeten Nachwuchs. Das wissen wir alle längst.

Qualifikationen in den Bereichen Mathematik, Informatik, Naturwissenschaften und Technik spielen in diesem Zusammenhang eine außerordentlich wichtige Rolle. [...] Ohne qualifizierten Nachwuchs entwickelt auch ein Innovationsland keine Innovationen, Stillstand ist Rückschritt. Leider deckt sich der Blick auf die aktuelle MINT-Bildung in Deutschland so gar nicht mit den eingangs zitierten Schlagwörtern rund um das Land der Dichter und Denker. [...]

Sieht man von Lehramtsstudiengängen ab, entwickeln sich die Studienanfängerzahlen immerhin vorsichtig positiv, auch mit Blick auf Frauen, auf Mädchen, die sich verstärkt in Physik, Informatik und technische Fächer einschreiben – allerdings nur minimal. In der beruflichen Bildung ist es umgekehrt: Es werden weniger MINT-Ausbildungsverträge abgeschlossen.

Ganz offenbar gelingt es nicht, den Nachwuchs für Naturwissenschaften und Technik, für das Forschen und Entdecken zu begeistern. Die Leidenschaft für Technik und Naturwissenschaften tragen viele Kinder bereits in sich. Sie benötigen nur die Gelegenheit, die Leidenschaft zur Entfaltung zu bringen. [...]

MINT-Bildung ist viel zu lange stiefmütterlich behandelt worden. [...] Sie wissen, dass es in

1 MINT-Fächer: Mathematik, Informatik, Naturwissenschaften, Technik

den Schulen oftmals an angemessener Ausstattung fehlt. Wie soll eigentlich ein junger Mensch Interesse an Physik oder Chemie gewinnen, wenn die Fachräume nicht im Ansatz ordentlich ausgestattet sind? Bevor wir den Nachwuchs auf ein Leben in einer digitalisierten und technikgeprägten Welt vorbereiten, haben wir unser pädagogisches Personal darauf vorzubereiten. Wir müssen nicht nur aus- und weiterbilden, sondern auch alle befähigen, mit den Kindern, den Jugendlichen, den jungen Menschen auf einer Linie zu sein. [...]

Packen wir es an! Stärken wir die MINT-Bildung in Deutschland.

Herzlichen Dank. *

**2** Formuliert euren ersten Eindruck zu der Rede.

**3** Untersucht den Inhalt und den Aufbau der Rede. Beantwortet dazu die folgenden Fragen:
- Um welches Thema geht es in der Rede?
- An wen wendet sich die Rede?
- Welche Absicht hat die Rednerin?
- Welchen Appell richtet die Rednerin an die Zuhörer-/innen? Was sollen sie tun?
- Wie beginnt die Rede? Womit endet sie?

**4** Die Rednerin will überzeugen und setzt dazu Redestrategien und stilistische Mittel ein.

**a** Übertragt die folgende Tabelle ins Heft. Arbeitet mit Hilfe des Merkkastens stilistische Mittel aus der Rede heraus und gebt die passende Textstelle an.

**b** Beschreibt die Wirkung, die mit dem jeweiligen stilistischen Mittel erzielt werden soll.

| Stilistisches Mittel | Beispiel aus dem Text (mit Zeilenangaben) | Mögliche Wirkung |
|---|---|---|
| *Wiederholung* | *„Wir brauchen [...]"*<br>*„Wir brauchen [...]" (Z. 16 f.)* | *Betonung/Hervorhebung eines Sachverhalts* |
| *Rhetorische Frage* | *„[...] aber ist es nachhaltig?" (Z. 9)* | ... |

**5** Überzeugt euch die Rede der Politikerin? Begründet eure Meinung.

**Wissen und Können** **Redestrategien und stilistische Mittel**

Um Zuhörer/-innen zu **beeinflussen,** kann man folgende **stilistische Mittel** verwenden:
- **persönliche Anrede** der Zuhörer/-innen: *Sie wissen es, ...*
- Wecken eines Gemeinschaftsgefühls durch **„wir"** („Wir-Gefühl"), z. B.: *„Wir sind [...]."*
- **Imperative,** um zu einer Handlung aufzurufen, z. B.: *„Packen wir es an!"*
- **auffällige Wiederholungen** (Alliterationen, Anaphern, Wörter, Satzanfänge), z. B.: *„Wir brauchen jetzt mehr ausgebildete Menschen. Wir brauchen Fachkräfte [...]."*
- **rhetorische Fragen** (Scheinfragen), die die Zuhörerinnen und Zuhörer scheinbar einbeziehen, z. B.: *„[...] – aber ist es nachhaltig?"*
- **Schlagwörter** mit positiven oder negativen Konnotationen, z. B.: *„Innovationsland"*
- **anschauliche Formulierungen,** z. B. durch Vergleiche, Metaphern oder Personifikationen
- kurze, **parallel aufgebaute Sätze,** z. B.: *„Wir brauchen Lehrer/-innen, die [...]. Nötig sind auch Schüler/-innen, die [...]."* oder **Ellipsen,** z. B.: *„[...] allerdings nur minimal."*
- **Übertreibungen** (Hyperbeln), z. B.: *„[...] eine außerordentlich wichtige Rolle."*

# Eine kurze Rede verfassen und halten

Sollte sich eure Schule als MINT-freundliche Schule (► S. 64 f.) bewerben bzw. ihren Status als MINT-freundliche Schule behalten?

**1** Plant zu dieser Frage eine Rede für die SMV-Versammlung.
Formuliert eure Meinung und untermauert sie mit mindestens zwei passenden Argumentationen.

**2** a Entwerft mit Hilfe des Merkkastens die einzelnen Teile eurer Rede.
b Verfasst anhand eurer Planung einen zusammenhängenden Text. Denkt daran, das Publikum einzubeziehen und passende Stilmittel (► S. 65) zu verwenden.

**1. Einleitung**
- *Liebe Mitschülerinnen und Mitschüler, ...*
- *Was haltet ihr von ...?*

**2. Hauptteil**
*Darstellung der Kerngedanken:* - *Zunächst möchte ich ...*
- *Besonders wichtig ist mir ...*
*Argumentation:* - *Ich vertrete die Auffassung, dass ...*

**3. Schluss**
*Zusammenfassung:* - *Ich würde mir wünschen, ...*

**3** a Überprüft, ob ihr euren Standpunkt deutlich formuliert und begründet habt.
b Achtet auf die Überzeugungskraft der verwendeten stilistischen Mittel (► S. 65).
Wo können Redestrategien noch deutlicher herausgearbeitet werden?

**4** a Bildet Kleingruppen und tragt euch gegenseitig eure Reden vor. Die Zuhörerinnen und Zuhörer achten dabei auf folgende Fragen:
– Sind die Redestrategien und stilistischen Mittel überzeugend?
– Ist die Art des Vortragens angemessen und gelungen?
b Überarbeitet eure Redetexte mit Hilfe der Rückmeldung eurer Mitschüler/-innen.

- Sprecht **frei** und **schaut das Publikum an.**
- Steht **aufrecht** und kontrolliert beim Reden eure Arme, Hände und Beine.
- Sprecht **laut, langsam und deutlich.** Setzt **Pausen** bewusst ein.

**Wissen und Können** **Eine Rede halten**

In einer Rede geht es meist darum, Zuhörende zu beeinflussen:
- Eine passende **Anrede und Einleitung** wecken das **Interesse** und führen in das Thema ein.
- Im **Hauptteil** werden Thema oder Appelle mit **überzeugenden Argumentationen** formuliert.
- Im **Schluss** bringt man den **Appell** auf den Punkt.

# 3.3 Projekt: Jobs in der digitalen Zukunft – Inhalte in einem Podcast präsentieren

Aussterbende Berufe: „Sogar mein Chef hat mich vor dem Job gewarnt"

**Digitale Revolution: Welche Berufe künftig überflüssig werden**

IT-Jobs 2030: Die Zukunft gehört den Datenexperten

**1** a Lest die Schlagzeilen verschiedener Onlinezeitungen: Welcher Trend lässt sich in Bezug auf Berufe der Zukunft feststellen?

b Stellt Vermutungen darüber an, was die Ursachen für die Veränderungen auf dem Arbeitsmarkt sein könnten.

Um 3-D-Druck-Experte werden zu können, musste ich nach meinem Ingenieurstudium ...

**2** Auf den Bildern sind Berufe dargestellt, die in der Zukunft eine wichtige Rolle spielen könnten. Stellt Vermutungen zur Ausbildung und zur Tätigkeit an.

3-D-Druck-Experte/Expertin • Data Artist • Medien-Remixer/-in • Roboter-Berater/-in

**3** a Setzt euch in Kleingruppen zusammen und wählt einen Beruf (► S. 67) aus, den ihr vorstellen wollt.

b Informiert euch über den von euch gewählten Beruf und fasst die wichtigsten Informationen zusammen, z. B.:
- Welche Ausbildung braucht man? Welche Tätigkeit ist damit verbunden?
- Welche Fähigkeiten und Eigenschaften sollte man mitbringen?
- Welche Entwicklungs- oder Aufstiegsmöglichkeiten gibt es?

**4** a Eure Aufgabe ist es, eure Informationen in einem Audiobeitrag bzw. in einem Podcast zu vermitteln. Überlegt dazu gemeinsam, welche Kriterien ein guter Podcast erfüllen muss.

b Schreibt eine Art Drehbuch für euren Podcast, der maximal fünf Minuten lang sein sollte. Denkt an eine sinnvolle Einleitung durch eine Moderatorin oder einen Moderator, damit die Hörenden wissen, was sie erwartet.
**Tipp:** Ihr könnt z. B. ein Interview einfügen und in die Rolle einer Expertin / eines Experten schlüpfen und so Auskunft über den Beruf geben.
Eine Schülerin / Ein Schüler ist dann die Interviewerin oder der Interviewer.

c Nehmt eure Podcasts in einem Raum auf, in dem keine lauten Nebengeräusche zu hören sind.
**Tipps:**
- Geht nahe an das Mikrofon heran, das minimiert Nebengeräusche.
- Am Ende könnt ihr noch Musik oder Hintergrundgeräusche einbauen.
- Wenn ihr ein Audioprogramm verwendet, könnt ihr Stellen, die noch nicht flüssig sind, später herausschneiden oder dort, wo Pausen fehlen, welche einbauen.

**5** Hört euch die Podcasts aller Gruppen an und gebt euch gegenseitig Rückmeldung:
- Was gefällt euch gut?
- Kann man sich durch den Podcast ein Bild von dem Beruf machen?
- Sind die vermittelten Informationen interessant?
- Ist die Präsentation gelungen (Stimme, Hintergrundgeräusche, Effekte ...)?
- Was könnte man verbessern?

**Wissen und Können** **Einen Podcast erstellen**

Wenn man Texte aufnimmt, erstellt man einen **Podcast.** Dabei geht es zunächst um eine **Audiodatei,** die man mit Hilfe eines Smartphones mit gutem Mikrofon aufnehmen kann.
Möglich ist auch ein Videopodcast, der aber etwas mehr Zeit erfordert.
Abgespeichert wird die Datei im MP3-Format.
Audiopodcasts haben den Vorteil, dass man den Text ablesen kann. Trotzdem sollte man **frei sprechen** und sich an den **Regeln eines Referats** orientieren. Auch eine sehr **deutliche Aussprache** ist von großer Bedeutung. Man kann passende Hintergrundgeräusche, Effekte und Musik einsetzen.

# 4 Umgang mit Gewalt – Materialgestützt argumentieren

**1** Das Foto soll für eine Kampagne genutzt werden, die zu Zivilcourage aufruft. Erläutert, wie das Foto eingesetzt werden kann. Welchen Slogan könnte man über das Foto setzen?

**2** Diskutiert: Welche Formen von alltäglicher Gewalt nehmt ihr in eurem Umfeld wahr? Welche Möglichkeiten seht ihr, gegen Gewalt vorzugehen?

**In diesem Kapitel ...**

- wiederholt ihr wichtige Punkte zum Schreiben einer materialgestützten Erörterung,
- trainiert ihr, Material aus Grafiken und Sachtexten für eure Argumentationen zu nutzen,
- werdet ihr angeleitet, materialgestützte Argumentationen zu formulieren.

# 4.1 Gewalt in Computerspielen – Eine zweigliedrige Erörterung planen und schreiben

## Das Thema erschließen

In diesem Teilkapitel wiederholt ihr den Aufbau einer Erörterung zu diesen Themafragen:
**Welche Gründe sprechen für ein Verbot von gewalthaltigen Computerspielen?**
**Welche Einwände können gegen ein Verbot vorgebracht werden?**

**1** Beim schriftlichen Argumentieren müsst ihr die Themenstellung zuerst genau analysieren. Wiederholt die Vorgangsweise der Themenanalyse, indem ihr die oben genannten Themafragen untersucht. Benutzt dazu die Begriffe im Wortspeicher.

●○○ → *Themabegriff: gewalthaltige Computerspiele ...*

Themabegriff • Schlüsselbegriffe • Einschränkungen des Themas

Wann spricht man von Gewalt? Lest die folgenden Fallbeispiele:

**1** In der Pause baut sich ein Junge der 9. Klasse vor einem Jungen aus der 6. Klasse auf und sagt: „Ab sofort gibst du mir jeden Monat die Hälfte von deinem Taschengeld, sonst hast du keine entspannte Pause mehr!"

**2** Yasmin hat sich als Kfz-Mechatronikerin beworben und bekommt eine Absage, obwohl ihre Voraussetzungen optimal sind. Am Telefon gibt man ihr zu verstehen, dass es kein Beruf für Frauen sei.

**3** Fabian kommt mit neuen, roten Turnschuhen in die Schule. Nico kommentiert laut: „Oh, Fabian, kaufst du deine Schuhe neuerdings in der Damenabteilung?"

**4** Nach dem Sportunterricht sperren Vanessa und Celina ihre Mitschülerin Pia im Geräteraum ein und gehen lachend in die Pause.

**5**

**6** Luca und Alexander wetten darum, wer den anderen in einem kleinen Ringkampf zu Boden werfen kann. Alexander bringt Luca mit einem harten Griff zu Boden. Luca blutet daraufhin am Kopf.

**2** a Entscheidet: Welche der sechs Fälle sind für euch Beispiele von Gewalt? Begründet.

●○○ *Bei Beispiel ... handelt es sich (nicht) um Gewalt, denn ...*

b Vergleicht zu zweit eure Einschätzungen. Versteht ihr unter Gewalt Ähnliches?

c Besprecht, wie ihr euch als Beobachtende oder Beteiligte in diesen Situationen verhalten könntet.

**3** a Es gibt verschiedene Ausprägungen von Gewalt. Ordnet die folgenden Definitionen den unterschiedlichen Formen zu.

| | | |
|---|---|---|
| **A** Strukturelle Gewalt | **B** Seelische Gewalt | **C** Körperliche Gewalt |

1 Eine offensichtliche Form der Gewalt, bei der zum Beispiel durch Schläge, Tritte oder durch den Einsatz von Waffen Gewalt gegen eine Person ausgeübt wird. Auch Freiheitsberaubung oder der versuchte Mord gehören zu dieser Form.
2 Gewalt, die durch den Aufbau und die Regeln eines Gesellschaftssystems entsteht, zum Beispiel die Ausgrenzung von bestimmten Personen(-gruppen).
3 Beispiele hierfür sind Anschreien, Beleidigung, Ausgrenzung oder Verleumdung. Sie ist für Außenstehende nicht immer leicht wahrnehmbar und daher schwer mess- oder zählbar.

b Welche der Situationen (► S. 70) würdet ihr den Formen der Gewalt zuordnen? Begründet eure Einschätzung.

c Ergänzt zu den unterschiedlichen Formen Beispiele aus eurem Alltag und tauscht euch darüber aus, welche Art von Gewalt wohl am häufigsten ist.

## Vom Bildschirm zur Gewaltanwendung? – Materialien erschließen

### Argumenttypen unterscheiden

**1** Gewalt von Jugendlichen ist ein Thema, das häufig in den Medien aufgegriffen wird. Stellt Vermutungen darüber an, warum es so oft behandelt wird.

**2** a Formuliert mit Hilfe der Grafik (Material 1), wie sich die Jugendkriminalität seit dem Jahr 2000 im Allgemeinen entwickelt hat.

b Vergleicht die einzelnen Kurven unter Berücksichtigung der Altersgruppe. In welchem Alter gibt es die meisten Gewalttaten, in welchem die wenigsten?

**Material 1**

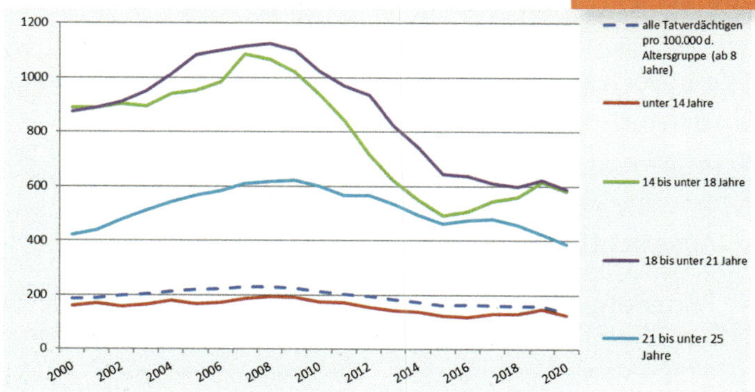


**3** Fachleute bestätigen den Einfluss gewalthaltiger Computerspiele auf die Gewaltbereitschaft und -tätigkeit von Jugendlichen. Bildet eine Meinungslinie zu dieser Ansicht. Zieht hierfür mit Klebeband oder Kreide eine Linie auf dem Boden, positioniert euch zu den nachfolgenden Behauptungen und begründet euren Standpunkt.
*Ja, Gewaltspiele erhöhen die Gewaltbereitschaft ←→ Nein, Gewaltbereitschaft ist unabhängig von Gewaltspielen.*

## Material 2 Erhöhen Computerspiele die Gewaltbereitschaft?

**A** **Medienwissenschaftler Jeffrey Wimmer:** Hinter dem Begriff „Killerspiele“ steckt die Vermutung, Computerspiele könnten jemanden zu einem Killer oder Amokläufer machen. Aber das ist lediglich der Wunsch des Menschen, einfache Antworten zu finden. Die Kommunikationswissenschaft hat sich sehr lange damit auseinandergesetzt, ob Computerspiele jemanden zu einem Gewalttäter oder Verbrecher machen können. Das ist nicht der Fall. Ich glaube, es wird sich die Ansicht durchsetzen, dass Computerspiele ein Kulturgut wie Kino, Bücher und Fernsehen sind. *

**B** In einer **Potsdamer Studie** mit 700 Schülerinnen und Schülern, die über fünf Jahre beobachtet wurden, zeigte sich zum Thema „Gewalt in den Medien“ Folgendes:

- Aggressives Verhalten gilt eher als normal, wenn man sehr häufig mit Gewaltmedien umgeht.
- Die Bereitschaft, sich aggressiv zu verhalten, kann kurz- bis langfristig steigen.
- Der Umgang mit Gewaltmedien wirkt sich negativ auf Hilfsbereitschaft und Einfühlungsvermögen aus.
- Der Umgang mit Gewaltmedien ist nur ein Grund unter mehreren, der zur Gewaltbereitschaft führen kann.

**C** *Einige Studien belegen, dass Gewaltspiele die Nutzer/-innen aufputschen: Der Puls und der Blutdruck gehen hoch, das Mitgefühl lässt nach.*

**Psychologe Christopher Ferguson im „Spiegel“:** Derlei Reaktionen sind manchmal messbar, manchmal nicht. Die Öffentlichkeit stürzt sich gern auf die Studien, die erwartete Effekte zeigen, das ist typisch für eine moralisch aufgeladene Debatte. Und leider tun Forscher oft so, als wären ihre Ergebnisse eindeutig, obwohl sie es nicht sind. Wahrscheinlich ist die Wirkung von brutalen Filmen und Spielen individuell sehr unterschiedlich. *

**4** Die Texte im Material 2 setzen sich mit der Frage auseinander, ob Gewalt in Computerspielen die Gewaltbereitschaft von Jugendlichen erhöht oder nicht.
Lest die Texte **A** bis **C** und formuliert jeweils die zentrale Aussage.

**5** Es gibt verschiedene Argumenttypen. Lest im Merkkasten nach, was darunter verstanden wird.

**Wissen und Können** **Argumenttypen unterscheiden**

| Argumenttyp | Erläuterung |
|---|---|
| **Faktenargument** | Es werden nachprüfbare Fakten, etwa Ergebnisse aus Studien, angeführt. |
| **Autoritätsargument** | Aussagen eines Experten oder einer Expertin werden als Belege angeführt. |
| **Normatives Argument** | Es wird auf einen allgemein anerkannten Wert verwiesen. |
| **Analogisierendes Argument** | Ein Beispiel aus einem anderen Bereich wird als Vergleich angeführt. |

**6** Fünf Schülerinnen und Schüler begründen ihre Meinung über Gewalt.
Entscheidet, welcher Argumenttyp jeweils vorliegt.

**A** Verschiedene Medienpädagogen sind der Meinung, dass Gewaltspiele Teil unserer Kultur seien.

**B** Bei Jugendgewalt sofort hohe Strafen zu fordern, wäre so, als würde man in der Schule bei jeglichem Fehlverhalten gleich den Schulverweis aussprechen.

**C** Einige Psychologinnen und Psychologen meinen, dass die Wirkung von gewalthaltigen Computerspielen individuell ausfallen kann.

**D** Aus einer Statistik des Bundesjustizministeriums ist bekannt, dass die Rückfallquote bei Jugendlichen niedriger ist, wenn sie nicht im Jugendgefängnis waren.

**E** Gewalt zu verherrlichen, darf auf keinen Fall Teil eines Computerspiels sein.

**7** Analysiert die verwendeten Argumente in den Texten (Material 2 ▸ S. 72) und benennt den jeweils vorherrschenden Argumenttyp.

**8** Formuliert abschließend euren Standpunkt zu den Themafragen und erklärt, mit welchem Argumenttyp ihr eurer Einschätzung nach am besten überzeugen könnt.
*Ja, Gewaltspiele erhöhen die Gewaltbereitschaft ←→ Nein, Gewaltbereitschaft ist unabhängig von Gewaltspielen.*

## Einen Sachtext für eine Argumentation auswerten

**Material 3** Yannic Frey

### Machen Computerspiele aggressiv?

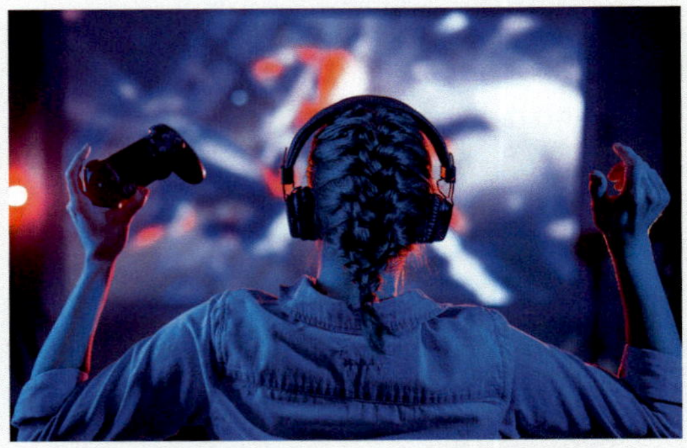

#### Zum Forschungsstand

[...] Seit den 1980er-Jahren beschäftigt sich die Forschung damit, inwieweit Computerspiele eine gewaltfördernde Wirkung haben. Auch wenn bereits über 1000 Studien zu dem Thema erschienen sein dürften, konnte die Frage bislang nicht abschließend geklärt werden. Problematisch ist beispielsweise, dass die meisten Studien nur Kurzzeiteffekte messen, viele der beobachteten Effekte statistisch nicht signifikant sind, teilweise zu wenige Probanden[1] befragt werden oder mit tendenziösen[2] Fragestellungen gearbeitet wird.

[...] Nichtsdestotrotz geht die Mehrheit der Wissenschaftler/-innen mittlerweile von einer Korrelation[3] zwischen aggressiven Persönlichkeitsstrukturen und dem Konsum von gewalthaltigen Videospielen aus. [...] Das Spielen von gewalthaltigen Games und aggressives Verhalten stehen zwar in Zusammenhang, es ist jedoch nicht klar, inwieweit das eine das andere verursacht. Wenn aggressive Personen häufiger gewalthaltige Videospiele konsumieren, kann dies entweder daran liegen, dass Computerspiele tatsächlich aggressiv machen, genauso gut aber daran, dass aggressive Personen bevorzugt zu gewalthaltigen Computerspielen greifen. Insgesamt konnten von der Forschung außerdem eher kurzfristige Effekte von Computerspielen auf das aggressive Verhalten der Probanden beobachtet werden.

Grundsätzlich führt nicht nur ein Faktor dazu, dass Kinder oder Jugendliche aggressiv oder gewalttätig werden. [...] Alter, Geschlecht, soziales Umfeld, persönliche psychische Vorbedingungen sowie der momentane Gemütszustand beeinflussen die Wirkung von Computerspielen ebenso. Wie auch bei der Computerspielsucht sind Kinder oder Jugendliche mit sozialen oder psychischen Problemen anfälliger für eine aggressionssteigernde Wirkung von Computerspielen. Außerdem kann ein höherer Testosteronwert[4] bei männlichen Personen ebenfalls zu einem aggressiveren Verhalten führen. Gerade in der Pubertät ist der Testosteronwert bei männlichen Jugendlichen besonders hoch. [...]

#### Unterschiede zwischen den Spielen

Die Forschung versucht auch Charakteristika von Spielen zu identifizieren, die eher mit aggressivem oder gewalttätigem Verhalten korrelieren. Ego-Shooter stehen zwar im Fokus der Öffentlichkeit, nach Ansicht mancher Wissenschaftler/-innen führen aber sogar „harmlose" 3D-Tischtennisspiele eher zu aggressivem Verhalten. Einige Studien beobachten bei Kinder- oder Autorennspielen, die schnelle und genaue Entscheidungen erfordern, ähnliche Effekte wie bei Shootern, auch wenn sie keine Gewaltinhalte zeigen. Die Psychologen Simon Goodson und Sarah Pearson von der Universität Huddersfield versuchten beispielsweise in ihrer Studie zu zeigen, dass diverse Sportspiele ein höheres Aggressionspotenzial haben als Shooter. *

1 Probanden: Versuchspersonen

2 tendenziös: von einer Tendenz/Anschauung beeinflusst

3 Korrelation: wechselseitige Beziehung, Einfluss, Zusammenhang

4 Testosteronwert: Menge des männlichen Sexualhormons im Körper

**1** Erschließt zu zweit zentrale Aussagen des Textes „Machen Computerspiele aggressiv?“ (▸ S. 74). Besprecht, welche der folgenden Aussagen **A** bis **E** laut Text korrekt sind, und belegt eure Entscheidung mit Zeilenangaben.

●○○ *Aussage … trifft (nicht) zu. In Zeile … steht, dass …*

**A** Die Frage, ob Computerspiele eine gewaltfördernde Wirkung haben, kann bis heute nicht eindeutig beantwortet werden.
**B** Die meisten Wissenschaftler/-innen gehen davon aus, dass es keinen Zusammenhang zwischen aggressiven Persönlichkeitsstrukturen und dem Konsum von Gewaltspielen gibt.
**C** Aggressive Personen greifen immer zu gewalthaltigen Computerspielen.
**D** Dass Kinder und Jugendliche aggressiv oder gewalttätig werden, liegt unter anderem am Alter, am Geschlecht oder an ihrem momentanen Gefühlszustand.
**E** Auch „harmlose“ Computerspiele, die schnelle und genaue Entscheidungen erfordern, können ähnliche Effekte auslösen wie Shooter-Spiele.

**2** Schreibt stichpunktartig ins Heft, welche Behauptungen, Begründungen und Beispiele im Text „Machen Computerspiele aggressiv?“ genannt werden. Legt dazu eine dreispaltige Tabelle an.

## In einer Mind-Map Informationen sammeln und ordnen

**1** Im nächsten Schritt gilt es, die gesammelten Informationen übersichtlich zu ordnen.

●○○ **a** Übertragt die Mind-Map in euer Heft, ergänzt sie mit weiteren Informationen aus den Materialien 1 bis 3 (▸ S. 71, 72, 74) und gebt die Fundstelle in Klammern an.

**Strategie:** In der Schulaufgabe sowie in der Abschlussprüfung ist es empfehlenswert, mit unterschiedlichen Farben am Text zu arbeiten.

*Welche Gründe sprechen für ein Verbot von gewalthaltigen Computerspielen?*
*Welche Einwände können gegen ein Verbot vorgebracht werden?*

*Gründe für ein Verbot*
- *Einstufung der Gewalt als normal bei häufiger Nutzung von Gewaltmedien (Potsdamer Studie, M 2)*
- *Zusammenhang zwischen Aggressionsbereitschaft und dem Konsum von Gewaltspielen (M 3)*
- …

*Einwände gegen ein Verbot*
- *Absinken der Jugendkriminalität seit 2009 (M 1)*
- *Killerspiele als Kulturgut (J. Wimmer, M 2)*
- …

**b** Ergänzt eure Mind-Map mit eigenen Argumenten und Gedanken zum Thema.

**2** a Markiert in eurer Stoffsammlung Zusammengehöriges farbig oder mit den gleichen Symbolen.
b Wählt geeignete Oberbegriffe für die Aspekte aus, die inhaltlich zusammengehören.

Gesellschaft • Psyche • Körper • Persönliche Erfahrungen • Wissenschaftliche Erkenntnisse

## Die Gliederung erstellen

**1** a Besprecht, was euch in der folgenden Gliederung bereits aus der 9. Jahrgangsstufe bekannt ist.
b Benennt die einzelnen Elemente der Gliederung.

*A) Die Gewaltbereitschaft bei Jugendlichen nimmt im Allgemeinen ab.*
*B) Welche Gründe sprechen für ein Verbot von gewalthaltigen Computerspielen?*
*Welche Einwände können gegen ein Verbot vorgebracht werden?*
*I. Gründe für ein Verbot*
*1. Seelische und emotionale Auswirkungen*
*a) ...*
*b) Emotionale Verrohung*
*2. ...*
*II. Einwände gegen ein Verbot*
*1. Keine langfristige Persönlichkeitsveränderung*
*a) Kurzzeitige Erhöhung der Aggressivität*
*...*
*C) Künftig sollten ...*

**2** Wandelt die folgenden Stichpunkte im Verbalstil in Formulierungen im Nominalstil um. Schreibt beide Varianten in euer Heft.

**A** Die Gewaltbereitschaft bei Jugendlichen nimmt im Allgemeinen ab.
**B** Wissenschaftliche Studien sind nicht immer eindeutig.
**C** Das Aggressionspotenzial könnte steigen.
**D** Die Auswirkungen von Gewaltmedien wurden noch nicht ausreichend erforscht.
**E** Kinder fühlen sich vernachlässigt.

**3** Schreibt die Gliederung aus Aufgabe 1 in euer Heft und ergänzt sie.

**Wissen und Können** **Eine Gliederung erstellen**

Eine Gliederung besteht aus: **A) Einleitungsgedanke** (im Nominal- oder Verbalstil bzw. als Satz), **B) Hauptteil mit Themafragen** (Fragesätze) und **Argumenten** als Gliederungspunkte (Nominal- oder Verbalstil) sowie **C) Schlussgedanke** (im Nominal- oder Verbalstil bzw. als Satz).
Formal muss die Gliederung **in einem einheitlichen Stil** verfasst werden.

# Die materialgestützte Erörterung schreiben

## Die Einleitung verfassen

**1** a Lest die Einleitung und benennt die farbig markierten Elemente, aus denen sie besteht.

*Immer wieder kann man in den Schlagzeilen unterschiedlicher Tageszeitungen von gewalttätigen Übergriffen durch Jugendliche lesen. Nicht selten hatten die Heranwachsenden gemeinsam, dass sie gewalthaltige Spiele am Computer intensiv konsumierten. Man kann durchaus einen Zusammenhang zwischen Straftaten und und gewaltverherrlichenden Ego-Shootern vermuten und darüber nachdenken, solche Spiele grundsätzlich zu verbieten, um die Gewaltbereitschaft einzudämmen. Im Folgenden sollen deshalb die Fragen erörtert werden: Welche Gründe sprechen für ein Verbot von gewalthaltigen Computerspielen? Welche Einwände können gegen ein Verbot vorgebracht werden?*

b Bestimmt mit Hilfe des Merkkastens, welcher Einleitungsgedanke gewählt wurde.
c Nennt weitere Möglichkeiten, wie ihr Einleitungen formulieren könnt.

**2** Verfasst mit Hilfe der Vorschläge selbst eine Einleitung mit einem anderen Einleitungsgedanken.

●○○

A *Zwar geht die Zahl …, doch einige brutale Gewalttaten jugendlicher Täter/-innen machen nachdenklich. Die Tatsache, dass …, wirft zu Recht die folgenden Fragen auf: …*

B *Am Computer ist es ein Spiel: Wer andere verletzt oder …, erhält Punkte. Er wird zum … Nicht unbegründet stehen daher „Killerspiele" im Verdacht, … in der Realität zu verursachen: Was im Spiel gelernt wurde, wird vielleicht … Wenn dies so wäre, stellen sich die Fragen, ob …*

**3** Formuliert den folgenden Einleitungsgedanken aus einer Gliederung aus:

*A) Beliebtheit von Ego-Shootern in der Clique*

**Wissen und Können** **Eine Einleitung formulieren**

Die **Einleitung** beim materialgestützten Erörtern besteht aus folgenden Teilen:
- **Einleitungsgedanke:** Hierfür nutzt man am besten geeignete Informationen aus dem Material, z.B. eine Definition, ein Zitat, statistische Angaben, oder man bezieht sich auf persönliche Erfahrungen, aktuelle Ereignisse oder auf einen geschichtlichen Rückblick.
- **Überleitung:** Diese muss logisch zu den Themafragen hinführen, z.B.:
*Aufgrund der Tatsache, dass viele jugendliche Gewalttäter/-innen entsprechende Spiele vor ihren Taten konsumiert haben, stellen sich die Fragen …*
- **Themafragen:** Diese können direkt oder indirekt angegeben werden.

## Die Argumentationen im Hauptteil verfassen

**1** Die folgenden Bausteine ergeben zusammen eine vollständige Argumentation, bestehend aus Behauptung, Begründung, Beispiel und Rückführung, zum Gliederungspunkt „Kurzzeitige Erhöhung der Aggressivität".

**A** Auch wenn man konkret beobachten kann, dass Jugendliche, wenn sie gewaltorientierte Computerspiele spielen, in dem Moment nervös reagieren und sich ihre Streit- und Angriffsbereitschaft steigert, was sich oft in verbalen Äußerungen ausdrückt, kann man trotzdem feststellen, dass es nie zu einem lang anhaltenden, intensiven Stimmungsabfall kommt, sondern sich die jugendlichen Spielerinnen und Spieler schnell wieder beruhigen und sich zum Beispiel beim Treffen mit der Clique durchaus normal verhalten.

**B** Obwohl in Studien (vgl. Material 3) nachgewiesen wurde, dass der Konsum solcher Spiele die Aggressivität während des Games steigert, konnte auch festgestellt werden, dass diese recht schnell wieder abflacht, sobald die/der Jugendliche sich anders beschäftigt. Eine direkte Verknüpfung zwischen aggressivem Verhalten und gewaltverherrlichenden Computerspielen konnte durch wissenschaftliche Untersuchungen also nicht belegt werden.

**C** Gegen ein Verbot von gewalthaltigen Computerspielen ist einzuwenden, dass sie nur kurzfristige Auswirkungen auf die Persönlichkeit haben. Sie also grundsätzlich zu verbieten, kann kein nachhaltiger Lösungsansatz sein.

**D** Dies verdeutlicht abschließend, dass man nicht automatisch Rückschlüsse auf eine langfristige Veränderung der Persönlichkeit ziehen darf, denn die auftretende Aggression ist nur kurzzeitig messbar, was gegen das Verbot von gewaltverherrlichenden Computerspielen spricht.

**a** Schreibt die Argumentation in der richtigen Reihenfolge in euer Heft. Lasst dabei genügend Platz am rechten Rand.
**b** Beschriftet nun die einzelnen Teile der Argumentation.

**2** **a** Untersucht die folgende Argumentation und benennt, warum sie sprachlich nicht gelungen ist.
**b** Sammelt geeignete Formulierungen für Überleitungen in einer Argumentation.
**c** Ersetzt die unterstrichenen Formulierungen mit euren Satzbausteinen und Überleitungen. Vermeidet Wortwiederholungen.

VORSICHT FEHLER!

*Man kann behaupten, dass der Konsum von Gewaltspielen zu emotionaler Verrohung führen kann. Die Begründung hierfür ist, dass sich die Spielerinnen und Spieler durch die Vielzahl an Gewaltszenen an solche Bilder gewöhnen und sie als weniger schlimm empfinden. Ein Beispiel hierfür ist ein Jugendlicher, der in einem „Ego-Shooter-Spiel" in die Rolle eines Schützen schlüpft. Er bekämpft in einer kriegsähnlichen Situation Gegner/-innen. Wird er im realen Leben mit ähnlichen Szenen konfrontiert, zum Beispiel in den Nachrichten mit Bildern eines Amoklaufs, stumpfen seine Emotionen ab. Dies führt zurück zur Behauptung, dass Gewaltspiele zur emotionalen Verrohung beitragen können.*

**3** Führt eine Argumentation aus eurer eigenen Gliederung (▶ S. 76, Aufgabe 3) aus. Ihr könnt euch dabei am euch bekannten Grundprinzip mit dem Dreischritt orientieren.
●○○ So könnt ihr beginnen:

A *Ein Grund, weshalb Gewaltspiele verboten werden sollten, ist …*
B *… spricht gegen ein grundsätzliches Verbot von Gewaltspielen. …*

## Den Schluss schreiben

**1** a Lest die nachfolgenden Schlussvarianten und erklärt, welche Möglichkeit, das Thema abzuschließen, jeweils gewählt wurde.
b Wählt einen Schlussteil aus, den ihr abschreibt und sinnvoll ergänzt.

A *Die Argumentationen führen deutlich vor Augen, dass mögliche Gefahren, die von gewaltorientierten Computerspielen ausgehen, nicht abzustreiten sind, doch … Weder persönliche Erfahrungen noch … können eindeutig belegen, dass … Zusammenfassend bleibt daher zu sagen, …*

B *Zum aktuellen Zeitpunkt spricht einiges gegen ein … Dennoch muss betont werden, dass die aktuellen wissenschaftlichen Untersuchungen noch nicht … Es bleibt zu hoffen, dass …*

C *Gewaltorientierte Computerspiele werden wahrscheinlich auch in Zukunft … Es wäre daher künftig wichtig, …*

c Nennt weitere Möglichkeiten, die Erörterung angemessen abzurunden.

**2** Der folgende Schlussgedanke stammt aus einer möglichen Gliederung zur Themenstellung. Formuliert ihn aus.

*C) Jugendliche, die Gewaltspiele nutzen möchten, werden sich durch ein Verbot nicht daran hindern lassen.*

**Wissen und Können** **Einen Schluss verfassen**

Im **Schluss** einer materialgestützten Erörterung nimmt man persönlich Stellung zu den Themafragen. Dabei kann man auf das Material zurückgreifen und Schlussfolgerungen ziehen, Lösungsvorschläge unterbreiten oder zum Handeln auffordern, z. B.: *In Zukunft sollten angemessene Präventionsmaßnahmen und … zum Einsatz kommen. Außerdem …*

# Testet euer Wissen!

## Materialgestützt argumentieren

**1** Untersucht die nachfolgenden Aussagen zum Schreiben einer materialgestützten Erörterung. Die Buchstaben ergeben von oben nach unten gelesen ein Lösungswort.
**Tipp:** Manchmal können auch zwei Antwortmöglichkeiten korrekt sein.

| Aussage | Welche Satzfortsetzung trifft jeweils zu? |
|---|---|
| Vor dem Schreiben der materialgestützten Erörterung ... | **A** sollte man das gesamte Material genau analysieren.<br>**B** sollte man das Material im Hinblick auf wünschenswerte Oberbegriffe überfliegen.<br>**N** sollte man eine Stoffsammlung und -ordnung anlegen. |
| Werden nachprüfbare Tatsachen, etwa Ergebnisse aus Studien, angeführt, bezeichnet man diesen Argumenttyp als ... | **E** Autoritätsargument.<br>**A** Faktenargument.<br>**R** analogisierendes Argument. |
| *Menschen umzubringen, darf nicht das Hauptthema eines Computerspiels sein.*<br>Dies ist ein ... | **A** Autoritätsargument.<br>**L** normatives Argument.<br>**F** analogisierendes Argument. |
| Die Gliederung ... | **Y** sollte einheitlich im Nominal- oder Verbalstil verfasst sein.<br>**I** sollte das genutzte Material bereits angeben.<br>**S** sollte nach einem einheitlichen Schema aufgebaut werden. |
| Bei der Einleitung ... | **I** sind drei Elemente erkennbar: Einleitungsgedanke, Überleitung, Themafrage.<br>**A** weist man bereits auf die nachfolgenden Argumentationen hin.<br>**E** bieten sich verschiedene Einleitungsgedanken an, zum Beispiel eine Begriffsdefinition, ein historischer Rückblick oder ein aktuelles Ereignis. |
| Eine vollständige Argumentation ... | **R** besteht aus der Behauptung, der Begründung, Beispiel(-en) und einer Rückführung.<br>**L** beginnt immer mit der Angabe des verwendeten Materials.<br>**E** enthält anschauliche und konkrete Beispiele. |
| Der Schlussgedanke | **N** darf keine weiteren Argumentationen anführen.<br>**A** darf genannte Argumentationen keinesfalls zusammenfassen.<br>**O** darf niemals in der Ich-Form geschrieben werden. |

# 4.2 Rettungskräfte im Fokus von Gewalt – Eine materialgestützte Erörterung verfassen

## Das Material auswerten und ordnen

Im Folgenden sollt ihr zu dieser Themenstellung materialgestützt erörtern:
**Erörtert mögliche Ursachen für die Gewalt gegen Rettungskräfte. Stellt dar, welche Maßnahmen dagegen ergriffen werden können.**

**1** Erschließt das Thema, indem ihr den Themabegriff, Schlüsselbegriffe und mögliche Einschränkungen nennt.
●○○ Diese Formulierungen könnt ihr nutzen:
*Der Themabegriff lautet ... Wichtige Schlüsselbegriffe sind ... Erörtert werden sollen Ursachen ... Eingeschränkt wird das Thema durch ...*

Nicht immer wird der Erörterungsauftrag in Form von Fragen gestellt. Geht bei der Analyse **wie bei Themafragen vor.** Für die **Gliederung** müsst ihr die **Themenstellung in Fragen umwandeln.**

**2** Verschafft euch einen Überblick über die Materialien (► S. 81–84).
**Tipp:** Überfliegt die Informationen und achtet darauf, an welchen Stellen die für eure Themenstellung wichtigen Informationen stehen.

**3** Lest dann die Materialien aktiv (► S. 318) und macht euch Notizen.

**Material 1**

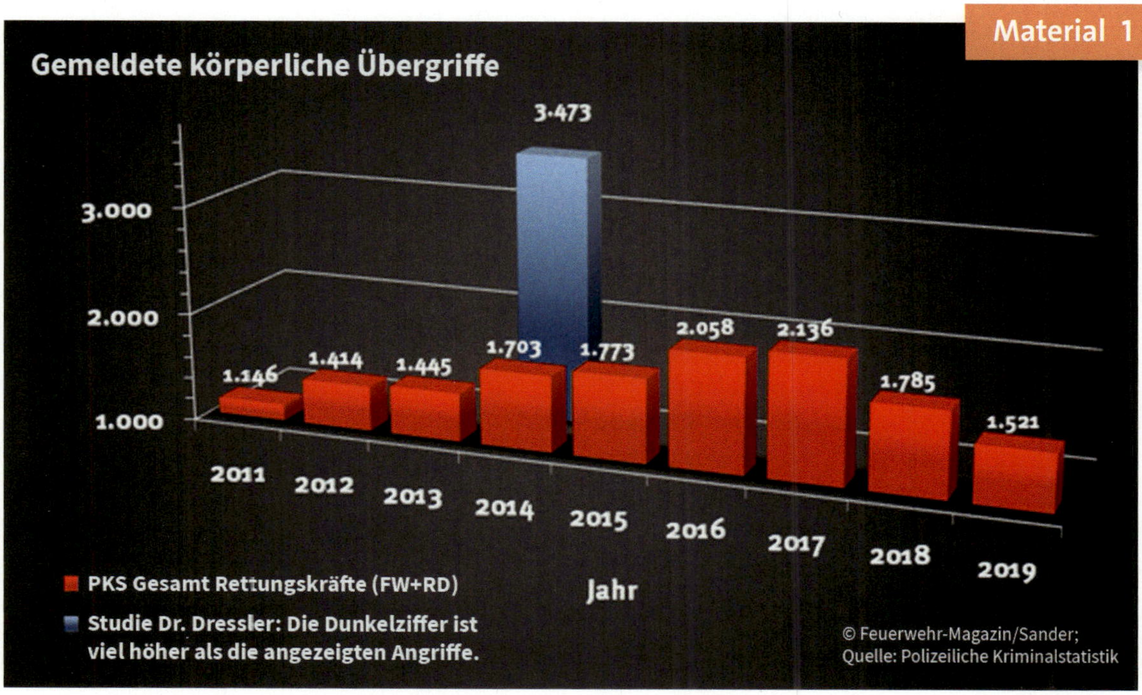

## Material 2 Gewalt gegen Rettungskräfte

Beleidigungen, Beschimpfungen und körperliche Tätlichkeiten – Gewalt gegen Rettungskräfte gehört zum Arbeitsalltag von Sanitäterinnen und Sanitätern. Laut polizeilicher Kriminalstatistik sinken die Fälle, doch die Dunkelziffer ist hoch. Mitarbeiter/-innen müssen daher für solche Situationen geschult und Straftäter/-innen konsequent verfolgt werden.

**Formen von Gewalt gegen Rettungskräfte**

Das Spektrum der Gewalt gegen Rettungskräfte reicht von fehlendem Verständnis Schaulustiger für erforderliche Absperrungen an Unfallorten bis zu handgreiflichen und oft stark alkoholisierten Patientinnen und Patienten, die eine Rettungsabsicht der Helfenden nicht erkennen. Gewalt gegen Rettungs- und Notfallsanitäter/-innen äußert sich in verbalen und körperlichen Angriffen. [...]

**Ursachen und Gründe**

Gewalt gegen Sanitäter/-innen findet ihre Ursache oft in einer durch Alkohol und Drogen gesunkenen Hemmschwelle. Allgemein ist ein Werteverlust gegenüber Hilfskräften zu beobachten. Hinzu kommt die fehlende Akzeptanz dafür, dass Rettungskräfte „ungefragt" von Dritten gerufen wurden. Ganz oft liegen die Gründe aber in den überzogenen Ansprüchen der Patientinnen und Patienten gegenüber dem Rettungspersonal, die versucht werden, mit Gewalt durchzusetzen.

**Was Arbeitgeber tun können**

Durch deeskalierende Maßnahmen in der Einsatzsituation können mehr Übergriffe verhindert werden als durch Ausstattung des Rettungsdienstpersonals mit sogenannten „externen Mitteln der Selbstverteidigung" wie z. B. Pfefferspray, da diese „Schutzwaffen" provozierend wirken und damit das Gegenteil des gewünschten Effektes erreichen könnten. Stattdessen sollten die helfenden Absichten des Rettungsdienstes in jedem Einsatzfall im Vordergrund stehen, um gegebenenfalls auch in angespannten Situationen durch aktive Hilfeleistung und angemessenes Auftreten die Lage zu entschärfen und Gewalt gegen Rettungskräfte zu vermeiden. Dazu sollten auch Arbeitgeber ihren Beitrag leisten. [...] Prävention und Deeskalation sollten klar im Vordergrund stehen. Hier sind die Arbeitgeber ebenso in der Pflicht wie die Arbeitnehmer/-innen, um die notwendigen Grundlagen zu schaffen, adäquat Fällen von Gewalt gegen Sanitäter/-innen entgegenzutreten. An der Einsatzstelle angekommen, sollten die Sanitäter/-innen zur Eigensicherung von Anfang an auch die möglichen Gefahren durch anwesende Personen im nahen Umfeld im Blick haben.

Grundlegend kann folgendes präventives Vorgehen Gewalt gegen Rettungskräfte vermeiden:

- ruhig und gelassen bleiben,
- Kompetenz ausstrahlen,
- Lage und Stimmung vor Ort erfassen,
- Redeweise dem Gegenüber anpassen,
- selbstbewusstes, aber respektvolles Auftreten,
- freundlich, aber bestimmt bleiben und Blickkontakt halten,
- sachliche Erklärung der Maßnahmen und ihrer Notwendigkeit,
- Personen identifizieren und dokumentieren,
- offenes Ansprechen der Person und Herstellen von Öffentlichkeit,
- nach Möglichkeit bei auftretender Eskalation den Rückzug antreten,
- im Nachgang genaue Dokumentation für Einsatznachbesprechung und mögliche rechtliche Folgen, denn jede Einzelheit ist entscheidend für den Prozessausgang.

Unter Berücksichtigung dieser Maßnahmen sollte es allen Beteiligten möglich sein, ein angemessenes Handeln sicherzustellen und damit einen stressigen Einsatz so effektiv und effizient wie möglich zu gestalten: Erste Hilfe da leisten, wo sie benötigt wird, und Gewalt gegen Rettungskräfte verhindern. *

## Material 3

## Material 4

§ 323c StGB

Unterlassene Hilfeleistung; Behinderung von hilfeleistenden Personen

(1) Wer bei Unglücksfällen oder gemeiner Gefahr oder Not nicht Hilfe leistet, obwohl dies erforderlich und ihm den Umständen nach zuzumuten, insbesondere ohne erhebliche eigene Gefahr und ohne Verletzung anderer wichtiger Pflichten möglich ist, wird mit Freiheitsstrafe bis zu einem Jahr oder mit Geldstrafe bestraft.

(2) Ebenso wird bestraft, wer in diesen Situationen eine Person behindert, die einem Dritten Hilfe leistet oder leisten will.

## Material 5

**Sanktionen bei Behinderung von Rettungskräften**

- **Rettungskräfte angreifen:**
  Haftstrafe zwischen drei Monaten und fünf Jahren
- **Rettungskräfte behindern (z. B. durch Gewaltandrohung):**
  Freiheitsstrafe bis zu drei Jahren oder Geldstrafe
- **Unterlassene Hilfeleistung:**
  Geldstrafe oder Haftstrafe bis zu einem Jahr
- **Behinderung von Personen, die Hilfe leisten wollen (z. B. durch Gaffer):**
  Geldstrafe oder Haftstraße bis zu einem Jahr
- **Unfallopfer fotografieren oder filmen:**
  Geldstrafe oder Haftstrafe bis zu zwei Jahren
- **Absichtliches Blockieren der Rettungsgasse:**
  Geldstrafe oder Haftstrafe bis zu einem Jahr

*Quelle: ZDF*

## Material 6

## Material 7

### Respekt stärken

Mit der Kampagne für uniformierte Polizei- und Rettungskräfte möchte das Bundesministerium des Innern den Respekt gegenüber denen stärken, die tagtäglich ihren Kopf für uns hinhalten.

Die Umsetzung der Kampagne erfolgt zielgruppengerecht durch emotionale TV-Spots, aber auch durch Onlinemaßnahmen sowie durch die Platzierung von packenden Motiven in ausgewählten Städten. Gezeigt werden keine routinierten Schauspieler in Uniform, sondern echte Einsatzkräfte. Auf diese Weise wird sofort sichtbar, mit wie viel Passion[1] die Polizei und Rettungskräfte ihren Beruf ausüben und welche Anstrengungen die Einsatzkräfte tagtäglich auf sich nehmen, um uns zu schützen.*

1 die Passion: die Leidenschaft

**4** **a** Tauscht euch über die Materialien aus und beschreibt eure Leseeindrücke.
**b** Sprecht darüber, ob ihr alle Materialien verwenden würdet oder ob es Informationen gibt, auf die ihr bei eurer Erörterung verzichten könntet.
**c** Ordnet zu, welches Material sich für welchen Teil der Erörterung eignen könnte.

**5** Wertet die Materialien aus.

**Materialien auswerten**

**1** – Legt eine Tabelle an und notiert in den jeweiligen Feldern stichpunktartig Informationen aus den Materialien.
– Vermerkt, wofür sich welches Material eignet (Einleitung, Themafrage I. oder II., Schluss).
**Tipp:** In einer Schulaufgabe könnt ihr auf den Aufgabenblättern mit Farben markieren.
– Gebt in Klammern die Nummer des Materials an.

<table>
<tr><td colspan="2">Informationen für die Einleitung: ...</td></tr>
<tr><td>Themafrage I.: Ursachen für die Gewalt gegen Rettungskräfte</td><td>Themafrage II.: Maßnahmen gegen Gewalt an Rettungskräften</td></tr>
<tr><td colspan="2">Informationen für den Schluss: ...</td></tr>
</table>

**2** Geht nun die Materialien einzeln durch und notiert Informationen, die passend sind.
**Tipp:** Durch unterschiedliches Markieren könnt ihr kennzeichnen, wofür sich der jeweilige Aspekt eignet (z. B. Schraffieren von Behauptungen, Umrahmen von Begründungen, Unterstreichen von Beispielen).
**3** Vor allem bei Schaubildern mit Zahlenmaterial und grafischen Darstellungen ist es sinnvoll, sich Notizen auf das Materialblatt zu machen.
**4** Am Ende legt ihr eine Stoffsammlung an, ordnet diese und verfasst eine Gliederung.

# Von der Stoffsammlung zur Gliederung

**1** a Zum Erörterungsauftrag **„Erörtert mögliche Ursachen für die Gewalt gegen Rettungskräfte. Stellt dar, welche Maßnahmen dagegen ergriffen werden können“** wurde eine Tabelle angelegt. Übertragt sie in euer Heft, ergänzt sie um weitere Informationen und um eigene sinnvolle Ideen.

b Zwei Aspekte wurden bereits unter dem Oberbegriff „Gesetzliche Maßnahmen“ notiert. Schreibt weitere Gliederungspunkte auf und prüft, welche ihr unter einem Oberbegriff zusammenfassen könnt.

| Ursachen | Maßnahmen |
|---|---|
| - *Alkoholkonsum der Täter/-innen (M 2)* | - *Haftstrafen (M 4 und M 5)* |
| - *Werteverlust (M 2)* | - *Geldstrafen (M 4 und M 5)* |
| - *Drogenkonsum der Täter/-innen (M 2)* | *→ Gesetzliche Maßnahmen* |
| - *Überzogene Ansprüche (M 2)* | - *... (M 3)* |
| - ... | - ... |

**2** Erstellt eine Gliederung zum oben genannten Erörterungsauftrag.
Ergänzt hierfür die nachfolgende unvollständige Gliederung, die für die eigene Ausführung abgeändert werden darf.

*A) ...*
*B) Welche Ursachen gibt es für die Gewalt gegen Rettungskräfte?*
*Welche Maßnahmen können dagegen ergriffen werden?*
*I. Ursachen für die Gewalt gegen Rettungskräfte*
*1. Werteverlust*
*2. ...*
*a) ...*
*b) ...*
*II. Maßnahmen gegen die Gewalt*
*1. ...*
*a) Sensibilisierung durch Plakataktionen*
*b) Internetkampagnen*
*2. ...*
*3. ...*
*a) ...*
*b) ...*
*C) Für die Zukunft erhoffe ich mir ...*

# Überzeugend und sprachlich korrekt argumentieren

## Eine materialgestützte Einleitung verfassen

**1** a Seht euch das Diagramm (▶ S. 81, Material 1) genau an. Lest die folgenden Sätze und entscheidet, welche Aussagen richtig und welche falsch sind.
Verbessert die fehlerhaften Angaben.

**A** Die Zahlen der gemeldeten körperlichen Übergriffe betreffen nur Feuerwehrleute.
**B** Im Jahr 2012 wurden 1 414 körperliche Übergriffe gemeldet.
**C** In den Jahren 2016 und 2017 wurden jeweils über 2 000 körperliche Übergriffe gemeldet.
**D** Aus dem Diagramm geht hervor, dass von 2018 auf 2019 die Zahl der gemeldeten Übergriffe noch einmal geringfügig angestiegen ist.
**E** Im Jahr 2019 wurden mehr Vorfälle gemeldet als im Jahr 2013, aber weniger als im Jahr 2018.

Geht bei der Auswertung von Diagrammen so vor:
- Betrachtet und lest das Diagramm genau.
- Analysiert die Angaben und Zahlen.
- Achtet auf Auffälligkeiten wie besonders hohe oder niedrige Zahlenwerte.
- Fasst die Grundaussage des Diagramms zusammen.

b Diskutiert, welche Informationen, die das Diagramm enthält, für eine Einleitung geeignet sind.
●○○ Diese Formulierungen könnt ihr verwenden:
- *Interessant wäre für den Einleitungsgedanken ..., weil ...*
- *Ich würde ... nicht in die Einleitung aufnehmen, denn ...*

**2** Mit Hilfe der Informationen des Diagramms (▶ S. 81, Material 1) ist nachfolgende Einleitung entstanden.
a Gebt an, welche Form des Einleitungsgedankens gewählt wurde.
b Schreibt die Einleitung ab und ergänzt dazu die fehlenden Informationen aus dem Material. Formuliert eine angemessene Überleitung vom Einleitungsgedanken zur Themenstellung.

*Rettungskräfte üben einen überaus verantwortungsvollen Beruf aus und arbeiten häufig am Limit. Obwohl sie es sich zur Aufgabe gemacht haben, Menschen das Leben zu retten und ihnen zu helfen, wird ihnen nicht nur Respekt und Anerkennung entgegengebracht. In den Jahren 2011 bis 2016 stieg die Zahl der angezeigten körperlichen Übergriffe auf Rettungskräfte deutlich. Im Jahr 2017 wurden sogar ... gemeldet. Die Dunkelziffer, also die Zahl ..., ist vermutlich weitaus höher. ..., welche Ursachen für die Gewalt gegen Rettungskräfte es gibt und welche Maßnahmen dagegen ergriffen werden können.*

**3** Formuliert mit Hilfe des Materials 3 (▶ S. 83) eine eigene Einleitung mit Einleitungsgedanken,
●●● Überleitung und Themafragen.

## Im Hauptteil das Material einbinden und geschickte Überleitungen formulieren

**1** a Die einzelnen Bestandteile innerhalb einer Argumentation wie auch die verschiedenen Argumentationen selbst werden durch Überleitungen sprachlich miteinander verknüpft. Lest die folgenden Anfänge verschiedener Argumentationen und nennt die Überleitungen.

> **A** Als erste mögliche Ursache für die Gewalt an Rettungskräften ist die jeweilige persönliche Veranlagung zu nennen. …
> **B** Hinzu kommt, dass einige Täter/-innen unter Alkoholeinfluss stehen. …
> **C** Zu den Gewaltbereiten gehören aber nicht nur Menschen, die unter Alkohol- oder Drogeneinfluss stehen, sondern es gibt durchaus auch einige, deren Tat politisch motiviert ist. …

b Erklärt, inwiefern sich die Überleitung aus Satz **C** von den Überleitungen der übrigen unterscheidet und wie dies auf euch wirkt.

**2** a Lest die folgende Argumentation und diskutiert, an welcher Stelle der Gliederung der dazugehörige Gliederungspunkt stehen könnte.
b Benennt die einzelnen Teile der Argumentation (Behauptung …) und erklärt, warum die Begründung noch nicht überzeugend ist.

VORSICHT FEHLER!

> Nicht nur die finanziellen Strafen, sondern insbesondere die hohen Freiheitsstrafen könnten einige Täter/-innen davon abhalten, Rettungskräfte körperlich anzugreifen. Material 5 gibt an, dass bei einem Angriff Haftstrafen zwischen drei Monaten und fünf Jahren möglich wären. Mit einer Freiheitsstrafe von bis zu drei Jahren wird jemand bestraft, der Rettungskräfte bei der Arbeit behindert. Das Strafgesetzbuch regelt, wie aus Material 4 hervorgeht, dass nicht nur die eigene unterlassene Hilfeleistung bestraft wird, sondern ebenso auch die Behinderung derer, die Hilfe leisten. Behindert beispielsweise eine Menschenmenge die Arbeit der Rettungskräfte durch Gaffen oder blockiert sie diese absichtlich, indem sie auf der Straße keine Rettungsgasse bildet, sind Haftstrafen von bis zu einem Jahr möglich (vgl. Material 5). Selbst wenn einige die finanziellen Strafen nicht abschrecken sollten, führen möglicherweise Freiheitsstrafen zu einem Umdenken der Täter/-innen.

**3** a Stellt dar, welche unterschiedlichen Varianten der Materialangabe enthalten sind.
b Erklärt, worauf man bei der Einbeziehung des Materials sprachlich achten sollte.

**Wissen und Können** | **Das Material angeben**

Verwendet in eurer Erörterung unbedingt Informationen aus dem zur Verfügung gestellten Material und macht dies in eurer Ausführung kenntlich, z. B.:

- **Materialangabe in Klammern:** *Haftstrafen bis zu einem Jahr sind möglich (vgl. Material 4).*
- **Nennung des Materials im Nebensatz:** *…, wie aus Material 4 hervorgeht, …*
- **direkte Materialangabe:** *In Material 2 wird darauf hingewiesen, …*
- **Zitate aus den Materialien:** *„Die offiziellen Zahlen sind nur die Strafanzeigen“ (Material …).*

**4** Formuliert eure Gliederungspunkte zur **Themenstellung „Erörtert mögliche Ursachen für die Gewalt gegen Rettungskräfte. Stellt dar, welche Maßnahmen dagegen ergriffen werden können“** zunächst in Behauptungen um.

**5** ●●● Formuliert zwei Behauptungen als vollständige Argumentationen mit Begründungen, Beispielen und Rückführung aus. Denkt daran, verschiedene Überleitungen zu verwenden.
**Tipp:** Der Merkkasten kann euch helfen.

**6** Verfasst selbst eine vollständig aufgebaute Argumentation, in der ihr Material 7 (► S. 84) verwendet.

- Im Aufsatz dürfen keine umgangssprachlichen Formulierungen vorkommen.
- Direkte Rede sollte vermieden bzw. nur sparsam verwendet werden.

**Wissen und Können** **Überleitungen in einer Erörterung**

Damit die Erörterung am Ende ein zusammenhängender Text ist und nicht eine Aneinanderreihung einzelner Textpassagen, sind geeignete **Überleitungen** wichtig. Als Überleitungen dienen Konjunktionen und feststehende sprachliche Wendungen.
So könnt ihr Gedanken in den verschiedenen Bereichen der Erörterung sinnvoll miteinander verknüpfen:

- zwischen größeren Teilbereichen der Erörterung (z. B. der Erörterung der Vorteile und Nachteile einer Sache; von Ursachen und Gegenmaßnahmen ...):
  - *Die Vorteile sind nicht von der Hand zu weisen, jedoch müssen auch mögliche Nachteile von ... bedacht werden.*
  - *Die Ursachen von ... sind demnach vielfältig. Was gegen ... unternommen werden könnte, wird im zweiten Teil des Aufsatzes näher beleuchtet.*
- zwischen den einzelnen Argumentationen:
  - *Ein weiterer wesentlicher Aspekt ist ...*
  - *Hinzu kommt, dass ...*
  - *Daneben ist auch zu beachten, dass ...*
  - *Neben ... spielt auch ... eine wesentliche Rolle.*
- in der Argumentation zwischen der Begründung und den Beispielen:
  - *Deutlich wird dies an ...*
  - *... sind konkrete Situationen, in denen ...*
- in der Argumentation vor der Abrundung bzw. Rückführung oder der Folgerung:
  - *Deshalb ...*
  - *Es zeigt sich demnach ...*
  - *Folglich ...*

## Einen logischen Schluss verfassen

**1** Lest euch den folgenden Ausschnitt eines möglichen Schlussgedankens durch und gebt an, welches Material (► S. 81–84) verwendet wurde.

> Ich selbst bin der Meinung, dass Rettungskräfte eine hervorragende Arbeit leisten und viel zu wenig Anerkennung für ihre Taten bekommen. Schlagzeilen wie „Mann geht mit Axt auf Einsatzkräfte los" (Material ?) müssen unbedingt der Vergangenheit angehören, damit es auch in Zukunft noch Menschen gibt, die sich ambitioniert für uns alle einsetzen und uns im Notfall helfen oder gar das Leben retten. Vielleicht ist man selbst einmal in einer Notsituation, und da wäre es das Schlimmste, wenn Rettungskräfte, die einem helfen, selbst zum Opfer werden.

**2** Lest den nachfolgenden Schlussgedanken und erklärt, weshalb er nicht gelungen ist. Überarbeitet den Abschnitt und schreibt ihn verbessert in euer Heft.

VORSICHT FEHLER!

> *Das Thema hat mir gefallen, denn es war sehr interessant und es ließ sich gut bearbeiten. Ich war richtig schockiert, als ich erfahren habe, dass man so hohe Strafen erhält, wenn man Gewalt gegen Rettungskräfte ausübt. Wenn ich einmal Hilfe bräuchte, wäre ich dankbar, dass es Rettungskräfte gibt. Es macht mich traurig, dass manche Menschen das nicht so sehen.*

**3** ●●● Formuliert einen vollständigen, eigenen Schlussgedanken, in dem ihr Material 6 nutzt. So könnt ihr beginnen:
*„Ich versorge deine Wunden. Und du spuckst mich an?", lautet der eindringliche Vorwurf von Simone …*

Denkt beim Verfassen des **Schlusses** daran, dass dies der letzte Eindruck ist, den die Leserin oder der Leser von eurem Aufsatz erhält. Ein zu kurzer Schluss kann weder aussagekräftig sein noch wird er einen positiven Eindruck hinterlassen.

Achtet unbedingt darauf, dass ihr im Schluss
- **keine weiteren, neuen Argumentationen** anführt,
- **keine** Argumentationen aus dem Hauptteil nochmals einzeln **wiederholt** und
- diesen Teil mit **Bezug zur Einleitung und zum Hauptteil** formuliert.

**Material 6**

# 4.3 Fit in ...? – Materialgestützt argumentieren

Im Jugendstrafrecht gibt es den „Warnschussarrest“. Zu diesem Thema könnte in der Schulaufgabe oder in der Abschlussprüfung eine Erörterung mit folgendem Material (Auswahl) verlangt werden.

**Der sogenannte „Warnschuss“ gegen straffällige Jugendliche wird immer häufiger eingesetzt. Was spricht für, was gegen diese Maßnahme?**
Untersuchen Sie zunächst die Themafragen und erstellen Sie mit Hilfe der Informationen aus dem vorliegenden Material eine Stoffsammlung und anschließend eine Gliederung. Verfassen Sie eine vollständige Erörterung mit Einleitung, Hauptteil und Schluss.

## Material 1 Warnschussarrest: Definition

Der Warnschussarrest ist eine Art Jugendarrest. Das Jugendstrafrecht sieht für den Arrest als strengstes Zuchtmittel eine kurzzeitige Freiheitsentziehung vor. Anders als die Jugendstrafe, die die einzige „richtige“ Strafe für Jugendliche darstellt, wird der Arrest in Jugendarrestanstalten oder in Arresträumen vollzogen.

Bis zum 07. März 2013 konnte der Jugendrichter einen Angeklagten entweder zu einer Jugendstrafe verurteilen oder Jugendarrest anordnen. Beides gleichzeitig war nicht möglich, auch dann nicht, wenn die Jugendstrafe zur Bewährung ausgesetzt wurde (sogenanntes Kopplungsverbot). Umgekehrt konnte ein Jugendarrest nicht zur Bewährung ausgesetzt werden. Inzwischen ist es möglich, neben einer Bewährungsstrafe Jugendarrest von maximal vier Wochen anzuordnen. Dieser soll die zur Bewährung ausgesetzte Jugendstrafe ergänzen, wenn dies nach Ansicht des Richters geboten erscheint. In welchen Anwendungsfällen dieser zum Warnschussarrest greifen kann, regelt § 16a JGG.

## Material 2 Bayerns Richter schicken Jugendliche häufig in die Zelle

Der sogenannte Warnschussarrest für junge Gesetzesbrecher erfreut sich bei Bayerns Jugendrichtern steigender Beliebtheit. Im vergangenen Jahr erhielten 171 Jugendliche in Bayern eine solche Strafe. Das waren 100 mehr als 2013, wie das Justizministerium in München auf Anfrage mitteilte. [...] Zwei Jahre nach seiner Einführung wird der Warnschussarrest auch in den meisten anderen Bundesländern immer häufiger verhängt. In manchen Ländern wird der Sinn der Strafmaßnahme bezweifelt, doch Justizminister Bausback hält sie für sinnvoll: Bayern habe aus gutem Grund lange für die Einführung gekämpft. Denn zuvor war eine mit Arrest kombinierte Bewährungsstrafe nicht möglich: „Wenn die Tat eines Jugendlichen so schlimm war, dass ein Arrest nicht mehr ausreicht, wurde eine Jugendstrafe von mindestens sechs Monaten verhängt“, sagte Bausback. „Die wiederum wurde dann häufig zur Bewährung ausgesetzt. Die Erfahrung zeigt aber: Nicht wenige jugendliche Straftäter, die eine „bloße“ Bewährungsstrafe erhalten, verlassen den Gerichtssaal achselzuckend und glauben ernsthaft, das sei ein „Freispruch zweiter Klasse“. [...] *

## Material 3 Warnschussarrest ein Ausdruck der Hilflosigkeit

**Die Zahlen zeigen: Immer mehr Gerichte greifen auf den Arrest zurück. Weil er hilft?**
**Höynck[1]:** Sehr hilfreich ist Arrest nicht, das zeigt die Rückfallquote von 70 Prozent. […]

**Woran liegt das?**
**Höynck:** Es gibt verschiedene Typen unter den jugendlichen Straftätern: Solche, die schon beeindruckbar sind von der Erfahrung des Erwischtwerdens, vom Gerichtsverfahren und der Reaktion des sozialen Umfelds. Sie spüren das Signal, dass eine Grenze überschritten ist. Die anderen haben relativ tiefsitzende Gründe, warum sie Straftaten begehen.

**Dann wird das Erziehungsziel des Jugendstrafvollzugs mit dem Arrest verfehlt?**
**Höynck:** Im besten Fall kann in der Zäsur eine Chance liegen: Wenn man junge Straftäter aus ihrem Umfeld herauszieht, sie aufrüttelt und zu Hause ein Hilfenetzwerk anstößt. Auch durch die Rigidität, die eine solche Anstalt hat. Das ist allerdings sehr voraussetzungsreich. Die Frage ist, ob das nicht vielleicht auch anders gehen würde.

**Haben Sie da eine Idee?**
**Höynck:** Der mit dem Urteil gedrückte Resetknopf muss genutzt werden. Eine gute Bewährungshilfe schaut sich die Situation an, welche Hilfemöglichkeiten es gibt. Und dann hat man ja eine lange Bewährungszeit von zwei bis drei Jahren, wo ein Weg gebahnt werden kann, der für den Menschen begehbar ist. Und es gibt ja auch die Möglichkeit, über Auflagen und Weisungen die Bewährungszeit zu gestalten, also bestimmte Kurse aufzuerlegen.

**Bewährung reicht Ihrer Ansicht nach aus?**
**Höynck:** [Die Jugendlichen] spüren schon spätestens, wenn die Bewährungszeit losgeht, was da auf dem Spiel steht, nämlich im schlimmsten Fall eine Haftstrafe in Höhe von ein bis zwei Jahren. Man muss sich auch mal klarmachen, was Arrest bedeutet: Nämlich Freiheitsentzug. Rechtsstaatlich braucht es ziemlich gute Gründe, um einen Menschen einzusperren. *

1 Theresia Höynck ist Professorin für Recht der Kindheit und Jugend an der Uni Kassel.

## Material 4

**Rückfälligkeit von jugendlichen Verurteilten (Bezugsjahr 2007)**

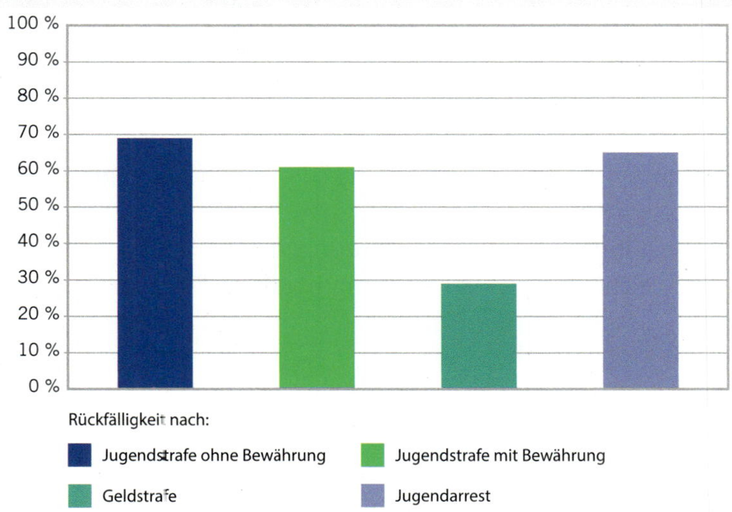

## Die Themafragen erschließen und die Materialien auswerten

**1** Was verlangen die Themafragen von euch? Erschließt sie nach dem bekannten Schema (► S. 70).

**2** a Die Prüfungsaufgabe (► S. 90) enthält eine Auswahl an unterschiedlichen Materialien (1–4) zum Thema. Verschafft euch einen Überblick und lest euch dann die Informationen genau durch.
b Klärt für das Textverständnis folgende Begriffe:

„Bewährung“ • „Rückfallquote“ • „Rigidität“ • „Resetknopf“ • „Zäsur“

**3** Entscheidet, ob Erklärung **A** oder **B** den Kern der folgenden Zitate jeweils treffender formuliert:

„Das Jugendstrafrecht sieht für den Arrest als strengstes Zuchtmittel eine kurzzeitige Freiheitsentziehung vor.“ (► Material 1, Z. 2–4)

A Einen kurzen Gefängnisaufenthalt sieht das Jugendstrafrecht als härteste Strafe an.
B Das Jugendstrafrecht empfiehlt einen kurzen Freiheitsentzug für jugendliche Straftäter.

„Und dann hat man ja eine lange Bewährungszeit von zwei bis drei Jahren, wo ein Weg gebahnt werden kann, der für den Menschen begehbar ist.“ (► Material 3, Z. 29–33)

A Straffällig gewordene Jugendliche müssen ein festgelegtes Programm während der Bewährungszeit durchlaufen, um künftig nicht mehr straffällig zu werden.
B Individuelle Programme und Unterstützungsmöglichkeiten können während der Bewährungszeit eingesetzt werden, um eine spätere Straffälligkeit zu vermeiden.

**4** Erschließt Material 4 und bestimmt, welche Aussagen richtig sind. Verbessert die falschen.

A Freiheitsentziehende Strafen weisen ein niedrigeres Rückfallrisiko auf als milde Strafen (z. B. Geldstrafen).
B Die höchste Rückfallrate weist Jugendstrafe mit Bewährung mit 69% auf.
C Das Diagramm zeigt nicht, welche Alters- und Personengruppe rückfällig wurde.

**5** Ordnet den in den Materialien vorkommenden Zahlen die zugehörigen Angaben zu.

A 171
B 70 %
C circa 30 %

1 Zahl derer, die im Jahr 2014 als Strafe den Warnschussarrest erhielten
2 Zahl der Jugendlichen, die nach einer Geldstrafe rückfällig werden
3 Zahl derer, die nach dem Warnschussarrest später rückfällig werden

## Die Erörterung planen, schreiben und überarbeiten

**1** Findet auf Grundlage des vorliegenden Materials Aspekte für und gegen den Warnschussarrest und erstellt so eine Stoffsammlung. Füllt die folgende Tabelle im Heft aus. Ergänzt dabei auch weitere Ideen, die euch einfallen.

| Gründe für den Warnschussarrest | Gründe gegen den Warnschussarrest |
|---|---|
| – *Manche Jugendliche lassen sich durch Bewährungsstrafen nicht ...*<br>– *Die Jugendlichen erfahren, wie es ...*<br>– *...* | – *Jugendliche mit Gefängnisstrafen (ohne Bewährung) werden häufiger ...*<br>– *...* |

**2** Erstellt mit Hilfe eurer Stoffsammlung eine Gliederung zur Themenstellung. Sie muss nicht vollständig sein, da hier im Gegensatz zur Schulaufgabe nur Teile des Materials vorliegen.
**Tipp:** Auf Seite 264 könnt ihr üben, eine Gliederung zum Thema im Nominalstil zu verfassen.

**3** Analysiert Material 1 (► S. 90) und formuliert mit Hilfe der darin enthaltenen Informationen eine Einleitung zum Thema.
●○○ Ihr könnt folgendermaßen beginnen:
*Es gibt Jugendliche, die regelmäßig Gewalttaten ausüben und so ganze Ortsteile verunsichern können. Bisher konnten Jugendliche ... bestraft werden. Der sogenannte „Warnschussarrest" erlaubt ...*

**4** Formuliert anhand eurer Gliederung jeweils eine Argumentation für und gegen die Maßnahme des Warnschussarrests aus.

**5** Formuliert selbst einen eigenen Schlussgedanken zum Thema.

**6** Einige Informationen aus dem Material wurden in einer Erörterung zur Themenstellung verwendet. Verbessert den Auszug des Aufsatzes mit Hilfe der Anmerkungen am Rand.
**Tipp:** Auf den Seiten 264 f. findet ihr vertiefende Übungen zur sprachlichen Überarbeitung.

VORSICHT FEHLER!

*[...] Sozialstunden abzuleisten oder eine Bewährungsstrafe für Gewalttaten zu erhalten, schreckt viele Jugendliche nicht davon ab, weil die Strafen möglicherweise nicht hart genug sind. V So würden gewaltbereite Jugendliche durchaus weitere Taten wie körperliche Angriffe oder Diebstahl begehen, wenn sie lediglich eine Strafe auf Bewährung zu befürchten hätten. Dies ist ein Indiz dafür, dass ein Warnschussarrest ein geeignetes Mittel wäre.*

*Wovon? Material angeben*

*V Ein zu lascher Umgang mit gewalttätigen Jugendlichen könnte durchaus das Gefühl vermitteln, entsprechende Taten hätten keine weitreichenden Konsequenzen zur Folge, weil die Strafe unverhältnismäßig zur entsprechenden Tat stehe. Verletzt beispielsweise eine jugendliche Person eine andere bei einer heftigen körperlichen Auseinandersetzung stark und erhält dafür lediglich eine Freiheitsstrafe, die zur Bewährung ausgesetzt wird, spiegelt dies ein politisches Signal wieder, die Tat sei halb so schlimm. Aus diesem Gedanken*

*Überleitung zur nächsten Argumentation*

*R*

*heraus kann der Warnschussarrest die Politik darin unterstützen,*
*Jugendlichen so richtig heftig zu zeigen, wo es langgeht. [...]* — Ausdruck
*Man muss dennoch zugeben, dass es Gründe gibt, die gegen sowas sprechen,* — Was?
*weil ein solcher niemals dafür sorgt, dass Jugendliche nicht mehr rückfällig* — Pauschalaussage
*werden und die Rückfallquote nach einer Gewalttat sinkt. Wie einem* — genaue Angabe
*Material zu entnehmen ist, werden die Heranwachsenden, die eine Jugend-*
*strafe ohne Bewährung bekamen, sogar häufiger rückfällig. Rund 70 Prozent*
*der Täter/-innen sollen demnach erneut kriminell werden. Täter/-innen, die* — Wiederholung
*eine Jugendstrafe mit Bewährung erhielten, werden dagegen nur zu circa 60*
*Prozent rückfällig. Ist beispielsweise ein Jugendlicher aufgrund von Bedro-* — Beispiel
*hung und körperlichen Angriffen auf andere ohne Bewährung direkt ins Ge-* — anschaulicher
*fängnis gekommen, steigt, wie den Zahlen zu entnehmen ist, die Wahrschein-* — formulieren
*lichkeit stark an, dass er wieder rückfällig wird. Demnach sollte man* — Satzbau beachten
*überdenken, ob ein Warnschussarrest mit dem Ziel, die Rückfallquote zu verringern, wirklich das geeignete Mittel ist. [...]*
*Meiner Meinung nach müssen alle Jugendlichen, die eine Straftat begehen, auch eine*
*angemessene Konsequenz erhalten und sollten nicht zu harmlos bestraft werden.* — Ausdruck
*Das Problem der Jugendgewalt und -kriminalität ist sehr komplex, und wie so oft*
*lassen sich niemals alle Jugendlichen „über einen Kamm scheren". Der Warnschuss-*
*arrest scheint eine einfache Antwort auf eine schwierige Fragestellung zu bringen.* — Ausdruck
*Für mich wäre es wichtig, jeden Einzelfall genau zu prüfen, die Hintergründe zu hinterfragen und mit einer angemessenen und verhältnismäßigen Konsequenz zu bestrafen. Ein Warnschussarrest, der die Rückfallquote statistisch gesehen sogar erhöht, ist in meinen Augen daher kein Allheilmittel.*

## Checkliste

### Materialgestützt argumentieren

- Habe ich **Themabegriff, Schlüsselbegriffe** und **Einschränkungen** erschlossen?
- Habe ich das beiliegende Material berücksichtigt und die Quellenangabe (wenn bekannt) in meinen Text eingearbeitet?
- Habe ich in der **Gliederung** auf einen einheitlichen Stil geachtet?
- Passen die **Gliederungspunkte des Hauptteils** (= Argumente) zur jeweiligen **Themenstellung?**
- Habe ich inhaltlich ähnliche Argumente in der Gliederung vermieden?
- Sind die Gliederungspunkte aussagekräftig formuliert, sodass sie eine klare Antwort auf die Themafragen geben?
- Habe ich in der Einleitung auf eine **logische Überleitung zur Themenstellung** geachtet?
- Sind meine **Argumentationen** logisch und nachvollziehbar aufgebaut mit Behauptung – überzeugender Begründung – Beispiel – Rückführung/Schlussfolgerung?
- Habe ich einen aussagekräftigen **Schluss** formuliert, in dem ich meine Meinung zur Themenstellung begründe oder Vorschläge, Wünsche bzw. Forderungen äußere?
- Habe ich darauf geachtet, im Schluss keine neuen Argumentationen anzuführen?
- Habe ich meinen Aufsatz in Bezug auf **Sprache, Rechtschreibung** und **Zeichensetzung** überprüft?

# 5 Gesagtes, Gemeintes, Gedachtes – Literarische Kurzformen erschließen

**1** a Beschreibt die Illustration und benennt das konkrete Thema, das sie veranschaulicht.
b Formuliert Gedanken, die der abgebildeten Figur durch den Kopf gehen könnten.

**2** Erzählt von euren eigenen Erfahrungen, wenn ihr eine Reise plant.

> „Wenn man beginnt, seinem Passfoto ähnlich zu sehen, sollte man in den Urlaub fahren."
> *Ephraim Kishon*

**3** a Erklärt, was der Autor damit meint.
b Belegt die Aussage mit persönlichen Erkenntnissen.

**In diesem Kapitel ...**

- lernt ihr satirische Darstellungsformen und Parabeln kennen,
- vertieft ihr euer Wissen zu Kurzgeschichten,
- erschließt ihr Texte dieser Textsorte und übt den Umgang mit Prüfungsaufgaben.

# 5.1 Dem Hintergründigen und Rätselhaften auf der Spur – Kurzformen analysieren

## Satirische Darstellungsformen erschließen

1 a Hört euch Kishons Erzählung an und erschließt deren Inhalt mit Hilfe nebenstehender Methode. Formuliert zu den Fragen Stichpunkte.
b Vergleicht eure Ergebnisse.

Fragengeleitete Erschließung des Inhalts:
- Wer ist die Hauptfigur?
- Vor welcher Herausforderung steht sie?
- Was unternimmt sie, um diese Herausforderung zu meistern?
- Wie endet die Geschichte?
- Passt der Titel zur Geschichte?

Ephraim Kishon

**Erholung** (1984)

Es begann damit, dass mich die beste Ehefrau von allen aus heiterem Himmel fragte, wo wir dieses Jahr unseren unvergesslichen Urlaub verbringen würden.
„Du brauchst Urlaub", diagnostizierte die Allerbeste. „Du brauchst ihn dringend."
Meine Stellungnahme war kurz, präzise und unwiderruflich: „Auf meinem Schreibtisch türmt sich die unerledigte Arbeit, daher kann ich mir keinen Urlaub leisten. Ja, mehr noch: Ich fühle mich stark, kerngesund, überraschend jung und das Allerletzte, was ich momentan brauche, ist ein Urlaub. Also, vergessen wir das. Und damit basta. Endgültig."
Die nächsten zwei Tage verbrachte ich am Telefon, um in irgendeinem Ferienort ein menschenwürdiges Logis[1] zu ergattern. Letzten Endes buchte ich irgendetwas in einem gottverlassenen galiläischen Kuhdorf, von dessen Existenz ich noch nie gehört hatte. Ich buchte nicht etwa, weil ich so sehr darauf erpicht war, die einheimischen Kühe kennenzulernen, sondern vielmehr, weil nach zweitägigem telefonischen Amoklauf mein rechter Zeigefinger und das linke Ohr Anzeichen einer vorübergehenden Lähmung aufwiesen.

1 Logis: Unterkunft

**Ephraim Kishon** wurde am 23.08.1924 in Budapest unter dem Namen Ferenc Hoffmann geboren und erlebte die Judenverfolgung in Europa mit. 1944 deportierte man ihn in ein Arbeitslager, 1945 gelang ihm bei seinem Transport zu einem anderen Gefangenenlager die Flucht. Über Umwege erreichte er 1948 Wien, von wo er über Italien 1949 nach Tel Aviv/Israel ausreiste. Dort arbeitete er dann unter dem Namen Ephraim Kishon als Journalist und Schriftsteller. Seit Anfang der Achtzigerjahre lebte er in der Schweiz, wo er 2005 starb. Kishon gilt als der erfolgreichste Satiriker des 20. Jahrhunderts. Seine Bücher wurden in insgesamt 33 Sprachen übersetzt.

Alles, was ich dann noch zu tun hatte, war, eine neue Badehose zu besorgen, weil meine alte zum Polieren des Tafelsilbers zweckentfremdet worden war. Gleich darauf musste ich sie wieder umtauschen, weil der weibliche Teil der Familie angesichts der zu weiten Neuerwerbung in unmäßiges Prusten ausbrach.

Die nächste Badehose war zwar lila, dafür aber wie maßgeschneidert.

Ich musste auch eine neue Sonnenbrille kaufen, weil die alte von der Sonne ausgeblichen war, ein Paar Sandalen, ein neues Sicherheitsschloss für unsere Wohnungstür sowie Mottenkugeln und eine robuste Reiseschreibmaschine. Auch ein neuer Koffer war dringend erforderlich, um den Hotelportiers zu imponieren, eine Unterwassertaschenlampe und Vitaminpillen gegen Skorbut[2].

Dazu eine Unmenge Schlaftabletten sowie ein großer Reisewecker, um den Sonnenaufgang nicht zu versäumen.

Selbstverständlich eine Familienpackung Sonnenöl, ein Transistorradio für die Sportnachrichten, Fischfangausrüstung mit einer Packung frischer Würmer, eine neue leichtere Haarbürste, ein standesgemäßer Pyjama, vier Kilo Traubenzucker, Reiseshampoo, Schlankheitstees, Goebbels'[3] Tagebuch, ein Moskitonetz und einen neuen Wagen. Dann war nicht mehr viel zu tun. Ich musste nur noch veranlassen, dass uns die Morgenzeitung an die Urlaubsadresse nachgeschickt wird, dass unser Nachbar Felix Selig täglich unseren Briefkasten leert, dass der Briefträger die eingeschriebene Post, falls welche käme, Selig aushändigt, dass Frau Blum die Bewässerung unserer Zimmerpflanzen übernimmt, dass der Hund, die Katze, die Kinder sowie der Goldfisch in die Obhut der Großeltern kommen, dass zwei diplomierte Krankenschwestern die Großeltern fachgerecht überwachen, dass Frau Geiger die Reserveschlüssel zu unserer Wohnung aufbewahrt, um ein Auge auf bevorstehende Wasserrohrbrüche zu haben, wenn möglich vielleicht von Zeit zu Zeit die Lichter aufzudrehen und Lärm zu machen, um etwaige Einbrecher zu verscheuchen, und dass Felix Selig ein Auge auf Frau Geiger habe, während sie in unserer Wohnung herumschnüffelt.

Zu guter Letzt musste ich noch die Wohnung mit einer Zwei-Wochen-Ration Insektenschutzmittel aussprühen, Gas, Wasser und Strom abdrehen, den Telefonkundendienst beauftragen, eine umfangreiche Krankenversicherung abschließen sowie Butter, Margarine und sonstige verderbliche Esswaren aus dem Kühlschrank entfernen.

Dann allerdings brauchte ich dringend Urlaub. Die beste Ehefrau von allen hatte wieder einmal recht gehabt.

2 Skorbut: durch Vitaminmangel verursachte Krankheit

3 Paul Joseph Goebbels: einflussreicher Nationalsozialist im Dritten Reich

**2** Die Hauptfigur erledigt viele Dinge für die Reisevorbereitung nach Buchung der Unterkunft.

a Nennt die Aufgaben und erläutert, was mit dieser Aufzählung verdeutlicht werden soll.

b Besprecht, welche Tätigkeiten der Urlaubsplanung durchaus sinnvoll sind und welche nicht.

**3** Bei diesem Text handelt es sich um eine Satire. Ziel dieser Textsorte ist oft die indirekte Kritik an menschlichen Verhaltensweisen oder Zuständen, die meist übertrieben dargestellt werden.

a Formuliert die Kritikpunkte mit Hilfe des Wortspeichers und nennt passende Textbelege.

> übertriebene Urlaubsvorbereitungen • grundlose Einkäufe •
> Misstrauen gegenüber hilfsbereiten Menschen • Bestreben, alle Eventualitäten einzuplanen

b Erklärt, warum ihr beim Lesen des Textes schmunzeln müsst.

**4** Satiren enthalten meist typische sprachliche Mittel. Untersucht die Sprache der folgenden Zitate:

**A** „Die nächsten zwei Tage verbrachte ich am Telefon, um in irgendeinem Ferienort ein menschenwürdiges Logis zu ergattern." (▶ Z. 15–17)
**B** „Letzten Endes buchte ich irgendetwas in einem gottverlassenen galiläischen Kuhdorf [...]." (▶ Z. 17–19)
**C** „nach zweitägigem telefonischen Amoklauf" (▶ Z. 23 f.)
**D** „Dann war nicht mehr viel zu tun." (▶ Z. 55 f.)

a Belegt, dass die Stilmittel **1** bis **4** in den Zitaten vorkommen, indem ihr sie richtig zuordnet.

**1** Über- und Untertreibung
**2** ironisch-spöttischer Unterton
**3** Metapher
**4** lässig-saloppe Sprache

b Erläutert, was mit den sprachlichen Mitteln jeweils verdeutlicht wird.
c Prüft, ob der Titel der Geschichte zum Inhalt passt.
d Formuliert eure Ergebnisse in einem zusammenhängenden Text.

**5** Kishon wird folgendes Zitat zugesprochen:

„Hinter einer langen Ehe steht immer eine sehr kluge Frau."

Erklärt, wie er durch die Erzählung zeigt, dass diese Behauptung stimmt.

**6** „Lachen, um zu überleben" heißt eine Filmdokumentation von 2007 über Ephraim Kishon. Begründet die Titelwahl mit Hilfe der Autoreninformation (▶ S. 96).

**Wissen und Können** **Satirische Darstellungsformen**

Eine **Satire** kann in unterschiedlichen Formen auftreten, zum Beispiel als:
- belustigende, übersteigerte Zeichnung (Karikatur),
- ironisches Gedicht, absurde Kurzgeschichte bzw. Erzählung oder absurder Roman,
- spöttische Umformung eines bekannten Textes (Parodie),
- humorvolle schauspielerische Szene auf einer Kleinkunstbühne (Kabarett),
- witziger Beitrag im Fernsehen und Radio oder als Internet-Meme [miːm] mit Fotos/Videos.

Die Satire übt in spöttisch-frecher Weise **Kritik an gesellschaftlichen oder politischen** Zuständen und an **menschlichen Schwächen.** Diese Absicht kann zum Beispiel mit folgenden **sprachlichen Mitteln** verdeutlicht werden:
- Über- oder Untertreibungen,
- belustigende Metaphern, Vergleiche oder Wortspiele,
- ironisch-spöttischer Unterton,
- lässig-saloppe Sprache,
- unpassende Wörter, Widersprüchlichkeiten und Neologismen.

# Parodien erkennen und schreiben

Thaddäus Troll

## Rotkäppchen auf Amtsdeutsch

Im Kinderanfall unserer Stadtgemeinde ist eine hierorts wohnhafte, noch unbeschulte Minderjährige aktenkundig, welche durch ihre unübliche Kopfbekleidung gewohnheitsrechtlich Rotkäppchen genannt zu werden pflegt. Der Mutter besagter R. wurde seitens ihrer Mutter ein Schreiben zustellig gemacht, in welchem dieselbe Mitteilung ihrer Krankheit und Pflegebedürftigkeit machte, worauf die Mutter der R. dieser die Auflage machte, der Großmutter eine Sendung von Nahrungs- und Genussmitteln zu Genesungszwecken zuzustellen.

Vor ihrer Inmarschsetzung wurde die R. seitens ihrer Mutter über das Verbot betreffs Verlassens der Waldwege auf Kreisebene belehrt. Dieselbe machte sich infolge Nichtbeachtung dieser Vorschrift straffällig und begegnete beim Übertreten des amtlichen Blumenpflückverbotes einem polizeilich nicht gemeldeten Wolf ohne festen Wohnsitz. Dieser verlangte in gesetzwidriger Amtsanmaßung Einsichtnahme in das zu Transportzwecken von Konsumgütern dienende Korbbehältnis und traf in Tötungsabsicht die Feststellung, dass die R. zu ihrer verschwägerten und verwandten, im Baumbestand angemieteten Großmutter eilend war.

Da wolfseits Verknappungen auf dem Ernährungssektor vorherrschend waren, fasste er den Entschluss, bei der Großmutter der R. unter Vorlage falscher Papiere vorsprachig zu werden. Weil dieselbe wegen Augenleidens krankgeschrieben war, gelang dem in Fressvorbereitung befindlichen Untier die diesfallsige Täuschungsabsicht, worauf es unter Verschlingung der Bettlägerigen einen strafbaren Mundraub zur Durchführung brachte.

Ferner täuschte das Tier bei der später eintreffenden R. seine Identität mit der Großmutter vor, stellte Ersterer nach und in der Folge durch Zweitverschlingung der R. seinen Tötungsvorsatz erneut unter Beweis. [...] *

**Thaddäus Troll,** eigentlich Hans Bayer (1914–1980), war ein deutscher Autor und schwäbischer Mundartdichter, der neben Parodien und Satiren auch Romane und Theaterstücke schrieb und der sich als politischer Autor begriff. Der Literaturhistoriker und Schriftsteller Walter Jens (1923–2013) bezeichnete Troll im Nachwort des „Großen Thaddäus-Troll-Lesebuchs" als „letzten großen Impressionisten deutscher Sprache" (Impressionismus ▶ S. 288).

**1** Lest, wie Thaddäus Troll das Märchen vom Rotkäppchen umgearbeitet hat, und erklärt, worin seine Fassung sich von euch bekannten Fassungen unterscheidet.

**2** Begründet, wodurch der Text (▶ S. 99) seinen Witz erhält.

**3** Erklärt, auf welche Thematik der Autor anspielt und was er mit seiner Umgestaltung des Märchens vermutlich beabsichtigt.

**4** a Beschreibt den Stil, den der Autor anwendet.
b Überlegt, ob man den Text auch dann als Parodie wahrnehmen kann, wenn man die Originalfassung des Märchens nicht kennt.

**5** Führt die Parodie im gleichen sprachlichen Stil ein Stück weiter.
●○○ Ihr könnt diese Anregungen nutzen:
*Der diensthabende Forstbeamte J. bemerkte auf seiner Patrouille laute Geräusche aus dem Wohnsitz der Großmutter kommend. Ohne ein Zögern betrat er denselben ... Aufgrund der von ihm festgestellten Gefahr in Verzug ... Die Erretteten gaben sich sogleich ihrem nun folgenden Bedürfnis nach Festlichkeiten hin und ... Sofern ein Hinscheiden von ihnen noch nicht erfolgt ist, ist die Möglichkeit der aktuell andauernden Existenz der Personen in Betracht zu ziehen.*

**6** a Parodiert die Originalfassung des Märchens, indem ihr das Rotkäppchen durch ein neues Umfeld verfremdet:

Gruppe 1:
Versetzt das Mädchen in das 22. Jahrhundert, z. B. mit Chip unter der Haut im Wald.

Gruppe 2:
Versetzt das Mädchen in ein anderes soziales Umfeld, z. B. als toughe Rapperbraut in coolem, rotem Outfit, die Jugendsprache spricht.

b Sammelt weitere Ideen, um das Märchen satirisch umzugestalten.

**Wissen und Können** | **Parodie**

Bei einer Parodie wird ein **bekannter Text** in übertrieben **komischer oder verspottender Weise nachgeahmt,** also satirisch gestaltet. Meist enthalten parodistische Texte die für satirische Darstellungsformen typischen sprachlichen Mittel (▶ S. 98). Eine Parodie soll jedoch das Original (das Werk, die Figur) in der Regel **nicht abwerten,** denn sie bestätigt seine Bedeutung. Oft werden der Text oder die Figur durch die Parodie sogar **gewürdigt.**

# Parabeln erschließen

Wisława Szymborska

## Parabel (1997)

Fischer fischten aus der Tiefe eine Flasche. Darin war ein Papier, auf dem geschrieben stand: Helft mir, hier bin ich, Leute. Das Meer hat mich an eine Insel gespült ohne Menschen. Ich stehe am Ufer und warte. Warte auf Hilfe. Beeilt euch und helft mir. Hier bin ich.
„Da fehlt das Datum, und sicher kommt jede Hilfe zu spät. Lange gewiss war die Flasche im Meer unterwegs“, sagte der erste Fischer. „Auch hat er vergessen, zu sagen, wo er sich aufhält, zudem den Namen des Ozeans nirgends bezeichnet“, sagte der zweite. „Nicht zu spät und nicht zu weit weg. Überall liegt sie, die Insel hier“, sagte der dritte Fischer. Da wurde allen seltsam ums Herz. Schweigen stieg auf. Binsenwahrheiten haben das an sich.

**1** Notiert maximal zehn Wörter, mit deren Hilfe sich der Inhalt zusammenfassen lässt.

**2** Beschreibt das Verhalten der Figuren.

**3** Untersucht das Geschehen näher.
- a „Da wurde allen seltsam ums Herz. Schweigen stieg auf.“ (Z. 14–16) Erklärt die Reaktion auf die Aussage des dritten Fischers.
- b Bringt den Begriff „Binsenwahrheit“ in Verbindung zum Textinhalt.

Als **Binsenwahrheit** (auch Binsenweisheit) bezeichnet man einen Gemeinplatz oder eine allgemein bekannte Information. Der Begriff wird insbesondere dann verwendet, wenn zum Ausdruck gebracht werden soll, dass eine als interessant vorgetragene Erkenntnis selbstverständlich ist.

**4** Eine Parabel ähnelt einem Gleichnis. Hinter dem Gesagten verbirgt sich das Gemeinte. Das heißt, man muss sich fragen, wofür das dargestellte Bild steht bzw. was es bedeutet.
- a Übertragt die folgende Gegenüberstellung ins Heft.
- b Weist die Begriffe im Wortspeicher dem Gesagten und dem Gemeinten zu.
- c Vergleicht eure Ergebnisse.

das Meer • eine Insel ohne Menschen • warten am Ufer • Binsenwahrheit • Allgemeinplatz ohne Konsequenzen • Bereitschaft, Hilfe anzunehmen • die Einsamkeit • das Leben

| **Gesagtes** (Dargestelltes = Bildteil) | **Gemeintes** (Sachteil = allgemeine Bedeutung) |
|---|---|
| die Fischer | = jeder Mensch |
| … | … |
| eine Insel ohne Menschen | = die Einsamkeit |
| … | … |
| Binsenwahrheit | … |

**5** Wofür könnte die Parabel lehrhaft stehen? Wählt die eurer Meinung nach treffendste Aussage aus und begründet eure Wahl.

**A** Die Parabel soll verdeutlichen, dass der Mangel an Entschlusskraft, Mut und Zivilcourage die Menschen vom aktiven Handeln abhält.
**B** Die Parabel will deutlich machen, dass selbst einer Einsicht in ein Problem nicht zwingend der Entschluss zum Handeln folgt.
**C** Die Parabel will zeigen, dass Mitgefühl und Hilfsbereitschaft im Alltag häufig auf der Strecke bleiben und fadenscheinige Ausreden dabei als Argumente dienen.

Bertolt Brecht

## Der hilflose Knabe (1932 entstanden)

Herr K. sprach über die Unart, erlittenes Unrecht stillschweigend in sich hineinzufressen, und erzählte folgende Geschichte: „Einen vor sich hin weinenden Jungen fragte ein Vorübergehender nach dem Grund seines Kummers. ‚Ich hatte zwei Groschen für das Kino beisammen', sagte der Knabe, ‚da kam ein Junge und riß mir einen aus der Hand', und er zeigte auf einen Jungen, der in einiger Entfernung zu sehen war. ‚Hast du denn nicht um Hilfe geschrien?' fragte der Mann. ‚Doch', sagte der Junge und schluchzte ein wenig stärker. ‚Hat dich niemand gehört?' fragte ihn der Mann weiter, ihn liebevoll streichelnd. ‚Nein', schluchzte der Junge. ‚Kannst du denn nicht lauter schreien?' fragte der Mann. ‚Nein', sagte der Junge und blickte ihn mit neuer Hoffnung an. Denn der Mann lächelte. ‚Dann gib auch den her', sagte er, nahm ihm den letzten Groschen aus der Hand und ging unbekümmert weiter." **R**

**6** Lest die Parabel von Bertolt Brecht (Autoreninformation ▸ S. 170) und erklärt, warum der letzte Satz überrascht.

**7** Versetzt euch in die Lage des Jungen und verfasst aus seiner Sicht einen das Erlebte reflektierenden inneren Monolog (▸ S. 292), nachdem der Mann gegangen ist.

**8** Formuliert mit eigenen Worten die allgemeine Erkenntnis, die mit der Parabel veranschaulicht werden soll.

**Wissen und Können** | **Die Parabel**

- Eine Parabel ist eine **kurze, lehrhafte Erzählung,** die verschlüsselt eine allgemeine Erkenntnis oder Lebensweisheit ausdrückt.
- Die **Lehre** wird oft nicht mitformuliert. Die Leser/-innen müssen sich diese selbst erschließen.
  So wird eine **Situation dargestellt (Gesagtes = Bildteil),** die auf eine **allgemeinere Bedeutung** des Textes **(Gemeintes = Sachteil)** verweist.
- Manchmal fordert die Parabel auch zum Handeln auf.

# Testet euer Wissen!

## Literarische Kurzformen

Franz Kafka

### Gibs auf! (1922)

Es war sehr früh am Morgen, die Straßen rein und leer, ich **(1)** ging zum Bahnhof. Als ich eine Turmuhr mit meiner Uhr verglich, sah ich, dass es schon viel später war, als ich geglaubt hatte, ich musste mich sehr beeilen, der Schrecken über diese Entdeckung ließ mich im Weg unsicher werden, ich kannte mich in dieser Stadt noch nicht sehr gut aus, glücklicherweise war ein Schutzmann **(2)** in der Nähe, ich lief zu ihm und fragte ihn atemlos nach dem Weg **(3)**. Er lächelte und sagte: „Von mir willst du den Weg erfahren?" „Ja", sagte ich, „da ich ihn selbst nicht finden kann." „Gibs auf, gibs auf", sagte er und wandte sich mit einem großen Schwunge ab **(4)**, so wie Leute, die mit ihrem Lachen allein sein wollen.

**Franz Kafka** (geboren 1883 in Prag, gestorben 1924 in Kierling/Österreich) war ein deutschsprachiger Schriftsteller. Seine nüchternen Erzählungen handeln oft vom Scheitern der Figuren. Kafka schrieb nach eigener Aussage vor allem, um etwas über sich selbst zu erfahren. Dabei stellte er höchste Ansprüche an seine Werke. Vieles verfasste er aus diesem Grund auch erst gar nicht. Kafkas Texte sind weltweit bekannt.

**1** a Ordnet den markierten Wörtern im Text ihre mögliche Bedeutung zu. Nehmt dabei den Wortspeicher zu Hilfe. In der richtigen Reihenfolge gelesen, ergeben die Buchstaben hinter den passenden Bedeutungen ein Lösungswort.

> Verweigerung einer Hilfe **(E)** • Herrschaft, Macht, staatliche Instanz **(EH)** • jeder Mensch **(L)** • Suche nach einem Ziel **(R)**

b Bestimmt anhand der Lösung aus Aufgabe 1a, um welche Kurzform es sich bei dem Text handelt.

**2** Wählt den Satz aus, der am besten erläutert, wofür der Text stehen könnte.

- **A** Die Suche nach dem Weg zum Bahnhof ist aussichtslos, wenn man zu spät dran ist.
- **B** Von einer übergeordneten Macht, z. B. dem Staat, ist keine Orientierung für das Leben zu erwarten.
- **C** Polizisten als Vertreter der übergeordneten Macht können orientierungslos sein.
- **D** Es ist manchmal besser, sein Ziel aufzugeben, bevor man sich an jemanden wendet, der es auch nicht weiß.
- **E** Die Menschen müssen sich selbst helfen.

# 5.2 Wendepunkte im Leben – Kurzgeschichten erschließen

## „Ein Streifen Silberpapier. Geschichten vom Glück"

### Die Kurzgeschichte lesen und verstehen

Karl Olsberg

**Taubers Sammlung** (2005)

Nur ein Streifen Silberpapier, weiter nichts. Aber das Mädchen mit dem Diamanten im Nasenflügel hatte ihn berührt, und er roch immer noch nach Pfefferminze wie ihr Atem. Tauber faltete ihn auseinander, bis er ein glänzendes Rechteck ergab, voller knittriger Linien. Sein Zeigefinger zitterte über die Silberbeschichtung, als versuche er, die geheime Botschaft der Linien zu entschlüsseln. Vorsichtig schob er das Papier in die Tasche seines grauen Regenmantels. Seine Augen glitten über den vertrauten Heimweg, ohne sich irgendwo festzuhalten. Was er sah, lag Minuten zurück:
Das Mädchen wickelt das Kaugummi aus, wirft das Papier achtlos auf den Bahnsteig, während sie den weichen Streifen in den Mund schiebt. Sie umfasst den Hals des hochgewachsenen, blonden Jungen, bedeckt mit ihren schlanken Händen die kleine Narbe an seinem Nacken. Sie sehen sich in die Augen, versunken in ihrer eigenen Welt, während ihr Kiefer mechanisch vor und zurück mahlt. Sie küssen sich, kurz erst und spielerisch, wie zur Probe; dann noch einmal, sehr lange. Sie holt Luft, lächelt, während er wie benommen dasteht, ein wenig verwirrt und überaus glücklich. Und dann kaut er, kaut ihr Kaugummi, während sie ihm lachend zuwinkt und in der S-Bahn verschwindet.
Tauber schloss die Tür der kleinen Wohnung auf, holte das Silberpapier aus der Manteltasche und glättete es mit Daumen und Zeigefinger. Auf dem dritten Regalboden von unten, zwischen dem Schnuller und dem roten Spielzeugauto, fand er einen geeigneten Platz. Das rote Spielzeugauto. Ganz vertieft hatte der kleine Junge damit gespielt, in der Sandkiste auf dem Spielplatz der Wohnsiedlung. Tauber hatte ihn von seinem Fenster aus beobachtet. Selbst auf diese Entfernung hatte er das Vibrieren der Lippen zu erkennen geglaubt, wenn der Junge „Brumm, brumm!" machte. Dann war der Mann mit dem Bart gekommen. Der Junge hatte aufgeblickt. Einen Moment hatte er geblinzelt, verwirrt, verunsichert. Er war aufgesprungen, auf den Mann zugelaufen, hatte seine Oberschenkel umarmt – höher reichte er nicht hinauf –, und der Mann hatte ihn hochgehoben und gedrückt und in die Luft geworfen und wieder gedrückt. Sie waren gegangen, und das rote Spielzeugauto war zurückgeblieben.
Tauber wärmte sich an der Erinnerung wie an einem Kohleofen im Winter, und es tat weh, wie Wärme eiskalten Händen wehtut. In der Nacht lag er lange wach, sah immer wieder das junge Paar auf dem Bahnsteig, empfand die Wärme und Fröhlichkeit und Traurigkeit dieses magischen Augenblicks. Wenn er nicht aufpasste, stahlen sich Bilder dazwischen von roten Lippen und lachenden Augen und kleinen Händen. Bilder, die auf seiner Seele brannten wie Alkohol auf offenem Fleisch.
In dieser Nacht hatte er einen beunruhigenden Traum. Das Kaugummipapier spiegelte sein graues Gesicht, verschwommen und zerknit-

tert. Nach einer Weile löste sich das Spiegelbild auf, verschwand einfach, und mit ihm die Hand, die das Papier hielt. Es schaukelte zu Boden wie ein Herbstblatt, landete unbeachtet zwischen den Füßen vieler Menschen, bis es zertreten war, nur noch Unrat am Straßenrand.

Tauber wusste, was der Traum bedeutete, obwohl er sich den ganzen Morgen gegen die Erkenntnis gewehrt hatte. Zu groß war seine Furcht, dass sie ihn auslachen oder gleich in eine Anstalt für alte Leute einliefern würden, die irgendwelchen Müll in ihren Regalen sammelten. Fremde Menschen. In seiner Wohnung. Er sah schon ihr schlecht überspieltes Erschrecken, wie sie ihm zuhörten, hin und wieder nickten und dabei ihre Blicke vor Scham in den Teppich bohrten.

Aber er wusste, es gab keinen anderen Weg, wenn er das Einzige bewahren wollte, das er in all den langen, leeren Jahren geschaffen hatte. Er begann also mit der alten Frau Schneider. Sie war immer so nett zu ihm, das musste reichen. Er traf sie, als sie mit zwei Plastiktüten von Aldi nach Hause kam, trug ihre Tüten die Treppe hinauf. Er hatte das noch nie getan, also schöpfte sie Verdacht. Ihre Augenbrauen zogen sich zusammen, als er sie fragte, ob er ihr etwas zeigen dürfe. „Was denn?" „Es ist nur eine Sammlung."

Da musste sie lachen. „Doch nicht etwa eine Briefmarkensammlung? Mein Herbert hat Briefmarken gesammelt, wissen Sie. So haben wir uns kennengelernt. Er hat gefragt, ob er mir seine Briefmarkensammlung zeigen dürfte. Und er hat das wirklich so gemeint." Sie lächelte, und die junge, anmutige Frau, die noch immer unter all der überschüssigen Haut steckte, lugte aus ihren Augen.

Er führte sie in seine Wohnung. Einen Moment lang standen sie vor dem Regal und wussten beide nicht, was sie sagen sollten. Dann fasste sich Tauber ein Herz und begann zu erzählen. Erst, als der tiefgefrorene Fisch in der Aldi-Tüte in ihrer Wohnung längst aufgetaut war, schloss er: „Das ist sie nun also, meine Sammlung." Er zwang sich, sie anzusehen.

Sie stand nur da, schluckte ein-, zweimal, fasste sich ans Auge, als sei ihr ein Insekt hineingeflogen. Dann ging sie, wortlos.

Wenige Minuten später befreite die Türglocke Tauber von seiner Enttäuschung.

Frau Schneider hielt einen vergilbten Briefumschlag in beiden Händen. „Ein Liebesbrief. Der erste von meinem Herbert. Er hat eine französische Sondermarke, sehen Sie? Obwohl der Brief in Kaufbeuren abgestempelt ist. Die bei der Post haben es nicht gemerkt!" Sie lächelte. „Das war dann immer ein Spiel zwischen uns: Er schrieb mir Briefe mit Marken aus Marokko oder Bolivien oder Neuseeland. Ein paarmal habe ich Nachporto zahlen müssen, aber meistens nicht, und dann haben wir uns immer gefreut." Eine kurze Pause entstand. „Ich dachte, vielleicht, für Ihre Sammlung ..."

Es gab nichts, was sich in diesem Moment zu sagen gelohnt hätte. Tauber nahm den Brief mit zitternden Händen und legte ihn neben das rote Spielzeugauto. Er sah ihre Freude, und ehe er es verhindern konnte, zogen sich auch seine Mundwinkel nach oben. Es war ein ungewohntes Gefühl.

Ein paar Tage später klingelte Frau Henke aus dem dritten Stock. Frau Schneider hatte ihr von Taubers Sammlung erzählt, genau wie Herrn Breitkamm. So fing es an.

Immer häufiger ertönte Taubers elektronischer Gong, der so lange unbenutzt gewesen war. Die meisten wollten nur mal gucken und gingen rasch wieder. Manche grinsten, manche lachten, manche machten Witze, manche klopften Tauber auf die Schulter. Doch manchmal hörte auch jemand einfach nur zu. Und verstand.

Einige von diesen kamen zweimal, und beim zweiten Mal brachten sie selbst etwas mit: unscheinbare kleine Dinge, nur Müll in den Augen vieler. Sie lächelten, wenn sie ihre eigenen Geschichten vom Glück erzählten. Und manchmal lächelte Tauber mit.

An einem Dienstag im Mai, draußen herrschte Schmetterlingsluft, fühlte er sich stark genug. Er holte den Pappkarton hervor, der all die Jahre ganz hinten in der Abstellkammer auf diesen Tag gewartet hatte. Das war noch übrig von seinem eigenen Glück: ein Fotoalbum. Eine Mappe, darin Geburtsurkunden, Schreiben von der Versicherung, das Familienstammbuch. Ein Hase aus abgegriffenem Plüsch. Und das Foto, das Sophie mit den Zwillingen zeigte, ein Picknick am See, in der Woche vor dem Unfall.

Lange saß Tauber auf dem Boden, zwischen Eimer und Staubsauger, und hielt sich mit beiden Händen an dem schmalen Silberrahmen fest.

Endlich stand er auf und stellte das Bild in seine Sammlung.

**1** Lest die Geschichte und ergänzt folgende Aussagen zum Inhalt.
- Die Hauptfigur ist ein einsamer Mensch, der ? .
- Sein ungewöhnliches Hobby besteht darin, dass ? .
- Für ihn bedeutet Glück, ? .

**2** Folgende Emojis zeigen Taubers Gefühlswelt in den einzelnen Handlungsschritten. Bringt sie in die richtige Reihenfolge. Übertragt dazu die Emojis ins Heft und notiert die entsprechenden Zeilenangaben der Handlungsschritte daneben.

**3** Die Geschichte ist in dem Buch „Ein Streifen Silberpapier. Geschichten vom Glück" erschienen. Erläutert, warum der Text in einen Erzählband mit dem Titel „Geschichten vom Glück" passt.

## Sprachliche Besonderheiten beschreiben

**1** a Taubers Gefühlslage und -wandlung werden mit Hilfe von sprachlichen Mitteln verdeutlicht. Sucht dafür Belege im Text und benennt die sprachlichen Mittel. Erläutert auch, welche Emotion jeweils veranschaulicht wird.

●○○ Übertragt dazu die folgende Tabelle ins Heft und ergänzt sie.

| Sprachliches Mittel | Beleg | Taubers Emotion/Gefühlslage |
|---|---|---|
| *Farbadjektive* | *– „Das rote Spielzeugauto." (Z. 34 f.)* | *Die Erinnerungen wärmen ihn innerlich.* |
| … | … | … |

●○○ Folgende sprachliche Mittel verdeutlichen Taubers Gefühle.

Farbadjektive • Metaphern • Aufzählungen • Neologismen • Redewendungen • Verben, die Gefühle ausdrücken • Wörter aus dem Wortfeld „Glück" • Vergleiche b Formuliert aus euren Ergebnissen eine zusammenhängende Sprachanalyse, die belegt, dass sprachliche Mittel Taubers Gefühlswandlung verdeutlichen.

●○○ Orientiert euch dabei an euren Notizen und übernehmt folgenden Anfang.

*Zunächst wird mit Hilfe von Vergleichen, beispielsweise „wie an einem Kohleofen im Winter" (Z. 51 f.), „wie Wärme eiskalten Händen wehtut" (Z. 53) oder „wie Alkohol auf offenem Fleisch" (Z. 61) veranschaulicht, dass Tauber seine Erinnerungen zwar als erwärmend, aber auch als äußerst schmerzhaft empfindet. Diese Empfindung wird unterstützt durch das Farbadjektiv „rot" in den Zeilen … („Das rote Spielzeugauto") …*

## Zum Text begründet Stellung nehmen

**1** Betrachtet nebenstehendes Diagramm und wertet es aus.

a Nennt Thema und Inhalte des Diagramms.

b Erklärt euch gegenseitig die angeführten Aspekte.

**2** Nehmt ausgehend von der Grafik aus Aufgabe 1 Stellung zu der Themafrage, was man aktiv gegen die zunehmende Vereinsamung in der Gesellschaft unternehmen kann. Sammelt dazu eure Ideen.

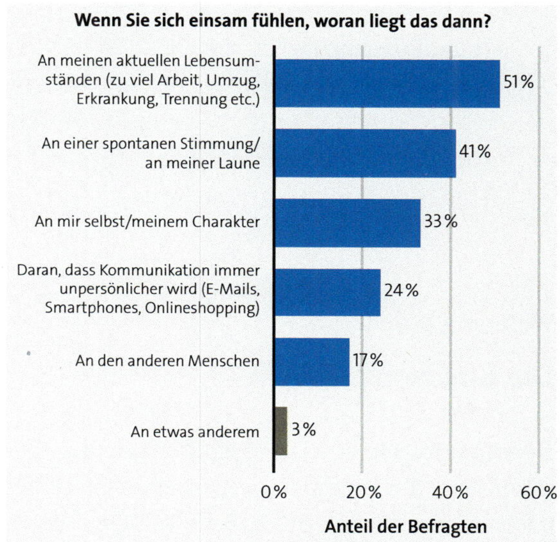


**Quelle**
SPLENDID RESEARCH
© Statista 2021

**Weitere Informationen:**
Deutschland; 16. bis 21. Januar 2019; 469 Befragte; 18–69 Jahre

**3** a Im Aufsatz müsst ihr von der Beschreibung der Besonderheiten des Textes zur Stellungnahme überleiten. Lest folgende Überleitungen und erläutert, wie jeweils zur Stellungnahme hingeführt wird.

**A** *Neben den bereits erläuterten Besonderheiten der vorliegenden Kurzgeschichte wirft diese die Frage auf, was man aktiv gegen zunehmende Vereinsamung unternehmen kann. Darauf wird nun im Folgenden eingegangen.*

**B** *Soziale Isolation und damit verbundene negative Emotionen sind ein wesentlicher Inhalt der vorliegenden Kurzgeschichte, was sich aber zum Schluss hin wandelt. Deshalb soll im Folgenden der Frage nachgegangen werden, was man aktiv gegen die Vereinsamung unternehmen kann. So wie die Hauptfigur in der Kurzgeschichte auf ihre Nachbarin zugeht und sie einlädt, kann dies auch in der Realität ein wichtiger Schritt sein. Denn …*

b Übernehmt Vorschlag **A** oder **B** und verfasst einen argumentativen Text zur Themafrage aus Aufgabe 2, der einen Umfang von ungefähr 250 Wörtern bzw. einer Seite hat.

Anders als im Schlussteil legt man in der **Stellungnahme** seinen Standpunkt zur Themafrage **argumentativ** dar (Argumentationstechniken ▶ S. 285 f.). Dabei können Ideen aus dem Text aufgegriffen werden.

# Das Leben in Trümmern – „Die Kirschen“

## Den Text erschließen und eine Einleitung formulieren

**Wolfgang Borchert,** geboren 1921 in Hamburg, brach als Jugendlicher die Schule ab und absolvierte eine Schauspielausbildung. 1941 wurde er nach kurzer Zeit des Schauspielerdaseins als Soldat nach Russland abkommandiert. Während der Kriegszeit an der Front litt er unter schweren Verwundungen, Fieberanfällen und Gelbsucht. Nach Kriegsende kehrte er nach Hamburg zurück, doch seine Krankheiten hinderten ihn daran, wieder als Schauspieler zu arbeiten. Schwer krank und immer wieder von Fieberanfällen geplagt, verfasste Borchert als Bettlägeriger unterschiedliche literarische Texte, unter anderem bekannte Kurzgeschichten. Am 20. November 1947 starb der Autor.

Wolfgang Borchert

### Die Kirschen (1946)

Nebenan klirrte ein Glas. Jetzt isst er die Kirschen auf, die für mich sind, dachte er. Dabei habe ich das Fieber. Sie hat die Kirschen extra vors Fenster gestellt, damit sie ganz kalt sind. Jetzt hat er das Glas hingeschmissen.
Und ich habe das Fieber.
Der Kranke stand auf. Er schob sich die Wand entlang. Dann sah er durch die Tür, dass sein Vater auf der Erde saß. Er hatte die ganze Hand voll Kirschsaft.
Alles voll Kirschen, dachte der Kranke, alles voll Kirschen. Dabei sollte ich sie essen. Ich hab doch das Fieber. Er hat die ganze Hand voll Kirschsaft. Die waren sicher schön kalt. Sie hat sie doch extra vors Fenster gestellt für das Fieber. Und er isst mir die ganzen Kirschen auf. Jetzt sitzt er auf der Erde und hat die ganze Hand davon voll. Und ich hab das Fieber. Und er hat den kalten Kirschsaft auf der Hand. Den schönen kalten Kirschsaft. Er war bestimmt ganz kalt. Er stand doch extra vorm Fenster. Für das Fieber. Er hielt sich am Türdrücker. Als der quietschte, sah der Vater auf.

Junge, du musst doch zu Bett. Mit dem Fieber, Junge. Du musst sofort zu Bett.
Alles voll Kirschen, flüsterte der Kranke. Er sah auf die Hand. Alles voll Kirschen.
Du musst sofort zu Bett, Junge. Der Vater versuchte aufzustehen und verzog das Gesicht. Es tropfte von seiner Hand.

Alles Kirschen, flüsterte der Kranke. Alles meine Kirschen. Waren sie kalt?, fragte er laut. Ja? Sie waren doch sicher schön kalt, wie? Sie hat sie doch extra vors Fenster gestellt, damit sie ganz kalt sind. Damit sie ganz kalt sind.

Der Vater sah ihn hilflos von unten an. Er lächelte etwas. Ich komme nicht wieder hoch, lächelte er und verzog das Gesicht. Das ist doch zu dumm, ich komme buchstäblich nicht wieder hoch.

Der Kranke hielt sich an der Tür. Die bewegte sich langsam hin und her bei seinem Schwanken. Waren sie schön kalt?, flüsterte er, ja?

Ich bin nämlich hingefallen, sagte der Vater. Aber es ist wohl nur der Schreck. Ich bin ganz lahm, lächelte er. Das kommt von dem Schreck. Es geht gleich wieder. Dann bring ich dich zu Bett. Du musst ganz schnell zu Bett.

Der Kranke sah auf die Hand.

Ach, das ist nicht so schlimm. Das ist nur ein kleiner Schnitt. Das hört gleich auf. Das kommt von der Tasse, winkte der Vater ab. Er sah hoch und verzog das Gesicht. Hoffentlich schimpft sie nicht. Sie mochte gerade diese Tasse so gern. Jetzt hab ich sie kaputt gemacht. Ausgerechnet diese Tasse, die sie so gern mochte. Ich wollte sie ausspülen, da bin ich ausgerutscht. Ich wollte sie nur ein bisschen kalt ausspülen und deine Kirschen da hineintun. Aus dem Glas trinkt es sich so schlecht im Bett. Das weiß ich noch. Daraus trinkt es sich ganz schlecht im Bett.

Der Kranke sah auf die Hand. Die Kirschen, flüsterte er, meine Kirschen?

Der Vater versuchte noch einmal hochzukommen. Die bring ich dir gleich, sagte er. Gleich, Junge. Geh schnell zu Bett mit deinem Fieber. Ich bring sie dir gleich. Sie stehen noch vorm Fenster, damit sie schön kalt sind. Ich bring sie dir sofort.

Der Kranke schob sich an der Wand zurück zu seinem Bett. Als der Vater mit den Kirschen kam, hatte er den Kopf tief unter die Decke gesteckt.

**1** Beschreibt, inwiefern die Kurzgeschichte Bezüge zur Biografie Borcherts aufweist.

**2** a Bringt folgende Begriffe zum Inhalt der Kurzgeschichte in eurem Heft in die richtige Reihenfolge und schreibt passende Zeilenangaben dazu.

Erkenntnis • Verdacht • Scham • Vorwurf

b Notiert zu jedem Schlagwort wesentliche Inhalte aus der Kurzgeschichte in Stichworten, z. B.:

●○○ *Verdacht: Junge mit Fieber im Bett ...*

c Fasst den Inhalt mit eigenen Worten zusammen.

**3** Formuliert in einem Kernsatz die Aussage des Textes „Die Kirschen".

**4** Verfasst eine vollständige Einleitung für eine Texterschließung.

**Tipp:** Ihr könnt dazu auch die biografischen Informationen über den Verfasser (► S. 108) nutzen.

●○○ *Die Kurzgeschichte „Die Kirschen" von ... ist ... und handelt vermutlich von der Nachkriegszeit, denn der Autor kehrte als Kriegsversehrter nach dem Ende des Krieges nach Deutschland zurück und litt selbst ...*

## Sprachliche Besonderheiten beschreiben

In einer Sprachanalyse kann verlangt werden, dass ihr eine These belegt, z. B.:
*Die Sprache des Textes verdeutlicht, dass der Junge krank ist, was in der Nachkriegszeit nicht außergewöhnlich war.*

**1** a Betrachtet die Wortwolke, in der die Wörter des Textes nach ihrer Häufigkeit dargestellt sind. Je größer die Wörter sind, desto häufiger werden sie im Text wiederholt.

b Nennt die Wortwiederholungen, die sich auf den Zustand des Jungen beziehen, und sucht sie im Text. Notiert sie zusammen mit den Zeilenangaben.

c Erklärt, warum diese Wörter häufig wiederholt werden.

●○○ *„Fieber" (Zeilen 3, 6, 13, 15 f., 18, 22, 24, 67) => Vergegenwärtigung, dass der Junge eine eingeschränkte Wahrnehmung hat / eventuell fantasiert*

d Auch das Wort „Kirschen" wird häufig wiederholt. Notiert das Wort ebenfalls und schreibt die Zeilenangaben dazu. Erklärt einen möglichen Zusammenhang mit der Krankheit des Jungen.

**2** Lest erneut den Text (▸ S. 108 f.) und beschreibt die Wirkung des Satzbaus.

a Die Sätze „Er schob sich die Wand entlang" (Z. 7 f.) und „Der Kranke schob sich an der Wand zurück zu seinem Bett" (Z. 71 f.) verdeutlichen das Kranksein des Jungen. Erläutert dies.

b Nennt weitere Textstellen, in denen sich der körperliche Zustand des Jungen in dessen Sprache spiegelt.

**3** Auch hinsichtlich des Sprachstils wird deutlich, dass Krankheit und Lebensmittelknappheit in der Nachkriegszeit keine Ausnahmesituation darstellten.
Belegt diese These mit passenden Textstellen und notiert eure Ergebnisse.

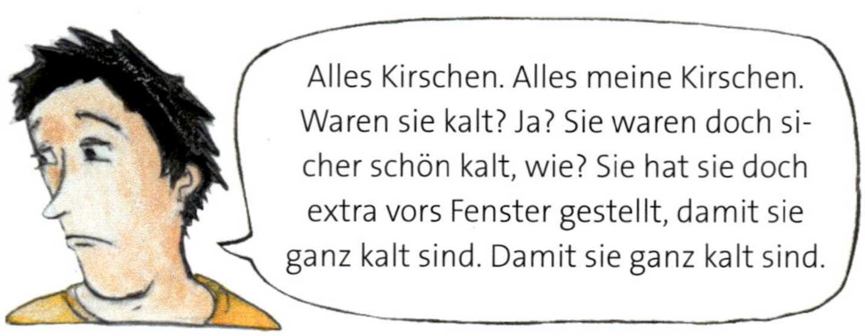

**4** Stellt eure Ergebnisse aus den Aufgaben 1 bis 3 in einem zusammenhängenden Text dar, in dem ihr zeigt, dass der körperliche Zustand des Jungen und die Alltäglichkeit dieser Situation mit sprachlichen Mitteln verdeutlicht werden.

●○○

*Betrachtet man die sprachliche Gestaltung des Textes näher, so lässt sich feststellen, dass mit Hilfe der Sprache zum Ausdruck gebracht wird, wie schlecht es dem Jungen geht. So vergegenwärtigen zunächst die Wortwiederholungen von „Fieber“ (Z. …), dass der „Kranke“ (Z. …) eine eingeschränkte Wahrnehmung hat. Für ihn sind die „Kirschen“ (Z. …) eine Art Medizin …*
*Eine Aneinanderreihung von oft kurzen Hauptsätzen bzw. einfachen Satzgefügen veranschaulicht den körperlichen Zustand des Jungen. …*

## Weitere Besonderheiten des Textes erschließen: Textsortenmerkmale und mögliche Reaktionen auf die Kurzgeschichte

**1** Weist nach, dass es sich bei dem vorliegenden Text um eine Kurzgeschichte handelt.
Arbeitet zu zweit: Eine/-r nennt ein bestimmtes Merkmal dieser Textsorte, zu welchem die Lernpartnerin oder der Lernpartner einen passenden Textbeleg finden soll. Wechselt euch dabei ab.

**2** Reist gedanklich ins Jahr 1946, dem Entstehungsjahr dieser Kurzgeschichte.
a Informiert euch zunächst mit Hilfe des Merkkastens über die Nachkriegszeit und die damaligen Lebensumstände.
b Stellt Überlegungen dazu an, warum besonders die Textsorte „Kurzgeschichte“ in diese Zeit passt.

**3** a Sammelt Stichpunkte zu möglichen Reaktionen der Leser/-innen auf die Kurzgeschichte.
b Erläutert, warum heutige Leser/-innen anders auf die Kurzgeschichte reagieren könnten.
c Formuliert einen Text, der die möglichen aktuellen Reaktionen beschreibt.

**Wissen und Können** **Die Kurzgeschichte in der Nachkriegszeit**

Nach dem Ende des Zweiten Weltkrieges (1945) wurde die deutsche Literatur von der amerikanischen **Short Story beeinflusst,** die es in den USA bereits seit dem 19. Jahrhundert gab. In der unmittelbaren Nachkriegszeit waren die deutschen Autorinnen und Autoren der Überzeugung, dass **kurze Texte** sich im Gegensatz zu Romanen oder längeren Erzählungen am besten dazu **eigneten, ihre Kriegserfahrungen, das Leben in Trümmern** und die damit einhergehende Armut, den Hunger und die Wohnungsnot **darzustellen.** So wurden in den Kurzgeschichten der Nachkriegszeit **Momentaufnahmen** aus dem Leben der Zivilbevölkerung und der Kriegsheimkehrer dargestellt, denen die Wiedereingliederung in die Gesellschaft nach oft jahrelanger Abwesenheit schwerfiel. Die **realistische** und **ungeschönte Darstellung der Wirklichkeit** war den Autorinnen und Autoren sehr wichtig, weshalb diese Zeit auch als **Trümmer- und Kahlschlagliteratur** bezeichnet wurde.
Bedeutende Autorinnen und Autoren dieser Zeit waren Wolfgang Borchert, Heinrich Böll, Ilse Aichinger, Kurt Marti und Josef Reding.

# Unerwartete Begegnung – „Der Wahnsinnstyp“

## Eine weitere Besonderheit des Textes erschließen: Die Textsorte nachweisen

Katja Reider

### Wahnsinnstyp oder Während sie schläft (2006)

Verdammt, jetzt ist mein Fuß eingeschlafen! Kein Wunder! Seit über einer Stunde sitze ich hier eingepfercht und bewegungslos wie ein hypnotisiertes Kaninchen auf meinem Fensterplatz in diesem sogenannten Großraumwagen. Rechts von mir ein verfetteter Anzugträger, der die Zeitung mit den großen Buchstaben liest, vor mir ein Tisch, den die Welt nicht braucht. Und gegenüber? Gegenüber ... sitzt ER! Er ist mir schon von Weitem aufgefallen. Vorhin, als ich mich mit Sack und Pack durch den schmalen Gang des Waggons schob. Selbst auf gute acht Meter Entfernung hat mich sein Blick derartig verwirrt, dass ich prompt meine Platznummer vergaß. Diese blöde Nummer, die mir Papa beim Einsteigen in Hannover sogar noch mal laut hinterhergerufen hatte. Voll peinlich! So als wäre ich das erste Mal allein unterwegs. Bin doch kein Baby mehr!

Also, noch mal in die Tasche gegriffen und nach meiner Karte gewühlt. Wagen 6, Platznummer 95 ... Ach ja, klar ... Während die Rollkoffer-Karawane in meinem Rücken mich gnadenlos vorwärtsschob, scannten meine Augen die Schildchen über den Sitzplätzen ab. Ah, da: Nummer 95, Fensterplatz mit Tisch. Diesen bescheuerten Platz hätte ich mir selber nie und nimmer reserviert! Den hatte ich natürlich Mama zu verdanken. („Ist doch praktisch, da kannst du schön dein Brot auspacken und dein Buch ablegen.“)
Vor allem, Mama, kann ich mir den Typ gegenüber angucken! Das heißt, ich könnte ihn angucken, wenn ich mich mal trauen würde, endlich von meinem Buch aufzuschauen. Seit über einer Stunde hocke ich hier und bin zur Salzsäule erstarrt. Das heißt, einmal hab ich was gesagt. Gleich zu Anfang, da hab ich meine

Platzkarte in die Runde gehalten und „Nummer 95 – ist das hier?“ gepiepst, so als könnte ich nicht lesen. Oder als müsste ich meinen Anspruch auf den Platz gegenüber von diesem Wahnsinnstypen quasi öffentlich nachweisen. Seitdem bin ich in der Versenkung meines Fensterplatzes verschwunden.

Ach ja, ich glaube, das Schlimmste habe ich noch gar nicht erwähnt. Das Schlimmste ist nämlich nicht, dass ich in Gegenwart von so einem voll süßen Jungen keinen zusammenhängenden Satz mehr rausbringe – nein, das Schlimmste ist, dass der Wahnsinnstyp nicht alleine ist! Neben ihm sitzt ein Mädchen, vielleicht ein bisschen älter als ich, seine Freundin, klar. Ihr Kopf mit den langen blonden Haaren lehnt an seiner Schulter, ihr Atem geht ganz ruhig, nicht mal ihre Wimpern flattern. Sie schläft tief und fest. Schon die ganze Zeit. Und das bei dem Lärmpegel hier!

Bestimmt sind die beiden schon lange zusammen. Wenn man sich erst kurze Zeit kennt, döst man neben so einem tollen Typen nicht einfach ein! Dazu ist seine körperliche Nähe doch viel zu aufregend, zu kribbelig!

Lena, meine ältere Schwester, hat mir jedenfalls in einem ihrer seltenen Anfälle von Offenheit mal anvertraut, dass sie anfangs alles von ihrem Freund wissen wollte – und alles über sich selbst erzählt hat, jede kleine geheime Geschichte: Wie Papa beim Kirschkern-Weitspucken einmal fast erstickt ist, wie ihre beste Freundin vom Reitlehrer erpresst wurde, wie ihre kleine Schwester (ich!) beinahe ertrunken ist ... Natürlich hat Lena nur Geschichten erzählt, in denen sie selbst gut wegkommt. (Papa auf den Rücken gehauen, dass der Kirschkern nur so rausfluppte, dem miesen Reitlehrer vor tausend Leuten die Meinung gegeigt, die Babyschwester tapfer den Fluten entrissen.) Alles ziemlich übertrieben übrigens.

Aber so ist das am Anfang. Sagt Lena.

Also, jedenfalls schläft man neben so einem Wahnsinnstyp nicht ein! Ich zumindest hätte viel zu viel Angst, dass mir der Sabber aus dem Mund läuft oder dass ich schnarche oder dass ich zumindest mit halb offenem Mund einen voll doofen Eindruck mache. All diese Ängste hat die Freundin von dem Wuschelkopf offensichtlich nicht. Braucht sie auch nicht. Sie sieht im Schlaf aus wie ein Engel. Leider. Nein, wirklich, ich kann beim besten Willen nichts Hässliches an ihr finden. Die beiden passen super zusammen. Der Wahnsinnstyp sitzt ganz ruhig da und liest konzentriert in seinem Buch. Schade, ich kann den Titel nicht genau erkennen! Ich glaube aber, es ist irgendwas mit Außerirdischen. Jungs lesen ja oft so komische Sachen. Oh, jetzt streicht er seine dunklen Locken nach hinten, um danach nur noch verwuschelter auszusehen. Echt, voll süß! Ich seufze. Anscheinend zu laut. Er schaut plötzlich von seinem Buch auf, genau in meine Augen. Keine Zeit mehr wegzusehen. Himmel, was hat der für Augen! Grün, mit kleinen braunen Sprengseln drin. Jetzt grinst er leicht. Oh, Grübchen hat er auch ... nicht auszuhalten! Echt, bei Grübchen werde ich schwach. Könnte ich jetzt nicht irgendwas sagen? Ich meine, irgendwas Lockeres, wahnsinnig Lustiges, das ihm in null Komma nichts deutlich macht, was für eine Ausnahmeerscheinung ihm hier gegenübersitzt? – Pustekuchen. Mein Kopf ist hohl wie eine Kokosnuss. Der Moment ist vorbei. Der Junge wendet sich ab und greift wieder nach seinem Buch. Er bewegt sich dabei ganz vorsichtig, um das schlafende Mädchen an seiner Schulter nicht zu stören. Rücksichtsvoll ist er also auch noch. Unglaublich. Andere Typen würden sich ihren IPod auf die Ohren knallen und die Braut mit Eminem beschallen. Ob's ihr nun passt oder nicht.

Wohin die beiden wohl fahren? Bestimmt haben sie irgendwas Supertolles vor, in Köln oder Düsseldorf – und fahren nicht zu einer mittelspannenden Tante nach Bonn-Bad Godesberg wie ich.

Das Leben ist ungerecht. Wo sind wir eigentlich? Der Anzugträger ist in Bielefeld ausgestiegen und der Schaffner – nee, Zugbegleiter

heißen die ja inzwischen – hat gerade den nächsten Bahnhof angekündigt. Schon quietschen die Bremsen. Ich seh raus auf den Bahnsteig. Ah ja, das hier muss Wuppertal sein. Der zugbegleitende Schaffner pfeift. Die letzten Leute drängen zur Tür.
„Au Scheiße!“ Wie von der Tarantel gestochen, schießt die Blonde von gegenüber urplötzlich von ihrem Sitz hoch, greift ihren Rucksack und stürmt grußlos den Gang runter. Der Wahnsinnstyp blickt kaum von seinem Buch auf.
WAS?! Jetzt kapier ich überhaupt nichts mehr! Wieso bleibt denn der Typ hier seelenruhig sitzen? Träumt der, oder was? – Anscheinend mache ich ein derart dämliches Gesicht, dass der Lockenkopf Mitleid mit mir bekommt. Jedenfalls sagt er plötzlich: „Ich kannte sie gar nicht.“
„Ha?“, krächze ich verständnislos.
Lieber Himmel, kann ich bitte, bitte bald einen normalen Satz sprechen?
Seltsam, jetzt wirkt der Typ irgendwie verunsichert. So als frage er sich plötzlich, ob mich diese Info überhaupt interessiert. „Das Mädchen!“, fügt er erklärend hinzu. „Die Blonde, die hier ... äh ... geschlafen hat.“ Er zeigt auf seine linke Schulter, als gäbe es im Zug noch hundert andere schlafende Blondinen, die gemeint sein könnten. „Sie hat mir beim Einsteigen in Berlin nur kurz gesagt, dass sie letzte Nacht kaum geschlafen hat, und dann war sie auch schon eingepennt.“
„Ach so, klar.“ Ich grinse und nicke dazu wie ein Hund mit Wackelkopf. „Ist ja verrückt ...“ Okay, ganz ruhig bleiben! Das war schon fast ein ganzer Satz. Ich werde besser ...
Der Junge klappt sein Buch zu – er klappt sein Buch zu!!! Er will mit mir reden!!! – und lächelt. „Ich fahre nach Bonn, und du?“
„Ich auch. Ich fahre auch nach Bonn.“
Wuppertal – Bonn, genaue Fahrzeit mit dem ICE 640 Johannes Brahms: eine Stunde, zwei Minuten. 62 Minuten, um den Wahnsinnstypen zu erobern.
62 Minuten.
Das schaffe ich!!!

**1** Bringt folgende Überschriften mit Hilfe einer Zeitleiste in die richtige Reihenfolge.

Die Erkenntnis • Halt in Wuppertal • Das ideale Paar • Erstarrung • Blickkontakt • Das Vorhaben • Rückblick auf die vergangene Stunde

**2** a Gestaltet eine Tabelle mit den Merkmalen einer Kurzgeschichte (▸ S. 291), die der vorliegende Text enthält, und belegt sie mit Zitaten und Zeilenangaben bzw. Textinhalten.

| Merkmale einer Kurzgeschichte | Textbeleg |
|---|---|
| *unmittelbares Einsetzen der Handlung* | *„Verdammt, jetzt ist mein Fuß eingeschlafen!“ (Z. 1) → ohne Verweis auf Ort und Zeit der Handlung* |

b Bestimmt den Wendepunkt der Geschichte. Gebt ihn mit eigenen Worten wieder und ergänzt die Tabelle. Beachtet dazu den zweiten Teil des Titels.

●●● c Erläutert, warum sich öffentliche Verkehrsmittel wie hier der Zug als Handlungsort für eine Kurzgeschichte eignen. Bezieht euch hierbei auf die Textsortenmerkmale einer Kurzgeschichte.

**3** Verfasst aus euren Stichworten einen zusammenhängenden Text, der die Textsorte begründet.

## Kreative Schreibformen bearbeiten

**1** Vor dem kreativen Schreiben solltet ihr euch mit den Figuren des Textes auseinandersetzen.

a Formuliert Stichpunkte zur Hauptfigur (Äußerlichkeiten, Gedankengänge, Einstellungen etc.).

●○○ *Hauptfigur: Jugendliche im Zug, Eltern in Hannover, auf dem Weg nach Bonn zur Tante, sitzt an einem Vierertisch im Großraumabteil ...*

b Notiert auch Stichpunkte zu dem Jungen und dem blonden Mädchen.

**2** Zu einem literarischen Text können verschiedene Schreibaufträge gestellt werden.

a Formuliert die Schreibaufträge, die zu den folgenden Textanfängen passen.

> **A** *Bonn, 02.05.20.., abends – die Zugfahrt nach Bonn hat – entgegen der Erwartungen meiner Eltern – gut geklappt, auch wenn es eine lange Fahrt war. Tante Berta hat sich so gefreut, mich zu sehen. Ich denke, für das eigenständige Reisen bin ich wirklich alt genug. Aber das Interessanteste überhaupt war der Junge, der mir im Zug gegenübersaß. Zunächst ...*

> **B** *Halt in Hannover. Und seitdem sitzt sie da. Seit über einer Stunde. Kein Blickkontakt mehr. Schon beim Einsteigen ist sie mir aufgefallen. Hat mich sogar kurz angesehen, ein bisschen hilflos gewirkt und mit piepsiger Stimme gefragt, ob der Platz hier gegenüber von mir am Vierertisch die Platznummer 95 habe. Total süß. Wenn sie doch bloß mal den Kopf heben und sich von ihrem Buch lösen könnte! Entspannt wirkt sie ja nicht gerade ... Apropos entspannt, meine Schulter schmerzt ...*

b Untersucht die Textanfänge näher und benennt mit Hilfe eurer Notizen aus Aufgabe 1, welche Informationen aus der Kurzgeschichte jeweils aufgegriffen werden.

**3** In der Textbeschreibung soll die kreative Schreibform schlüssig an die vorangehende Schreibaufgabe anknüpfen.
Erklärt, wie die folgenden Überleitungen die Stellungnahme mit dem kreativen Teil des Aufsatzes verbinden.

> Im Aufsatz müsst ihr die verschiedenen Aufgaben sprachlich miteinander verknüpfen. So könnt ihr die Stellungnahme mit der Kreativaufgabe inhaltlich oder formal verbinden, z. B.: *Nachdem ..., soll nun ...* • *Im Folgenden wird wieder verstärkt Bezug zum Textinhalt genommen, indem ...*

> **1** *Nachdem erläutert wurde, welche Probleme entstehen können, wenn Kinder oder Jugendliche allein verreisen, soll nun dargelegt werden, wie die Hauptfigur ihre Zugfahrt und die damit verbundenen Erlebnisse in einem Tagebucheintrag verarbeitet. ...*

> **2** *Auch angesichts der Tatsache, dass die Hauptfigur davon ausgeht, dass der Junge und „die Blonde" ein Paar sind, lässt sich belegen, dass Vorurteile für zwischenmenschliche Beziehungen hinderlich sind. Wäre das blonde Mädchen nicht ausgestiegen, hätte die Hauptfigur nie den Plan gefasst, mit dem Jungen in Kontakt zu treten, obwohl diesem vielleicht schon folgende Gedanken durch den Kopf gehen: ...*

**4** Wählt Textanfang **A** oder **B** aus Aufgabe 2 (▶ S. 115) und setzt ihn fort. Formuliert dazu zunächst eine passende Überleitung. Ihr könnt dafür die Überleitungen aus Aufgabe 3 (▶ S. 115) nutzen.

**5** Im Zug sitzt rechts von der Hauptfigur ein zeitungslesender „Anzugträger" (Z. 6 f.), dessen Wahrnehmungen in einer Schilderung dargestellt werden können. Verfasst mit Hilfe folgender Stichworte einen schildernden Text aus dessen Sicht.

> rhythmisches Summen des Zuges • weicher, durchgesessener Sitz • kneifender Hosenbund • laut Zeitung ansteigende Benzinpreise • müffelnde, verbrauchte Luft, gemischt mit dem aromatischen Kaffeeduft aus dem Speisewagen •
> drei sich untypisch still verhaltende Jugendliche • vorbeiziehende Landschaft • pünktliches Ankommen (?) • Ansagen aus dem Lautsprecher über Anschlussmöglichkeiten am Bahnhof • sich gegenseitig musternde Blicke der Jugendlichen

**6** „Das schaffe ich!!!", lautet der letzte Satz der Kurzgeschichte. Entwerft eine Erzählung, in der die Hauptfigur an ihr Vorhaben anknüpft. Beachtet dabei folgende Vorgehensweise:
a Überlegt, welche Informationen aus der Kurzgeschichte bzw. aus euren Stichworten (▶ Aufgabe 1, S. 115) dafür hilfreich sind.
b Notiert, wie die Erzählung enden könnte.
c Formuliert eine passende Überleitung zwischen der Stellungnahme und der Erzählung. In der Stellungnahme wurde folgende Frage erörtert: Was kann das Selbstvertrauen eines jungen Menschen stärken?

**7** Erstellt mit Hilfe der Aufgaben auf den Seiten 115 f. eine Übersicht zu den unterschiedlichen kreativen Schreibformen und deren jeweiligen Anforderungen.
**Tipp:** Ihr könnt dazu sinnvolle Schreibtipps ergänzen.

## Einen Schluss verfassen

**1** a Lest die Notizen für den Schluss einer Texterschließung.
b Notiert die Fragen, die beantwortet werden.
●○○ Ihr könnt sie für den Schluss eines Aufsatzes nutzen.

> – *habe selbst schon Personen während einer Zugfahrt beobachtet, die mein Interesse weckten*
> – *noch nie jemanden näher dabei kennengelernt, Schüchternheit (?)*
> – *bewundernswert, dass die Hauptfigur den Plan fasst, nach Klärung des Missverständnisses direkten Kontakt zu dem Jungen aufzunehmen*
> – *Mit diesem Selbstvertrauen schafft sie das bestimmt!*
> – *Wunsch: hätte gerne mehr Selbstvertrauen, offen auf interessante Personen zuzugehen*

c Beantwortet die notierten Fragen an den Text aus eurer Sicht. Schreibt Stichpunkte auf.
d Formuliert eure Notizen zu einem zusammenhängenden Schluss aus, der sich mit dem Text und dessen Thematik auseinandersetzt.

# 5.3 Fit in …? – Eine literarische Kurzform erschließen

In einer Abschlussprüfung wird die Erschließung des folgenden Textes verlangt.
Auf Seite 119 findet ihr einen Schreibplan, zu dem ihr die passenden Aufgabenstellungen erarbeitet.

Gertrud Schneller

## Das Wiedersehen (2000)

Peters Hand zittert leicht, als er sie auf die Türklinke legt. Rascher als nötig geht er auf den hintersten, in der rechten Ecke des Cafés stehenden Tisch zu. Dann bleibt er stehen und sagt:

„Ich wusste, dass ich dich hier finden werde."

Der Angeredete blickt überrascht hinter dem großen Zeitungsblatt hervor. Als er Peter sieht, lässt er das Blatt fallen und ruft:

„Du! Bist du schon wieder …"

Das letzte Wort lässt er unausgesprochen. Aus Pietätsgründen[1], wie der andere vermutet.

„Drei Jahre sind lange genug", meint Peter leise. Jean nickt, rückt den Stuhl zurecht und heißt ihn Platz nehmen.

„Trinkst du einen Schwarzen[2]?"

„Gerne."

Der Kellner kommt. Sein Blick richtet sich suchend auf den Gast. Dann plötzlich scheint ein Erinnern auf sein Gesicht zu kommen.

„Der wusste es auch, nicht wahr?", sagt Peter.

„Ach", erwidert Jean, „Kellner wissen alles. Mach dir nichts daraus."

Sie schweigen.

Dann sagt Peter leise: „Bist du noch immer auf der Bank?"

„Ja."

„Ich wusste es. So sicher, wie ich wusste, dich zu dieser Tageszeit hier beim Lesen der Zeitung antreffen zu können."

„Hast du schon Arbeit?", fragt der andere.

„Ja, ja. Dafür hat man gesorgt. Morgen kann ich bereits anfangen. Und du … du bist Prokurist[3] geworden, nicht wahr?"

Jean nickt.

„Ich würde es nie mehr tun", sagt Peter leise. „Nie mehr."

Jean nickt wieder.

„Wirst du wieder bei Frau Ruegg wohnen?"

„Nein. Ich wollte. Aber sie hatte alle möglichen Ausreden, als ich heute Morgen bei ihr vorbeiging. Die wirkliche Strafe, weißt du, die kommt erst jetzt."

„Nein, nein. Das ist es sicher nicht", sagt Jean rasch. „Bedenke, es herrscht ein großer Zimmermangel."

Sie schweigen wieder. Jean zündet eine Zigarette an und spielt mit dem Blatt der Zeitung, während Peter nachdenklich in seinem Schwarzen rührt. Plötzlich blickt Jean auf die Uhr, ruft den Kellner und zahlt.

„Ich muss jetzt gehen. Verzeih, bitte. Mein Zug fährt in einer halben Stunde. Ich fahre für drei Wochen aufs Land. Meine langweilige Bronchitis, du weißt ja."

Peter wird blass. Auch der, denkt er bitter, auch der hat Ausreden. Mein einziger Freund.

Er gibt Jean die Hand und wünscht ihm gute Erholung. Obwohl er nicht an diese Reise und nicht an seine Erholung glaubt.

Peter sitzt nun allein am Tisch. Seine Rechte spielt zitternd auf dem Blatt der Tageszei-

1 Pietät: Rücksichtnahme, Respekt

2 einen Schwarzen: Kaffee ohne Milch und Zucker

3 Prokurist: Firmenmitarbeiter mit umfangreichen geschäftlichen Handlungsvollmachten

tung. Sein Blick ist gesenkt. Er sieht deshalb nicht, wie Jean sich bei der Tür entschlossen umwendet und auf den hintersten, in der rechten Ecke stehenden Tisch zusteuert. Erst als er dicht vor ihm steht, blickt er überrascht auf.

„Hast du etwas vergessen?", fragt Peter.
„Ja. Ich habe vergessen, dir den Schlüssel zu geben."
„Den Schlüssel. Welchen Schlüssel?"
„Den Schlüssel zu meiner Wohnung. Du kannst, solange ich weg bin, bei mir wohnen."

## Die Aufgabenstellung nachvollziehen und den Aufsatz planen

**1** Ein Schüler hat sich zu den unterschiedlichen Bestandteilen einer Texterschließung Informationen in einem Schreibplan notiert.

a Lest den Schreibplan (► S. 119).

b Benennt die Aufgaben 1.–5., die der Schüler bearbeitet hat.
●○○ Die Anforderungen im Wortspeicher können helfen.

> die Inhaltszusammenfassung formulieren • die Sprache des Textes untersuchen • die Textsorte nachweisen • die möglichen Verfasserabsichten beschreiben • Reaktionen, die der Text bei den Leserinnen und Lesern hervorrufen kann, erläutern • die Erzählperspektive bestimmen und beschreiben • die Figuren charakterisieren • den Zusammenhang zwischen Text, Entstehungszeit und Autorenbiografie erläutern • eine begründete Stellungnahme verfassen • erzählen • schildern • einen inneren Monolog verfassen • einen Tagebucheintrag formulieren • einen Brief schreiben • einen Dialog entwickeln

c Formuliert nun mit Hilfe des Schreibplans die genauen Aufgabenstellungen 1.–5.

VORSICHT FEHLER!

Schreibplan zur Erschließung der Kurzgeschichte „Das Wiedersehen"

1. ...

- Peter, ehemaliger Häftling, sucht nach Entlassung seinen Freund in einem Café auf
- Jean: überrascht, zunächst sprachlos
- Jeans Einladung auf einen Kaffee
- Kellner erkennt Peter
- Unsicherheiten bei der Unterhaltung: Frage nach Arbeitsstelle, Peters Reue, Peters Wohnungssuche, Schweigen
- Jean bezahlt beim Kellner
- Jeans abrupter Aufbruch (Zug zum dreiwöchigen Erholungsurlaub auf dem Land)
- Peters innerliche Enttäuschung über das Verhalten seines Freundes; er zeigt sie jedoch nicht, verabschiedet sich höflich
- Rückkehr von Jean an den Tisch, Übergabe des Wohnungsschlüssels an Peter

2. Untersuchung der ... im Hinblick auf die Beziehung der beiden Figuren

- Peters Misstrauen, Unsicherheit, Enttäuschung => Adjektive, Verben
- Jeans Bemühen, den Freund nicht zu verletzen => (unvollständige) Fragesätze zu oberflächlichen Themen; einfache Hauptsätze, um Peter zu trösten
- Metapher „Schlüssel": Türöffner, Neubeginn der Freundschaft, Hilfe beim Neustart nach der Haft, Vertrauensbeweis von Jean

3. Nachweis ...

- Alltagssituation (Szene in einem Café), Alltagsfiguren (Bankangestellter, ehemaliger Straftäter nach Haftentlassung)
- Momentaufnahme mit unmittelbarem Beginn, Wendepunkt und offenem Ende (Peter betritt ein Café; Jean händigt ihm den Schlüssel aus; Ungewissheit, wie Peter reagiert)
- einfache Sprache (kurze Sätze, umgangssprachliche Wendungen, wörtliche Rede)

4. ...: Welche Erwartungen habe ich an eine Freundschaft? ???

5. ... von Jean (Abwägen: Schlüssel aushändigen)

- Puh, taucht Peter plötzlich auf!
- Überforderung mit der Situation – gut, dass ich wegmuss ... alles gepackt?
- große Enttäuschung damals, lange keinen Kontakt zu ihm gehabt
- Wo bekommt Peter Unterstützung? Helfen?
- Reue ersichtlich, aber er alleine in meiner Wohnung??? Einmal Straftäter, immer ...
- Entschluss: Vertrauen – er darf meine Wohnung benutzen → Schlüssel übergeben

**2** In einer Inhaltszusammenfassung werden nur die wichtigsten Handlungsschritte wiedergegeben. Überprüft diesbezüglich im Schreibplan die Stichpunkte zu 1. und reduziert sie auf die wesentlichen. Seht euch dazu insbesondere die unterkringelten Wortgruppen an.

**3** Im Schreibplan fehlen Stichpunkte zur vierten Prüfungsaufgabe.

a Beantwortet die Themafrage für euch.

b Sammelt dazu passende Behauptungen, Begründungen und geeignete Beispiele.

## Schreiben und überarbeiten

**1** Schreibt mit Hilfe eurer Arbeitsergebnisse aus den Aufgaben 1 bis 3 (▶ S. 118 f.) einen zusammenhängenden Aufsatz zur Texterschließung. Denkt an eine geeignete Einleitung und an einen passenden Schluss.

**2** Überprüft eure Ergebnisse mit Hilfe der Checkliste. Wenn ihr etwas einfügen wollt, formuliert dazu Fußnoten auf einem gesonderten Blatt.
**Tipp:** Im Rechtschreibkapitel findet ihr weitere Übungen zur Überarbeitung einer Texterschließung zu dieser Kurzgeschichte (▶ S. 266–268).

### Checkliste

#### Eine literarische Kurzform erschließen

**Einleitung**
- Habe ich den Namen der Autorin / des Autors, den Titel des Textes, die Textsorte sowie die Quelle (wenn bekannt) angeführt?
- Ist der Textinhalt in meiner Kernaussage sinnvoll und knapp zusammengefasst?

**Hauptteil**
- Habe ich in meiner **Inhaltszusammenfassung** alle wichtigen Handlungsschritte dargestellt?
  – Habe ich die richtige Zeitform gewählt (Präsens)?
  – Habe ich eigene Worte verwendet?
  – Habe ich sachlich geschrieben und Details weggelassen?
  – Habe ich abwechslungsreiche Formulierungen verwendet?

- Habe ich die **Sprache des Textes** entsprechend der Aufgabenstellung untersucht und deren Wirkung dargestellt?
- Habe ich eine **weitere Besonderheit** (z. B. den Nachweis der Textsorte) erläutert und durch Beispiele belegt?
- Habe ich meine Aussagen am Text **belegt**?
- Habe ich die **Zitate** in Anführungszeichen gesetzt und die Zeilen angegeben?

- Habe ich in der **Stellungnahme** meine Meinung gut begründet und logisch dargestellt?
- Ist mein Standpunkt nachvollziehbar?

- Habe ich die **kreative Aufgabe** in der verlangten Form verfasst?
- Passen Sprachstil sowie Zeitform und der Inhalt zum Schreibauftrag?

**Schluss**
- Rundet meine Schlussbemerkung die Texterschließung passend ab?
- Habe ich meine persönliche Meinung zum Text treffend formuliert?

**Sprache und Form**
- Habe ich Satzbau, Stil und Rechtschreibung überprüft und korrigiert?

# 6 (K)Eine Jugend ist wie die andere – Romanauszüge erschließen

**1** a Beschreibt die beiden Fotos:
Was seht ihr darauf? Wie wirken die Bilder auf euch?
b Stellt Vermutungen an, worüber sich die Jugendlichen unterhalten.

**2** a Sammelt Probleme und Fragen, die mit dem Erwachsenwerden verbunden sind.
b Erläutert, welche Rahmenbedingungen die Fragen der Jugendlichen nachhaltig beeinflussen können.

**3** Auch in Romanen werden Themen und Konflikte Heranwachsender thematisiert. Tauscht euch darüber aus, welche Merkmale ein Jugendroman eurer Ansicht nach erfüllen sollte.

**In diesem Kapitel ...**

– wiederholt ihr Fachbegriffe der Textbeschreibung und wendet sie an,
– untersucht ihr Romanauszüge im Hinblick auf Inhalt, Figuren und Sprache,
– setzt ihr euch kreativ und argumentativ mit Textvorlagen auseinander,
– ordnet ihr Texte zeitlich ein und ermittelt ihre Wirkung auf die Leser/-innen.

# 6.1 Wer ist „Ich"? – Romanauszüge beschreiben und hinterfragen

## Ort und Figuren eines Romans kennenlernen

Bov Bjerg

**Auerhaus** (2015, Auszüge)

*Der Roman erzählt die Geschichte der vier Jugendlichen Höppner, Frieder, Vera und Cäcilia, die in einem leerstehenden Bauernhof eine WG gründen. Anlass ist, dass Frieder in einer Psychiatrie untergebracht worden war und danach auf Anraten des Arztes nicht mehr bei seinen Eltern wohnen sollte. Die Geschichte wird aus der Sicht von Frieders Schulfreund Höppner erzählt.*

Das Haus von Frieders Großvater stand mitten im Dorf. [...]

Die Haustür war alt und klapprig und nicht abgeschlossen. Griff aus Messing. Im Hausgang lag Dämmerung. Wir drehten am Lichtschalter. Die Lampe an der Decke ging an und machte alles noch dunkler.

Es roch nach kaltem Lehm, von den Feldstiefeln, und sauer nach Gülle. Wir stiegen die Treppe hoch, vom Güllegeruch hinein in den Alteleutegeruch.

Oben waren ein paar ausgeräumte Zimmer, ein klobiger Kleiderschrank stand da und ein hohles Bettgestell. Eine Küche mit Holzherd. Vera drehte den Wasserhahn auf, es kam kein Wasser raus.

Das Badezimmer. Wo der Boiler gestanden hatte, klebten Dreck und Spinnweben auf den Kacheln. Darüber ein Abzugsloch in der Wand, das mit Zeitungspapier verstopft war.

Der Schriftsteller und Kabarettist **Bov Bjerg,** dessen richtiger Name Rolf Böttcher ist, wurde 1965 in Heiningen geboren.

Wir wollten schon wieder runtergehen, da sagte Vera: „Hier ist noch eine Tür."

Die Tür klemmte. Man musste sie anheben. Die Scharniere knarrten. Ich tastete innen an der Wand.

Ich sagte: „Ich find den Schalter nicht."

Vera: „Hier draußen." Sie drehte das Licht an.

Der Raum war praktisch leer. Mittendrin lag ein zusammengerollter Teppich. An der hinteren Wand stand ein Brettergestell. Eine Mustertapete, senkrechte Streifen in Hellblau, Dunkelblau, Mittelblau.

Vera sagte: „Fenster?"

Ich sagte: „Seh keins."

Vera sagte: „Was macht man mit einem Raum ohne Fenster?"

Unten im Erdgeschoss war ein großer Raum mit Fliesen auf dem Boden und an den Wänden. Die Fugen waren wohl mal weiß gewesen, jetzt waren sie rotbraun. Das war die Wasch- und Schlachteküche.

Neben der Treppe war der Durchgang zu einem kleinen Kuhstall, da waren zwei gemauerte Buchten, darüber der Heuboden.

Vera zog mich ins Heu und küsste mich. *

**1** Könntet ihr euch vorstellen, in das im Text beschriebene Haus mit Freundinnen/Freunden einzuziehen? Begründet eure Aussage.

**2** Man kann sich die Hausbegehung sehr gut vorstellen. Erklärt, mit welchen sprachlichen Mitteln der Autor dies erreicht. Gebt dann den Eindruck wieder, der durch die Stilmittel bei euch entsteht.

*Der Umzug auf den Bauernhof geht los.*

Die Fenster waren ziemlich klein, deswegen strichen wir die Zimmer orange. „Dann scheint immer die Sonne!“, sagte Vera.
Frieder fand das affig. Er strich sein Zimmer in Weiß und Hellblau. Weiß die Wände, hellblau die Fußleisten, die Tür und die Fensterrahmen. Sogar sein Bett, den Tisch und den Stuhl strich er blau. [...]
Frieder kam mit Traktor und Hänger zu mir getuckert. Wir packten mein Zeug hinten drauf. Den kleinen Fernseher ließ ich zu Hause. [...] Dann fuhren wir ins nächste Dorf, zu Vera. Der größte Teil der Ladefläche blieb leer. In den Ritzen klemmte altes Heu. In einer Ecke lagen unsere Matratzen, nebeneinander, dazu die Kartons und eine Stehlampe. Die stand bis zur ersten Kurve, dann lag sie.
Am Schluss zuckelten wir zu Cäcilia. Veras Eltern erlaubten Vera nicht, allein mit zwei Jungs zusammenzuziehen. Also zog Cäcilia mit ein. Ich verstand nicht, warum Cäcilia das wollte. Sie hatte zu Hause ein riesiges Zimmer, und ihre Eltern waren fast nie da. Sie konnte im Wohnzimmer fernsehen, ohne dass ihr wer blöd kam. Im Keller gab es sogar einen Swimmingpool, hatte Vera erzählt, und die wusste es von ihrer Mutter. Die putzte da jeden Dienstagvormittag.
Cäcilias Mutter machte irgendwas im Rotary-Club. Das war so ein Verein von Architekten und Bauunternehmern und so. Die sammelten vor Weihnachten immer Geld, und in der Zeitung kam dann ein Bericht mit einem großen Foto, auf der ersten Seite vom Lokalteil, wie sie dem Roten Kreuz oder dem Kinderheim einen großen Scheck aus Pappe überreichten.
Jedenfalls, Cäcilia sagte ihrer Mutter, dass Frieder ohne ihre Hilfe null Chancen hätte, jemals wieder aus der Klapse rauszukommen. Da durfte sie tatsächlich mit einziehen.
Cäcilia stand auf der Straße, neben einem Umzugslaster, und stritt mit ihrer Mutter. Ein Mann trug eine Kommode aus dem Haus. So eine glänzend weiß lackierte Mädchenzimmerkommode mit geschwungenen Beinchen und goldenen Schnörkeln an den Schubladen.
Cäcilia schrie: „Ich brauch das alles nicht!“
Der Möbelpacker blieb stehen.
Cäcilias Mutter redete auf Cäcilia ein, dann auf den Möbelpacker. Der stellte die Kommode auf die Ladebühne des Lasters und ging wieder ins Haus. [...]
Cäcilias Mutter kam angelaufen und reichte ihr ein langgestrecktes schwarzes Köfferchen.
Vera sagte: „Oh, eine Maschinenpistole!“
Frieder sagte: „Oh, ein Babysarg!“
Cäcilias Mutter schaute erst zu Vera, dann zu Frieder. Dann schaute sie zu Cäcilia, fragend. Cäcilia antwortete nicht, nicht einmal mit einem Gesichtsausdruck. *

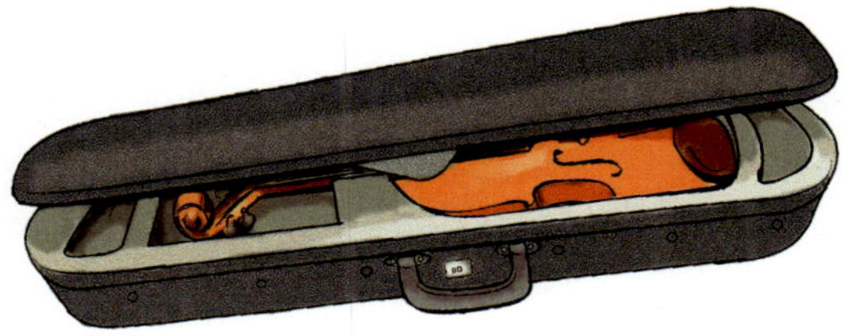

**3** Sammelt Informationen zu den einzelnen Mitbewohnerinnen und Mitbewohnern und stellt diese Informationen grafisch anschaulich dar, zum Beispiel in einer Mind-Map oder in einer Tabelle.

**4** Stellt euch vor, ihr hättet die Gelegenheit, euch mit einem der Jugendlichen zu unterhalten. Sprecht darüber, wer euch besonders interessiert und welche Fragen ihr der Figur gerne stellen möchtet.

**5** Versetzt euch in die Rolle von Cäcilias Mutter. Welche Gedanken mögen ihr durch den Kopf gegangen sein? Schreibt dazu einen inneren Monolog (► S. 292).

# Einen Romanauszug genauer beschreiben

## Den Inhalt eines Romanauszugs erschließen

**1** a Sammelt in Einzelarbeit in einem Cluster Antworten auf die Frage: Zuhause – was ist das für dich? Ihr habt dafür fünf Minuten Zeit. Notiert alle Gedanken und Ideen, ohne lange Denkpausen einzulegen.

b Vergleicht eure Ergebnisse in Kleingruppen.

*Höppner, der Ich-Erzähler, berichtet von Heiligabend, den er nicht im Auerhaus, sondern bei seiner Familie verbringt.*

Am 24. Dezember war ich zu Hause. Das heißt, ich war bei meiner Familie. Zu Hause war ich eigentlich im Auerhaus. Aber das verstanden bloß die, die auch im Auerhaus zu Hause waren. Deswegen bedeutete „zu Hause" immer „Familie", wenn wir mit irgendwem redeten, der nicht im Auerhaus zu Hause war. Aber wenn wir mit wem redeten, der auch im Auerhaus zu Hause war, bedeutete „zu Hause" immer das Auerhaus.
Egal.
Ich ging in mein Zimmer, da lag meine Schwester auf dem Bett und guckte fern mit meinem tragbaren Fernseher. Ich hatte nicht gewusst, dass das jetzt ihr Zimmer war. Die beiden Mädchen hatten sich immer ein Zimmer geteilt. Bis ich auszog. Jetzt hatte jede ihr eigenes. Und die, die alt genug war, den F2M2[1] blöd zu finden, hatte meinen Fernseher geerbt. Dass sie jetzt scheißallein auf ihrem Scheißbett lag und in den Scheißfernseher glotzte, machte mich fertig.
Kurz nach drei kam meine Mutter von der Arbeit. Heiligabend war der beschissenste Arbeitstag im Jahr. Sie stand um fünf auf, war um sechs im Laden, füllte Ware auf und bearbeitete Bestellungen, und um sieben überschwemmten die Kunden den Supermarkt. Sie rannte zwischen den Regalen rum und stand hinter der Käsetheke und saß an der Kasse, ohne Pause bis um zwei.
Meine Mutter setzte sich in der Küche an den Tisch.
„Na?", sagte sie. „Wieder mal daheim?"
Dann fielen ihr die Augen zu.
Später zog ich die Haut von den Kartoffeln. Die Schwestern schnitten Zwiebeln. Es gab Kartoffelsalat mit Würstchen.
Um 18 Uhr war Bescherung. Ich schenkte meiner Mutter eine ziemlich teure Salbe für die Beine und dem F2M2 die Mona Lisa von „Malen nach Zahlen". Die Schwestern bekamen jede einen Walkman. Und Kassetten. Die große irgend so eine aktuelle Teeniemusik, die kleine ein Hörbuch. Ich konnte ihr ja nicht mehr vorlesen.
Ich hatte meine neuen Fähigkeiten, was den Erwerb des Lebensunterhalts anging, schnell erweitert, und auch meine Ausrüstung hatte ich verbessert. Jetzt hatte ich nicht bloß eine Jacke, bei der in der Innentasche das Futter aufgeschnitten war, sondern auch eine Einkaufstasche mit einem doppelten Boden.
Meine Mutter sagte: „Wo hast du denn das Geld her?"
Aber dann quatschte zum Glück der F2M2 dazwischen, und sie vergaß die Frage.
Gleich nach der Bescherung musste ich wieder los. In der Stadt gab es ein Weihnachtsessen für Alte und Obdachlose. Ich hatte mich gemeldet, um mitzuhelfen. Essen austeilen, mit den Leuten reden und so.
Ich war zwar zu Hause ausgezogen, also bei meiner Familie, nicht im Auerhaus, aber um

1 F2M2: Bezeichnung Höppners für den Freund seiner Mutter: „Fieser Freund meiner Mutter"

an Heiligabend nicht bis zum Streit bleiben zu müssen, brauchte ich schon wieder eine Ausrede. Gutes tun war die beste Ausrede überhaupt. Wahrscheinlich wurde die ganze ehrenamtliche Arbeit an Weihnachten von Leuten gemacht, die es zu Hause nicht aushielten. Ich wollte in die Stadt trampen, aber das war aussichtslos. An Heiligabend-Abend war kein Mensch unterwegs. Und die, die unterwegs waren, fuhren einfach vorbei. Die Arschlöcher konnten ja nicht wissen, dass ausgerechnet ich das Jesuskindlein unterm Herzen trug. Ich ging die paar Kilometer zu Fuß, im Straßengraben. Der Boden war gefroren, und ich stellte mir vor, wie ich eine tiefe, zugefrorene Pfütze übersah und ins Eis einbrach.

Ich lag im Graben. Ich konnte nicht mehr aufstehen. Das Schienbein war glatt durch, der Unterschenkel stand ganz komisch ab, im rechten Winkel. Ein wahnsinniger Schmerz. Ich schrie wie am Spieß, aber niemand hörte mich. Meine Kraft ging zu Ende. Ich schrie bloß noch, wenn ich ein Auto hörte. Das Licht der Scheinwerfer streifte über den Graben, aber es erreichte mich nicht. Dann wurde ich bewusstlos. Ich erfror. Ein junger Mann erfror am Heiligabend allein im Straßengraben, während andere sich unterm Weihnachtsbaum im Kreise ihrer Lieben wärmten. Der junge Mann hatte in die Stadt gewollt, um den Ärmsten zu helfen, aber niemand hatte ihn mitnehmen wollen. In einem der reichsten Länder der Welt. Die Titelseite vom Lokalteil war mir sicher. Vielleicht sogar mit Foto.

Jedenfalls, ich kam reichlich spät am Gemeindesaal an. Die Tische waren schon gedeckt. Weiße Stofftischdecken, darauf Teller und Besteck und Gläser, alles angeordnet wie in einem Sternerestaurant.

Ich schob mein Wägelchen mit Saft- und Wasserflaschen rum und schenkte ein.

[...] Einer, dem die glattgekämmten, fettigen Haare am Kopf klebten, nickte mir zu, als ob er mich kannte.

Er sagte: „Jetzt wird man von den Herren Oberschülern bedient. Das lass ich mir gefallen!"

Er keckerte heiser.

Ich hasste es, als Oberschüler angeredet zu werden. Das erinnerte mich an den F2M2. Es klang wie ein Titel, wie Doktor oder Bürgermeister, aber es war nicht freundlich gemeint. Ich atmete durch und versuchte, den Ärger runterzuschlucken. *

**2** Gebt in fünf Sätzen die wichtigsten inhaltlichen Schritte des Textes wieder.

**3** Arbeitet heraus, welche Einstellung der Ich-Erzähler zu seinem Zuhause hat.
- a Legt hierfür einen Cluster an.
- b Vergleicht die Einstellung des Ich-Erzählers mit euren Ergebnissen aus Aufgabe 1 (▸ S. 124).

**4** Formuliert mit eigenen Worten, was Höppner seiner Mutter auf ihre Frage in Zeile 53 f. hätte antworten müssen. Lest dazu den Abschnitt von Zeile 46 bis 52 noch einmal durch.

●○○ Ihr könnt so beginnen:

*„Also, um ehrlich zu sein: Geld habe ich dafür nicht ausgegeben ..."*

## Sich mit den Figuren und der Sprache auseinandersetzen

**1** Tragt in Stichpunkten zusammen, was ihr über den Charakter des Ich-Erzählers in dem Textauszug (▸ S. 124 f.) erfahren könnt. Belegt eure Notizen mit Zitaten aus dem Text.
Geht in diesem Zusammenhang besonders darauf ein, was die Zeilen 57 bis 97 über ihn aussagen.

**2** Der Ich-Erzähler beschreibt in dem Textauszug seine Familiensituation.

a Notiert stichpunktartig in einer Mind-Map, was ihr über seine Familienmitglieder erfahrt.

b Setzt euch damit auseinander, welches Verhältnis zwischen dem Ich-Erzähler und den einzelnen Familienmitgliedern besteht. Tragt eure Ergebnisse in die Mind-Map ein.

c Beschreibt die Figurenkonstellation in einem zusammenhängenden Text.

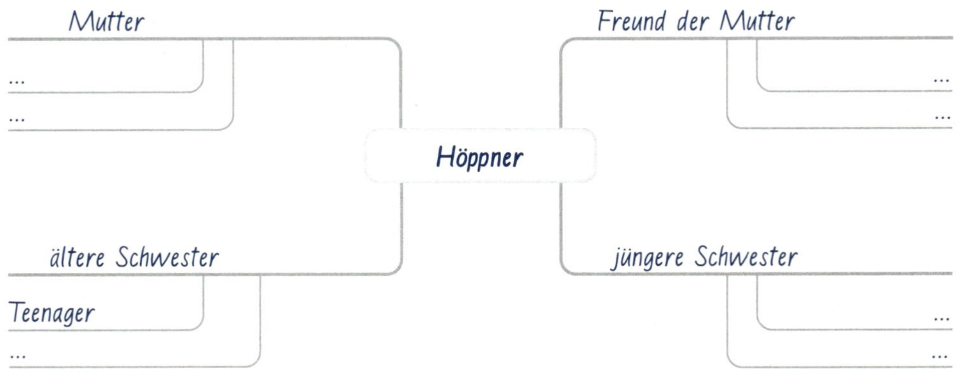


**3** „Man erkennt an den sprachlichen Mitteln, dass das Buch aus der Sicht eines Jugendlichen geschrieben worden ist."

a Belegt diese Aussage, indem ihr sprachliche Mittel benennt und Beispiele dafür anführt.

b Beschreibt, welche Wirkung diese sprachlichen Mittel auf euch haben.
**Tipp:** Im Grundwissen (▸ S. 290) könnt ihr die Wirkung von Stilmitteln nachschlagen.

**4** a Untersucht, wo der Autor Stilmittel verwendet, die den Text besonders anschaulich und ausdrucksstark machen.

b Beschreibt die Stimmung, in der der Ich-Erzähler sich dabei jeweils befindet.

**5** a Beschreibt, wie die Figuren im Text miteinander kommunizieren. Benennt mit drei Schlagworten, welche Wirkung diese Form des Umgangs auf euch hat.

b Benennt die sprachlichen Besonderheiten in den folgenden Zitaten und analysiert, was diese Stellen über das Verhältnis von Höppner zu seiner Mutter und seiner Schwester aussagen.

> **Kommunikation** kann in Form von **wörtlicher Rede,** aber auch **nonverbal** durch Mimik, Gesten und Handlungen ausgedrückt werden.

„Dass sie jetzt scheißallein auf ihrem Scheißbett lag und in den Scheißfernseher glotzte, machte mich fertig." (▸ Z. 20–22)
„Sie stand um fünf auf, war um sechs im Laden, füllte Ware auf und bearbeitete Bestellungen, und um sieben überschwemmten die Kunden den Supermarkt. Sie rannte zwischen den Regalen rum und stand hinter der Käsetheke und saß an der Kasse, ohne Pause bis um zwei." (▸ Z. 25–31)

## Die Sprachnutzung vergleichen

**Höppner:** „Wenn ein Dorf es hinkriegte, wirklich jeden Brennnesselhügel abzutragen und alle Einfassungen mit Geranien zu bepflanzen und mit Sonnenblumen und so, dann wurde es Landesdritter im Wettbewerb ‚Unser Dorf soll schöner werden‘. Oder Vierter. Egal.“

„Jedenfalls, jetzt war das letzte Zimmer im Auerhaus belegt, außer diesem seltsamen fensterlosen Raum.“

„Jedenfalls, ich kam reichlich spät am Gemeindesaal an.“

„Ich fand das eigentlich gut, nicht eifersüchtig zu sein. Oder wenigstens nicht eifersüchtig sein zu wollen. Oder zu sollen. Egal. Nicht egal.“

„Er setzte sich. Das sah so ungelenk aus, als wären ‚er‘ und ‚sich‘ zwei verschiedene Personen.“

„Die Atemwolken standen in der Luft wie leere Sprechblasen.“

**Frieder:** „Was man theoretisch richtig findet, das kann ziemlich weit weg sein von dem, was man praktisch aushalten kann.“

„Du hast die Augen zu und treibst auf deiner Luftmatratze, ein sanfter Wind weht, und du denkst, geil, jetzt lebe ich für den Rest meines Lebens hier in dieser Lagune, in der Südsee. Und dann machst du die Augen auf und merkst, es ist bloß ein Nachmittag am Baggersee, und zack ist der auch schon vorbei.“

**1** a Beschreibt, wie die Sprache Höppners auf euch wirkt.
b Bestimmt, welche sprachlichen Besonderheiten seine Sprache enthält.

**2** a Notiert, was euch an Frieders Sprache auffällt.
b Formuliert, was ihr auf Frieders Aussagen jeweils geantwortet hättet.

Auch **Romanfiguren** haben ihre eigene Art, sich auszudrücken. Bei genauerem Hinschauen lassen sich **sprachliche Eigenheiten** entdecken: Sie haben Lieblingswörter, verwenden Umgangssprache (oder eben nicht), drücken sich sehr umständlich oder sehr knapp aus usw.

**3** Ihr habt euch mit dem Ich-Erzähler des Romans, Höppner, und seinem Freund Frieder näher auseinandergesetzt. Mit welcher der beiden Romanfiguren würdet ihr euch lieber unterhalten? Begründet eure Wahl.

## Eine weitere Besonderheit beschreiben, Stellung nehmen und sich kreativ mit dem Text auseinandersetzen

**1** Als der Roman in verschiedenen Zeitungen rezensiert wurde, war man sich nicht einig, an welche Zielgruppe sich das Buch richtet. In einer Rezension hieß es: „Ein zauberschönes Buch über die Jugend – für jedes Alter". Begründet auf der Grundlage des vorliegenden Romanauszuges, ob ihr dieser Bewertung zustimmt.

**2** Sprecht darüber, welche Erwartungen ihr damit verbindet, wenn ihr von zu Hause auszieht.

**3** Viele Jugendliche ziehen zunächst in eine Wohngemeinschaft. Das bringt Vor- und Nachteile mit sich.

a Ordnet folgende Ideensplitter nach Vor- und Nachteilen und findet dann mögliche Argumentationen. Ergänzt eigene Überlegungen.

> Einsamkeit • Tipps von Älteren • finanzielle Überlegungen • Unterhaltung • Haushaltstätigkeiten • Regeln • Streitigkeiten • Ablenkung • Privatsphäre

b Stellt ein Ranking auf, welche Argumente für euch wichtiger sind als andere.

**4** In der Abschlussprüfung wird bei der Erschließung eines literarischen Textes auch eine begründete Stellungnahme verlangt. Die Aufgabe könnte so formuliert sein:

> Bringt das Zusammenleben in einer Wohngemeinschaft für junge Erwachsene mehr Vorteile oder mehr Nachteile mit sich? Legen Sie sich auf einen Standpunkt fest und erörtern Sie diesen im Rahmen von circa 250 Wörtern.

Schreibt diese begründete Stellungnahme. Nutzt dazu eure Vorüberlegungen (▸ Aufgabe 3).

**5** Verfasst einen persönlichen Brief an Höppner.

a Lest den Text (▸ S. 124 f.) noch einmal im Hinblick darauf durch, worauf ihr in eurem Brief eingehen wollt. Macht euch Notizen dazu.

b Schreibt den Brief. Bezieht eure Notizen mit ein. Erzählt
- von euch,
- davon, welche Gemeinsamkeiten ihr habt,
- was ihr am Verhalten Höppners interessant oder gut findet,
- was ihr nicht verstehen könnt usw.

> In einem persönlichen Brief könnt ihr **Fragen** stellen: Was möchtet ihr von der Figur wissen?

**6** Der Textauszug endet so: „Ich atmete durch und versuchte, den Ärger runterzuschlucken." (▸ S. 125, Z. 115 f.) Setzt die Geschichte fort. Entscheidet euch, ob es Höppner gelingt, seinen Ärger bei sich zu behalten, oder nicht.

# Wie viel gibt der Text preis? – Die Erzählsituation erschließen

## Die Auswirkungen der Erzählperspektive erfassen

Vera leuchtete runter. Auf den Stufen lag Frieder.
Ich: „Weint er?"
Vera: „Er lacht."
Frieder lag auf dem Rücken, den Kopf treppauf. Unter der Bommelmütze kniff er die Augen zusammen. Er kicherte: „Ich hab's gemacht! Ich hab's gemacht!"
Ich stieg über ihn rüber, nach unten. Aus den Sohlen seiner Stiefel bröckelte der Schnee. Unten an der Treppe lag die Axt[1].

1 Axt: Später erfährt man, dass Frieder mit der Axt den Weihnachtsbaum auf dem Dorfplatz gefällt hat.

**1** Der Roman „Auerhaus" beginnt offen und ist in der Ich-Perspektive verfasst.
- a Diskutiert die Möglichkeiten und Grenzen der Ich-Perspektive.
- b Sehr viele Jugendromane werden in der Ich-Perspektive erzählt. Erklärt, warum das so ist.

**2** Der zweite Teil des Romanbeginns wird im Folgenden auf unterschiedliche Weise wiedergegeben.
- a Bestimmt, um welche Erzählperspektive (▸ Merkkasten, ▸ S. 289) es sich bei den beiden Beispielen jeweils handelt.
- b Beschreibt, wie sich die Wirkung der Textstelle jeweils verändert.

**A** Frieder lag auf dem Rücken, den Kopf treppauf. Unter der Bommelmütze kniff er die Augen zusammen. Er kicherte: „Ich hab's gemacht! Ich hab's gemacht!" Aus den Sohlen seiner Stiefel bröckelte der Schnee. Unten an der Treppe lag die Axt.

**B** Frieder lag auf dem Rücken, schaute glückselig in den Himmel, den Kopf treppauf. Und blickte in die ratlosen Gesichter von Höppner und Vera. Er kniff die Augen unter der Bommelmütze zusammen. Was schauten sie so verständnislos? Das war der beste Tag seit Ewigkeiten! Er kicherte: „Ich hab's gemacht! Ich hab's gemacht!" Ein warmes Gefühl breitete sich in ihm aus. Lange war er nicht so bei sich gewesen. Unten an der Treppe lag die Axt.

- c Schreibt den Romanbeginn erneut um und verwendet dabei eine auktoriale Erzählperspektive (▸ S. 289).
- d Sammelt Stichpunkte, welche Gründe es für eine Autorin oder einen Autor geben kann, sich für eine der Erzählperspektiven zu entscheiden.

**Wissen und Können** **Neutrale Erzählperspektive**

Der **neutrale Erzähler** beschreibt nur das, was **von außen** gesehen werden kann, ohne etwas zu werten oder sich in eine Figur hineinzuversetzen.

## Eine weitere Besonderheit des Textes untersuchen: Die Figurenrede

Ich hatte zum Abendbrot Zaziki gemacht, nach einem Rezept von Frieder.
Als Frieder nach Hause kam, sagte er: „Wie viel Knoblauch ist denn da drin?“
Ich sagte: „Fünf Knollen. Hast du doch selbst gesagt.“
„Zehen!“, rief er. „Fünf Zehen!“
Ich sagte: „Ist doch dasselbe.“
Frieder sagte: „Na klar. Zehe, Fuß, Bein, alles dasselbe. Mensch, du hast zehnmal so viel Knoblauch genommen, wie du brauchst!“

**1** a Übertragt die wörtliche Rede schriftlich in die indirekte Rede. Beachtet dabei, dass in der indirekten Rede keine Ellipsen enthalten sind. Ihr könnt so beginnen:
●○○ *Auf Frieders Frage, wie viel Knoblauch im Zaziki sei, …*
b Vergleicht, wie sich die Wirkung der Textstelle dadurch verändert.

Wir hätten das Zimmer ausräumen können, und dann hätte noch wer einziehen können, aber wir kamen gar nicht auf die Idee, dass auch in einem Zimmer ohne Luft und Tageslicht jemand hätte wohnen können. Bis jetzt.
Ich sagte: „Besser als der Heuboden wär es schon.“
Frieder rief: „Niemand zieht in dieses Zimmer! Auf gar keinen Fall! Hier zieht niemand ein! Unten in den Keller zieht niemand ein, und hinten in den Hühnerstall, falls du auf die Idee kommen solltest, da zieht auch niemand ein!“
Ich hatte Frieder noch nie so brüllen hören. Er meinte es ziemlich ernst.

**2** a So wird die Szene beschrieben, in der Frieder sich dagegen ausspricht, dass jemand in den fensterlosen Raum einzieht. Übertragt mit Hilfe des Merkkastens die wörtliche Rede in indirekte Rede und in erlebte Rede. Achtung: Durch das Umschreiben verschiebt sich die Erzählperspektive. Vergleicht eure Lösungen.
b Stellt in einer Übersicht die Wirkung der verschiedenen Formen der Figurenrede dar.

**Wissen und Können** **Die Figurenrede**

Die Gedanken und Gefühle von Figuren können unterschiedlich wiedergegeben werden.

- **Direkte Rede:** Sie wird mit Anführungszeichen gekennzeichnet, z. B.: *„Ich weiß nicht, was ich tun soll“, sagte er.*
- **Indirekte Rede:** Das Verb steht in der 3. Person im Konjunktiv, ein Redebegleitsatz ist enthalten, z. B.: *Er sagte, er wisse nicht, was er tun solle.*
- **Erlebte Rede:** Sie drückt eine innere Zerrissenheit oder Unruhe der Figur aus. Oft treten Modalverben auf (z. B.: *sollen, dürfen, müssen*). Typisch sind außerdem Ausrufe oder Fragen, z. B.: *Hatten sie seine Unsicherheit gemerkt? Sollte er sich dazu äußern?*
- **Innerer Monolog:** Darunter versteht man das stumme Selbstgespräch einer Figur in der 1. Person, das oft Ausrufe, Fragen, Gedankensprünge oder Umgangssprache enthält, z. B.: *Mist, ich hab meine Brille vergessen. Er schaut immer noch her. Ob ich den Bus noch erwische?*

# Testet euer Wissen!

## Sprachliche Mittel, Erzählperspektive und Figurenrede

Thomas Brussig

**Die Verwandelten** (2020, Auszug)

*Die Teenager Fibi und Aram sind im Internet auf eine nicht ernst gemeinte Anleitung gestoßen, wie man sich in einer Waschanlage in einen Waschbären verwandeln kann.*

Dann begann die Waschanlage zu zittern, und zugleich setzte ein leises Donnern ein, das sehr schnell lauter wurde, während sich das Zittern in ein Beben verwandelte. Fibi spürte Luft, einen Sturm wie noch nie. Der Wind drängte in die Nase, die Ohren, und als sie den Mund öffnete, schien die Luft in sie einzuschießen und ihr Hirn zerplatzen zu lassen. Ihr war, als ob der Luftsturm alles aus ihr herauspustet, sie leer macht wie eine Wohnung beim Auszug. […] Dann war es still.
Das Letzte, was Fibi wusste, war, dass sie zu Boden gegangen war, wie auch Aram. Ehe sie die Augen aufschlug, sagte sie: „Aram?“ Ihre Stimme kam ihr fremd vor, sehr verändert. „Bist du hier?“ Wieder mit dieser seltsamen Stimme. Der Wind hatte vermutlich die Stimmbänder gefleddert. *

**1** Notiert für folgende sprachliche Mittel jeweils ein Beispiel aus dem Text: Ellipse, Steigerung, Vergleich.

**2** Bestimmt, welche Erzählperspektive der Autor gewählt hat: auktorial, personal oder neutral?

**3** Ordnet folgende Texte den vier Möglichkeiten der Figurenrede zu.

1 Sie starrte ihn an. Waschbär, da stand eindeutig ein Waschbär neben ihr. Sollte das Aram sein? Das, was sie im Internet über Verwandlungen gelesen hatten, konnte doch nur Blödsinn gewesen sein – oder? Ihr Herz holperte panisch.

2 Fibi murmelte, dass das ja wohl alles nicht wahr sein könne. Dabei klang ihre Stimme eindeutig verstört.

3 „Wir sind wirklich zu Waschbären geworden“, rief Aram triumphierend.

4 Ich bin ein Waschbär??? Was für ein Irrsinn ist das denn? Wie klappt die Rückverwandlung? Stand dazu überhaupt was drin? Mist, Mist, Mist. Oh, da kommt ein Auto – weg hier! Wo ist Aram bloß?

Mit folgender Gleichung könnt ihr eure Zuordnung überprüfen, indem ihr anstatt der Begriffe die Zahlen 1 bis 4 einsetzt: (Innerer Monolog + wörtliche Rede) × indirekte Rede – erlebte Rede = 13.

# 6.2 Das Innere nach außen kehren – Kreative Schreibaufgaben bearbeiten

## Den Text erschließen

1 Hört euch den Text gemeinsam an.

**Ödön von Horváth** (1901–1938) entstammte einer österreichisch-ungarischen Familie. Er wuchs im Vielvölkerstaat Österreich auf, seine Muttersprache war Deutsch. In der Zeit des Nationalsozialismus wurden Horváths Werke verboten, sodass er nach Paris ins Exil emigrieren musste. In seinen Texten warnt er vor den Gefahren des Rechtsextremismus, so auch in seinem Roman „Jugend ohne Gott“. Mit diesem Titel beschreibt Horváth symbolisch die „gottlose“ Jugend, die von Egoismus und fehlender Moral geprägt ist.

Ödön von Horváth

### Jugend ohne Gott (1937, Auszüge)

*Im Roman werden die sich zuspitzenden Ereignisse dargestellt, die sich während eines halben Jahres in einer Jungenklasse zutragen. Besonders hervorgehoben sind im Verlauf der Handlung der Lehrer und die Schüler N, Z und T. Bei einem Zeltlager erhalten die Jungen durch einen Feldwebel eine Art vormilitärische Ausbildung. Eines Tages wird eine Kamera gestohlen. Der Lehrer erfährt, dass Z Tagebuch führt und dieses in einem Kästchen versteckt.*

„Jeder, der mein Kästchen anrührt, stirbt!“

Ich lese den Satz zweimal und muss lächeln. Kinderei!

Und ich will an das denken, was ich las, aber ich komme nicht dazu. Vom Waldrand her tönt die Trompete, ich muss mich beeilen, das Regiment[1] naht. Rasch tu ich das Tagebuch wieder ins Kästchen und will es versperren. Ich drehe den Draht hin und her. Umsonst! Es lässt sich nicht mehr schließen, ich hab das Schloss verdorben – was tun?

Sie werden gleich da sein, die Jungen. Ich verstecke das offene Kästchen im Schlafsack und verlasse das Zelt. Es blieb mir nichts anderes übrig. Jetzt kommt das Regiment daher.

In der vierten Reihe marschiert der Z.

Du hast also ein Mädel und das nennt sich Eva. Und du weißt es, dass deine Liebe stiehlt. Aber du schwörst trotzdem, sie immer zu beschützen.

Ich muss wieder lächeln. Kinderei, elende Kinderei!

Jetzt hält das Regiment und tritt ab.

Jetzt kenne ich deine „innersten Geheimnisse“, denke ich, aber plötzlich kann ich nicht mehr lächeln. Denn ich sehe den Staatsanwalt. Er blättert in seinen Akten. Die Anklage lautet auf Diebstahl und Begünstigung. Nicht nur Eva, auch Adam[2] hat sich zu verantworten. Man müsste den Z sofort verhaften.

Ich will es dem Feldwebel sagen und die Gendarmerie[3] verständigen. Oder soll ich zuerst allein mit dem Z reden?

Nun steht er drüben bei den Kochtöpfen und erkundigt sich, was er zum Essen bekommen wird. Er wird von der Schule fliegen, und das Mädel kommt zurück in die Besserungsanstalt.

1 das Regiment: militärische Einheit

2 Adam: die biblische Figur Adam, der erste Mensch

3 die Gendarmerie: ehemalige österreichische Polizei

Beide werden eingesperrt.
Adieu Zukunft, lieber Z!
Es sind schon größere Herren über die Liebe gestolpert, über die Liebe, die auch naturnotwendig ist, und also ebenfalls gottgewollt.
Und ich höre wieder den Pfaffen[4]:
„Das Schrecklichste auf der Welt ist Gott.“
Und ich höre einen wüsten Lärm, Geschrei und Gepolter.
Alles stürzt zu einem Zelt.
Es ist das Zelt mit dem Kästchen. Der Z und der N raufen, man kann sie kaum trennen.
Der N ist rot, er blutet aus dem Mund.
Der Z ist weiß.
„Der N hat sein Kästchen erbrochen[5]!“, ruft mir der Feldwebel zu.
„Nein!“, schreit der N. „Ich hab's nicht getan, ich nicht!“
„Wer denn sonst?!“, schreit der Z. „Sagen Sie's selber, Herr Lehrer, wer könnt' es denn sonst schon getan haben?!“
„Lüge, Lüge!“
„Er hat es erbrochen und sonst niemand! Er hat's mir ja schon angedroht, dass er es mir zertrümmern wird!“
„Aber ich hab's nicht getan!“
„Ruhe!“, brüllt plötzlich der Feldwebel.
Es wird still.
Der Z lässt den N nicht aus den Augen.
Jeder, der sein Kästchen anrührt, stirbt, geht es mir plötzlich durch den Sinn. Unwillkürlich blick ich empor.
Aber der Himmel ist sanft.
Ich fühle, der Z könnte den N umbringen.
Auch der N scheint es zu spüren. Er wendet sich kleinlaut an mich.
„Herr Lehrer, ich möcht in einem anderen Zelt schlafen.“
„Gut.“
„Ich hab's wirklich nicht gelesen, sein Tagebuch. Helfen Sie mir, Herr Lehrer!“
„Ich werde dir helfen.“
Jetzt sieht mich der Z an. Du kannst nicht helfen, liegt in seinem Blick.
Ich weiß, ich habe den N verurteilt.
Aber ich wollt' es doch nur wissen, ob der Z mit den Räubern ging, und ich wollt' ihn doch nicht leichtfertig in einen Verdacht bringen, drum hab ich das Kästchen erbrochen.
Warum sag ich's nur nicht, dass ich es bin, der das Tagebuch las?
Nein, nicht jetzt! Nicht hier vor allen. Aber ich werde es sagen. Sicher! Nur nicht vor allen, ich schäme mich! Allein werd ich's ihm sagen. Von Mann zu Mann! Und ich will auch mit dem Mädel reden, heut Nacht, wenn er sie trifft. Ich werde ihr sagen, sie soll sich nur ja nimmer blicken lassen, und diesem dummen Z werde ich ordentlich seinen Kopf waschen – dabei soll's dann bleiben! Schluss!
Wie ein Raubvogel zieht die Schuld ihre Kreise.
Sie packt uns rasch.
Aber ich werde den N freisprechen.
Er hat ja auch nichts getan.
Und ich werde den Z begnadigen. Und auch das Mädel.
Ich lasse mich nicht unschuldig verurteilen!
Ja, Gott ist schrecklich, aber ich will ihm einen Strich durch die Rechnung machen. Mit meinem freien Willen.
Einen dicken Strich.
Ich werde uns alle retten.
Und wie ich so überlege, fühle ich, dass mich wer anstarrt.
Es ist der T. Zwei helle, runde Augen schauen mich an. Ohne Schimmer, ohne Glanz.
Der Fisch!, durchzuckt es mich.
Er sieht mich noch immer an, genau wie damals beim Begräbnis des kleinen W[6].
Er lächelt leise, überlegen, spöttisch. Seltsam starr.
Weiß er, dass ich es bin, der das Kästchen erbrach?

4 der Pfaffe: abwertende Bezeichnung für einen Geistlichen
5 erbrechen: veraltet für „aufbrechen, gewaltsam öffnen“
6 W: ein Schüler des Erzählers, der an einer Erkältung starb

**2** Gebt die Handlung des Auszugs knapp zusammengefasst mit eigenen Worten wieder.

**3** Erarbeitet zu dem Textauszug ein Hörspiel: Besetzt dazu jede Rolle des Textes mit einer Sprecherin / einem Sprecher. Ihr könnt auch Geräusche und Musik einbauen. Nehmt das Hörspiel auf.

**4** a Arbeitet heraus, wie die Handlung des Romanauszugs zeitlich und räumlich zu verankern ist.
**Tipp:** Berücksichtigt dazu auch die Informationen zum Autor (▶ S. 132).
b Zeigt anhand geeigneter Zitate auf, dass man auch an der Wortwahl erkennen kann, in welcher Zeit die Handlung angesiedelt ist.

**5** „Die Geschichte wird aus der personalen Perspektive eines Ich-Erzählers dargestellt."
a Weist diese Behauptung am Text nach und führt genauer aus, aus wessen Perspektive die Ereignisse dargestellt werden.
b Fertigt eine Tabelle an, in der ihr stichpunktartig notiert, welche äußeren Geschehnisse sich zutragen und was sich im Inneren des Ich-Erzählers abspielt.

●○○

| Äußere Handlung | Gedanken des Ich-Erzählers |
|---|---|
| *Lehrer liest das Tagebuch (Z. 2 f.)* | *empfindet die beschriebene Liebe als „Kinderei" (Z. 3, Z. 21 f.)* |
| *Jugendliche kehren von Wanderung zurück (Z. 12)* | ... |
| ... | ... |

**6** a Notiert, welche Figuren auftreten und was ihr über sie erfahrt.
b Der Ich-Erzähler benennt die Figuren nach dem Anfangsbuchstaben ihres Namens. Diskutiert, wie das auf euch wirkt und was es über den Ich-Erzähler aussagt.

**7** Stellt die im Textauszug beschriebene Beziehung zwischen den Figuren in Alter-Ego-Standbildern dar. Geht dabei so vor:
– Teilt die Klasse in zwei Hälften: eine Standbild- und eine Alter-Ego-Gruppe. Bildet Kleingruppen.
– Die Standbild-Gruppen entwickeln und proben ihre Standbilder.
– Die Alter-Ego-Gruppen formulieren für jede Figur in zwei bis drei Sätzen in der Ich-Form, was ihr durch den Kopf geht (was sie aber nicht laut äußern würde).
– Wenn eine Standbild-Gruppe ihre Haltung eingenommen hat, treten die Alter-Ego-Figuren hinter eine Figur im Standbild, legen ihr eine Hand auf die Schulter und sprechen laut aus, was diese denkt.

Das **Alter Ego** (lateinisch für „zweites/anderes Ich") gibt wie in einem inneren Monolog Einblick in die Gedanken und Gefühle einer Figur, vor allem in Unausgesprochenes (Widersprüche, Gewissensbisse, Geheimnisse).

**8** Stellt Vermutungen darüber an, wie sich die Ereignisse in den nächsten Tagen entwickeln werden.

# Kreative Schreibformen anwenden

## Einen Dialog und einen persönlichen Brief verfassen

*Am letzten Tag des Zeltlagers wird ein schlimmer Fund gemacht.*

Am letzten Tag unseres Lagerlebens kam Gott. Ich erwartete ihn bereits. [...]
Sein Erscheinen war furchtbar. Dem Feldwebel wurde es übel und er musste sich setzen. Die Jungen standen entsetzt herum, halb gelähmt. Erst allmählich bewegten sie sich wieder, und zwar immer aufgeregter.
Nur der Z bewegte sich kaum.
Er starrte zu Boden und ging auf und ab. Doch nur ein paar Meter. Immer hin und her.
Dann schrie alles durcheinander, so schien es mir.
Nur der Z blieb stumm. Was war geschehen?
Zwei Waldarbeiter waren im Lager erschienen, zwei Holzfäller mit Rucksack, Säge und Axt. Sie berichteten, dass sie einen Jungen gefunden hätten. Sie hatten einen Schulausweis bei sich.
Es war der N.
Er lag in der Nähe der Höhlen, in einem Graben, unweit der Lichtung. Mit einer klaffenden Kopfwunde. Ein Stein musste ihn getroffen haben oder ein Schlag mit irgendeinem stumpfen Gegenstande.
Auf alle Fälle war er hin. Tot und tot.
Man hat ihn erschlagen, sagten die Waldarbeiter.
Ich stieg mit den Waldarbeitern ins Dorf hinab. Zur Gendarmerie. Wir liefen fast. Gott blieb zurück.
Die Gendarmen telefonierten mit dem Staatsanwalt in der nächsten Stadt und ich telegrafierte meinem Direktor. Die Mordkommission erschien und begab sich an den Ort der Tat.
Dort lag der N im Graben.
Er lag auf dem Bauche.
Jetzt wurde er fotografiert.
Die Herren suchten die nähere Umgebung ab. Peinlich genau. Sie suchten das Mordinstrument und irgendwelche Spuren.
Sie fanden, dass der N nicht in jenem Graben erschlagen wurde, sondern ungefähr zwanzig Meter entfernt davon. Man sah deutlich die Spur, wie er in den Graben geschleift worden war, damit ihn niemand finde.
Und sie fanden auch das Mordinstrument. Einen blutbefleckten spitzigen Stein. Auch einen Bleistift fanden sie und einen Kompass.
Der Arzt konstatierte, dass der Stein mit großer Wucht aus nächster Nähe den Kopf des N getroffen haben musste.
Und zwar meuchlings, von rückwärts.
Befand sich der N auf der Flucht?
Der Untat musste nämlich ein heftiger Kampf vorangegangen sein, denn sein Rock[1] war zerrissen. Und seine Hände zerkratzt. –
Als die Mordkommission das Lager betrat, erblickte ich sogleich den Z. Er saß etwas abseits. Auch sein Rock ist zerrissen, ging es mir durch den Sinn, und auch seine Hände sind zerkratzt. Aber ich werde mich hüten, davon zu reden! Mein Rock hat zwar keinen Riss und meine Hände sind ohne Kratzer, aber trotzdem bin auch ich daran schuld! –
Die Herren verhörten uns. Wir wussten alle nichts über den Hergang des Verbrechens. Auch ich nicht. Und auch der Z nicht.
Als der Staatsanwalt mich fragte: „Haben Sie keinen Verdacht?" – da sah ich wieder Gott. Er trat aus dem Zelte, wo der Z schlief, und hatte das Tagebuch in der Hand. *

1 der Rock: veraltet für „Jacke"

**1** a Fasst den Inhalt des Auszugs in einem Kernsatz zusammen.
b Stellt Vermutungen darüber an, was sich im Wald zugetragen haben könnte.

**2** Beschreibt, wie der Lehrer auf die Todesnachricht reagiert. Was könnte diese Reaktion über seinen Charakter aussagen?

**3** „Mein Rock hat zwar keinen Riss und meine Hände sind ohne Kratzer, aber trotzdem bin auch ich daran schuld!" (▶ S. 135, Z. 61–63)

a Erklärt, weshalb sich der Ich-Erzähler eine Mitschuld am Verlauf der Ereignisse gibt.
●○○ Folgende Begriffe könnt ihr bei der Erklärung verwenden:
Wissen • Schweigen • Feigheit • Verantwortung.

b Diskutiert, ob ihr der Einschätzung des Lehrers zustimmt: Ist er schuld daran, dass N ermordet wurde?

**4** Lest die Zeilen 67 bis 70 noch einmal.

a Skizziert, welche Antwort ihr vom Lehrer auf die Frage des Staatsanwalts erwartet. Notiert dazu die Handlungsmöglichkeiten, die der Lehrer hat, und nennt Argumente, was für, was gegen ein derartiges Verhalten spricht.

b Schreibt einen Dialog (▶ S. 292), bei dem ein Engel und ein Teufel den Lehrer beraten, wie er sich jetzt verhalten soll.

**5** In den Zeilen 8 bis 13 beschreibt der Lehrer die äußere Reaktion von Z auf die Todesmeldung. Verfasst einen persönlichen Brief (▶ S. 292) aus der Sicht von Z an Eva, in dem ihr darauf eingeht, was sich im Inneren der Figur in diesen Augenblicken abgespielt haben mag.

**6** Verfasst einen Zeitungsbericht für die Lokalzeitung, in dem ihr die Ereignisse zusammenfasst.

## Einen inneren Monolog oder einen Tagebucheintrag schreiben

*Es kommt zu einem Prozess, bei dem Z des heimtückischen Mordes angeklagt wird. Z gesteht die Tat, kann aber viele Einzelheiten des Ablaufs nicht wiedergeben. Sein Verteidiger äußert sich:*

„Gewiss, er [Z] hat den N auf einem Felsen getroffen und hat mit ihm gerauft, das erzählt er uns ja auch mit allen Einzelheiten. Aber dass er ihm dann nachgeschlichen ist und hinterrücks mit einem Stein – nein – nein! Den N erschlug ein anderer, oder vielmehr: eine andere!"

*Auch die Mutter von Z, die ihren Sohn im Gerichtssaal nicht anschaut, wird gehört. Sie sagt, der Kompass, der am Tatort gefunden worden sei, gehöre nicht ihrem Sohn. Als Z sagt, sie würde lügen, brüllt sie plötzlich los:*

„Ich sage die Wahrheit und nur die Wahrheit, aber du willst doch nur dieses dreckige Weibsbild beschützen, dieses verkommene Luder!"

*Anschließend sollen der Lehrer und Eva befragt werden. Über das Mädchen hatte der Lehrer im Tagebuch des Z einiges erfahren:*

Und sie sagte mir, sie hätte keine Eltern und wär mit zwölf Jahren eine Haustochter geworden, aber der Herr war ihr immer nachgestiegen, sie hätte sich gewehrt und da hätte sie mal Geld gestohlen, um weglaufen zu können, weil sie die Frau immer geohrfeigt hätt wegen des Herrn, und da wär sie in eine Besserungsanstalt gekommen, aber von dort wäre sie ausgebrochen und jetzt wohne sie in einer Höhle und würde alles stehlen, was ihr begegnet.

**1** Fasst zusammen, was ihr im zweiten Textauszug (▶ S. 136) über das Verhältnis zwischen Mutter und Sohn erfahrt.

**2** Diskutiert, wie sich die Ereignisse zugetragen haben könnten: Wer hat die Kamera gestohlen? Wer hat N erschlagen?

*Der Lehrer wird in den Zeugenstand gerufen und sagt aus, dass er beim Mord nicht dabei war, dass er jedoch derjenige war, der das Kästchen öffnete. Daraufhin macht Eva ihre Aussage und berichtet, dass Z und N eine heftige Auseinandersetzung hatten, dass N dann aber von einem fremden Jungen erschlagen worden sei, den sie nicht genauer beschreiben könne.*

„Der Z hat es auf sich genommen, weil er gedacht hat, dass ich den N erschlagen hätt. Er hat es mir nicht glauben wollen, dass es ein anderer tat.“ [...]
„Und du hättest ruhig zugeschaut, dass er unschuldig verurteilt wird?“
„Ruhig nicht, ich hab ja genug geweint, aber ich hatte so Angst vor der Besserungsanstalt – und dann, dann hab ich's doch jetzt gesagt, dass er es nicht gewesen ist.“
„Warum erst jetzt?“
„Weil halt der Herr Lehrer auch die Wahrheit gesagt hat.“ [...]
„Und wenn der Herr Lehrer nicht die Wahrheit gesagt hätte?“, erkundigt sich der Präsident.
„Dann hätte ich auch geschwiegen.“
„Ich denke“, meint der Verteidiger sarkastisch, „du liebst den Z. Die wahre Liebe ist das allerdings nicht.“ [...]
Der Z schnellt empor.
„Ich hab ihn auch nie geliebt“, sagt sie etwas lauter und senkt den Kopf.
Der Z setzt sich langsam wieder und betrachtet seine rechte Hand. *

**3** a Fasst den Tathergang des Mordes knapp zusammen.
b Beschreibt, welche Gefühle die Ereignisse bei euch auslösen.
c Arbeitet die Motive heraus, die Evas Verhalten beeinflussen, und setzt euch damit auseinander.

**4** Setzt euch mit dem auseinander, was sich im Inneren der Figuren abspielt. Ihr könnt aus folgenden zwei Aufgaben auswählen:
– Schreibt einen inneren Monolog (▶ S. 292) aus der Sicht von Z während der Gerichtsverhandlung.
– Verfasst einen Tagebucheintrag (▶ S. 292) aus der Sicht Evas am Ende des Verhandlungstages.

# Die eigene Meinung begründet darlegen

*In der Folgezeit erhärtet sich beim Lehrer zunehmend der Verdacht, T habe den Mord begangen. Eines Nachts wird der Lehrer von der Polizei aus dem Bett geholt und man fährt mit ihm zum Wohnhaus Ts.*

„Ich wollte der gnädigen Frau nur sagen“, beginne ich langsam, „dass ich einen bestimmten Verdacht auf ihren Sohn habe –“
Ich komme nicht weiter, die Mutter schnellt empor.
„Lüge!“, kreischt sie. „Alles Lüge! Nur er hat Schuld, nur er! Er hat meinen Sohn in den Tod getrieben! Er, nur er!“
Ich wanke.
In den Tod?!
„Was ist denn los?!“, schreie ich.
„Ruhe!“, herrscht mich der Funktionär[1] an.
Und nun erfahre ich, dass der Fisch ins Netz geschwommen ist. Er wurde bereits ans Land gezogen und zappelt nicht mehr. Es ist aus.
Als die Mutter vor einer Stunde heimkam, fand sie einen Zettel auf dem Toilettentisch. „Der Lehrer trieb mich in den Tod“, stand auf dem Zettel.
Die Mutter lief in das Zimmer des T hinauf – der T war verschwunden. Sie alarmierte das Haus. Man durchstöberte alles und fand nichts. Man durchsuchte den Park, rief „T!“ und immer wieder „T!“ – keine Antwort.
Endlich wurde er entdeckt. In der Nähe des Grabens.
Dort hatte er sich erhängt.
Die Mutter sieht mich an.
Sie weint nicht.
Sie kann nicht weinen, geht es mir durch den Sinn.
Der Funktionär zeigt mir den Zettel.
Ein abgerissenes Stück Papier.
Ohne Unterschrift.
Vielleicht schrieb er ja noch mehr, fällt es mir plötzlich ein.
Ich schau die Mutter an.
„Ist das alles?“, frage ich den Funktionär.
Die Mutter schaut weg.
„Ja, das ist alles“, sagt der Funktionär. „Erklären Sie sich!“
Die Mutter ist eine schöne Frau. Ihr Ausschnitt ist hinten tiefer als vorne. Sie hat es sicher nie erfahren, was es heißt, nichts zum Fressen zu haben –
Ihre Schuhe sind elegant, ihre Strümpfe so zart, als hätte sie keine an, aber ihre Beine sind dick. Ihr Taschentuch ist klein. Nach was riecht es? Sicher hat sie ein teures Parfüm – [...]
Da verliert sie ein Stück Papier – als hätte ihr wer auf die Hand geschlagen.
Der Funktionär hebt es auf.
Es ist ein zerknülltes Papier.
Der abgerissene Teil jenes Zettels, auf dem stand: „Der Lehrer trieb mich in den Tod.“
Und hier schrieb der T, warum er in den Tod getrieben wurde: „Denn der Lehrer weiß es, dass ich den N erschlagen habe. Mit dem Stein –“ *

1 der Funktionär – hier: der Ermittler

**1** Beschreibt, welche Gedanken und Gefühle der Schluss der Handlung in euch auslöst.

**2** Besprecht, was/wer eurer Meinung nach schuld ist, dass die Ereignisse sich so zugespitzt haben.

**3** Habt ihr Verständnis für das Verhalten der Mutter oder verurteilt ihr es? Begründet eure Meinung.

**4** Überprüft, inwieweit die von euch genannten Merkmale eines Romans (► S. 121, Aufgabe 3) in „Jugend ohne Gott“ verwirklicht wurden.

# 6.3 Fit in ...? – Einen Romanauszug erschließen

In einer Schulaufgabe oder in der Abschlussprüfung könnte Folgendes verlangt werden:

Lesen Sie den Auszug aus dem Roman „Die Mitte der Welt" sorgfältig durch und bearbeiten Sie dann die folgenden Aufgaben:

1. Fassen Sie den Inhalt des Romanauszugs mit eigenen Worten zusammen.
2. Beschreiben Sie, mit welchen sprachlichen Mitteln es der Autor erreicht, dass man sich die Szene sehr gut vorstellen kann. Gehen Sie dazu auf fünf sprachliche Mittel und ihre Wirkung ein.
3. Charakterisieren Sie Dianne. Führen Sie aus, inwiefern sie sich in ihrer Rolle als Tochter ungewöhnlich verhält.
4. Ist es sinnvoll oder gar notwendig, sich so zu benehmen, dass die Nachbarn mit einem zufrieden sind? Legen Sie Ihren Standpunkt zu dieser Frage in einer begründeten Stellungnahme dar.
5. Setzen Sie die Erzählung fort und lassen Sie Ihren Text mit den Worten enden: „Glass ließ uns ausschlafen."

Andreas Steinhöfel

## Die Mitte der Welt (1998, Auszug)

*In „Die Mitte der Welt" erzählt Phil, ein circa sechzehnjähriger Jugendlicher, von seiner Mutter, die er mit ihrem Vornamen „Glass" anspricht, seiner Zwillingsschwester Dianne und dem gemeinsamen Leben in einem großen Haus, das den Namen „Visible" trägt. Die Familie wird von der örtlichen Kleinstadtbevölkerung argwöhnisch beobachtet, weil ihr Lebensstil nicht zu dem der anderen Einwohner/-innen zu passen scheint. Es gibt in der Familie keinen Vater, die Mutter wechselt häufig die Lebensgefährten, Dianne kann angeblich mit Tieren sprechen und Phil beginnt mit Nicholas, einem Mitschüler, eine Liebesbeziehung.*

Eines Abends war Dianne verschwunden. Glass und ich vermissten sie nicht sofort; erst als sie nicht zum Abendessen aufgetaucht und es draußen längst dunkel geworden war, liefen wir aufgeregt durch den Garten und den angrenzenden Wald und riefen ihren Namen. Glass hatte eine Taschenlampe mitgenommen. Der starke Lichtkegel vibrierte, selbst wenn sie stehen blieb und ihn suchend umherwandern ließ; nur daran konnte ich erkennen, dass sie zitterte.
Dianne machte nicht von sich aus auf sich aufmerksam. Es war ein Sirren in der Luft, das sich über dem Haus konzentrierte und das Glass und mich, nachdem wir bereits eine halbe Stunde erfolglos herumgeirrt waren, aufblicken ließ.
Meine Schwester saß auf dem Dach von Visible, ungefähr in der Mitte des Firstes und nahe einem der großen Schornsteine, wo sie deutlich auszumachen war, denn sie trug ihr weißes Sommerkleid [...]. Um sie herum flatterten wie ein Schwarm ausgelassener Sperlinge, einer sich auflösenden und wieder verdichtenden Wolke gleich, Dutzende von Fledermäusen. Erst viel später ging mir auf, dass es nicht Dianne war, die die Fledermäuse angelockt hatte, sondern die meine Schwester ebenfalls um-

schwirrenden Mücken und Nachtfalter.
Glass hatte bereits die Taschenlampe nach oben gerichtet. Der Lichtkegel fächerte sich über die Entfernung hinweg so weit auf, dass er Dianne kaum erfasste. Trotzdem bildete ich mir ein, die Augen meiner Schwester aufblitzen zu sehen.
„Wie bist du da raufgekommen?“, rief Glass.
„Geklettert.“
Das konnte nicht schwierig gewesen sein. Von allen Seiten reichten Äste der umstehenden Bäume, stabil und so dick wie Telegrafenmasten, bis dicht ans Dach von Visible, zum Teil sogar darüber hinaus.
„Und was, zum Teufel, machst du da oben?“
„Nichts.“
„Du kommst sofort wieder runter. Das Dach ist baufällig.“
„Nein.“
Glass nickte knapp, als hätte sie diese Antwort erwartet. Sie knipste die Taschenlampe aus und marschierte wortlos ins Haus zurück. Ich nahm an, dass sie über den Dachboden an Dianne heranzukommen versuchen würde, überlegte, ob ich ihr nachlaufen oder hier draußen abwarten solle, was geschah, und entschied mich fürs Warten. Der Dachboden war unheimlich. Es gab dort Geister.
Aber nichts geschah. Ich zählte die Sekunden, fünf lange Minuten vergingen, doch Glass tauchte nicht mehr auf, weder auf dem Dach noch vor dem Haus. Die Situation war gespenstisch. Ich rief Diannes Namen, erhielt aber keine Antwort; sie blieb stumm, ein unbewegter, weißer Klecks auf dem Dachfirst, der wie ein Trugbild flackerte, sobald die schwarzen Silhouetten der Fledermäuse davor herumtorkelten. Schließlich ging ich ins Haus. Ich fand Glass in der Küche. Sie stand am Herd, wo sie sich Teewasser aufgesetzt hatte, wie jeden Abend um diese Zeit.
„Wenn sie glaubt, dass sie mich damit rumkriegen kann, hat sie sich geschnitten.“
Während sie die Worte in die Luft spuckte, goss sie siedendes Wasser in die Teekanne. Anschließend setzte sie sich an den Tisch, zündete eine Zigarette an und verschwand hinter einem Schleier aus Rauch. Sie trank den Tee und versuchte wie die Ruhe selbst zu wirken, doch ihre Schlucke waren zu klein und zu hastig. Ich spürte, dass es sie eine immense Willensanstrengung kostete, mir eine Gelassenheit vorzugaukeln, die sie nicht empfand – im Gegenteil: Ihr Zorn erfüllte die ganze Küche, er ging in konzentrischen Kreisen von ihr aus wie Wellen in einem Gewässer, in das man einen Stein geworfen hat. Mein Mund war ausgetrocknet, wie versiegelt. Ich stand in der Tür, und auf meinen Schultern lastete ein tonnenschweres Gewicht, ganz Visible, gekrönt von Dianne.
„Ich weiß, was ich tue“, war das Einzige, was Glass sagte. Der Satz mochte ebenso für sie selbst bestimmt sein wie für mich, in jedem Fall jagte er mir Höllenangst ein. Offenbar war ich der Einzige, der nicht den Schimmer einer Ahnung hatte, um was es hier ging. Ich spürte nur, dass ein Kampf ausgetragen wurde: Glass und Dianne waren die ungleichen Kriegerinnen, unsere kleine Familie und Visible das Schlachtfeld. *

## Die Aufgaben verstehen und den eigenen Text planen

**1** a Notiert, welche Figuren in dem Textauszug auftreten, wo sich die Ereignisse abspielen und welchen Zeitraum die Handlung umfasst.
b Sammelt alle weiteren notwendigen Informationen für die Einleitung eures Aufsatzes.

**2** Notiert die einzelnen Handlungsschritte in Stichpunkten.

**3** a Erstellt eine Tabelle, in die ihr sprachliche Besonderheiten eintragt und die zugehörigen Zeilennummern notiert.

b Markiert die fünf Besonderheiten, die häufiger verwendet werden und in besonderem Maß zur Veranschaulichung der Szene beitragen.

**4** a Die Rollenerwartung an eine Tochter war lange Zeit sehr einseitig. Diskutiert, inwieweit Dianne sich in ihrem Verhalten von dem unterscheidet, was man von Töchtern traditionell erwartet hat.

> behütend • willensstark • stur • einsilbig • mutig • beherrscht • routiniert • gepflegt • zornig • kampflustig • schüchtern • ängstlich • folgsam • hübsch • fürsorglich • vorsichtig • vorausschauend • nachgiebig • brav

b Sucht nach Textstellen, die den Charakter der Protagonistinnen beschreiben, und ordnet ihnen Adjektive aus dem Wortspeicher zu.

**5** a Setzt euch mit der Fragestellung „Ist es sinnvoll oder gar notwendig, sich so zu benehmen, dass die Nachbarn mit einem zufrieden sind?" auseinander, indem ihr die Kopfstandtechnik (▶ S. 320) anwendet. Welches Verhalten kann zu nachbarlichen Unruhen führen?

●○○ Nutzt folgende Beispiele für mögliche Vorwürfe der Nachbarschaft oder für eigene Gefühle und Gedanken.

- „Die drehen immer die Musik so laut auf, das hält ja kein Mensch aus."
- „Unfassbar, wie die immer angezogen sind. Wie kann man nur solche Klamotten tragen?"
- „Ich weiß, dass die sagen, ich spinne, aber ich weiß, dass ich mit Bäumen reden kann."
- „Jeden Tag zieht die mit anderen Männern rum, das kann ja wohl nicht wahr sein."
- „Die sind ziemlich religiös, das finde ich sehr komisch."
- „Fällt mir doch gar nicht ein, abends kein Schlagzeug zu spielen, bloß weil die anderen so brav und langweilig sind."
- „Das sind doch alles Spießer! Denen werde ich es zeigen! Jetzt gehe ich erst recht mit meinen dreckigen Gummistiefeln durch den Hausflur!"

b Entscheidet euch für einen Standpunkt und notiert ihn.

c Verallgemeinert zwei Beispiele, sodass daraus sinnvolle Argumente entstehen, z. B.:

●○○ *Ich bin der Meinung, dass es Bereiche gibt, in denen man auf die Nachbarn Rücksicht nehmen muss. Das betrifft vor allem Situationen, in denen mein Verhalten für die Nachbarn Folgen hat, die sie stören können. So finde ich es sinnvoll, ...*

**6** Ihr sollt die Erzählung fortsetzen, wobei der letzte Satz vorgegeben ist. Erstellt einen Erzählplan, in dem ihr in Stichpunkten notiert, in welchen einzelnen Handlungsschritten die Handlung vom Ende des Textauszugs zum vorgegebenen Satz verlaufen soll.

●○○
- *Phil versucht ...*
- *...*
- *...*
- *Phil und Dianne schlafen ein.*
- *Glass lässt sie ausschlafen.*

> Beachtet die **Ausgangssituation** am Ende des Textauszugs: Glass ist in der Küche und kocht Tee, Dianne sitzt auf dem Dachfirst. Phil weiß nicht, was sich bei ihnen abspielt.

**7** Im Schlussteil könnt ihr eure eigene Meinung zum Handlungsverlauf oder zu einzelnen Charakteren darlegen und einen Bezug zu eurem eigenen Leben herstellen. Macht euch dazu Notizen. Folgende Fragen können euch dabei helfen:
– Ist euch eine Figur besonders sympathisch oder unsympathisch? Warum ist das so?
– Seid ihr mit dem Verhalten einer Figur unzufrieden? Was wollt ihr kritisieren?
– Bewundert ihr etwas an einer Figur? Wenn ja: Was?
– Spielt es für euch eine Rolle, was andere Menschen von euch erwarten?

## Den Text schreiben und überarbeiten

**1** Formuliert mit Hilfe eurer Notizen (▸ S. 140, Aufgabe 1) eine Einleitung für euren Aufsatz.

**2** Schreibt auf der Grundlage eurer Notizen (▸ S. 141, Aufgabe 2) eine Inhaltszusammenfassung. Denkt daran, die Sätze abwechslungsreich aufzubauen und logische Zusammenhänge darzustellen. Verbindet eure Sätze sinnvoll und schreibt die vollständige Inhaltszusammenfassung in euer Heft.

●○○ Ihr könnt den folgenden Anfang nutzen:
*Der Ich-Erzähler berichtet davon, dass seine Schwester eines Abends verschwunden ist und er mit seiner Mutter das Mädchen sucht. Dieses sitzt auf dem Dach des Hauses und weigert sich, herunterzukommen …*

Wollt ihr **Sätze sinnvoll verbinden**, solltet ihr **Konjunktionen** (*wenn, nachdem, während, ob, sobald, als …*), **Pronomen** (*der, welcher, sie, diese, jene …*) und **Adverbien** (*daraufhin, trotzdem, deshalb …*) nutzen. Wörtliche Rede muss in der indirekten Rede wiedergegeben werden.

**3** Fertigt eine schriftliche Sprachanalyse an, indem ihr eure Notizen (▸ S. 141, Aufgabe 3) ordnet und systematisch darlegt.
**Tipp:** Passende Übungen zum Zitieren findet ihr auf Seite 270.

●○○ Ihr könnt wie folgt beginnen:
*Man kann sich in die Szene sehr gut hineinversetzen, weil im Text zahlreiche anschauliche Verben wie zum Beispiel … (Z. 9), „flatterten" (Z. …) oder „flackerte" (Z. …) verwendet werden. Die angespannte Stimmung wird durch diese Wörter besonders hervorgehoben. Auch Nomen wie … (Z. 13) erzeugen diese Wirkung. Die … „wie ein Schwarm ausgelassener Sperlinge" (Z. …) oder „einer sich auflösenden und wieder verdichtenden Wolke gleich" (Z. …) lassen das, was sich zuträgt, lebhaft vor das Auge der Leserin/des Lesers treten. Man sieht Dianne förmlich auf dem Dachfirst sitzen und glaubt, selbst dabei zu sein. Die Dramatik der Szene spitzt sich weiter zu, was man an den Metaphern …*

**4** Charakterisiert Dianne anhand eurer Arbeitsergebnisse (▸ S. 141, Aufgabe 4). Beschreibt auch, inwieweit sich die Figur in ihrem Verhalten von dem unterscheidet, was man von Töchtern traditionell erwartet hat. Nutzt dazu eure Notizen (▸ S. 141, Aufgabe 4 a).

●○○ *… Dianne handelt anders, als man es von Mädchen klischeehaft erwartet. Lange Zeit sollten Mädchen in erster Linie fleißig und folgsam sein. Sie sollten … Dianne verhält sich hier anders. Sie ist wagemutig …*

**Umgangssprachliche und aussageschwache Wörter** (*irgendwie, eigentlich, wohl, eben, ja, halt …*) solltet ihr vermeiden. Kontrolliert außerdem, ob euch **Wiederholungsfehler** unterlaufen sind: Manchmal gibt es in Aufsätzen **Lieblingswörter** oder **-satzanfänge** (*auch, sozusagen, immer, so, außerdem …*), die den Text sehr monoton machen.

**5** Jetzt geht es darum, eure Meinung zu der Frage „Ist es sinnvoll oder gar notwendig, sich so zu benehmen, dass die Nachbarn mit einem zufrieden sind?“ begründet darzulegen. Überarbeitet folgenden Vorschlag, indem ihr den Textauszug in euer Heft übertragt und dabei die Fehler, die in der Randbemerkung nachzulesen sind, verbessert.

**VORSICHT FEHLER!**

| | |
|---|---|
| *Die Bewohner/-innen von Visible werden ausgegrenzt, weil sie anders leben, als es die Nachbarn gewöhnt sind. Es ergibt sich die Frage, ob es sinnvoll oder vielleicht sogar notwendig ist, sich an die Regeln der Haus-, Dorf- oder Stadtgemeinschaft anzupassen.* | fehlende Überleitung |
| *Ich bin eigentlich schon der Meinung, dass es Bereiche gibt, in denen man auf die Nachbarn Rücksicht nehmen muss. Das betrifft vor allem Situationen, in denen mein Verhalten für die Nachbarn Folgen hat, die sie stören können.* V | keine Füllwörter verwenden; Beispiel fehlt |
| *Es gibt gute Gründe, sich einzufügen, weil Zusammenleben kann nur funktionieren, wer sich an bestimmte Grundregeln hält.* | unklare Aussage, falscher Satzbau |
| *Ein guter Anhaltspunkt ist der Grundsatz „Was du nicht willst, das man dir tu, das füg auch keinem andern zu.“* V | Erklärung/Begründung fehlt |
| *Wenn es darum geht, seine eigenen Sachen auszuleben, so braucht man sich meiner Meinung nach nicht an die Vorstellungen der anderen Mitbewohnerinnen und Mitbewohner zu halten, vorausgesetzt, man stört niemanden. So sollte es erlaubt sein, die Kleidung zu tragen, wo einem gefällt.* | Umgangssprache, ungenau; Grammatikfehler |
| *Letzten Endes beeinträchtigt man mit dem persönlichen Style das Leben der anderen Menschen ja nicht. Wobei es manchmal schon ziemlich übel ist, wie sich die Mitmenschen kleiden.* | Umgangssprache; keine Füllwörter verwenden; unpassende Aussage |
| *Meiner Meinung nach gibt es also Regeln, an die sich alle halten müssen, damit sie für das Zusammenleben eine wichtige Grundlage darstellen. Das darf aber nicht bedeuten, dass Individualität verboten wird. Wenn jeder darauf achtet, dass er die Interessen seiner Mitmenschen nicht verlezt, und zu Kompromissen bereit ist, ist das ein Gewinn für die ganze Gemeinschaft.* | unpassende Satzverbindung; Rechtschreibfehler |
| *Ich habe auch neulich Rücksicht genommen, als ich abends kein Schlagzeug mehr gespielt habe, obwohl ich es gerne getan hätte. Und ich habe gestern meine matschigen Gummistiefel ausgezogen, ehe ich in den Hausflur gegangen bin, damit ich nicht alles dreckig mache.* | nach dem Schluss keine neuen Beispiele anführen |

**6** Schließt nun den Hauptteil auf der Grundlage eurer Notizen (▶ S. 141, Aufgabe 6) mit einer Erzählung ab. Formuliert abwechslungsreich, denkt an die Regeln der Zeichensetzung und nutzt folgende sprachliche Mittel:
- ausdrucksstarke Verben und Adjektive
- Vergleiche und Personifikationen
- wörtliche Rede

**7** Rundet euren Aufsatz mit einem passenden Schlussgedanken ab (▶ S. 142, Aufgabe 7).

**8** Lest eure Textbeschreibung konzentriert durch. Überprüft anhand der Checkliste, ob ihr alles berücksichtigt habt. Ihr könnt eure Texte auch in einer Schreibkonferenz überarbeiten.

## Checkliste

### Einen Romanauszug erschließen

**Einleitung**

- Habe ich den Namen der Autorin / des Autors, den Titel des Textes und das Erscheinungsjahr angeführt?
- Habe ich weitere Informationen aus dem Vorspann für die Einleitung richtig genutzt?
- Ist der Textinhalt in der Kernaussage sinnvoll, vollständig und knapp erfasst?

**Hauptteil**

Zusammenfassung des Inhalts:

- Habe ich alle wichtigen Handlungsschritte dargestellt und Unnötiges weggelassen?
- Habe ich den Zusammenhang zwischen den Handlungsschritten logisch erklärt?
- Habe ich die zeitliche Abfolge der Ereignisse sinnvoll dargestellt?
- Habe ich das Präsens verwendet?
- Habe ich in meinem Aufsatz eigene Formulierungen verwendet?
- Habe ich sachlich und abwechslungsreich formuliert?
- Habe ich wörtliche Rede in indirekter Rede bzw. in einem Redebericht wiedergegeben?

Untersuchung der Sprache des Textes:

- Habe ich die Sprache des Textes entsprechend der Aufgabenstellung untersucht?
- Habe ich die Wirkung der sprachlichen Mittel textbezogen erläutert?

Erschließung von Besonderheiten des Textes:

- Habe ich eine weitere Besonderheit des Textes (z. B. Figurencharakterisierung, mögliche Absichten der Verfasserin / des Verfassers, mögliche Reaktionen auf den Text, Erzählperspektive, Figurenrede usw.) richtig und vollständig erfasst und dargestellt?
- Habe ich meine Aussagen anhand von passenden Textstellen belegt?

Begründete Stellungnahme:

- Lege ich zu Beginn meiner Stellungnahme meine Meinung klar dar?
- Begründe ich meine Meinung stichhaltig, sinnvoll und nachvollziehbar?
- Habe ich mögliche Gegenargumente entkräftet?

Kreativer Schreibauftrag:

- Habe ich die kreative Aufgabe in der verlangten Form verfasst?
- Passen der Sprachstil und die Zeitform zum Schreibauftrag?

**Schluss**

- Passt der Schluss inhaltlich zur Textbeschreibung und rundet er sie ab?
- Habe ich meine Meinung zum Text stichhaltig und nachvollziehbar begründet?
- Habe ich mich konkret auf den Text bezogen und Floskeln vermieden?

**Sprache und Form**

- Habe ich die Regeln des Zitierens beachtet?
- Habe ich Satzbau, Stil und Rechtschreibung überprüft und korrigiert?

# 7 Zeit für Lyrik – Gedichte als Spiegel ihrer Zeit

Arnold Böcklin: „Die Toteninsel“, 1883

**1** a Beschreibt die Stimmung des Bildes.
Bezieht in eure Überlegungen auch den Titel des Bildes mit ein.
b Setzt euch damit auseinander, welche positiven und welche negativen Assoziationen das Bild in euch weckt.

„Edle Lyrik ist das beste Heilmittel gegen die nüchterne Unrast jeder Zeit.“
*Rainer Maria Rilke*

**2** Das Zitat stammt von dem Schriftsteller Rainer Maria Rilke.
Diskutiert, was er damit gemeint haben könnte.

## In diesem Kapitel ...

- lernt ihr die literarischen Strömungen der Jahrhundertwende kennen,
- erarbeitet ihr Mittel und Ziele politischer Lyrik und ordnet sie historisch ein,
- wiederholt und analysiert ihr die inhaltliche, sprachliche und formale Gestaltung von Gedichten,
- tragt ihr Gedichte ausdrucksvoll vor.

# 7.1 Vom Impressionismus zum Expressionismus – Lyrik um 1900

## Zeit für Stimmungen und Eindrücke – Der Impressionismus

Detlev von Liliencron

**Märztag** (1903)

Wolkenschatten fliehen über Felder,
Blau umdunstet stehen ferne Wälder.

Kraniche, die hoch die Luft durchpflügen,
Kommen schreiend an in Wanderzügen.

Lerchen steigen schon in lauten Schwärmen,
Überall ein erstes Frühlingslärmen.

Lustig flattern, Mädchen, deine Bänder;
Kurzes Glück träumt durch die weiten Länder.

Kurzes Glück schwamm mit den Wolkenmassen,
Wollt es halten, musst es schwimmen lassen.

Claude Monet: „Felder im Frühling", 1887

**1** a Lest das Gedicht und lasst es auf euch wirken.
b Nennt die Sinneseindrücke, die in dem Gedicht wiedergegeben werden.
c Tragt das Gedicht vor (▸ S. 293).

**2** Beschreibt den formalen Aufbau des Gedichts (Reimschema, Strophenform ▸ S. 293).

**3** In dem Gedicht tritt ein lyrisches Ich auf.
a Formuliert in einem Satz, in welcher räumlichen Situation es sich befindet.
b Erklärt, in welchen Versen man die Aufbruchstimmung des lyrischen Ichs erkennen kann.

**4** In den letzten drei Versen spricht das lyrische Ich vom „kurzen Glück".
a Beschreibt, wodurch das kurze Glück ausgelöst wird.
b Fasst mit eigenen Worten zusammen, in welcher Stimmung sich das lyrische Ich am Ende des Gedichts befindet. Bezieht in eure Überlegungen auch die Bedeutung der Wolken mit ein.
●○○ Ihr könnt so beginnen:
*Die Gefühlslage des lyrischen Ichs verändert sich in der letzten Strophe …*

**5** Vergleicht die Atmosphäre des Bildes mit der des Gedichts. Welche Gemeinsamkeiten oder Unterschiede stellt ihr fest?
**Tipp:** Berücksichtigt dabei auch eure Ergebnisse aus Aufgabe 4.

**Paul Cézanne** (1839–1906) war ein französischer Maler, der lange als Künstler verkannt wurde.
Er hat viele Werke verschiedener Stilrichtungen geschaffen.

Paul Cézanne: „Stillleben mit Schädel“, 1896–98

**6** Beschreibt, wie das Bild von Cézanne auf euch wirkt.

Detlev von Liliencron

## Herbst (1883)

Astern[1] blühen schon im Garten,
Schwächer trifft der Sonnenpfeil.
Blumen, die den Tod erwarten
Durch des Frostes Henkerbeil.

Brauner dunkelt längst die Heide,
Blätter zittern durch die Luft.
Und es liegen Wald und Weide
Unbewegt in blauem Duft.

Pfirsich an der Gartenmauer,
Kranich auf der Winterflucht.
Herbstes Freuden, Herbstes Trauer,
Welke Rosen, reife Frucht.

1 Astern: typische Herbstblumen

**Detlev von Liliencron** (1844–1909) war Soldat im Deutsch-Französischen Krieg und arbeitete später als Beamter. Zweimal wurde er wegen Verschuldung entlassen, zwei Ehen wurden geschieden. Erst 1901 stabilisierte sich sein Leben, als ihm Kaiser Wilhelm II. ein Ehrengehalt von 2000 Mark gewährte. Zu seinem 65. Geburtstag erhielt er zahlreiche Ehrungen, kurze Zeit darauf verstarb er.

**7** a Formuliert, welche Eindrücke der Autor in dem Gedicht „Herbst“ darstellt.
b Erklärt, inwiefern das Gemälde zum Gedicht passt.

**8** Vergleicht das Gedicht „Märztag“ (▶ S. 146) mit dem Gedicht „Herbst“. Geht dabei auf die im Wortspeicher genannten Aspekte ein.
**Tipp:** Im Anhang könnt ihr die sprachlichen Mittel nachschlagen (▶ S. 317).

formaler Aufbau • räumliche Situation • lyrisches Ich • sprachliche Mittel

**9** Am Ende des 19. Jahrhunderts ging es in Gedichten häufig um Sehnsucht, die Natur, die Suche nach einem Sinn, seelische Schmerzen und den Tod.
Nehmt Stellung dazu, inwieweit dies auf die Gedichte des Autors Detlev von Liliencron zutrifft.

# Zeit für die innere Welt – Der Symbolismus

1902 hat es den jungen deutschen Dichter Rainer Maria Rilke nach Paris verschlagen. Er möchte ein Buch über den berühmten Bildhauer Auguste Rodin schreiben. Eine Tigerstatue auf dem Schreibtisch des Künstlers begeistert Rilke. Der Bildhauer schickt ihn in den Zoo: „Sie müssen schauen [...], genau hinschauen", sagt der Franzose, und er empfiehlt, Dinge zu fixieren und exakt darzustellen, um so zu ihrem Wesen und ihrem Geheimnis vorzudringen. Zehn Stunden sitzt Rilke daraufhin vor dem Gehege des Panthers und schreibt dann das weltweit bekannte Gedicht.

**1** Hört euch das folgende Gedicht an und lasst es auf euch wirken. Ihr könnt es auch selbst vortragen.

Rainer Maria Rilke

**Der Panther** (1902/03)

*Im Jardin des Plantes, Paris*

Sein Blick ist vom Vorübergehn der Stäbe
So müd geworden, dass er nichts mehr hält.
Ihm ist, als ob es tausend Stäbe gäbe
Und hinter tausend Stäben keine Welt.

Der weiche Gang geschmeidig starker Schritte,
der sich im allerkleinsten Kreise dreht,
ist wie ein Tanz von Kraft um eine Mitte,
in der betäubt ein großer Wille steht.

Nur manchmal schiebt der Vorhang der Pupille
sich lautlos auf –. Dann geht ein Bild hinein,
geht durch der Glieder angespannte Stille –
und hört im Herzen auf zu sein.

**Rainer Maria Rilke,** geboren 1875 in Prag, schrieb Erzählungen und viele Gedichte. Nach Abbruch der Offizierslaufbahn studierte er in München und Berlin Literatur und Kunstgeschichte. Er lernte viele bekannte Leute der damaligen Kunstszene kennen und reiste häufig. In Paris war er einige Zeit Sekretär des berühmten Bildhauers Rodin (1840–1917).
1915 wurde Rilke kurzzeitig Soldat und lernte die Gräuel des Krieges kennen. Nach dem Ersten Weltkrieg lebte er in der Schweiz und starb dort 1926 an Leukämie.

**2**
a Formuliert für jede Strophe eine passende Überschrift.
b Fasst kurz zusammen, worum es in dem Gedicht geht.
**Tipp:** Ihr könnt dazu die Begriffe „Energie", „Lebenswille" und „Gefangenschaft" verwenden.

**3** Rilke schreibt an seine Frau Clara über seinen Zoobesuch: „Der Ausdruck des schleichenden Schreitens bis zum höchsten gesteigert, das gewaltige Niederschlagen der Tatzen und zugleich diese Vorsicht, in die alle Kraft eingehüllt ist, dieses Lautlose ... "
a Nennt die Strophe, in der sich diese Beschreibung des Tieres wiederfindet.
b Unterscheidet die Verszeilen, in denen der Panther von außen bzw. aus seiner eigenen Sicht beschrieben wird. Erklärt, welche Wirkung so beim Lesen entsteht.

**4** Rilke, der im botanischen Garten in Paris (siehe Untertitel) Beobachtungen machte, hat seine Wortwahl genau dem Gemütszustand des Tieres angepasst.

a Sucht in der ersten Strophe die bewussten Wiederholungen und erklärt, welche Wirkung damit erreicht wird.

b Benennt die sprachlichen Bilder in der zweiten Strophe, mit denen der Panther charakterisiert wird.

c Erklärt, wodurch die Gebrochenheit des Tieres in der dritten Strophe dargestellt wird.
**Tipp:** Beschreibt, wie im letzten Vers der Körper des Panthers reagiert. Was drückt der Dichter damit aus?

**5** a Erläutert, inwiefern die Situation des Panthers auch auf den Menschen übertragen werden kann.

b „Der Panther" ist ein sogenanntes Dinggedicht. Überprüft den Gedichttext anhand der Erklärung des Begriffs und begründet, inwieweit die Einordnung zutrifft.

In einem **Dinggedicht** wird ein „Ding" (z. B. Gegenstand, Lebewesen) beschrieben, indem die Dichterin / der Dichter versucht, sich in das Wesen des dargestellten Objekts einzufühlen. Die Dinge oder Lebewesen erlangen dabei Symbolkraft. Der Ausdruck von Empfindungen, Gefühlen, Träumen und Stimmungen steht im Vordergrund. Diese Darstellungen beziehen oft auch die schmerzvollen und fremden Aspekte des Lebens ein.

c Erklärt, inwieweit Rilkes Zusammenarbeit mit dem Bildhauer Rodin für das Entstehen dieses Dinggedichts wichtig war. Bezieht dazu den Einführungstext (▶ S. 148) mit ein.

**6** Die Epoche wird benannt nach der herausragenden Bedeutung von Symbolen.

a Setzt euch damit auseinander, was die Begriffe „Stäbe", „Bild" und „Herz" symbolisieren.

b Diskutiert, ob man den Panther auch als Symbol verstehen kann und darf.

**Wissen und Können** **Strömungen der Lyrik in der Moderne (1890–1920)**

Um die Jahrhundertwende prägten bedeutende wissenschaftliche Konzepte wie etwa die Psychoanalyse Freuds (1901) oder die Relativitätstheorie Einsteins (1905) das Weltbild der Menschen. In dieser Zeit entwickelten sich in der Literatur verschiedene Strömungen, die unter dem Begriff der **Moderne** zusammengefasst werden.
Im **Impressionismus** wandte man sich anders als im Naturalismus von der Politik ab und wollte keine sachliche Darstellung der Wirklichkeit. Es ging darum, was der einzelne Mensch im Hier und Jetzt empfand. Typische Themen des Impressionismus wurden **Liebe und Sehnsucht, Naturempfindungen, Suche nach dem Sinn, emotionaler Schmerz und die Auseinandersetzung mit dem Tod.** Sprachlich griffen die Impressionisten häufig auf Bilder und Personifikationen, Lautmalereien und Wortneuschöpfungen zurück.
Im **Symbolismus** hatte man das Gefühl, dass die Sprache die Wirklichkeit nicht angemessen erklärt. Die wahre Wirklichkeit wurde verstanden als ein hinter der Oberfläche verstecktes Geheimnis, das man nur durch Bilder und Symbole erfassen kann. Deshalb beschäftigte man sich mit der inneren Welt, ihren Ideen und Träumen. Thematisiert wurden Visionen, Mystisches, Geheimnisvolles, Schönheit und die Seele.

# Zeit der dunklen Erfahrungen – Der Expressionismus

## Von der Einsamkeit in der Großstadt

Alfred Wolfenstein

**Städter** (1914)

Nah wie Löcher eines Siebes stehn
Fenster beieinander, drängend fassen
Häuser sich so dicht an, dass die Straßen
Grau geschwollen wie Gewürgte sehn.

Ineinander dicht hineingehakt
Sitzen in den Trams die zwei Fassaden
Leute, wo die Blicke eng ausladen
Und Begierde ineinanderragt.

Unsre Wände sind so dünn wie Haut,
Dass ein jeder teilnimmt, wenn ich weine.
Flüstern dringt hinüber wie Gegröle:

Und wie stumm in abgeschlossner Höhle
Unberührt und ungeschaut
Steht doch jeder fern und fühlt: alleine.

**Alfred Wolfenstein** (1883–1945) studierte an der Berliner Universität Rechtswissenschaften. Er legte das Examen ab, arbeitete jedoch vor allem als Autor und Übersetzer. Wolfenstein engagierte sich in seinen Texten auch politisch.

Jakob Steinhardt: „Die Stadt“, 1913

**1** a Lest das Gedicht erst leise, dann laut vor.
b Welche Elemente des Textes erkennt ihr in dem Gemälde von Jakob Steinhardt „Die Stadt“ wieder? Benennt die Gemeinsamkeiten.
**Tipp:** Orientiert euch an den Nomen und Adjektiven im Gedicht.

**2** Skizziert in einer Mind-Map, welche Sinneseindrücke in dem Gedicht vermittelt werden, und beschreibt die Wirkung, die dadurch entsteht.

**3** a Benennt, worum es in den einzelnen Strophen geht.
b Klärt, in welcher Strophe das lyrische Ich erkennbar wird und welche Rolle es in dem Gedicht spielt.
**Tipp:** Achtet auf die Pronomen.
c Erklärt, inwieweit sich Strophe drei und Strophe vier widersprechen. Beurteilt, ob es sich tatsächlich um einen Widerspruch handelt, und begründet eure Meinung.

**4** Welche Gefühle werden bei euch geweckt, wenn ihr an das Großstadtleben in unseren Tagen denkt? Fertigt eine Text-Bild-Collage an, die eure Assoziationen und Gedanken veranschaulicht.

## Von den Schrecken des Krieges und vom Untergang der Welt

Georg Trakl

### Grodek (1914)

Am Abend tönen die herbstlichen Wälder
Von tödlichen Waffen, die goldnen Ebenen
Und blauen Seen, darüber die Sonne
Düstrer hinrollt; umfängt die Nacht
Sterbende Krieger, die wilde Klage
Ihrer zerbrochenen Münder.
Doch stille sammelt im Weidengrund
Rotes Gewölk, darin ein zürnender Gott wohnt,
Das vergossne Blut sich, mondne Kühle;
Alle Straßen münden in schwarze Verwesung.
Unter goldnem Gezweig der Nacht und Sternen
Es schwankt der Schwester Schatten durch den schweigenden Hain[1],
Zu grüßen die Geister der Helden, die blutenden Häupter;
Und leise tönen im Rohr die dunkeln Flöten des Herbstes.
O stolzere Trauer! ihr ehernen[2] Altäre,
Die heiße Flamme des Geistes nährt heute ein gewaltiger Schmerz,
Die ungebornen Enkel.

**Georg Trakl** (1887–1914) erlebte gleich nach Ausbruch des Ersten Weltkriegs eine Schlacht österreichisch-ungarischer gegen russische Truppen bei der Stadt Gródek (heute Ukraine) mit. Das Leid, das er hier sah, konnte er kaum verkraften. Noch während des Krieges nahm er sich das Leben.

1 Hain: ein kleiner Wald
2 ehern: unbeugbar, fest

**1** a Lest das Gedicht mehrmals leise durch.
b Klärt in Partnerarbeit, wovon die Verse handeln und wie ihr sie versteht.

**2** Tragt das Gedicht laut vor (▸ S. 293).

**3** a Weist in dem Text Elemente eines Naturgedichts nach.
b Nennt das Stilmittel, das besonders häufig verwendet wird.
c Im Gedicht werden die Schrecken des Krieges beschrieben. Benennt die Textstellen.
d Erklärt, warum Trakl hier Naturgedicht und Krieg miteinander verknüpft.

**Naturgedichte** behandeln die Natur selbst und das Verhältnis der Menschen zu ihr. Oft werden verschiedene **Sinne** angesprochen, z. B. sehen, hören, riechen, tasten. Dadurch lassen sich die beschriebenen Inhalte besser vorstellen und Beobachtungen nachempfinden.

**Jakob van Hoddis** (1887–1942) war ein jüdischer, expressionistischer Lyriker, der viele Jahre unter starken psychischen Problemen litt. Er wurde von den Nationalsozialisten in Sobibor ermordet.

Jakob van Hoddis

## Weltende (1911)

Dem Bürger fliegt vom spitzen Kopf der Hut,
In allen Lüften hallt es wie Geschrei,
Dachdecker stürzen ab und gehn entzwei
Und an den Küsten – liest man – steigt die Flut.

Der Sturm ist da, die wilden Meere hupfen
An Land, um dicke Dämme zu zerdrücken.
Die meisten Menschen haben einen Schnupfen.
Die Eisenbahnen fallen von den Brücken.

**4** a Wie wirkt das Gedicht auf euch? Sprecht über eure Eindrücke.
b Van Hoddis beschreibt das Ende der Welt und doch wirkt der Text heiter. Formuliert, wie sich der Weltuntergang dem Gedicht zufolge auf Mensch, Natur und Technik auswirken würde.

Else Lasker-Schüler

## Weltende (1905)

Es ist ein Weinen in der Welt,
Als ob der liebe Gott gestorben wär,
Und der bleierne Schatten, der niederfällt,
Lastet grabesschwer.

Komm, wir wollen uns näher verbergen ...
Das Leben liegt in aller Herzen
Wie in Särgen.

Du! wir wollen uns tief küssen –
Es pocht eine Sehnsucht an die Welt,
An der wir sterben müssen.

**Else Lasker-Schüler** (1869–1945) war eine jüdische Lyrikerin. Sie verließ Deutschland 1933, lebte zunächst in der Schweiz und durfte dorthin nach einer Palästina-Reise 1939 nicht mehr zurückkehren.

**5** Notiert in eurem Heft, welche der folgenden Aussagen auf das Gedicht zutreffen.

**A** In der ersten Strophe wird der Zustand der Welt als hoffnungslos verloren beschrieben.
**B** Gott wird für den Zustand der Welt verantwortlich gemacht.
**C** Das lyrische Ich setzt der Hoffnungslosigkeit die Liebe entgegen, aber auch sie scheitert.
**D** Es gibt keine Gefühle und keine Sehnsucht mehr.

**6** a Vergleicht die Verse 4, 7 und 10. Benennt die Gemeinsamkeit und erklärt, was sie verdeutlichen.
b Benennt den Vers, der sich mit keinem anderen reimt. Diskutiert, weswegen die Autorin den Vers auf diese Weise besonders hervorhebt.

**7** Vergleicht die beiden Gedichte „Weltende“ in Bezug auf Inhalt, Sprache und Wirkung.

## Von Tod und Vergänglichkeit

Gottfried Benn

### Kleine Aster (1912)

Ein ersoffener Bierfahrer wurde auf den Tisch gestemmt.
Irgendeiner hatte ihm eine dunkelhelllila Aster
zwischen die Zähne geklemmt.
Als ich von der Brust aus
unter der Haut
mit einem langen Messer
Zunge und Gaumen herausschnitt,
muss ich sie angestoßen haben, denn sie glitt
in das nebenliegende Gehirn.
Ich packte sie ihm in die Brusthöhle
zwischen die Holzwolle,
als man zunähte.
Trinke dich satt in deiner Vase!
Ruhe sanft,
kleine Aster!

**Gottfried Benn** (1886–1956) studierte Theologie- und Philosophie, wechselte dann jedoch zu einem Medizinstudium. Nach kurzem Militärdienst arbeitete er als Pathologe in Berliner Krankenhäusern. Im Ersten Weltkrieg war er als Militärarzt im Einsatz.

**1** a Fasst zusammen, worum es in dem Gedicht geht. Teilt es dazu in drei Abschnitte ein.
b Besprecht, welche Gefühle und Assoziationen der Text in euch auslöst.

**2** a Benennt drei Verse, in denen ihr das lyrische Ich erkennt. Erklärt seine Funktion.
b Mensch und Blume behandelt das lyrische Ich unterschiedlich. Beschreibt den Unterschied.

**3** a Erklärt, wie Benn den Bierfahrer und die Aster auch durch die Verwendung sprachlicher Mittel ab- bzw. aufwertet. Nennt die Fachbegriffe und legt ihre Wirkung dar.
b Sprecht darüber, wie das Wort „Vase“ verwendet wird.

**4** a Viele der Gedichte Benns beschäftigen sich mit den Themen Krankheit, Tod, Verfall, Autopsie. Erklärt, welche Gründe es dafür gegeben hat. Bezieht in eure Überlegungen auch die Informationen über das Leben des Autors mit ein.
b Diskutiert, welche Themen heute Sorgen und Angst auslösen und wie wir damit umgehen.

**Wissen und Können** **Expressionismus (1905–1925)**

Der **lyrische Expressionismus** beschäftigte sich – wie auch die Malerei, Musik oder andere Kunstrichtungen dieser Zeit – mit den Themen Großstadt, Tod, Verfall, Vergänglichkeit, Weltuntergang, Krieg und Vereinsamung. Politische Spannungen und der Erste Weltkrieg versetzten Menschen in Todesangst und lösten eine **Weltuntergangsstimmung** aus. Mit **sprachlichen Mitteln** wie Metaphern, Symbolen, Personifikationen und Neologismen wollten die Dichter/-innen **Gefühlen** Ausdruck verleihen, welche die Grenzerfahrungen bei ihnen auslösten.

# 7.2 Sprache als Waffe – Politische Lyrik

## Steht auf und wehrt euch!

Seit es verschriftlichte Sprache gibt, setzen sich Dichterinnen und Dichter mit gesellschaftlichen und politischen Themen, Ideen oder Geschehnissen auseinander. Sie beziehen Stellung, äußern also ihre Meinung. Sie kritisieren Zustände, beklagen Ungerechtigkeiten, sprechen über die Schrecknisse des Krieges und des Heimatverlusts. Dabei war es nicht immer selbstverständlich, dass man seiner Meinung öffentlich Ausdruck verleihen konnte.

**1** a Lest den Titel des Gedichts und stellt Vermutungen an, worum es in dem Text geht.
b Hört euch das Gedicht an oder lasst es euch vortragen.

Gottfried August Bürger

### Der Bauer an seinen Durchlauchtigen[1] Tyrannen (1776)

Wer bist du, Fürst, dass ohne Scheu
Zerrollen mich dein Wagenrad,
Zerschlagen darf dein Ross?

Wer bist du, Fürst, dass in mein Fleisch
Dein Freund, dein Jagdhund, ungebleut[2]
Darf Klau und Rachen[3] haun?

Wer bist du, dass durch Saat und Forst
Das Hurra deiner Jagd mich treibt,
Entatmet[4], wie das Wild? –

Die Saat, so deine Jagd zertritt,
Was Ross, und Hund und du verschlingst,
Das Brot, du Fürst, ist mein.

Du Fürst hast nicht bei Egg und Pflug[5],
Hast nicht den Erntetag durchschwitzt.
Mein, mein ist Fleiß und Brot! –

Ha!, du wärst Obrigkeit von Gott?[6]
Gott spendet Segen aus; du raubst!
Du nicht von Gott, Tyrann!

**Gottfried August Bürger** (1747–1794) ist vor allem durch seine Balladen und die Abenteuer des Freiherrn von Münchhausen bekannt geworden.

1 Durchlaucht: Anrede hoher Adliger
2 ungebleut: ungestraft
3 Klau und Rachen: Pfote und Maul
4 entatmet: atemlos
5 Egg und Pflug: bäuerliches Arbeitsgerät
6 Obrigkeit von Gott: Als das Gedicht erschienen ist, ging man davon aus, dass Herrscher von Gott eingesetzt wurden („Gottesgnadentum"). Der König regierte absolut, er musste sich an keine Gesetze halten.

**2** a Notiert mit eigenen Worten, was der Bauer dem Fürsten vorwirft.
b Besprecht, mit welcher Absicht das Gedicht geschrieben wurde. Berücksichtigt dazu die Entstehungszeit.

**3** a Arbeitet heraus, welche Wirkung die Satzarten und die Wiederholungen haben.
b Beschreibt, in welcher Stimmung das lyrische Ich den Text vorträgt.

**4** Lest das folgende Gedicht laut vor oder hört euch den Text an.

Heinrich Heine

## Die schlesischen Weber (1844)

Im düstern Auge keine Träne,
Sie sitzen am Webstuhl und fletschen die Zähne:
Deutschland, wir weben dein Leichentuch,
Wir weben hinein den dreifachen Fluch –
Wir weben, wir weben!

Ein Fluch dem Gotte, zu dem wir gebeten
In Winterskälte und Hungersnöten;
Wir haben vergebens gehofft und geharrt,
Er hat uns geäfft und gefoppt und genarrt –
Wir weben, wir weben!

Ein Fluch dem König, dem König der Reichen,
Den unser Elend nicht konnte erweichen,
Der den letzten Groschen von uns erpresst
Und uns wie Hunde erschießen lässt –
Wir weben, wir weben!

Ein Fluch dem falschen Vaterlande,
Wo nur gedeihen Schmach und Schande,
Wo jede Blume früh geknickt,
Wo Fäulnis und Moder den Wurm erquickt –
Wir weben, wir weben!

Das Schiffchen fliegt, der Webstuhl kracht,
Wir weben emsig Tag und Nacht –
Altdeutschland, wir weben dein Leichentuch,
Wir weben hinein den dreifachen Fluch,
Wir weben, wir weben!

**Heinrich Heine** wurde 1797 in Düsseldorf geboren und absolvierte zunächst eine Handelslehre, bevor er ein Jurastudium begann. Sein Interesse galt jedoch der Literatur und Philosophie. Er konvertierte vom jüdischen zum christlichen Glauben. Wegen seiner politischen Texte musste er Deutschland verlassen. Er lebte über Jahrzehnte in Paris im Exil, wo er 1856 verarmt starb.

**Schlesien** war ein Bezirk östlich vom heutigen Deutschland und gehörte zu Preußen. Infolge der Industrialisierung verarmten viele Weber. 1844 kam es zu einem Aufstand, bei dem die Weber für eine Verbesserung ihrer schlechten Arbeitsbedingungen kämpften. Der Aufstand wurde niedergeschlagen, viele Weber kamen ins Gefängnis.

Käthe Kollwitz: „Sturm", Blatt 5, Zyklus „Ein Weberaufstand", 1893–97

**5** a Beschreibt das Reimschema des Gedichts.
b Erklärt, inwiefern man sagen kann, dass das Gedicht einem Volkslied gleicht, und was dagegen spricht.

**6** Belegt, dass sprachliche Mittel die verheerenden Lebensbedingungen der Weber unterstreichen und dazu beitragen, dass das Gedicht bedrohlich und düster wirkt.

**7** Diskutiert, ob es in unserer Zeit auch noch Anlass dafür gibt, Protestgedichte zu verfassen.

# Denkt selbst!

Joachim Ringelnatz

## Chanson[1] vom großen Publikum (1932)

Wer die Masse kennt, wird auf linksherum
Oder rechtsherum erfolgreich sein,
Wenn er Schwindel macht. Denn das Publikum
Fällt auf jeden Schwindel stets herein.

Ganz altaktuell, frech und möglichst dumm,
Breit und kitschig muss die Sache sein,
Denn das Publikum, das große Publikum
Fällt auf jeden Schwindel glatt herein.

Von dem Drum und Dran und von dem Dran und Drum
Will es gar nicht unterrichtet sein.
Denn das Publikum, das große Publikum
Fällt auf jeden Schwindel gern herein.

Applaudiert ihr jetzt mir? Und wenn ja, warum?
O ich prüfe Euch an diesem Stein!
Denn das Publikum, das große Publikum
Will durchaus, durchaus beschwindelt sein.

**Joachim Ringelnatz** (1883–1934) war im Ersten Weltkrieg Marinesoldat auf einem U-Boot. In der Weimarer Republik arbeitete er als Bühnenkünstler, Autor und Maler. Nach der Machtergreifung der Nationalsozialisten wurden seine Bücher verboten.

1 Chanson: Liedform

**1** Erschließt die Aussage des Gedichts.
- a Klärt den Ausdruck „das große Publikum".
- b Notiert, mit welchen Methoden man „das große Publikum" laut Gedicht betrügen kann.
- c Gebt mit eigenen Worten die Aussagen der Verse 9 und 10 und der letzten Strophe wieder.
- d Nehmt begründet Stellung, ob ihr diesen Aussagen zustimmt.

**2**
- a Der Titel des Gedichts bezieht sich auf „das große Publikum". Skizziert, wie sich die Möglichkeit, dieses zu erreichen, seit dem 15. Jahrhundert technisch verändert hat.
- b Lest die Informationen zum Thema „Meinungsbildung via Internet" im Kasten.

**Bots:** Programm, mit dem man Computerabläufe automatisieren kann (Abk. von „Roboter")
**Fake News:** von Menschen gemachte Falschmeldungen, per Bots verbreitet
**Trolle:** Menschen, die im Netz andere Nutzer/-innen bewusst provozieren
**Algorithmen** (Begriff aus der Mathematik): eindeutige Handlungsvorschrift zur Lösung eines Problems. Daraus ergeben sich im Bereich der Nutzung von Algorithmen im Netz:
- **Informations-/Filterblasen:** Anzeigen von bestimmten Inhalten, sodass Menschen im Internet vor allem solche Informationen erhalten, die ihren Interessen entsprechen
- **Microtargeting:** zielgruppengenaue Verbreitung von Informationen

c Schreibt einen Brief an Ringelnatz.
- Berichtet, wie sich die Informationsbeschaffung in den letzten Jahren verändert hat.
- Teilt ihm mit, inwieweit seine Aussagen heute eurer Meinung nach noch zutreffen.
- Berücksichtigt dabei auch die positiven Aspekte des Internets.

**3** Lest das folgende Lied oder hört es euch im Internet an.

Georg Ringsgwandl

**Welt im Krieg** (2009)

**Georg Ringsgwandl** (* 1948) ist ein Liedermacher und Kabarettist aus Oberbayern.

Die Welt vergeht in Krieg,
In Grausamkeit und Wahn,
Und mir liegn do im Bett,
Herz an Herz und Arm in Arm.

Sirenen und Verkehr,
Draußen lärmt die Stadt,
Und mir liegn do im Bett,
Wenns geht, den ganzen Tag.

Für jede Lüge findet sich ein Depp, der's rumerzählt,
Für jeden Unsinn gibt es jemand, der ihn macht,
Für jeden Wahnsinn gibt es jemand, der sagt, ja, so geht's,
Für jeden Scharlatan gibt's jemand, der ihm glaubt.

Er weiß, was gut ist für die Welt, aber leider nicht für sich,
Für ihn sind alle Fragen längst gelöst.
Je weiter etwas weg ist, desto klarer schaut es aus,
Je länger 's her is, desto schöner war's.
[...]
Draußen schrei'n die B'soffenen
Durch die laute Stadt,
Und wir liegen do im Bett
Seit wer weiß wie viel Tag.
[...] *

**4** a Vergleicht das Lied mit dem Gedicht „Chanson vom großen Publikum" (▶ S. 156) und benennt die Textstellen, in denen Georg Ringsgwandl ähnliche Aussagen wie Ringelnatz macht.
b Erklärt, was das lyrische Ich darüber hinaus im Lied „Welt im Krieg" zum Zustand der Welt sagt.
c Beschreibt, wie das lyrische Ich mit der Situation umgeht.
d Bewertet, inwieweit ihr mit diesem Verhalten einverstanden seid.

**5** Schreibt einen Liedtext zum Thema „Klimaerwärmung" in eurem Dialekt oder in der Sprache, die ihr mit euren Freundinnen und Freunden sprecht. Findet eine passende Überschrift.
●○○ Ihr könnt zum Beispiel den Titel „Die Welt überhitzt" oder „Das System läuft heiß" verwenden.

# Was macht Politik mit uns?

Politische Lyrik setzt sich auch immer wieder damit auseinander, wie Politik in das Leben des einzelnen Menschen eingreift, wie sie sich auswirkt.
Folgende Gedichte setzen sich mit der Teilung Deutschlands nach dem Zweiten Weltkrieg bis zur Wiedervereinigung 1989 auseinander.

**1** Reiner Kunze

## Deutsche Ballade (1986)

Das hohe Alter der Mutter sei
kein grund, zu ihr zu reisen

Gehirnschlag sei
kein grund

Nun durfte er reisen, er hat
einen grund ganz aus tod

**Reiner Kunze** (* 1933) wurde vor allem mit seiner Lyrik in der DDR bekannt.
Mit seinem Buch „Die wunderbaren Jahre" geriet er in Konflikt mit dem SED-Regime und siedelte 1977 in die Bundesrepublik über. Er ist als Übersetzer tschechischer Literatur sowie als Dichter tätig und wurde mit zahlreichen Preisen ausgezeichnet.

**2** Reiner Kunze

## die mauer (zum 3. oktober 1990)

Als wir sie schleiften, ahnten wir nicht
wie hoch sie ist
in uns

Wir hatten uns gewöhnt
an ihren Horizont

Und an die windstille

In ihrem schatten warfen
alle keinen schatten

Nun stehen wir entblößt
jeder entschuldigung.

**1** a Lest die Gedichte zuerst leise, dann laut.
b Benennt Eindrücke, die euch bei den Gedichten in der äußeren Gestaltung auffallen. Bewertet in dem Zusammenhang den Titel des ersten Gedichts.

**2** a Fasst den Inhalt von Gedicht 1 in einem Satz zusammen.
b In diesem Text verdichtet Kunze sehr viele Assoziationen und Gefühle auf engstem Raum. Sprecht darüber, was er alles nicht anspricht, was hier aber mitschwingt.

**3** a Weist nach, dass der Titel von Gedicht 2 mehrdeutig ist.
b Schreibt den Text in einen Prosatext mit normalem Satzbau und ohne Enjambement um.
c Beschreibt die Unterschiede, die sich dadurch ergeben. Erklärt, warum ihr an manchen Stellen Schwierigkeiten beim Umformulieren hattet.

# Testet euer Wissen!

## Strömungen der Moderne und politische Lyrik

**1** Ordnet folgende Aussagen den literarischen Strömungen zu. Tragt dazu die jeweilige Ziffer der Aussage in einer Tabelle ein. Wenn ihr die Zahlen jeder Spalte addiert, dürfen sich die Ergebnisse für **A** und **B** nur um drei Punkte unterscheiden.

**A** Symbolismus und Impressionismus **B** Expressionismus

**1** Dargestellt wurden vor allem die Empfindungen der Menschen im Hier und Jetzt.
**2** Das Mystische rückte in den Vordergrund.
**3** Die Dichter/-innen hatten kein Interesse, politische Zusammenhänge zu erklären.
**4** Die Autoren waren häufig geprägt von den Erfahrungen des Ersten Weltkriegs.
**5** Ekelhaftes, Krankheit und Verfall wurden bewusst thematisiert.
**6** Die Lyriker/-innen wandten sich der inneren Welt zu, den Träumen und Visionen.
**7** Die Autorinnen und Autoren setzten sich in ihren Texten intensiv mit dem Krieg auseinander.
**8** Gottfried Benn ist einer der bekanntesten Lyriker dieser Zeit.
**9** Rilke ist einer der wichtigsten Vertreter dieser Epoche.
**10** Schönheit spielte eine herausragende Rolle.
**11** Symbole erhielten besonderes Gewicht.
**12** Verarbeitet wurden die Themen Liebe, Sehnsucht und Naturempfindungen.
**13** Thematisiert wurde die Großstadt.
**14** Vereinsamung war ein wichtiges Thema.

**2** Vervollständigt folgende Sätze, indem ihr Autorennamen bzw. Gedichttitel richtig notiert.

? hatte schreckliche Erfahrungen im Ersten Weltkrieg gemacht, die er nicht verarbeiten konnte. Er starb sehr jung.
? arbeitete als Arzt im Ersten Weltkrieg.
? ist eines der wichtigsten Gedichte des Symbolismus.
Im Gedicht ? geht es um die Obduktion (Leichenöffnung) eines Bierfahrers.
? wurde politisch verfolgt und lebte deshalb in Paris.

**3** Schreibt folgende Definition zu politischer Lyrik berichtigt in euer Heft.

VORSICHT FEHLER!

Die politische Lyrik setzt sich mit Ideen, Zuständen oder Ereignissen im Bereich der Natur auseinander. Sie lehnt es ab, einen Beitrag zur Meinungsbildung zu leisten und ein Bewusstsein für gesellschaftliche Zusammenhänge zu schaffen. Politische Lyrik ist immer objektiv. Es gibt viele Regeln, wie politische Lyrik sprachlich oder formal gestaltet sein muss.

# 7.3 Projekt: Lyrik eine Stimme geben – Lieder präsentieren

Lyrische Texte kann man still lesen, sie kommen aber oft erst dann richtig zur Geltung, wenn man sie laut und gestaltet vorträgt. Dazu sollte man Informationen über die Autorin/den Autor, die Zeitumstände und über die Sprache des Textes an die Zuhörenden weitergeben. Hilfreich ist es für das Publikum, wenn die Stimmung des Textes verdeutlicht wird und man selbst die eigenen Empfindungen und Erkenntnisse darlegt.

Der Vortrag eines lyrischen Textes kann je nach Gedichtart bzw. Thema auf verschiedene Weise unterstützt werden durch:
- ein informatives Plakat oder die Umsetzung des Textes auf einem Plakat
- eine stimmungsvolle Folienpräsentation (passende Bilder, passende Musik/Geräusche)
- eine Vertonung des Textes in ein Lied oder Umarbeitung in einen Rap
- die Erstellung eines Podcasts
- eine grafische Umsetzung des Textes in einen Comic, z. B. mit Hilfe einer App

## Jetzt gibt's was auf die Ohren – Einen Podcast erstellen

Das folgende Lied präsentiert ihr in einem eigenen Podcast (► S. 283), der nicht länger als vier Minuten dauern sollte. Folgende Aufgaben helfen euch dabei.
Arbeitet in Gruppen.

Reiner Panitz

**Unser Dorf soll schöner werden** (2005, Auszug)

Unser Dorf soll schöner werden
Hot dr Bürgrmoischtr gsagt
Der allerschönste Fleck auf Erden
Soll aus unsrm Kuahdorf werden
Des isch wert, dass ma se blogt

a: Des brengt ons zwar a Defizit[1]
Drom brauchts a Induschtriegebiet
b: Und wega dr greaßra Proportion
kriagt 's Dorf a Kanalisation
a: Auf d' Stroßa kommt dann a Asphalt
Weils Pflaschtr gar so greislich hallt
b: Und Baim am Rand wearn omghaut
Weils Laub im Herbscht d' Stroß vrsaut.
[...]

Die Henna deans in Käfig sperra
Drom heart ma oh koin Gockl plärra
Und Kälber ghearn am Fleischkonzern
Und dean se schnell vermehra ...
Scheanr weara.

**Reiner Panitz** (geboren 1950) ist ein deutscher, nordschwäbischer Musikkabarettist. Zusammen mit seiner Tochter Flavia Panitz tritt er als Duo „Mehlprimeln" auf, das mit Worten und Musik hintergründige, aus dem Leben gegriffene Kabarettbeiträge präsentiert.

1 Defizit: Mangel, hier: Schulden

Unser Dorf soll schöner werden
Hoißts oh im Gemeinderat
Der allerschönste Fleck auf Erden
Soll aus unserm Kuahdorf werden
Und do semmr ganz rabiat[2].

a: Dr Dorfbach werd kanalisiert
Dr Steg aus Holz wird betoniert
b: An Weiher dea mr zuaplaniera
Mei, do wern d' Frösch an Tanz auffiahra
a: A scheanrs Dorf brengt mehr Verkehr
Drom muaß ganz schnell a Gehsteig her
Und Kendr geharan von dr Stroß
A Spielplatz macht do viel mehr Spaß.
[...] *

2 rabiat: rücksichtslos, hart durchgreifend

**1** Lest den Text laut, wenn ihr Schwäbisch sprecht, oder still.

**2** Erschließt den Text.
- a „Übersetzt" die Wörter „blogt" (Z. 5), „oh" (Z. 21), „semmr" (Z. 24) und „Kendr" (Z. 31) in die Standardsprache.
- b Klärt weitere Begriffe und Textstellen, die ihr nicht versteht.
- c Sprecht darüber, worum es in dem Text inhaltlich geht.

**3** Sprecht darüber, welche aktuellen Bezüge ihr zu dem Lied herstellen könnt.

**4** Legt fest, in welcher sprachlichen Form ihr den Text wiedergeben wollt (Originaltext, Alltagssprache).

**5** Sammelt Informationen für euren Podcast (zum Autor, zum Dialekt).

**6** In Podcasts wird ein Thema abwechslungsreich und unterhaltsam dargestellt.
- a Legt fest, wovon der Liedtext „eingerahmt" sein soll, z. B. Interviews, Musik, Geräusche, Informationstexte, Umfragen ...
- b Schreibt einen Arbeitsplan und verteilt die Aufgaben:
  - Wer schreibt die Texte?
  - Wer liest welchen Text?
  - Wer macht die Interviews / Umfragen und kümmert sich um zusätzliches Audiomaterial?
  - Wer ist für die Aufnahmen und das Schneiden zuständig?

**7** Präsentiert euer Ergebnis in der Klasse.

**8** Die Hörerinnen und Hörer geben mit der Sandwich-Methode (▸ S. 281) Rückmeldung zu den Podcasts.

## Jetzt gibt's was auf die Augen – Einen Text grafisch umsetzen

Unheilig

### Lichter der Stadt (2012)

**Unheilig** ist eine deutsche Rockband, die 1999 in Aachen gegründet wurde.

Ich nehme mir die Zeit
Auf die Dächer der Stadt zu gehen
Dem Leben zuzusehen
Stillzustehen
Alles wirkt so klein
Unscheinbar entfernt und weit
Das Leben pulsiert hier
Weit weg von mir
Ich lehne mich zurück
Und genieße dieses Glück

[Refrain:]
Ich nehme mir die Zeit
Auf die Lichter der Stadt zu sehen
Die Dächer entlangzugehen
Und stillzustehen
Hier fühle ich mich frei
Der Horizont ist grenzenlos und weit
Die Großstadt unter mir wie ein Lichtermeer

Es gibt so viele Fragen
Tausend Wünsche und Gedanken
Ich bin mit mir allein
Und schenk den Träumen Zeit
Ich ordne meine Welt
Der Alltag fliegt an mir vorbei
Fernab der Jagd des Lebens
Fühle ich mich frei
Ich lehne mich zurück
Und genieße dieses Glück

[Refrain]
Alles wirkt so klein
Das Leben pulsiert weit weg von hier

[Refrain]
Ich nehme mir die Zeit
Auf die Lichter der Stadt zu sehen
Und stillzustehen

**1** Hört euch das Lied im Internet an, wenn ihr die Möglichkeit dazu habt.

**2** a Erstellt zu dem Liedtext mit Hilfe des Merkkastens ein Booksnap. Ihr braucht dazu ein Handy, einen Text und eure Ideen.
b Präsentiert eure Ergebnisse, indem ihr sie mit eurer Lehrkraft und der Klasse teilt.

**3** Bittet um Rückmeldungen zu euren „Schnappschüssen“ und sprecht darüber.

**Wissen und Können** **Booksnap**

Mit der Methode könnt ihr **eure Überlegungen und Erklärungen** zu einem Text **anschaulich darstellen.** Dabei könnt ihr so vorgehen:
- Fertigt Fotos von den Strophen des Liedes an und bearbeitet diese am Handy.
- Hebt die Textstellen hervor, die euch besonders wichtig sind.
- Kommentiert diese Textstellen mit eigenen Textbeiträgen. Nutzt dazu auch die Möglichkeiten, euren Text zu formatieren (Farbe, Schriftart usw.).
- Ergänzt Symbole, Emojis oder Bitmojis, die zu den Textstellen passen.
- Speichert eure „Schnappschüsse“.

# 8 Verbot und Neubeginn – Einblicke in die Literatur des 20. Jahrhunderts

Rainer Ehrt: „Les réfugiés de Sanary-sur-Mer, Midi“, 2018

**1** Das Gemälde zeigt deutsche Schriftsteller/-innen und Künstler/-innen, die nach der Machtübernahme der Nationalsozialisten 1933 im Exil in Sanary-sur-Mer in Frankreich lebten. Aus dem Geschichtsunterricht wisst ihr schon einiges über den Nationalsozialismus. Tauscht euch über diese Fragen aus:

- Was bedeutete die Machtergreifung für das kulturelle Leben im nationalsozialistischen Deutschland?
- Warum emigrierten einige Schriftsteller/-innen?
- Kennt ihr Texte oder Bücher, die den Nationalsozialismus thematisieren?

**In diesem Kapitel ...**

- informiert ihr euch über Exilliteratur und lest typische Werke,
- setzt ihr euch mit der Nachkriegsliteratur auseinander,
- vergleicht ihr einen Roman mit seiner Verfilmung,
- erstellt ihr ein Autoren-Portfolio.

# 8.1 Literatur zur Zeit des Nationalsozialismus – Deutsche Literatur von 1933 bis 1945

## Inneres und äußeres Exil

### Die Situation Literaturschaffender von 1933 bis 1945

Die Nationalsozialisten begannen Deutschland unmittelbar nach Hitlers Wahl zum Reichskanzler am 30. Januar 1933 nach ihren Vorstellungen zu verändern. Auch das kulturelle Leben wurde nun an die nationalsozialistische Weltanschauung angepasst. Wer jüdischer Abstammung war, eine andere politische Meinung vertrat oder das Regime offen kritisierte, wurde systematisch verfolgt und hatte mit einschneidenden Konsequenzen für sein weiteres Leben zu rechnen. Schon vor Hitlers Wahl hatten die Nationalsozialisten Listen mit Künstler/-innen und Literaturschaffenden geführt, die ihrer Ansicht nach „undeutsche" Gedanken vertraten. Dazu gehörten Themen wie Drogensucht, Kritik am Krieg und der Gesellschaft oder die offene Beschreibung von Sexualität. Wer sich nicht wie Thomas Mann rechtzeitig ins Ausland absetzen konnte, musste mit Verhaftung, Inhaftierung in einem Konzentrationslager, Schreib- und Auftrittsverboten rechnen.

Öffentlichkeitswirksam wurden am 10. Mai 1933 in vielen deutschen Großstädten nachts **Bücherverbrennungen** inszeniert, bei denen die Bücher nun verbotener Schriftsteller/-innen auf riesige Scheiterhaufen geworfen und vernichtet wurden. Viele der Betroffenen flüchteten zuerst in europäische Nachbarländer, weil sie hofften, dass der „nationalsozialistische Spuk" rasch vorbei sein würde. Als sich diese Hoffnung nicht erfüllte und die nationalsozialistische Außenpolitik ab 1938 immer aggressiver wurde, flohen viele nach Nord- oder Südamerika oder in die kommunistische UdSSR. Neben der Familie Mann kämpften auch Schriftsteller wie Bertolt Brecht, Oskar Maria Graf, Anna Seghers und Carl Zuckmayer aus dem Ausland gegen Hitlers Regime, indem sie in ihren literarischen Schriften auf die Probleme in Deutschland aufmerksam zu machen versuchten. Nicht alle konnten in der Fremde Fuß fassen, Stefan Zweig und Kurt Tucholsky verzweifelten etwa an ihrer Lage. Neben den Autorinnen und Autoren im äußeren Exil gab es noch die Schriftsteller/-innen der „inneren Emigration", die aus persönlichen Gründen in Deutschland geblieben waren und die keine Themen mehr ansprachen, die nicht gewünscht waren. Dazu zählen etwa Ricarda Huch oder Erich Kästner.

**1** Erstellt zum Inhalt des Textes ein Quiz mit den wichtigsten Aspekten und Informationen.

**2** Man unterscheidet bei Schriftstellerinnen und Schriftstellern dieser Zeit zwischen denen, die in die „innere Emigration" gingen, und denen, die ins Exil flüchteten.
- a Erklärt den Unterschied.
- b Diskutiert darüber, mit welchen negativen Konsequenzen jede dieser Entscheidungen verbunden gewesen sein könnte.

**3** Wählt eine im Text genannte Person aus und stellt sie in einem Kurzreferat vor.

# Im Bann des Magiers – Die Novelle „Mario und der Zauberer“

**Thomas Mann** (1875–1955) stammte aus einer wohlhabenden Lübecker Kaufmannsfamilie und konnte zeit seines Lebens als erfolgreicher Autor ohne Existenzsorgen arbeiten. Bereits sein 1901 erschienener Roman „Buddenbrooks“, der den Untergang einer Lübecker Kaufmannsfamilie über mehrere Generationen hinweg beschreibt, machte ihn einem großen Lesepublikum bekannt. Für diesen Roman wurde Thomas Mann **1929** sogar der **Nobelpreis** für **Literatur** verliehen.
Nach der Heirat mit der vermögenden Professorentochter Katia Pringsheim im Jahr 1905 und der Geburt von sechs Kindern lebte die Familie in München. Thomas Mann ließ viele Erlebnisse aus dem eigenen Leben in seine Werke einfließen, so etwa die Verhältnisse in einem Schweizer Sanatorium im Roman „Der Zauberberg“ (1924) oder die Geschehnisse während eines Familienurlaubs in „Mario und der Zauberer“ (1930). Er war sich frühzeitig der Gefahr bewusst, die von den Nationalsozialisten ausging. Von einer Vortragsreise ins Ausland kehrten er und seine Frau 1933 nicht mehr nach Deutschland zurück. Die Familie ging zuerst in die Schweiz, in die Nähe von Zürich, um 1938 schließlich in die USA auszuwandern. Dort knüpfte Thomas Mann Kontakte zu Personen in Wissenschaft und Politik sowie zu anderen Exilanten, er schrieb und hielt Vorträge auf Englisch. Erst 1949 kehrte er wieder nach Deutschland zurück, wohnte dort aber nicht mehr. Thomas Mann starb 1955 in der Schweiz.

Der **Nobelpreis für Literatur** zählt seit **1901** zu den weltweit wichtigsten Auszeichnungen für Schriftsteller/-innen. Die nach dem schwedischen Erfinder und Industriellen **Alfred Nobel** benannte Auszeichnung wird in verschiedenen Bereichen (z. B. Literatur, Medizin, Physik, Chemie, Wirtschaft, Frieden) jährlich in Schweden vergeben.

**1** Erstellt eine analoge oder digitale Zeitleiste zum Leben Thomas Manns.

Im Folgenden lernt ihr die **Novelle „Mario und der Zauberer“** kennen. Darin beschreibt der Ich-Erzähler, der mit seiner Familie im italienischen Badeort Torre di Venere die Ferien verbringt, einen unerhörten Vorfall: Der Aufenthalt verläuft von Anfang an nicht störungsfrei, schließlich muss die Familie sogar die Unterkunft wechseln. Nur der Kellner Mario, den auch die Kinder sehr mögen, vermag Urlaubsfreude aufkommen zu lassen. Eines Tages kündigt sich ein Zauberer namens Cipolla (italienisch: Zwiebel) an. Die Kinder drängen die Eltern, mit ihnen eine seiner Vorstellungen zu besuchen, und das Unheil nimmt seinen Lauf …

Thomas Mann

## Mario und der Zauberer (1930, Auszüge)

Dann, ohne dass das Haus sich verdunkelt hätte, hielt Cavaliere Cipolla seinen Auftritt. [...]
Ein Mann schwer bestimmbaren Alters, aber keineswegs mehr jung, mit scharfem, zerrüttetem Gesicht, stechenden Augen, faltig verschlossenem Munde, kleinem, schwarz gewichstem Schnurrbärtchen und einer sogenannten Fliege in der Vertiefung zwischen Unterlippe und Kinn, war er in eine Art von komplizierter Abendstraßeneleganz gekleidet. [...] Irgendetwas war mit seiner Figur nicht in Ordnung, vorn nicht und hinten nicht, – später wurde das deutlicher. Aber ich muss betonen, dass von persönlicher Scherzhaftigkeit oder gar Clownerie in seiner Haltung, seinen Mienen, seinem Benehmen nicht im Geringsten die Rede sein konnte; vielmehr sprachen strenge Ernsthaftigkeit, Ablehnung alles Humoristischen, ein gelegentlich übellauniger Stolz, [...] daraus, – was freilich nicht hinderte, dass sein Verhalten anfangs an mehreren Stellen des Saales Lachen hervorrief.
Dies Verhalten hatte nichts Dienstfertiges mehr; die Raschheit seiner Auftrittschritte stellte sich als reine Energieäußerung heraus, an der Unterwürfigkeit keinen Teil gehabt hatte. An der Rampe stehend und sich mit lässigem Zupfen seiner Handschuhe entledigend, wobei er lange und gelbliche Hände entblößte. Deren eine ein Siegelring mit hochragendem Lasurstein schmückte, ließ er seine kleinen strengen Augen, mit schlaffen Säcken darunter, musternd durch den Saal schweifen, nicht rasch, sondern indem er hie und da auf einem Gesicht in überlegener Prüfung verweilte – verkniffenen Mundes, ohne ein Wort zu sprechen. *

**2** Beschreibt den Zauberer. Ihr könnt dazu eine einfache Skizze anfertigen.

*Die Menschen bejubeln den Zauberer, der große Anziehungskraft besitzt. Zuschauende, die nicht „mitspielen", behandelt er mit strenger Ablehnung. Die Show nähert sich ihrem Höhepunkt, als Cipolla damit beginnt, einzelne Personen aus dem Publikum mit stechendem Blick und einer Reitpeitsche dirigierend zu hypnotisieren. Die Zuschauer/-innen sind begeistert, denn die Hypnotisierten sind völlig willenlos und gehorchen nur noch den Befehlen des arrogant lächelnden Zauberers. Nun wird auch Mario auf die Bühne gerufen.*

Gern oder ungern, er löste sich also von seinem Pfeiler[1], dankte denen, die, vor ihm stehend und sich umschauend, ihm den Weg zum Podium freigaben, und stieg hinauf, ein zweifelndes Lächeln um seine aufgeworfenen Lippen.
Stellen Sie ihn sich vor als einen untersetzt gebauten Jungen von zwanzig Jahren mit kurzgeschorenem Haar, niedriger Stirn und zu schweren Lidern über Augen, deren Farbe ein unbestimmtes Grau mit grünen und gelben Einschlägen war. Das weiß ich genau, denn wir hatten oft mit ihm gesprochen. Das Obergesicht mit der eingedrückten Nase, die einen Sattel von Sommersprossen trug, trat zurück gegen das untere, von den dicken Lippen beherrschte, zwischen denen beim Sprechen die feuchten Zähne sichtbar wurden [...]. Von Brutalität des Ausdrucks konnte keine Rede sein; dem hätte schon die ungewöhnliche Schmalheit und Feinheit seiner Hände widersprochen, [...]. *

1 Pfeiler: an dem Mario gelehnt hatte

**3** Thomas Mann war bekannt dafür, ein sehr genauer Beobachter zu sein. Erläutert dies anhand der Textauszüge (▶ S. 166). Beschreibt, welche Wirkung diese Szene dadurch hat.

*Auch Mario verfällt dem Zauberer. Dieser spürt Marios Liebeskummer und macht ihn unter Hypnose glauben, dass er, der Zauberer, die Geliebte Marios sei, die dieser nun auf der Bühne küssen müsse. Mario tut, wie ihm befohlen, und das Publikum lacht und applaudiert. So endet die Novelle:*

Zugleich aber auch schon, während noch dies Lachen erklang, ließ der oben Geliebkoste unten, neben dem Stuhlbein, die Reitpeitsche pfeifen, und Mario, geweckt, fuhr auf und zurück. Er stand und starrte, hintübergebogenen Leibes, drückte die Hände an seine missbrauchten Lippen, eine über der anderen, schlug sich dann mit den Knöcheln beider mehrmals gegen die Schläfen, machte kehrt und stürzte, während der Saal applaudierte und Cipolla, die Hände im Schoß gefaltet, mit den Schultern lachte, die Stufen hinunter. Unten, in voller Fahrt, warf er sich [...] herum, schleuderte den Arm empor, und zwei flach schmetternde Detonationen durchschlugen Beifall und Gelächter.

Alsbald trat Lautlosigkeit ein. Selbst die Zappler kamen zur Ruhe und glotzten verblüfft. Cipolla war mit einem Satz vom Stuhle aufgesprungen. Er stand da mit abwehrend seitwärtsgestreckten Armen, als wollte er rufen: „Halt! Still! Alles weg von mir! Was ist das?!“, sackte im nächsten Augenblick mit auf die Brust kugelndem Kopf auf den Sitz zurück und fiel im übernächsten seitlich davon herunter, zu Boden, wo er liegen blieb, reglos, ein durcheinandergeworfenes Bündel Kleider und schiefer Knochen.

Der Tumult war grenzenlos. Damen verbargen in Zuckungen das Gesicht an der Brust ihrer Begleiter. Man rief nach einem Arzt, nach der Polizei. Man stürmte das Podium. Man warf sich im Gedränge auf Mario, um ihn zu entwaffnen, ihm die kleine, stumpfmetallne, kaum pistolenförmige Maschinerie zu entwinden, die ihm in der Hand hing, und deren fast nicht vorhandener Lauf das Schicksal in so unvorhergesehene und fremde Richtung gelenkt hatte.

Wir nahmen – nun also doch – die Kinder und zogen sie an dem einschreitenden Karabinierepaar[1] vorüber gegen den Ausgang. „War das auch das Ende?“, wollten sie wissen, um sicherzugehen ... „Ja, das war das Ende“, bestätigten wir ihnen. Ein Ende mit Schrecken, ein höchst fatales Ende. Und ein befreiendes Ende dennoch, – ich konnte und kann nicht umhin, es so zu empfinden! *

1 Karabiniere: Polizisten

**4** a Fasst das Geschehen mit eigenen Worten zusammen.
b Beschreibt die Reaktion der Eltern auf das Ende der Zaubervorstellung.

**5** Begründet, warum hier deutlich wird, dass Thomas Mann ein Gegner der Nationalsozialisten war.
**Tipp:** Überlegt, wen der Zauberer wohl darstellen soll und wie er endet.

# Verlusterfahrungen – Gedichte über das Leben im Exil

Das Leben in der Fremde bedeutete für die Exilantinnen und Exilanten einen gravierenden Einschnitt. Viele Schriftstellerinnen und Schriftsteller versuchten, in ihren literarischen Werken diese neuen Erfahrungen zu verarbeiten.

Mascha Kaléko

## Emigranten-Monolog (1945)

Ich hatte einst ein schönes Vaterland –
so sang schon der Flüchtling Heine[1].
Das seine stand am Rheine,
das meine auf märkischem Sand.

Wir alle hatten einst ein (siehe oben!).
Das fraß die Pest, das ist im Sturz zerstoben.
O Röslein auf der Heide[2],
dich brach die Kraftdurchfreude[3].

Die Nachtigallen wurden stumm,
sahn sich nach sicherm Wohnsitz um,
und nur die Geier schreien
hoch über Gräberreihen.

Das wird nie wieder, wie es war,
wenn es auch anders wird.
Auch wenn das liebe Glöcklein tönt,
auch wenn kein Schwert mehr klirrt.

Mir ist zuweilen so, als ob
das Herz in mir zerbrach.
Ich habe manchmal Heimweh.
Ich weiß nur nicht, wonach.

1 Heinrich Heine (▸ S. 155): durfte im Deutschen Bund (1815–66) keine Schriften veröffentlichen und lebte daher im Exil in Paris

2 Röslein auf der Heide: Anspielung auf das bekannte Gedicht „Heidenröslein“ von J. W. v. Goethe

3 Kraft durch Freude: eine für die Freizeitgestaltung zuständige Organisation der Nationalsozialisten

**Mascha Kaléko** (1907–1975) wurde in Galizien (heutiges Polen) geboren, bevor sie 1914 mit ihren Eltern nach Berlin zog. Sie war in den 1930er Jahren eine erfolgreiche Schriftstellerin und veröffentlichte Gedichte, die etwa das Leben in der Großstadt beschrieben. Als Jüdin erhielt sie 1935 Berufsverbot. Sie wanderte mit ihrer Familie 1938 nach New York aus und zog 1960 nach Israel. Während einer Schweiz-Reise starb sie 1975 in Zürich.

Mascha Kaléko

## Der kleine Unterschied (1945)

Es sprach zu Mister Goodwill
ein deutscher Emigrant:
„Gewiss, es bleibt dasselbe,
sag ich nun *land* statt Land,
sag ich für Heimat *homeland*
und *poem* für Gedicht.
Gewiss, ich bin sehr *happy*:
Doch glücklich bin ich nicht.“

**Hilde Domin** (1909–2006) wurde in Köln als Hildegard Dina Löwenstein geboren, lebte aber bereits zu Studienzwecken seit 1932 in Italien. Da Italien mit Nazideutschland eng verbündet war, floh sie von dort 1939 nach England und 1940 in die Dominikanische Republik. Sie arbeitete als Sekretärin und Lehrerin. Erst Ende der 1940er Jahre veröffentlichte sie Gedichte unter dem Künstlernamen „Domin" und kehrte 1954 nach Deutschland zurück, wo die erfolgreiche Schriftstellerin auch an der Universität Frankfurt lehrte.

**Ute Zydek,** 1941 im heutigen Polen geboren, floh mit ihrer Familie 1945 vor der heranrückenden sowjetischen Armee nach Unterfranken. Nach ihrer Schulzeit in Aschaffenburg lebte sie unter anderem in Bremen, Hannover, Kassel und Wuppertal. Sie begann während einer längeren Krankheit zu schreiben und veröffentlichte mehrere Gedichtbände.

Hilde Domin

**Exil** (1964)

Der sterbende Mund
müht sich
um das richtig gesprochene
Wort
einer fremden
Sprache.

Ute Zydek

**Eine Heimat nicht gefunden** (1981)

Seit Jahrzehnten auf der Flucht
nie angekommen irgendwo
Landschaften durchquert
an Türen gepocht
immer wieder abgewiesen worden
streunend weitergezogen
manchem hinterhergetrottet
viel gehungert und gefroren
zuweilen in Herbergen gerastet
dort Brot und Gnade bekommen
aber
eine Heimat nicht gefunden.

**1** Beschreibt die Stimmung der Gedichte.

**2** a Erklärt anhand der Informationen über die Autorinnen, welche Begriffe jeweils zum Gedicht passen.

Tatendrang • Sehnsucht • Suche • Geborgenheit • Wut • Erinnerungen • Neubeginn • Liebe

b Fasst die Kernaussagen der Gedichte jeweils knapp zusammen.

**3** Die Gedichte thematisieren Probleme des Exillebens. Vergleicht die Situationen und geht dabei besonders auf die markierten Verse ein. Berücksichtigt auch die Informationen über die Autorinnen.

„Ein Schriftsteller braucht drei Arten von Mut. Den, er selber zu sein. Den Mut, nichts umzulügen, die Dinge beim Namen zu nennen. Und drittens den, an die Anrufbarkeit der anderen zu glauben." *Hilde Domin*

**4** Erklärt, was Hilde Domin meint. Bezieht euch dabei auf ihr Gedicht „Exil".

**5** Wer spricht in den Gedichten von Ute Zydek und Hilde Domin zu den Leserinnen und Lesern? Begründet anhand der Gedichte, welche Absichten die Autorinnen damit verbunden haben könnten.

# Ein Drama über die „kleinen Leute“ im Krieg – „Mutter Courage und ihre Kinder“

## Bertolt Brecht und das epische Theater

**Bertolt Brecht** wurde 1898 in Augsburg geboren. Schon als Schüler verfasste er in seiner Freizeit Gedichte und Theaterstücke. Nach dem Notabitur leistete er Kriegshilfsdienst und wurde 1918 als Medizinstudent zum Dienst in ein Militärkrankenhaus einberufen. Schließlich gab er das Studium auf, um sich ganz dem Schreiben zu widmen.
Seinen ersten großen Theatererfolg feierte er im Jahr 1922 mit „Trommeln in der Nacht“. Brecht schrieb weitere Stücke für Bühnen in Berlin und München und arbeitete dort auch als Regisseur. Sein erfolgreichstes Theaterstück war 1928 die „Dreigroschenoper“, die in der Londoner Unterwelt spielt und deren Held ein Schwerverbrecher ist. Das Stück enthält neben den Sprechtexten viele Songs mit eingängigen Melodien.
In seinen Werken – das waren neben den Theaterstücken auch Gedichte, Kurzgeschichten, Romane und Hörspiele für das Radio – beschäftigte sich Brecht immer wieder mit gesellschaftlichen Problemen und der Ungerechtigkeit im Leben.
Auch er gehörte zu den verbotenen Autoren im nationalsozialistischen Deutschland und verließ bereits im Februar 1933 seine Heimat. Im Exil entstanden weitere bekannte Werke, etwa das Theaterstück „Mutter Courage und ihre Kinder“. Über Prag, Wien, Zürich, Paris, Dänemark, Schweden, Finnland und die UdSSR gelangte Brecht 1941 in die USA. Weil er den Ideen des Kommunismus nahestand, bekam er dort in den 1940er Jahren zunehmend Probleme und siedelte schließlich in die Schweiz um. Nach dem Krieg ging Brecht nach Ostberlin, und damit in den sowjetisch besetzten Teil Deutschlands. Seine Hoffnungen, dass die DDR ein „besseres“ Deutschland werden würde, erfüllten sich aber nicht und er distanzierte sich zunehmend vom ostdeutschen Sozialismus. Dennoch blieb er und führte gemeinsam mit seiner Partnerin Helene Weigel das Berliner Theater am Schiffbauerdamm. Brecht starb 1956 in Ostberlin.

**1** a Zeigt an einer Weltkarte (▸ S. 188) die Stationen von Brechts Emigration. Ihr könnt digital arbeiten.
b Tauscht euch darüber aus, aus welchen Gründen Brecht während des Nationalsozialismus wohl zu den verbotenen Autoren gehörte.

Das **Drama „Mutter Courage und ihre Kinder“** spielt in der Zeit des Dreißigjährigen Krieges (1618–1648), der zwischen Gebieten katholischen und protestantischen Glaubens um die Vormachtstellung in Mitteleuropa geführt wurde. Vor allem die einfache Bevölkerung litt schwer unter diesem Krieg, in dem weite Landstriche verwüstet, Städte und Dörfer geplündert und Menschen Opfer von Gewalt, Seuchen und Hungersnöten wurden. Doch es gab auch diejenigen, die versuchten, aus dem Krieg Gewinn zu schlagen: Sie zogen als Landstreicher, Händler und Prostituierte mit den Truppen umher und sicherten sich so ihr Überleben.

Bertolt Brecht

## **Mutter Courage und ihre Kinder** (1938/39, Auszug aus Bild 1)

*Mutter Courage folgt als Händlerin mit ihren drei Kindern Elif, Schweizerkas und Kattrin den Soldaten und verkauft ihre Waren. Dabei kennt sie weder Freund noch Feind: Je nach Kriegslage schließt sie sich den jeweils siegreichen Truppen an. Aufgrund ihrer Lebens- und Kriegserfahrung ahnt sie jedoch, dass sie alle Kinder im Krieg verlieren wird. Trotzdem ändert sie ihre Lebensweise nicht und zieht weiter durch das verwüstete Land, um für ihr Auskommen zu sorgen. Eines Tages trifft sie auf einen Feldwebel und einen Werber, welche die beiden Söhne der Mutter Courage als Soldaten anwerben wollen.*

Aufführung „Mutter Courage und ihre Kinder", Deutsches Theater Berlin, 2003

FRÜHJAHR 1624. DER FELDHAUPTMANN OXENSTJERNA WIRBT IN DALARNE TRUPPEN FÜR DEN FELDZUG IN POLEN. DER MARKETENDERIN[1] ANNA FIERLING, BEKANNT UNTER DEM NAMEN MUTTER COURAGE, KOMMT EIN SOHN ABHANDEN.

*Landstraße in Stadtnähe.*

*Ein Feldwebel und ein Werber stehen frierend.*

**DER WERBER:** Wie soll man sich hier eine Mannschaft zusammenlesen? Feldwebel, ich denk schon mitunter an Selbstmord. Bis zum Zwölften soll ich dem Feldhauptmann vier Fähnlein[2] hinstelln und die Leut hier herum sind so voll Bosheit, daß ich keine Nacht mehr schlaf. Hab ich endlich einen aufgetrieben und schon durch die Finger gesehn und mich nix wissen gemacht, daß er eine Hühnerbrust hat und Krampfadern, ich hab ihn glücklich besoffen, er hat schon unterschrieben, ich zahl nur

1 die Marketenderin: Händlerin, die die Soldaten begleitet und mit Waren des täglichen Gebrauchs versorgt

2 das Fähnlein: Soldatengruppe (Kampfeinheit)

noch den Schnaps, er tritt aus, ich hinterher zur Tür, weil mir was schwant[3]: richtig, weg ist er, wie die Laus unterm Kratzen. Da gibts kein Manneswort, kein Treu und Glauben, kein Ehrgefühl. Ich hab hier mein Vertrauen in die Menschheit verloren, Feldwebel.

**Der Feldwebel:** Man merkts, hier ist zu lang kein Krieg gewesen. Wo soll da Moral herkommen, frag ich? Frieden, das ist nur Schlamperei, erst der Krieg schafft Ordnung. Die Menschheit schießt ins Kraut im Frieden. Mit Mensch und Vieh wird herumgesaut, als wärs gar nix. Jeder frißt, was er will, einen Ranken[4] Käs aufs Weißbrot und dann noch eine Scheibe Speck auf den Käs. Wie viele junge Leut und gute Gäul diese Stadt da vorn hat, weiß kein Mensch, es ist niemals gezählt worden. Ich bin in Gegenden gekommen, wo kein Krieg war vielleicht siebzig Jahr, da hatten die Leut überhaupt noch keine Namen, die kannten sich selber nicht. Nur wo Krieg ist, gibts ordentliche Listen und Registraturen, kommt das Schuhzeug in Ballen und das Korn in Säck, wird Mensch und Vieh sauber gezählt und weggebracht, weil man eben weiß: ohne Ordnung kein Krieg!

**Der Werber:** Wie richtig das ist!

**Der Feldwebel:** Wie alles Gute ist auch der Krieg am Anfang halt schwer zu machen. Wenn er dann erst floriert, ist er auch zäh; dann schrecken die Leut zurück vorm Frieden, wie die Würfler vorm Aufhören, weil dann müssens zählen, was sie verloren haben. Aber zuerst schreckens zurück vorm Krieg. Er ist ihnen was Neues.

**Der Werber:** Du, da kommt ein Planwagen. Zwei Weiber und zwei junge Burschen. Halt die Alte auf, Feldwebel. Wenn das wieder nix ist, stell ich mich nicht weiter in den Aprilwind hin, das sag ich dir.

*Man hört eine Maultrommel[5]. Von zwei jungen Burschen gezogen, rollt ein Planwagen heran. Auf ihm sitzen Mutter Courage und ihre stumme Tochter Kattrin.*

**Mutter Courage:** Guten Morgen, Herr Feldwebel!

**Der Feldwebel** *sich in den Weg stellend:* Guten Morgen, ihr Leut! Wer seid ihr?

**Mutter Courage:** Geschäftsleut. *Singt:*

Ihr Hauptleut, laßt die Trommel ruhen
Und laßt eur Fußvolk halten an:
Mutter Courage, die kommt mit Schuhen
In denens besser laufen kann.
Mit seinen Läusen und Getieren
Bagage, Kanone und Gespann –
Soll es euch in die Schlacht marschieren
So will es gute Schuhe han.
Das Frühjahr kommt. Wach auf, du Christ!
Der Schnee schmilzt weg. Die Toten ruhn.
Und was noch nicht gestorben ist
Das macht sich auf die Socken nun.

Ihr Hauptleut, eure Leut marschieren
Euch ohne Wurst nicht in den Tod.
Laßt die Courage sie erst kurieren
Mit Wein von Leibs- und Geistesnot.
Kanonen auf die leeren Mägen
Ihr Hauptleut, das ist nicht gesund.
Doch sind sie satt, habt meinen Segen
Und führt sie in den Höllenschlund.
Das Frühjahr kommt. Wach auf, du Christ!
Der Schnee schmilzt weg. Die Toten ruhn.
Und was noch nicht gestorben ist
Das macht sich auf die Socken nun.

**Der Feldwebel:** Halt, wohin gehört ihr, Bagage[6]?

**Der ältere Sohn:** Zweites Finnisches Regiment[7].

**Der Feldwebel:** Wo sind eure Papiere?

**Mutter Courage:** Papiere?

**Jüngerer Sohn:** Das ist doch die Mutter Courage!

**Der Feldwebel:** Nie von gehört. Warum heißt sie Courage?

3 mir schwant was: ich merke etwas
4 der Ranken: ein dickes Stück
5 die Maultrommel: kleines Musikinstrument aus Metall
6 die Bagage: abwertende Bezeichnung für eine Gruppe von Personen
7 das Regiment: die Truppeneinheit

**Mutter Courage:** Courage heiß ich, weil ich den Ruin gefürchtet hab, Feldwebel, und bin durch das Geschützfeuer von Riga gefahrn mit fünfzig Brotlaib im Wagen. Sie waren schon angeschimmelt, es war höchste Zeit, ich hab keine Wahl gehabt.

**Der Feldwebel:** Keine Witze, du. Wo sind die Papiere!

**Mutter Courage:** *aus einer Zinnbüchse einen Haufen Papiere kramend und herunterkletternd:* Das sind alle meine Papiere, Feldwebel. Da ist ein ganzes Meßbuch dabei, aus Altötting, zum Einschlagen von Gurken, und eine Landkarte von Mähren, weiß Gott, ob ich da je hinkomm, sonst ist sie für die Katz, und hier stehts besiegelt, daß mein Schimmel nicht die Maul- und Klauenseuch hat, leider ist er uns umgestanden, er hat fünfzehn Gulden gekostet, aber nicht mich, Gott sei Dank. Ist das genug Papier?

**Der Feldwebel:** Willst du mich auf den Arm nehmen? Ich werd dir deine Frechheit austreiben. Du weißt, daß du eine Lizenz haben mußt.

**Mutter Courage:** Reden sie anständig mit mir und erzählen Sie nicht meinen halbwüchsigen Kindern, daß ich Sie auf den Arm nehmen will, das gehört sich nicht, ich hab nix mit Ihnen. Meine Lizenz beim Zweiten Regiment ist mein anständiges Gesicht, und wenn Sie es nicht lesen können, kann ich Ihnen nicht helfen. Einen Stempel laß ich mir nicht draufsetzen.

**Der Werber:** Feldwebel, ich spür einen unbotmäßigen Geist heraus bei der Person. Im Lager da brauchen wir Zucht.

**Mutter Courage:** Ich dacht Würst.

**Der Feldwebel:** Name.

**Mutter Courage:** Anna Fierling. * **R**

**2** Der Werber und der Feldwebel beklagen die eigene und die allgemeine Situation. Gebt ihr Gespräch in heutiger Alltagssprache wieder.

**3** a Mutter Courage stellt sich in einem Song vor (Z. 70–93). Welche Bedeutung hat ihre Tätigkeit für sie? Gebt den Inhalt des Songs wieder, z. B.:
●○○ *Mutter Courage verdient ihr Geld als …*

b „Courage" bedeutet auf Französisch „Mut". Findet die Textstelle, in der Mutter Courage ihren Namen erklärt, und fasst diese mit eigenen Worten zusammen. Wie heißt die Figur tatsächlich?

*Beide Söhne der Mutter Courage werden als Soldaten eingezogen. Schweizerkas, der nicht besonders klug ist, wird schließlich verdächtigt, die Regimentskasse entwendet zu haben. Hierauf steht die Todesstrafe. Mutter Courage will ihm helfen, stellt aber das Lösegeld zu spät bereit. Schweizerkas wird erschossen. Der Krieg geht weiter und es wird deutlich, dass Mutter Courage stets ihren Gewinn vermehren will. Das Schicksal der Menschen in einem von den Kriegshandlungen zerstörten Land ist ihr nicht wichtig. Hierbei gerät sie mit ihrer stummen Tochter Kattrin aneinander, die Bedürftigen auch ohne Entlohnung helfen will. Auch der älteste Sohn, Elif, ist zugleich Opfer und Täter in diesem Krieg. Nachdem er ein grausames Kriegsverbrechen begangen hat, wird er dafür hingerichtet. Selbst der Tod von Kattrin, die bei dem Versuch, Dorfbewohnern zu helfen, stirbt, ändert das Verhalten der Mutter Courage nicht. Sie zahlt für die Beerdigung der Tochter und zieht weiter mit den Truppen. Ihre Ahnung ist somit wahr geworden, sie hat ihre drei Kinder an den Krieg verloren.*

**4** Wie bewertet ihr die Tatsache, dass Mutter Courage nach dem Tod ihres letzten Kindes weiterzieht?

**5** Brechts Theaterstück zählt zum epischen Theater. Vergleicht diese Dramenform mit Hilfe des Merkkastens mit dem klassischen Drama (▸ S. 294). Legt dazu eine Tabelle an und stellt folgende Bereiche einander gegenüber:

Aufbau • Bühnenbild • Kostüme • Handlung • Ende • Intention

**6** Der Verfremdungseffekt (V-Effekt) ist das wichtigste Stilmittel im epischen Theater.
a Seht euch die Bühnenbilder an (▸ S. 171, 173). Benennt mit Hilfe des Merkkastens die Verfremdungseffekte.
b Macht am Beispiel des Songs der Mutter Courage (Z. 70–93) deutlich, wie der V-Effekt funktioniert.
c Zitiert weitere Textstellen aus dem Auszug aus Bild 1, an denen der V-Effekt deutlich wird.

**Wissen und Können** **Das epische Theater**

Bertolt Brecht entwickelte als Gegenentwurf zum **klassischen Theater** das **epische Theater:** Einzelne Szenen werden lose zu **Bildern** aneinandergereiht, die **Handlung** spielt an verschiedenen Orten zu unterschiedlichen Zeiten. Anders als in klassischen Dramen, in denen die Handlung auf ein Ende hin ausgerichtet ist, ist hier der **Schluss offen.**
Dabei ist der **Verfremdungseffekt (V-Effekt)** das wichtigste Stilmittel:

- Der Effekt soll den Zuschauerinnen und Zuschauern bewusst machen, dass das, was sie auf der Bühne sehen, nur Spiel ist. Sie sollen nicht mit den Figuren mitfühlen, sondern ihnen **kritisch distanziert** gegenübertreten und über ihre Einstellungen und ihr Handeln **nachdenken.**
- Im **Dramentext** zeigt sich der V-Effekt durch eingeschobene **Kommentare, Verse oder Songs.** Oft wird die Handlung auch durch einen außenstehenden **Erzähler** vorweggenommen. Die Figuren verwenden häufig **Umgangssprache, Dialekt** und eine ihre Haltung **entlarvende Wortwahl.**
- Bei der **Aufführung** treten die Schauspieler/-innen aus ihren Rollen heraus und wenden sich direkt an das Publikum, Requisiten werden durch **Transparente, Schilder und Projektionen (Film, Fotos)** ersetzt, Kostüme durch **einfache Straßenkleidung.**

## Theater kritisch betrachtet

**1** Zwei Jugendliche unterhalten sich nach einem Theaterbesuch über die Aufführung.

a Tragt zusammen, was ihnen aufgefallen ist. Was entsprach nicht ihren Erwartungen?

b Tauscht euch darüber aus, welche Wirkung dadurch ausgelöst wurde.

Eigentlich gefiel mir die Aufführung gut. Aber das Bühnenbild hatte ich mir anschaulicher vorgestellt, nicht nur einen Planwagen und zwei Kreuze. Bei diesen modernen Kostümen ist es mir richtig schwergefallen, mich in die damalige Zeit hineinzuversetzen.

Ich fand die Musik eigenartig. Sie war nicht melodisch, eher ein Sprechgesang. Und dann wendet sich die Mutter Courage ständig ans Publikum und spricht oder singt es an. Seltsam.

### Rezensionen zur Aufführung „Mutter Courage und ihre Kinder" im Schauspielhaus Düsseldorf (2020)

**A** „Zwar klingt ‚episches Theater' zunächst einmal ziemlich modern, und Baumgarten hat einen schönen Einfall, wenn er das Stück mit der Vorstellung der Personen beginnen lässt. […] Gesprochen ausgerechnet von der Darstellerin einer Figur, für die der Autor keinen Text übrighatte, der stummen Kattrin. […] Anstelle eines Planwagens, den die Kinder der Courage ziehen, sieht man eine [..] Kiste, die mit diversen Aufschriften wie ‚Alles' versehen ist: sozusagen der kleine Supermarkt auf Rädern. […] Die Songs […] werden eher beiläufig präsentiert. […] Die Inszenierung ist desto besser, je weiter sie sich von Brecht entfernt. […]" * *Martin Krumbholz*

**B** „Ein in Strecken unterhaltsamer Abend mit starken Bildern und sehr starken Schauspielern. Brechts ernste, antikapitalistische Botschaft geht aber in der Vielzahl der schönen Regie-Einfälle baden." * *Michael-Georg Müller, Westdeutsche Zeitung*

**C** „[…] banal austauschbare[s] Disco-Finale […] überaus verzichtbar. […] Am meisten besticht, wie raffiniert Sebastian Baumgarten Brechts in die Jahre gekommene[s] Modell der Verfremdung in eine Ästhetik unserer Zeit hinüberrettet." * *Lars von der Gönna, WAZ*

**2** a Beschreibt die Sprache der Kritiken **A** bis **C:** Für wen werden Rezensionen geschrieben? Warum erkennt man die Zielgruppe an der Sprache?

b Ordnet die Aussagen den Rezensionen zu, und begründet eure Entscheidung anhand der Zitate:

Die Leistung der Schauspieler/-innen ist hervorragend.
Dem Regisseur gelingt es, das Stück zeitgemäßer wirken zu lassen.
Es ist heutzutage schwer, episches Theater umzusetzen.

**3** Findet Gründe dafür, warum Theaterkritiken geschrieben werden. Sprecht darüber, welche Verantwortung Kritiker/-innen tragen und welche Folgen schlechte Rezensionen haben können.

# 8.2 Vergangenheitsbewältigung – Die Nachkriegsliteratur

## Eltern und Jugend im Nachkriegsdeutschland

**Heinrich Böll** wurde 1917 in Köln geboren und zählt zu den bedeutendsten Schriftstellern der Nachkriegszeit. Schon während seiner Buchhändlerlehre begann er zu schreiben. Das Germanistikstudium konnte er wegen seiner Einberufung als Soldat nicht abschließen. Nach Kriegsende und seiner Entlassung aus der US-amerikanischen Kriegsgefangenschaft arbeitete er als Dolmetscher. Bereits 1946 nahm er mit dem Roman „Kreuz ohne Liebe“ an einem Literaturwettbewerb teil und veröffentlichte ab 1947 erste Kurzgeschichten. Seine Teilnahme an den deutschsprachigen Schriftstellertreffen der sogenannten Gruppe 47 (▶ S. 186) verhalf ihm zum Durchbruch.
In seinen Werken setzte er sich mit der Politik und Gesellschaft der Nachkriegszeit in der Bundesrepublik auseinander. Sein 1972 entstandener Roman „Gruppenbild mit Dame“, in welchem er sich mit Außenseitern in der Gesellschaft auseinandersetzte, trug maßgeblich zur Verleihung des Nobelpreises (▶ S. 165) für Literatur im Jahr 1972 bei. Mit dem später auch verfilmten Roman „Die verlorene Ehre der Katharina Blum“ erschien sein bis heute bekanntestes Werk, in dem er sich kritisch mit der Boulevardpresse beschäftigte. In seinem letzten Roman „Frauen vor Flusslandschaft“ (1985) befasste er sich mit dem politischen Betrieb in der damaligen Hauptstadt Bonn. Er starb im selben Jahr. Der nach ihm benannte Heinrich-Böll-Preis für „herausragende Leistungen auf dem Gebiet der deutschsprachigen Literatur“ würdigt ihn bis heute.

**1** Führt über die Biografie Bölls ein Experteninterview (Interviewer/-in und Expertin/Experte).

Der **Roman „Ansichten eines Clowns“** handelt von Hans Schnier, einem jungen Mann, der nach „fünfjährigem Unterwegssein“ in seine Heimatstadt Bonn zurückkommt. Er hat sich gegen eine „traditionelle“ Karriere entschieden und arbeitet stattdessen als Clown. Als seine Beziehung zu seiner Freundin Marie scheitert, geht es mit ihm beruflich und persönlich bergab.

**2** a Hört euch den Auszug aus dem Roman „Ansichten eines Clowns“ an oder lasst ihn euch vorlesen.
b Notiert Stichworte zum Inhalt und tauscht euch mit der Bienenkorbmethode darüber aus.

**Wissen und Können** | **Gedankenaustausch mit der Bienenkorbmethode**

- Informiert euch in einer Gruppe gegenseitig über eure Stichworte und Erklärungen.
- Ihr könnt euch auch gegenseitig wie bei einem Quiz zu euren Stichworten befragen.
- Teilt die Ergebnisse im Anschluss im Plenum mit.

Heinrich Böll

## Ansichten eines Clowns (1963, Auszüge)

*Hans Schnier erinnert sich auf dem Weg zu seinen Eltern an ein prägendes Erlebnis in seiner Kindheit.*

Ich bin in Bonn geboren und kenne hier viele Leute: Verwandte, Bekannte, ehemalige Mitschüler. Meine Eltern wohnen hier, und mein Bruder Leo, der unter Züpfners Patenschaft konvertiert ist, studiert hier katholische Theologie. Meine Eltern würde ich notwendigerweise einmal sehen müssen, schon um die Geldgeschichten mit ihnen zu regeln. Vielleicht werde ich das auch meinem Rechtsanwalt übergeben. Ich bin in dieser Frage noch unentschlossen. Seit dem Tod meiner Schwester Henriette existieren meine Eltern für mich nicht mehr als solche. Henriette ist schon siebzehn Jahre tot. Sie war sechzehn, als der Krieg zu Ende ging, ein schönes Mädchen, blond, die beste Tennisspielerin zwischen Bonn und Remagen. Damals hieß es, die jungen Mädchen sollten sich freiwillig zur Flak[1] melden, und Henriette meldete sich, im Februar 1945. Es ging alles so rasch und reibungslos, dass ich's gar nicht begriff. Ich kam aus der Schule, überquerte die Kölner Straße und sah Henriette in der Straßenbahn sitzen, die gerade in Richtung Bonn abfuhr. Sie winkte mir zu und lachte, und ich lachte auch. Sie hatte einen kleinen Rucksack auf dem Rücken, einen hübschen dunkelblauen Hut auf und den dicken blauen Wintermantel mit dem Pelzkragen an. Ich hatte sie noch nie mit Hut gesehen, sie hatte sich immer geweigert, einen aufzusetzen. Der Hut veränderte sie sehr. Sie sah wie eine junge Frau aus. Ich dachte, sie mache einen Ausflug, obwohl es eine merkwürdige Zeit für Ausflüge war. Aber den Schulen war damals alles zuzutrauen. Sie versuchten sogar, uns im Luftschutzkeller Dreisatz beizubringen, obwohl wir die Artillerie schon hörten. Unser Lehrer Brühl sang mit uns „Frommes und Nationales“, wie er es nannte, worunter er „Ein Haus voll Glorie schauet“ wie „Siehst du im Osten das Morgenrot“ verstand. Nachts, wenn es für eine

1 die Flak: Abkürzung für Flugabwehrkanone

halbe Stunde einmal ruhig wurde, hörte man immer nur marschierende Füße: italienische Kriegsgefangene (es war uns in der Schule erklärt worden, warum die Italiener jetzt nicht mehr Verbündete waren, sondern als Gefangene bei uns arbeiteten, aber ich habe bis heute nicht begriffen, wieso), russische Kriegsgefangene, gefangene Frauen, deutsche Soldaten; marschierende Füße, die ganze Nacht hindurch. Kein Mensch wusste genau, was da los war.

Henriette sah wirklich aus, als mache sie einen Schulausflug. Denen war alles zuzutrauen. Manchmal, wenn wir zwischen den Alarmen in unserem Klassenraum saßen, hörten wir durchs offene Fenster richtige Gewehrschüsse, und wenn wir erschrocken zum Fenster hinblickten, fragte der Lehrer Brühl uns, ob wir wüssten, was das bedeute. Wir wussten es inzwischen: Es war wieder ein Deserteur oben im Wald erschossen worden. „So wird es allen gehen“, sagte Brühl, „die sich weigern, unsere heilige deutsche Erde gegen die jüdischen Yankees[2] zu verteidigen.“ (Vor Kurzem traf ich ihn noch einmal, er ist jetzt alt, weißhaarig, Professor an einer Pädagogischen Akademie und gilt als ein Mann mit „tapferer politischer Vergangenheit“, weil er nie in der Partei war.)

Ich winkte noch einmal hinter der Straßenbahn her, in der Henriette davonfuhr, ging durch unseren Park nach Hause, wo meine Eltern mit Leo schon bei Tisch saßen. Es gab Brennsuppe[3], als Hauptgericht Kartoffeln mit Soße und zum Nachtisch einen Apfel. Erst beim Nachtisch fragte ich meine Mutter, wohin denn Henriettes Schulausflug führe. Sie lachte ein bisschen und sagte: „Ausflug. Unsinn. Sie ist nach Bonn gefahren, um sich bei der Flak zu melden. Schäle den Apfel nicht so dick. Junge, sieh mal hier“, sie nahm tatsächlich die Apfelschalen von meinem Teller, schnippelte daran herum und steckte die Ergebnisse ihrer Sparsamkeit, hauchdünne Apfelscheiben, in den Mund. Ich sah Vater an. Er blickte auf seinen Teller und sagte nichts. Auch Leo schwieg, aber als ich meine Mutter noch einmal ansah, sagte sie mit ihrer sanften Stimme: „Du wirst doch einsehen, dass jeder das Seinige tun muss, die jüdischen Yankees von unserer heiligen deutschen Erde wieder zu vertreiben.“ Sie warf mir einen Blick zu, mir wurde unheimlich, sie sah dann Leo mit dem gleichen Blick an, und es schien mir, als sei sie drauf und dran, auch uns beide gegen die jüdischen Yankees zu Felde zu schicken. [...]

Henriette mit blauem Hut und Rucksack. Sie kam nicht mehr zurück, und wir wissen bis heute nicht, wo sie beerdigt ist. Irgendjemand kam nach Kriegsende zu uns und meldete, dass sie „bei Leverkusen gefallen“ sei. *

2 Yankee: meist abwertende Bezeichnung für US-Amerikaner

3 Brennsuppe: Suppe aus geröstetem Mehl, Fett und Wasser

**3** Formuliert, wohin die 16-jährige Schwester geht. Berücksichtigt hierbei die Aussage „bei Leverkusen gefallen“ (Z. 99).

**4** Stellt die unterschiedlichen Reaktionen der Eltern auf den Weggang der Schwester in einem szenischen Spiel (▸ S. 294) dar. Entwickelt auf Grundlage des Textes einen Dialog. Haltet auch Hinweise zu Mimik, Gestik und Reaktionen als Regieanweisungen fest.

**5** Beschreibt das Verhältnis des Erzählers zu seiner Schwester.

**6** Hans übt Kritik am Verhalten seiner Mutter. Belegt dies am Text.

**7** Im folgenden Auszug ruft Hans Schnier seine Mutter an, die zunächst nicht weiß, wer mit ihr telefonieren möchte. Lest das Gespräch (▸ S. 179) und fasst es mit eigenen Worten zusammen.

[M]eine Mutter meldete sich geschäftsmäßig an ihrem schwarzen Apparat: „Zentralkomitee der Gesellschaften zur Versöhnung rassischer Gegensätze.“

Ich war sprachlos. Hätte sie gesagt: „Hier Frau Schnier“, hätte ich wahrscheinlich gesagt: „Hier Hans, wie geht's, Mama?“ Stattdessen sagte ich: „Hier spricht ein durchreisender Delegierter des Zentralkomitees jüdischer Yankees, verbinden Sie mich bitte mit Ihrer Tochter.“ Ich war selbst erschrocken. Ich hörte, dass meine Mutter aufschrie, dann seufzte sie auf eine Weise, die mir deutlich machte, wie alt sie geworden ist. Sie sagte: „Das kannst du wohl nie vergessen, wie?“ Ich war selbst nahe am Weinen und sagte leise: „Vergessen? Sollte ich das, Mama?“ Sie schwieg, ich hörte nur dieses für mich so erschreckende Altfrauenweinen. Ich hatte sie seit fünf Jahren nicht gesehen. [...]

[U]nd ich fragte: „Wie geht's Papa?“

„Oh“, sagte sie, „er ist alt geworden – alt und weise.“

„Und Leo?“

„Oh, Leo, der ist fleißig, fleißig“, sagte sie, „man prophezeit ihm eine Zukunft als Theologe.“

„O Gott“, sagte ich, „ausgerechnet Leo eine Zukunft als Theologe.“

„Es war ja ziemlich bitter für uns, als er übertrat“, sagte meine Mutter, „aber der Geist weht ja, wo er will.“

Sie hatte ihre Stimme wieder ganz in der Gewalt, und ich war einen Augenblick versucht, sie nach Schnitzler zu fragen, der immer noch bei uns zu Hause aus und ein geht. Er war ein dicklicher, gepflegter Bursche, der damals immer vom edlen Europäertum, vom Selbstbewusstsein der Germanen schwärmte. Aus Neugierde hatte ich später einmal einen seiner Romane gelesen. „Französische Liebschaft“, langweiliger, als der Titel versprach. [...] Der Roman endet mit einer heimlichen Trauung; die aber brachte Schnitzler den Undank der

Reichschrifttumskammer ein, die ihm Schreibverbot auferlegte, etwa für zehn Monate. Die Amerikaner nahmen ihn mit offenen Armen als Widerstandskämpfer in den Kulturdienst, und er rennt heute durch Bonn und erzählt bei jeder Gelegenheit, er habe von den Nazis Schreibverbot gehabt. Ein solcher Heuchler braucht nicht einmal zu lügen, um immer richtig zu liegen. Dabei war er es, der meine Mutter zwang, uns zum Dienst zu schicken, mich ins Jungvolk und Henriette in den BDM [Bund Deutscher Mädel]. „In dieser Stunde, gnädige Frau, müssen wir einfach zusammenhalten, zusammenstehen, zusammen leiden.“ Ich seh ihn am Kaminfeuer stehen, mit einer von Vaters Zigarren in der Hand. „Gewisse Ungerechtigkeiten, deren Opfer ich geworden bin, können nicht meine klare, objektive Einsicht trüben, dass der Führer“ – seine Stimme bebte tatsächlich – „der Führer die Rettung schon in der Hand hat.“ Gesprochen etwa eineinhalb Tage, bevor die Amerikaner Bonn eroberten.

„Was macht eigentlich Schnitzler?“, fragte ich meine Mutter.

„Großartig“, sagte sie, „im Auswärtigen Amt kann man ohne ihn gar nicht mehr auskommen.“ Sie hat das alles natürlich vergessen, erstaunlich genug, dass die jüdischen Yankees überhaupt noch Erinnerungen auslösen. Ich bereute schon längst nicht mehr, dass ich mein Gespräch mit ihr so angefangen hatte. *

**8** Beschreibt die berufliche Tätigkeit der Mutter. Erklärt, warum diese einen Widerspruch zu ihrem Verhalten während der Zeit des Nationalsozialismus darstellt.

# „Die Freuden der Pflicht" – Aufarbeitung der NS-Zeit?

## Romanauszüge analysieren

**Siegfried Lenz** (1926–2014) zählt zu den bekanntesten Autoren der Nachkriegszeit. Er wuchs in Masuren (im heutigen Polen) auf. Nach dem Tod der Mutter lebte er bei der Großmutter. Nach dem verkürzten Notabitur 1943 leistete er bei der Marine seinen Kriegsdienst ab. Er geriet in britische Kriegsgefangenschaft und arbeitete für die Engländer als Dolmetscher. Nach Kriegsende begann er ein Studium der Philosophie sowie der deutschen und englischen Literaturwissenschaft, das er jedoch vorzeitig beendete, um sich dem Journalismus zuzuwenden. Lenz war regelmäßiger Gast bei den Treffen der Gruppe 47. Bei der Tageszeitung „Die Welt" lernte er seine Frau kennen.
1951 erschien sein erster Roman „Es waren Habichte in der Luft". In seinen frühen Jahren schrieb Lenz bekannte Kurzgeschichten wie die Sammlung „So zärtlich war Suleyken". Im Laufe der folgenden Jahrzehnte veröffentlichte er weitere Romane, Kurzgeschichten, Erzählungen, Theaterstücke und Hörspiele. In vielen Werken setzte sich der Autor kritisch mit der Gesellschaft der Bundesrepublik und dem politischen Geschehen auseinander. Seit 1967 war Lenz Mitglied des PEN-Zentrums (internationaler Autorenverband), und er hatte seit 2003 eine Gastprofessur an der Universität Düsseldorf inne. Der mehrfach verfilmte Roman „Deutschstunde" aus dem Jahr 1968, in dem es um übertriebenes, falsch verstandenes Pflichtgefühl und die Auseinandersetzung mit der NS-Zeit geht, zählt zu seinen wichtigsten Werken.

Siegfried Lenz

### **Deutschstunde** (1968, Auszüge)

*Der Roman besteht aus einer Rahmenhandlung und der eigentlichen Erzählung: Der knapp 20-jährige Ich-Erzähler Siggi Jepsen sitzt nach einer Straftat Mitte der 1950er Jahre in einer Hamburger Jugendstrafanstalt ein. Da er nicht dazu imstande war, einen Aufsatz über „Die Freuden der Pflicht" zu schreiben, muss er dies als Strafarbeit in Einzelhaft erledigen. Das Schreiben weckt bei Siggi Erinnerungen an seine Kindheit während der NS-Zeit im fiktiven Ort Rugbüll im Norden Deutschlands an der dänischen Grenze. Dieser Rückblick bildet die eigentliche Haupthandlung des Romans.*
*Siggi ist das dritte Kind einer kleinbürgerlichen Beamtenfamilie, in der Pflichterfüllung und Gehorsam an erster Stelle stehen. Seine Erinnerungen gehen zurück in das Jahr 1943, als sein Vater, ein obrigkeitshöriger, prinzipientreuer und angepasster Dorfpolizist, dem expressionistischen Maler Max Ludwig Nansen ein Malverbot ausspricht. Ole Jepsen, Siggis Vater, ist nun geradezu besessen davon, den berühmten Maler zu überwachen und ihm Verstöße gegen das Malverbot nachzuweisen. Als Nansen etwa das Verdunklungsgebot nicht gänzlich befolgt und dazu noch unerlaubt malt, nimmt ihm der Polizist das Bild ab und zerreißt es. Darauf sind er und sein ältester Sohn Klaas abgebildet. Siggi findet die Schnipsel und setzt sie mühevoll wieder zusammen. So beginnt er, sich mit moderner Kunst auseinanderzusetzen.*

Mit dir, Mann im roten Mantel, begann ich das zerstörte Bild wiederzufinden, es zu suchen in unregelmäßigen Fetzen und Schnipseln, und ich weiß noch die Spannung und die Freude, von denen meine Suche begleitet wurde. Nicht vom Rand, auch nicht vom Zentrum ging ich aus: Ich ließ mich von der Farbe leiten, fügte Rot zu Rot und Grün zu Grün, passte noch nicht die einzelnen Stücke aneinander, sondern verteilte sie nur, wie gesagt, nach ihrer farblichen Zugehörigkeit, teilte das Bild so in Abschnitte ein oder womöglich Kapitel, die nun geordnet werden mussten.

Ich gebe zu, es waren keine leichten Entscheidungen, beispielsweise jedes Braun dem Abschnitt Braun zuzurechnen, und manches Grün musste ich dreimal befragen, bevor es endgültig grün bleiben durfte: Die längste Zeit brachte ich damit zu, Farben zu bestimmen. [...]

Mit dem Zeigefinger drückte ich die Fetzen an den Tisch und rangierte sie zügig an mutmaßliche Anschlussstellen heran, manövrierte eine schwarze Jacht in einen Hafen, den ich mit dem indischen Dreieck schloss, durch Anlegen passender Teile machte ich aus einem roten Kugelbaum zuerst den aufgebäumten Körper eines Pferds, dann einen fliegenden Drachen und schließlich, immer neue Schnipsel und Stücke einpassend, eine rote Glocke, den roten glockenförmigen Mantel. Wie viele Möglichkeiten in einem Bild steckten! Wie viele Stationen es da am Anfang gab!

Was machte der Mann im roten Mantel? Warum trug und balancierte er den Strand auf seinen Händen, während die koboldhaften Füße frei in der Luft ragten? Konnte er kichern unter der grauen Last? Ich hantierte weiter mit Fußteilen, mit gespreizten Fingern, mit einem schweren grünweißen Körper, suchte für einen durch Schattenfall vergrößerten Mund ein Gesicht und fand – schiebend, probierend – einen Hinweis auf Klaas, fügte Dreiecke und Rhomboide[1] hinzu und ließ meinen Bruder sich selbst immer ähnlicher werden, bis er endlich fluchtbereit vorhanden war: Klaas, nicht eine Wiedergabe, sondern ein Ausdruck der Furcht.

[...] Jetzt traf es sich, dass der Strand, über den mein Bruder fliehen wollte, und der Strand, den der Alte hochstemmte, zusammenpassten. Jetzt traf es sich, dass der niedrige Horizont ihrer beider Horizont war und sich gleichmäßig fortsetzte, und es traf sich, dass die Furcht meines Bruders, der sich aus der Szene herausdrehte, einen unmittelbaren Anlass hatte: den mageren, krummen und die Schwerkraft foppenden Mann im roten Mantel. Es war kein Fetzen übrig geblieben. *

1 Rhomboide (Sg. Rhomboid): Parallelogramm

**1** a Veranschaulicht die unterschiedlichen Gefühle des Ich-Erzählers in Form verschiedener Emojis.
b Erklärt mündlich eure Darstellungen mit Bezug auf den Text.

**2** Beschreibt, wie der Maler den Polizisten Jepsen und seinen Sohn Klaas auf dem Gemälde darstellt.

*Die modernen Bilder des Malers stoßen bei Siggis Eltern auf Abscheu und Ablehnung, ganz anders als bei ihrem Sohn, der den Maler bewundert, sich bei ihm im Atelier wohlfühlt und sich dort unter dessen Anleitung mit Kunst beschäftigt. Siggis Vater will sich dieses Vertrauensverhältnis zunutze machen und beauftragt seinen Sohn, den Maler auszuspionieren. Fortan ist Siggi immer hin- und hergerissen zwischen dem Gehorsam gegenüber seinem Vater, der bei Pflichtverletzungen seines Sohnes auch körperliche Gewalt anwendet, und seiner Verehrung des Malers Nansen.*

Meine Mutter hörte zu essen auf. Sie stützte die Ellenbogen auf den Tisch. Sie blickte auf den scharfen Scheitel meines Vaters und sagte tatsächlich: Manchmal denke ich, Max soll sich freuen über das Verbot. Wenn man sich so ansieht, welche Leute er malt: die grünen Gesichter, die mongolischen Augen, diese verwachsenen Körper, all dieses Fremde: Da malt doch die Krankheit mit. Ein deutsches Gesicht, das kommt bei ihm nicht vor. Früher – ja. Aber heute? Fieber, du musst denken, alles ist im Fieber gemacht. – Aber im Ausland ist er gefragt, sagte mein Vater, da gilt er was. – Weil sie selber krank sind, sagte meine Mutter, deshalb umgeben sie sich auch mit kranken Bildern. Sieh dir nur mal die Münder seiner Leute an, schief und schwarz sind sie, entweder schreien sie, oder sie lallen, ein besonnenes Wort kommt aus diesen Mündern nicht heraus, zumindest kein deutsches Wort. Ich frag mich manchmal, welche Sprache diese Leute wohl sprechen mögen. Deutsch jedenfalls nich, sagte mein Vater, da hast du recht. – Es wird Busbeck sein, sagte meine Mutter, der hat Max so weit gebracht: Um dem Ausland zu gefallen, hat er ihn dazu überredet, all das Fremde und Kranke darzustellen, die grünen Gesichter, die klaffenden Münder, diese seltsamen Körper. Max sollte froh sein über dieses Verbot, weil es ihn zu sich selbst zurückbringt. Zu unserer Art. [...] Diesmal muss er einen Denkzettel bekommen, sagte mein Vater, und meine Mutter darauf: Wenn man denkt, wie Ditte[1] am Geld hängt – eine Geldstrafe würde sie am meisten treffen. – Ich geb das nach Husum, sagte mein Vater, nich nach Berlin. Sollen die in Husum sich was ausdenken für Max. *

1 Ditte: die Frau des Malers

**3** Formuliert mit eigenen Worten, wie Siggis Mutter die Kunstwerke beurteilt.

*Klaas, Siggis älterer Bruder, fügt sich als Soldat eine Verletzung zu, um einem weiteren Fronteinsatz zu entgehen. Dies ist eine schwere Straftat, da er im Krieg für Deutschland kämpfen muss, auch wenn das seinen Tod bedeutet. Er flüchtet zu seinem Elternhaus, weiß aber, dass er hier keine Hilfe von den obrigkeitshörigen Eltern zu erwarten hat. Siggi hilft seinem Bruder, von den Eltern unbemerkt, bei Nansen unterzukommen. Es wird deutlich, dass die Geschwister dem Maler vertrauen und sich zu ihm hingezogen fühlen. Auch Siggis große Schwester ist von dem Maler fasziniert, denn sie steht ihm heimlich Modell. Bei einem Fliegerangriff wird Klaas, der sich tagsüber auch in den Dünen versteckt, schwer verletzt. Als Siggi ihn zu den Eltern bringt, muss er miterleben, wie diese aus falsch verstandener Pflichterfüllung ihren verwundeten Sohn verstoßen.*

**4** Schreibt aus Siggis Sicht einen Tagebucheintrag (▸ S. 292), in dem er sich kritisch mit dem Verhalten der Eltern auseinandersetzt.

*Nachdem Schleswig-Holstein im Mai 1945 von den Briten eingenommen worden ist, vernichtet Siggis Vater belastendes Material. Dazu gehören auch beschlagnahmte Gemälde des Malers Nansen. Doch bevor der Vater diese verbrennen kann, rettet Siggi sie und versteckt die Kunstwerke. Mittlerweile zeigt nicht nur der Vater in der Überwachung des Malers fanatische Züge. Auch der Sohn hat ein zwanghaftes Verhalten entwickelt: Er tut alles, um die Bilder des Malers vor seinem Vater zu schützen. Polizist Jepsen wird nach Kriegsende in einem britischen Lager inhaftiert, kommt aber wieder frei. Nur für kurze Zeit ist er arbeitslos, dann versieht er wieder als Dorfpolizist seinen Dienst, nun aber in einem demokratischen Land.*

Drei Monate nur hatte es keinen Polizeiposten Rugbüll gegeben, doch dann tauchte er wieder auf mit seinem trockenen Gesicht und den schlecht sitzenden Hosen und übernahm sein

Amt mit einer Selbstverständlichkeit, als hätte er keinen erzwungenen, sondern einen freiwilligen Urlaub gemacht; nur die Reifen des Dienstfahrrades musste er aufpumpen, weil die in der Zwischenzeit Luft gelassen hatten. Nachdem meine Mutter ihm das kleine Ding abgetrennt hatte, diesen Adler, löste er selbst die Kokarde von seiner Mütze, warf beide, Adler und Kokarde[1], jedoch nicht weg, sondern legte sie in eine Blechschachtel und verwahrte die Schachtel in seinem Schreibtisch, und noch am selben Tag, vor seiner offiziellen Wiedereinsetzung, schwang er sich auf sein Fahrrad und strampelte den Deich hinab und ließ sich bereitwillig von jedem anhalten, um mit immer gleichen Worten, immer gleichen abwertenden Handbewegungen die Zeit seiner Abwesenheit zu bezeichnen: In Neuengamme, ja; halb so schlimm; über das Essen lässt sich nix; die Behandlung im Großen und Ganzen war; von Übergriffen lässt sich nix, und so weiter.

Nicht ein einziges Mal machte er sich die Mühe, ein neues Wort dazuzuerfinden oder wenigstens ein abgebrauchtes wegzulassen – wann immer er auch von seinen Erlebnissen erzählte, keiner wurde betrogen, es gelang ihm jedes Mal eine wortwörtliche Wiederholung. Er kam zurück und setzte einfach fort, was er hatte unterbrechen müssen, auf seine Weise und in der Reihenfolge, die er allen Dingen gab. *

1 Adler und Kokarde: dienstliche Abzeichen an einer Uniform, hier: eindeutige Abzeichen aus der NS-Zeit

**5** Erklärt, was mit „dem kleinen Ding" gemeint ist, das die Mutter von der Uniform abtrennt.

**6** Ein Dorfbewohner schildert seiner Familie am Abendbrottisch seine Begegnung mit dem Dorfpolizisten. Stellt die Szene in einem Dialog dar (▶ S. 294).
**Tipps:**
- Notiert die wichtigsten Geschehnisse in Stichpunkten.
- Formuliert die Aussagen des Dorfbewohners sowie die Antworten und die Fragen seiner Angehörigen.
- Haltet auch passende Hinweise zu Mimik, Gestik und Reaktionen als Regieanweisungen fest.

**7** Lenz beschäftigte sich mit der literarischen Aufarbeitung der NS-Zeit. Begründet, warum man diese Textpassage als Kritik an der Gesellschaft der Nachkriegszeit sehen kann.

*Der Roman endet mit einem Rückgriff auf die Rahmenhandlung. Es wird klar, warum Siggi in der Jugendstrafanstalt sitzt: Auch nach dem Krieg leidet er unter der Wahnvorstellung, die Bilder des Malers Nansen beschützen zu müssen. So hat er diese aus Galerien und Ausstellungen gestohlen und versteckt. Erst nach mehreren Diebstählen wird er gefasst. Nachdem Siggi nach über 100 Tagen den Aufsatz fertig geschrieben hat, wird er entlassen.*

Eingerahmt von meinen Leuten, von Erinnerungen umstellt, getränkt von den Ereignissen an meinem Ort, unterwandert von der Erfahrung, dass Zeit nichts, aber auch gar nichts heilt, weiß ich, was ich zu tun habe und was ich tun werde morgen früh. Scheitern an Rugbüll? Vielleicht kann man es so nennen. *

**8** Versetzt euch in folgende Situation: Siggi trifft nach seiner Entlassung seinen Vater und macht ihn dafür verantwortlich, dass er wegen seines zwanghaften Verhaltens in der Jugendstrafanstalt gelandet ist. Verfasst einen Dialog.

**9** Siggi muss einen sogenannten „Besinnungsaufsatz“ verfassen. Begründet, warum das Thema „Über die Freuden der Pflicht“ aus unserer heutigen Betrachtungsweise einen Widerspruch darstellt.

**10** Der Roman hat ein offenes Ende. Entwerft in Stichpunkten eine Fortsetzung der Handlung. Stellt eure Ergebnisse einander vor.

Die in der Zeit des Nationalsozialismus häufig eingesetzte Aufsatzform des **„Besinnungsaufsatzes“** wurde auch noch in den 1950er Jahren geschrieben. Hierfür mussten die Schülerinnen und Schüler zu einer vorgegebenen Überschrift ihre eigenen Gedanken und Vorstellungen niederschreiben. Allerdings wurde erwartet, dass sie sich hierbei den gesellschaftlichen Vorstellungen unterordneten und keine eigenen, freien Ideen entwickelten.

## Die Romanvorlage mit der filmischen Umsetzung vergleichen

**1** Ihr habt den Inhalt der Romanvorlage kennengelernt.
- a Notiert mit Hilfe eures Wissens, welche Figur vermutlich im Zentrum der Verfilmung von 2019 steht, und beschreibt sie anhand des Plakats genauer.
- b Beschreibt die dargestellte Stimmung.

**2** Seht euch den Trailer des Filmdramas an, wenn ihr die Möglichkeit habt. Erstellt auf Grundlage des Trailers ein Beziehungsdiagramm (Soziogramm) zum Film, in dessen Mitte die zentrale Figur stehen soll.

**3** Betrachtet die folgenden Bilder aus der Verfilmung des Romans.

1

2

3

4

5

6

**4** a Ordnet die Überschriften den einzelnen Abbildungen (▶ S. 184 f.) zu:

Siggi setzt das zerstörte Gemälde wieder zusammen • Nansen im eindringlichen Gespräch mit Siggi • Ankunft in der Jugendstrafanstalt • Dorfpolizist Jepsen überbringt Nansen den Bescheid über das Malverbot • Jepsen und Siggi besuchen Familie Nansen • In der Einzelzelle

b Ordnet die Filmszenen der Rahmen- und der Binnenhandlung zu.
c Beschreibt die Stimmung auf den Fotos und benennt die filmischen Mittel, mit denen diese Wirkung erzielt wird.
d Entscheidet, ob ihr den Film gerne sehen würdet. Begründet eure Entscheidung.

**5** a Analysiert die Abbildungen 3 und 4 von Siggi und seinem Vater bzw. Nansen genauer. Beschreibt, was die Fotos über die Beziehungen zwischen den Figuren aussagen:
– Welche Gedanken könnten Siggi in den Situationen durch den Kopf gehen?
– Welche Erwartungen könnten die Erwachsenen an ihn haben?
b Beschreibt mit Hilfe des Merkkastens die filmischen Mittel, mit denen die Szenen umgesetzt wurden, und erklärt ihre mögliche Wirkung.

**Wissen und Können** **Filmische Mittel**

Im Film übernimmt die Kamera die Rolle der „Erzählerin". Ihre **Bildsprache** entsteht durch Kameraeinstellungen, -perspektiven und -bewegungen (Kameraschwenk oder -fahrt).
Die **Kameraeinstellung** legt die **Größe des Bildausschnitts** fest:
- **die Totale:** Der Schauplatz der Handlung wird aus großer Entfernung im Überblick gezeigt.
- **die Halbnahaufnahme:** Gegenstände werden aus mittlerer Nähe gezeigt, Figuren ab der Hüfte aufwärts. Man erkennt die unmittelbare Umgebung.
- **die Großaufnahme:** Man sieht den Kopf der Figur und kann ihre Mimik deutlich erkennen.
- **die Detailaufnahme:** Ein Ausschnitt wird sehr groß gezeigt, z. B. nur die Augen oder ein Gegenstand.

Die **Kameraperspektive** zeigt einen bestimmten **Blickwinkel:**
- **die Normalsicht:** Die Kamera befindet sich in gleicher Höhe wie die Figuren oder Objekte.
- **die Aufsicht (Vogelperspektive):** Die Kamera steht viel höher als die Figuren oder Objekte.
- **die Untersicht (Froschperspektive):** Der Kamerastandort ist viel niedriger als das Motiv.
- Oft werden für Filmszenen auch leichte Auf- oder Untersichten genutzt.

*Der Roman und die Verfilmung thematisieren die nationalsozialistische Kunstpolitik. Lenz nahm den Maler Emil Nolde als Vorbild für Nansen.*

„Wenn man sich so ansieht, welche Leute er malt: die grünen Gesichter, die mongolischen Augen, diese verwachsenen Körper, all dieses Fremde: Da malt doch die Krankheit mit.“ (▸ S. 182, Z. 5 ff.)

**6** a Informiert euch im Internet über Nolde und den Hintergrund der Thematik:
- Erklärt den Begriff „entartete Kunst“.
- Findet Gründe, warum Nolde als Künstler verfolgt wurde. Wie stand er zum Nationalsozialismus?

b Sammelt eure Ergebnisse mit einem geeigneten Webtool.

**7** Manchmal werden im Film nicht alle Buchinhalte wiedergegeben. So überlebt Siggis Bruder Klaas im Roman, während man im Film nur erfährt, dass er schwerverletzt von seinen Eltern an die Behörden ausgeliefert wird. Vermutet, warum die Filmhandlung hier vom Buch abweicht.

**8** Im Film gibt es keinen Ich-Erzähler wie im Roman. Beschreibt anhand von beispielhaften Szenen, wie versucht wird, Siggis Perspektive mit filmischen Mitteln zu transportieren.

## „Lost Generation“?

**1** Die amerikanische Schriftstellerin Gertrude Stein (1874–1946) prägte den Begriff „Lost Generation“ für Kriegsteilnehmer des Ersten Weltkriegs. Auch die jungen Menschen, die im Deutschland der Jahre 1933 bis 1945 aufwuchsen, kann man in diesem Sinne als eine „verlorene Generation“ bezeichnen. Begründet dies anhand der Texte von Böll (▸ S. 177–179) und Lenz (▸ S. 180–183).

**2** a Erklärt mit Hilfe der Romane und des Merkkastens, was die beiden Autoren an dem Verhalten vieler Deutscher in der Nachkriegszeit kritisierten.

b Bewertet und begründet, ob ein guter Roman ein Spiegel seiner Zeit sein muss.

**Wissen und Können** **Nachkriegsliteratur in der Bundesrepublik Deutschland**

Viele junge Autorinnen und Autoren begannen unmittelbar nach Kriegsende schon im Jahr 1945 ihre Erfahrungen mit dem Nationalsozialismus und dem Zweiten Weltkrieg literarisch aufzuarbeiten. In der **Gruppe 47** trafen sich Schriftsteller/-innen aus den westlichen Besatzungszonen, um Werke vorzustellen, zu kritisieren und junge Talente zu fördern.
Der Preis der Gruppe 47, den auch Heinrich Böll erhielt, bedeutete für viele von ihnen einen Karriereschub. In vielen Romanen erfolgte eine **kritische Auseinandersetzung mit der Vergangenheitsbewältigung** der Hitlerzeit und dem Leben in der Nachkriegsgesellschaft der Bundesrepublik Deutschland, die vom **Wirtschaftswunder** geprägt war.

# Testet euer Wissen!

## Literatur des 20. Jahrhunderts

**1** a Ordnet den Autoren ihre jeweiligen Werke zu. Die Titel wurden in diesem Kapitel genannt.
b Zwei Werke von Erich Kästner bleiben übrig. Nennt sie.

**A** Thomas Mann
**B** Bertolt Brecht
**C** Heinrich Böll
**D** Siegfried Lenz

**1** Das doppelte Lottchen
**2** Mutter Courage und ihre Kinder
**3** Die verlorene Ehre der Katharina Blum
**4** Frauen vor Flusslandschaft
**5** Der Zauberberg
**6** Deutschstunde
**7** Die Dreigroschenoper
**8** Das fliegende Klassenzimmer
**9** Mario und der Zauberer
**10** Buddenbrooks
**11** Trommeln in der Nacht
**12** Ansichten eines Clowns

**2** Im Kapitel habt ihr das epische Theaterstück „Mutter Courage und ihre Kinder" analysiert. Entscheidet, ob folgende Aussagen richtig oder falsch sind. Berichtigt Falschaussagen.

**A** Mutter Courage hofft auf den Frieden, weil sie genug vom Krieg hat.
**B** Die Handlung von „Mutter Courage" spielt im Dreißigjährigen Krieg.
**C** „Courage" bedeutet auf Französisch „Mut".
**D** Mutter Courage hat drei Kinder, zwei Töchter und einen Sohn.
**E** Egal, was geschieht, Mutter Courage will gute Geschäfte machen.
**F** Der Werber und der Feldwebel sind zufrieden mit der allgemeinen und der eigenen Situation.
**G** Die beiden Soldaten haben eine positive Einstellung zum Krieg.
**H** Courage kann ihren Sohn Schweizerkas nicht vor dem Tod retten, weil sie zu wenig Lösegeld bezahlt.

**3** Wählt die zum epischen Theater passenden Schlagworte aus und nennt das Lösungswort.

Handlung wird zu einem schlüssigen Ende geführt **(I)** • Zuschauer/-innen sind distanziert und hinterfragen das Handeln der Figuren **(E)** • offener Schluss **(V-)** • prächtige Kostüme **(A)** • einzelne Akte **(C)** • Aneinanderreihung verschiedener Bilder **(F)** • einfache / nicht vorhandene Kostüme **(T)** • Schauspieler/-innen auf der Bühne und im Zuschauerbereich **(K)** • Songs, Sprechgesang **(E)** • Zuschauer/-innen leiden mit **(L)** • Schauspieler/-innen nur auf der Bühne **(M)** • Spruchbänder und Plakate **(F)**

Die richtige Reihenfolge der Buchstaben bezeichnet einen weiteren Begriff aus dem epischen Theater:

? ? ? ? ? ? ?

# 8.3 Projekt: Ein Autorenportfolio erstellen

## In einem Autorenportfolio einen Arbeitsprozess darstellen

A

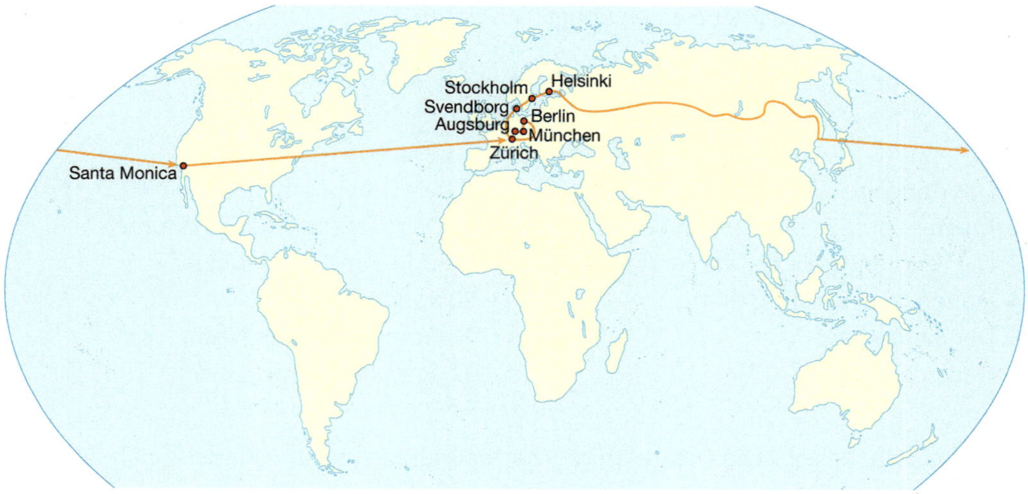


B

***Brecht heute***

*Brechts Schaffen ist bis heute von großer Bedeutung. Er beeinflusst noch immer die internationale Film- und Theaterszene und wird nicht zuletzt deshalb als „Exportschlager" bezeichnet ...*

C

***Auf der Parkbank mit Bertolt Brecht – Ein fiktives Interview***

***Wir:*** *Herr Brecht, was hat Sie damals eigentlich am Radio und Fernsehen so fasziniert?*

***B. Brecht:*** *Radio und Fernsehen haben damals neue Möglichkeiten geboten, viele Menschen zu erreichen, darunter auch solche, die normalerweise nicht ins Theater gehen oder ihr Geld für Bücher ausgeben.*

***Wir:*** *Wir möchten Sie gern einmal fragen, ...*

D

**Der Mensch Bertolt Brecht**

*freundlich gegenüber Fremden*

*...*

*distanzloser Umgang mit anderen*

E

- 1898 *in Augsburg geboren*
- 1922 *Erste Veröffentlichung*

- 1923 *Geburt von Tochter Hanne*
- 1949 *Gründung des Berliner Ensembles*

- 1956 *in Berlin gestorben*

**1** So könnten Portfolioseiten zum Thema „Leben und Werk Bertolt Brechts" aussehen. Findet für die Seiten **A** bis **F** eine passende Überschrift. Notiert, bei welchen Seiten ihr Quellen angeben müsst.

**2** Ordnet den Portfolioseiten die Oberbegriffe „Leben", „Werk" und „Charaktereigenschaften" zu.

**3** Wählt eine Autorin oder einen Autor aus dem Kapitel aus und erstellt in Gruppenarbeit ein Portfolio.

F

## 10 spannende Fakten über Bertolt Brecht

Wusstet ihr schon, dass Brecht …
1 zu den weltweit berühmtesten Dichtern zählt?
2 viele Liebesbeziehungen hatte?
3 ein guter Autofahrer war und einen offenen Sportwagen fuhr?
4 ein großer Medienfan war und sich sehr für Radio und Fernsehen interessierte?
5 …

**Wissen und Können** **Ein Portfolio erstellen**

Ein **Portfolio** ist eine Sammlung aller Arbeitsmaterialien, die man bei der Beschäftigung mit einem Thema verwendet. Ihr dokumentiert damit euren Arbeitsprozess. Es besteht aus:
- einem gestalteten **Deckblatt** (das neben Bildern auch eine Fragestellung enthalten kann),
- einem übersichtlichen **Inhaltsverzeichnis,**
- eigenen (auch überarbeiteten) oder ergänzenden **Texten** und **Interpretationen** zum Thema,
- **Fotos** oder **Schaubildern.**

Wichtig ist der Nachweis der **Quellen,** wenn fremdes Material verwendet wurde. Zudem sollten der Arbeitsprozess sowie das Ergebnis **reflektiert** und schriftlich festgehalten werden.

## Im stummen Schreibgespräch gemeinsam reflektieren

*Reflexion unserer Portfolioarbeit über den Autor Bertolt Brecht*
- *Jch hatte anfangs das Gefühl, dass wir zu viel Zeit mit der Jnternetsuche verschwendet haben, das hat uns dann später in Zeitdruck gebracht.*
- *Finde ich nicht, wir sind doch zum vereinbarten Zeitpunkt fertig geworden. Manche Texte waren schwer verständlich und da musste man dann noch mal nach neuen suchen. Jch fand das nicht schlimm. So etwas kostet Zeit, ist aber wichtig. Denn man muss das Material doch verstehen.*
- *Das stimmt. Jnsgesamt hätte ich mir noch mehr Absprachen gewünscht. Einige Bereiche haben wir nun nur sehr knapp angesprochen, etwa die Gedichte. Die hätte ich schon wichtig gefunden.*
- *Mir gefällt unser Portfolio. Wir haben den Schwerpunkt auf die „Mutter Courage" und die „Dreigroschenoper" gelegt und das epische Theater gut erklärt.*
- *...*

**1** a Fasst den Inhalt des Schreibgespräches zusammen. Welche Themen werden angesprochen?
b Beschreibt, wie die Gruppenmitglieder auf die Aussagen der anderen eingehen.

**2** Begründet, warum es sinnvoll ist, auf diese Weise eine Gruppenarbeit zu reflektieren.

**3** Ergänzt euer Portfolio durch ein stummes Schreibgespräch.

**Wissen und Können** | **Stummes Schreibgespräch**

In einem Schreibgespräch **kommunizieren** die Teilnehmer/-innen **schriftlich** miteinander.
- Setzt euch in Gruppen von vier bis acht Personen zusammen. Jede/-r schreibt auf ein Blatt eine Aussage. Dann werden die Blätter reihum weitergegeben.
- Kommentiert nun die Aussage auf dem Blatt eurer Vorgängerin oder eures Vorgängers innerhalb einer vereinbarten Zeit (z. B. zwei Minuten).
- Dieses Verfahren wird mehrmals wiederholt. Dabei kann man auf die Ausgangsaussage und/oder auf einen der nachfolgenden Kommentare eingehen.
- Wenn ihr euer eigenes Blatt wieder vor euch liegen habt, lest ihr die Kommentare und führt ein Gruppengespräch zu den Meinungsbildern.

# 9 Was wirklich zählt – Pragmatische Texte erschließen

**1** a Betrachtet das Foto und äußert, was euch spontan dazu einfällt.
b Erläutert, wie das Bild zur Kapitelüberschrift passt.

**2** a Notiert in einem Cluster, was ihr mit dem Begriff „Schönheit“ verbindet.
b Stellt euch eure Ideen gegenseitig vor und überlegt gemeinsam, wodurch eure Vorstellungen von Schönheit geprägt sind.

**3** Formuliert auf der Basis eurer Ergebnisse aus Aufgabe 2 eure Erwartungen an Sachtexte zum Thema „Schönheit“.
a Nennt konkrete Themen, um die es in diesen Texten gehen könnte.
b Information oder Meinungsbildung? – Begründet mit Hilfe eures Grundwissens zu journalistischen Textsorten (▶ S. 296 f.), welche Textsorte für das jeweilige Thema geeignet wäre.

**In diesem Kapitel ...**

- wiederholt ihr wesentliche Merkmale von informierenden und meinungsbildenden Texten,
- erschließt und beschreibt ihr pragmatische Texte unter verschiedenen Gesichtspunkten,
- übt ihr den Umgang mit prüfungsrelevanten Aufgabenstellungen.

# 9.1 Der Traum vom perfekten Aussehen – Journalistische Texte analysieren

## Eine Reportage erschließen

### Den Inhalt der Reportage verstehen und grafisch darstellen

#### Jugendliche im Fitnessstudio – Ich pumpe, also bin ich

**Simon, Samim und Tamim schwitzen fast täglich im Fitnessstudio. Sie wollen „den Körper ausdefinieren", sagen sie, haben einen strengen Ernährungsplan. 900 000 Jugendliche gehen zum Kraftraining. Ist das noch Hobbysport – oder ungesunder Körperwahn?**

*Von Maria Timtschenko*

„Es ist viel Aufwand", sagt Simon, 15. Der Gymnasiast aus Hamburg geht seit einem halben Jahr ins Fitnessstudio, um Muskeln aufzubauen und Fett abzubauen. Sechsmal pro Woche trainiert er gemeinsam mit seinem Freund Luc nach dem Unterricht. Noch vor Kurzem hat Simon morgens gar nichts gegessen, heute steht er zeitiger auf, um sich Eier zu kochen. Genau 150 Gramm Eiweiß soll er laut Ernährungsplan zu sich nehmen. Außerdem schmiert er sich Brote, denn das Mittagessen in der Schule passt nicht in den Ernährungsplan. „Es ist aber auch ein Gefühl von Genugtuung, wenn man sieht, wie andere in unserem Alter schon die Form verlieren, während wir uns gerade ausdefinieren", sagt Simon.

Simon gehört zu einer steigenden Zahl von Jugendlichen, die in Fitnesscentern versuchen, ihren Körper einer ästhetischen Norm anzupassen. Etwa 900 000 unter 20-Jährige gehen regelmäßig in deutsche Kraftstudios. Sie wollen schön sein, muskulös und fit.

Für Michael Sauer hat diese Sportbegeisterung nicht nur positive Seiten. Der Dopingexperte vom Manfred Donike Institut in Köln möchte verhindern, dass Jugendliche dem Muskelaufbau mit Pulvern und Tabletten nachhelfen. In Schulen wird er oft mit kuriosen Fragen konfrontiert: „Ich möchte gern dicker werden, wie schaffe ich das? Ich kann essen, was ich will, ich bleibe dünn", fragt ein Junge. Sauer erklärt ihm dann, dass weniger Ausdauer- und mehr Kraftsport helfen könnte, die Muskelfasern zu vermehren. Sauer empfiehlt einen dazu passenden Ernährungsplan.

[...]

**Körperbau eines Erwachsenen**

[...]

In einer Studie von Michael Sauer mit 400 Jugendlichen gab jeder Zweite an, dass er auf körperliche Fitness und Gesundheit achten würde.

48 Prozent sagten außerdem, dass sie gern mehr über Anabolika[1] erfahren würden.

Die Zwillinge Samim und Tamim, 16, gehen stets mit ihrem Freund Michael, 16, ins Fitnessstudio. Im Wollpulli auf der Straße sehen die drei Schüler eines Wirtschaftsgymnasiums in Hamburg noch aus wie Teenager, doch im Muskelshirt auf der Hantelbank wirken sie mit den muskulösen Armen und dem definierten Bauch zehn Jahre älter. Früher machten die Jungen Kickboxen oder spielten Handball. Seit fünf Monaten gehen sie lieber ins Fitnessstudio, manchmal viermal die Woche.

Sie fühlen sich wohl in ihrem Körper, posieren vor der Kamera, leicht verlegen, aber doch stolz. „Beim Sport können wir super abschalten, außerdem bleiben wir fit und sehen dabei noch gut aus", sagt Tamim. Michael hat ein konkreteres Ziel vor Augen: „Ich wollte abnehmen, deswegen gehe ich zum Sport und esse gesund. Morgens meistens was mit Vollkorn, mittags was Leichtes und abends Putenbrust. Ich hab schon fünf Kilo runter."

### Muskeln stiften Identität

Dass immer mehr Jugendliche aller Bildungsniveaus in die Studios strömen, beobachtet auch Mischa Kläber, Ressortleiter „Präventionspolitik und Gesundheitsmanagement" beim Deutschen Olympischen Sportbund.

[…]

Fitness für gutes Aussehen ist für die Jugendlichen auch Identitätsarbeit. „Sie versuchen, ihre Rolle als Sportler auszufüllen, verbringen viel Zeit im Studio und mit der Zubereitung von Essen, ihre Sozialkontakte beschränken sich zunehmend auf Personen mit ähnlichen Interessen. Je intensiver sich ein Athlet über seine Körperoptik definiert, desto schwieriger wird es, den Pfad wieder zu verlassen", sagt Kläber. Jugendliche, die muskulös aussehen wollen, haben meist keine Ahnung, wie sie das schaffen sollen. „Sie holen sich ihr Wissen von Freunden, aus dem Internet oder von Leuten in ihrer Muckibude. Wir wissen aber nicht, was die ihnen empfehlen – dort liegt die Schwachstelle", meint Michael Sauer.

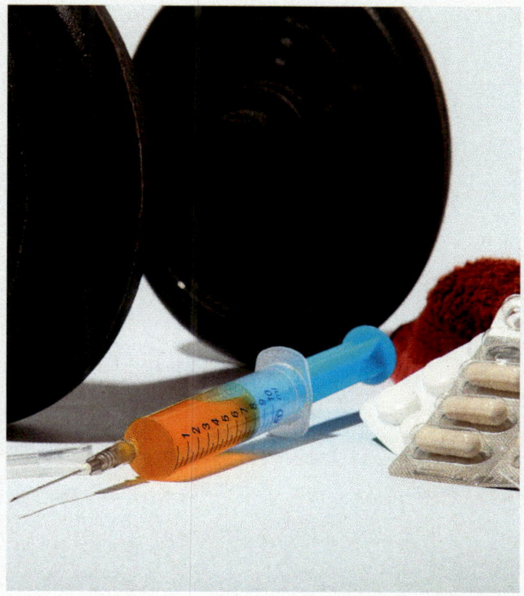

Im Fitnessstudio von Samim und Tamim, Simon und Luc gibt es einen Automaten mit Nahrungsergänzungsmitteln. […] Ob sich die Jungs so etwas auch manchmal gönnen? „Wir geben hier kein Geld für die Shakes aus, sondern machen die zu Hause aus Quark und Wasser", erklärt Samim. In der Werbebroschüre für die Nahrungsergänzungsmittel steht […] „Nicht für Kinder oder Jugendliche geeignet!" Davor hat Simon Respekt. Aber er sagt auch: „Wenn wir alt genug sind und Kreatin keine gesundheitlichen Risiken hat, dann nehmen wir das auch zu Hilfe." *

*(Spiegel.de, 09.12.2013)*

1 Anabolika: Präparate/Substanzen/Arzneistoffe, die den Aufbau von Muskelmasse beschleunigen

**1** a Berichtet davon, wie ihr euch körperlich fit haltet.

b Lest den Text aufmerksam durch und gebt Textstellen wieder, die ihr besonders interessant findet. Begründet.

**2** Informationen aus Sachtexten kann man mit Hilfe einer Concept-Map grafisch darstellen.

a Wie werden die Zusammenhänge im Text „Jugendliche im Fitnessstudio – Ich pumpe, also bin ich“ (▶ S. 192 f.) in der Grafik veranschaulicht? Nennt die Mittel.

b Übertragt die Concept-Map ins Heft und vervollständigt sie anhand des Textes.

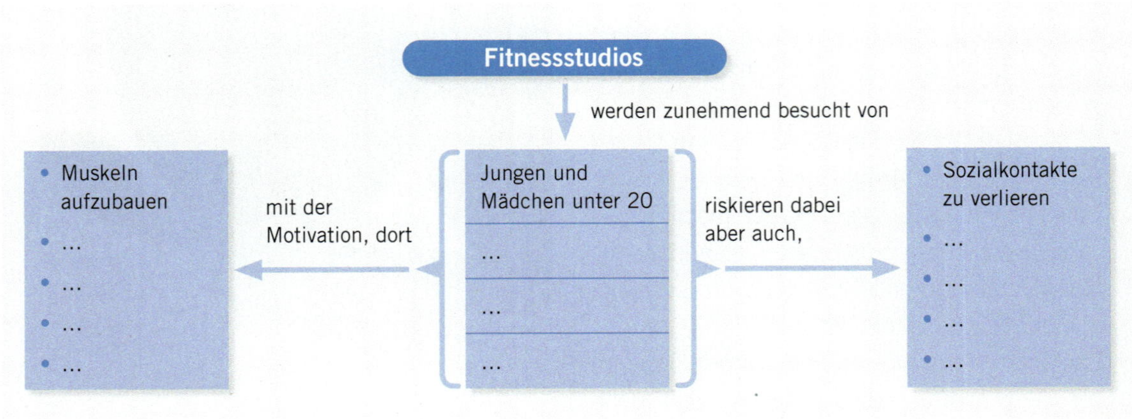


**3** Prüft, ob die folgenden Aussagen **A** bis **F** zum Textinhalt richtig, falsch oder dem Text nicht zu entnehmen sind. Verbessert mündlich die falschen Aussagen.

**A** Simon unterstützt sein Fitnessprogramm mit einem entsprechenden Ernährungsplan, würde aber, wenn er älter ist, auch zu künstlichen Nahrungsergänzungsmitteln greifen.

**B** Die Autorin findet den Aufwand, den die Jugendlichen um ihren Körper betreiben, übertrieben.

**C** Der Dopingexperte Michael Sauer leistet Aufklärungsarbeit über die Gefahren der überzogenen Sportbegeisterung an Schulen.

**D** 48 % der befragten Jugendlichen nehmen Anabolika.

**E** Nur Jugendliche mit höherem Bildungsniveau besuchen Fitnessstudios.

**F** Jugendliche, die sich vor allem über ihre Körperoptik definieren, wenden oft sehr viel Zeit für Fitness und Ernährung auf und laufen Gefahr, sich auch des Dopings zu bedienen, so die Meinung des Dopingexperten.

**Wissen und Können** **Einen Text mit Hilfe einer Concept-Map grafisch darstellen**

Mit einer Concept-Map können **Text- und Informationszusammenhänge** mit Hilfe von Textkästen, Pfeilen und Pfeilbeschriftungen **anschaulich dargestellt** werden.

- In die **Textkästen** schreibt man wichtige **Schlüsselbegriffe.**
- Die **Pfeile** zwischen den Kästen stellen **Beziehungen** dar. Die Art der Beziehung steht beim Pfeil und hilft, Texte zu strukturieren und Inhalte zu ordnen.

## Den Inhalt strukturiert zusammenfassen

**1** a Prüft den Text (▸ S. 192 f.) und notiert mit Zeilenangabe, an welchen Stellen er sachlich über Fakten informiert und wo eine Meinung geäußert wird.
b Fasst die Aussageabsichten des Textes zusammen.
●○○ Diese Formulierungshilfen könnt ihr nutzen:
*Der Text „…" von … informiert über / macht aufmerksam auf / kritisiert, dass … / fordert …*
c Überwiegt im Text die Information oder die Meinungsbildung? Begründet eure Einschätzung.

**2** Beschreibt anhand der folgenden ungeordneten Schlagwörter, wie ihr am besten bei der strukturierten Inhaltszusammenfassung (▸ S. 295) vorgeht.

Präsens • Signale • sachlich • wesentliche Aussagen (Kernaussagen) • Sinnabschnitte • mit eigenen Worten • Funktion

**3** Für die strukturierte Inhaltszusammenfassung ermittelt ihr die Funktion der Sinnabschnitte eines Textes.
Ordnet mündlich den wesentlichen Aussagen (Kernaussagen) der Sinnabschnitte **A** bis **F** die jeweils passende Funktion **1** bis **6** zu.

**Kernaussagen**

**A** Vorstellung des aufwendigen Trainings- und Ernährungsplanes des 15-jährigen Simon (bis Z. 16)
**B** Steigender Trend zum Besuch von Fitnessstudios bei Jugendlichen (Z. 17–22)
**C** Warnung vor gefährlichen Nahrungsergänzungsmitteln durch einen Dopingexperten (Z. 23–35)
**D** Subjektive Beschreibung des Verhaltens weiterer Jugendlicher und deren Motivation für den Besuch des Fitnessstudios (Z. 37–64)
**E** Probleme von Jugendlichen nach Identitätsfindung bei reiner Definition über gutes Aussehen/Körperoptik (Z. 65–87)
**F** Persönliche Einstellung der vorgestellten Jugendlichen zu Nahrungsergänzungsmitteln (Z. 88–100)

**Funktion**

**1** sachliche Hintergrundinformation
**2** Meinungsbildung bei der Leserin / beim Leser
**3** kritische Sichtweise eines Experten
**4** szenischer Einstieg
**5** Wiedergabe von Sinneseindrücken und persönlichen Einstellungen
**6** Hintergrundinformation durch einen Experten

**4** a Formuliert zunächst eine Einleitung mit den Basisinformationen (Textsorte, Titel, Autorin, Quelle) und der Kernaussage des Textes.
b Schreibt dann mit Hilfe der Ergebnisse aus Aufgabe 3 eine zusammenhängende strukturierte Inhaltszusammenfassung.
●○○ Ihr könnt so beginnen:
*Mit einem Zitat des 15-jährigen Simon steigt die Autorin szenisch ein und erläutert sogleich den aufwendigen Trainings- und Ernährungsplan des Jugendlichen, der …*

## Sprachliche Besonderheiten beschreiben

In einer Sprachanalyse kann verlangt werden, dass ihr die sprachlichen Besonderheiten des gesamten Textes beschreiben sollt, z. B. die kontrastreiche Sprache in einer Reportage.

- Überlegt euch ausgehend von der vorliegenden Textsorte, nach welchen sprachlichen Mitteln ihr suchen müsst.
- Achtet auf die Intention an verschiedenen Stellen des Textes, z. B. subjektive Schilderung, Information oder Meinungsbildung.

**1** a Um die Jugendlichen **subjektiv darzustellen,** verwendet die Autorin stellenweise eine anschauliche Sprache. Überprüft hierzu im Text (▸ S. 192 f.) die Zeilen 44 bis 64. Übertragt die Tabelle in euer Heft, ergänzt weitere Stilmittel aus dem Wortspeicher sowie Textbeispiele und Hinweise zur Wirkung.

Adjektive • Aufzählung • Parallelismus • Vergleich • direkte Rede

●○○

| Stilmittel | Zitat | Wirkung |
|---|---|---|
| *Adjektive* | *„muskulösen […] definierten" (Z. 50), …* | … |
| … | … | … |

b Auffallend sind in diesem Abschnitt aber auch einfache Verben wie „gehen" (Z. 2, 20, 44, 53), „sehen […] aus" (Z. 46 ff.), „wirken" (Z. 49) oder „machten" (Z. 51). Erläutert, welche Wirkung die Autorin mit diesen „farblosen" Verben erzielt.

c Vergleichsweise kurze Sätze prägen den Schluss des Textes (Z. 88–100). Erläutert hier ebenfalls die Wirkung.

**2** In den Textabschnitten der Zeilen 39 bis 43 und 66 bis 87 kommen Experten zu Wort, die das jugendliche Interesse an Fitness anhand von **Hintergrundinformationen** erklären und kritisch hinterfragen.

a Beschreibt Auffälligkeiten in der Wortwahl der genannten Abschnitte. Nennt konkrete Beispiele für eure Ergebnisse und erläutert deren Funktion.

b Bei der Untersuchung des Satzbaus ist es wichtig, zur jeweiligen Satzart ein passendes Beispiel zu nennen und die Wirkung zu erklären.

●○○ Analysiert die Sätze in den Abschnitten wie im folgenden Beispiel:

- *„Sie versuchen, ihre Rolle als Sportler auszufüllen, verbringen viel Zeit im Studio und mit der Zubereitung von Essen, ihre Sozialkontakte beschränken sich zunehmend auf Personen mit ähnlichen Interessen." (Z. 73–78) = Satzreihe → Betonung der auf Fitness beschränkten Interessen der Jugendlichen durch die Aneinanderreihung der bestimmenden Tätigkeiten*
- …

c Bestimmt die Stilmittel in den folgenden Zitaten und erläutert deren Wirkung:

„Je intensiver […], desto schwieriger" (▸ Z. 78 ff.) •
„Dass immer mehr Jugendliche aller Bildungsniveaus in die Studios strömen" (▸ Z. 66 f.)

**3** a Eine Schülerin hat die Sprachanalyse in einem zusammenhängenden Text dargestellt. Schreibt den Text ab und ergänzt die Lücken mit Hilfe eurer Ergebnisse aus den Aufgaben 1 sowie 2 a und 2 b (▶ S. 196).

b Setzt die Sprachbeschreibung mit euren Ergebnisse aus Aufgabe 2 c fort.

*Wie für eine Reportage typisch formuliert die Autorin insgesamt sehr kontrastreich. So verwendet sie für ihre ... Darstellung der Jugendlichen stellenweise eine ... Sprache. Mit ... wie „muskulösen" (Z. ...) oder „definierten" (Z. ...) wird das ... genauer beschrieben. Aufzählungen in den Zitaten der Jugendlichen („...", Z. ...) heben hervor, wie sehr sich deren Gedankenwelt um ... dreht.*
*In den Zeilen 46 bis 51 und ... bedient sich Maria Timtschenko gleich zweimal des Stilmittels ... „Im Wollpulli auf der Straße [...], doch im Muskelshirt auf der Hantelbank [...]" sowie „Früher machten [...]" und „Seit fünf Monaten gehen sie [...]". Dies ... die jeweiligen Aussagen aufgrund des gleichen Satzbaumusters, nämlich die Veränderung im Aussehen bzw. die Veränderung ...*
*Auch der ... „wie Teenager" (Z. ...) betont anschaulich, wie erwachsen die Jungen im Fitnessstudio plötzlich erscheinen. Auffallend ist jedoch, dass die Autorin keine schildernden ... verwendet, so wie es für subjektive Darstellungen typisch ist, sondern sehr einfache Formulierungen wie zum Beispiel „gehen" (Z. ...), „sehen [...] aus" (Z. ...), „wirken" (Z. ...) oder „machten" (Z. ...). Dies klingt insgesamt ... und spiegelt die ... Haltung der Autorin zum übertriebenen Fitnesskult der Jugendlichen wider. Hierzu passen auch die vergleichsweise ... zum Ende des Textes hin, welche die rationale Sichtweise des Jugendlichen zum Thema Nahrungsergänzungsmittel unterstreichen: „Davor hat Simon Respekt. Er sagt auch [...]" (Z. ...).*
*Durchgehend sachlich dagegen gestaltet Timtschenko ihre Reportage, wenn sie Aussagen der Experten und Hintergrundinformationen darstellt. Fachbegriffe („Muskelfasern", Z. ... und „Präventionspolitik", Z. ...) belegen hier, dass sich die Autorin mit dem Thema auseinandergesetzt hat. Zusätzlich heben Fremdwörter („ästhetischen Norm", Z. ...; „Identitätsarbeit", Z. ...) das Niveau des Textes. Fakten („...", Z. ...) untermauern die Glaubwürdigkeit der Aussagen und zeugen ebenfalls von der intensiven Recherchetätigkeit der Autorin. Auch der Satzbau weist einige Auffälligkeiten auf. Mit der Satzreihe ... werden durch die Aneinanderreihung der bestimmenden Tätigkeiten die auf Fitness beschränkten Interessen der Jugendlichen betont ...*

**Wissen und Können** | **Die Sprache der Reportage**

Die Sprache von Reportagen ist meist **sehr kontrastreich,** da ein Thema aus verschiedenen Perspektiven betrachtet wird und verschiedene Personen zu Wort kommen.

- Bei der **Schilderung persönlicher Sichtweisen** und Stimmungen ist die Sprache **subjektiv und emotional.** Hier werden oft Präsens und direkte Rede verwendet, anschauliche Verben und Adjektive treten gehäuft auf und es wird **bildhaft beschrieben**. Sprachliche Mittel sind dann z. B.: Vergleiche, Metaphern, Personifikationen, Aufzählungen, Wiederholungen, Redewendungen. Der Satzbau ist meist einfach und weist oft Auslassungen (Ellipsen) oder Inversionen (Umstellungen des Satzbaus) auf. Auch Frage- und Ausrufesätze können auffallend sein.
- Bei den **informierenden Textanteilen,** die oft **Hintergrundwissen** liefern, ist der **Stil sachlich** und durch Daten, Fachbegriffe und Fremdwörter geprägt. Hier steht oft das Präteritum und der Satzbau ist durch das Aufzeigen der Zusammenhänge komplexer.

## Eine weitere Besonderheit beschreiben: Die Textsorte nachweisen und den Schluss schreiben

**1** a Wählt aus den folgenden Textsortenmerkmalen diejenigen aus, die auf die Reportage „Jugendliche im Fitnessstudio – Ich pumpe, also bin ich“ (▸ S. 192 f.) zutreffen.

szenischer Einstieg (Zoomtechnik) • Beitrag zur Meinungsbildung • pointierte Aussage in der Überschrift • persönliche Aussagen von Betroffenen • anschauliche Darstellung eines besonderen Ereignisses im Mittelpunkt • Hinweis auf aktuelle Meldung, auf die sich der Text bezieht • Schilderung persönlicher Erlebnisse: Atmosphäre, Sinneseindrücke, Stimmungen • Darstellung von Hintergründen und Zusammenhängen • Wiedergabe der subjektiven Sicht der Verfasserin • gestalteter Schluss: Wiederaufgreifen der Eingangsszene, Fazit oder Pointe • Unterhaltung durch Übertreibungen und Ironie • Kommentare der Verfasserin / des Verfassers • Aussagen von Expertinnen/Experten • Tempuswechsel • Zuspitzung zur Pointe am Schluss • Bekanntgabe der Thematik

b Schreibt die zutreffenden Merkmale in eine Tabelle in euer Heft und ergänzt diese jeweils mit einem Beleg aus dem Text (Zeilenangaben genügen).

| Merkmale der Reportage | Beleg aus dem Text |
|---|---|
| ... | ... |

c Sprecht zu zweit über eure Tabellen und weist nach, dass es sich bei dem Text um eine Reportage handelt. Achtung: Es müssen nicht immer alle Textsortenmerkmale zutreffen.

**2** Begründet nun in einem zusammenhängenden Text die Textsorte des Artikels und belegt eure Entscheidung mit Zitaten aus dem Text.

●○○ Beginnt so:

*Bei dem vorliegenden Artikel „Jugendliche im Fitnessstudio – Ich pumpe, also bin ich“ handelt es sich um ..., was sich an einigen typischen Merkmalen belegen lässt. ...*

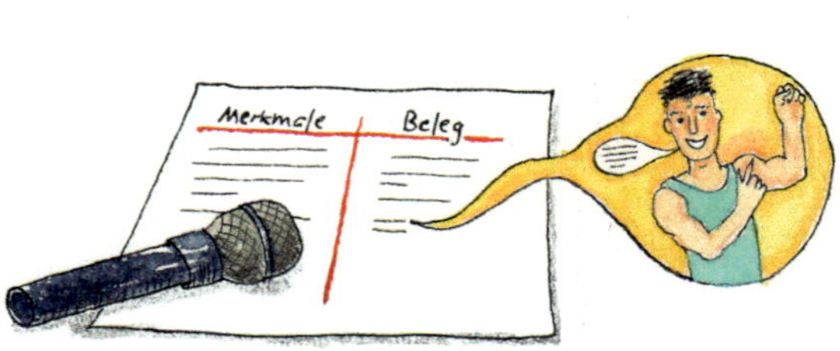


**3** Eine vollständige Texterschließung rundet ihr mit einem passenden Schluss ab. Notiert in Stichpunkten Überlegungen zu folgenden Fragestellungen:
- Spricht euch der Text an? Begründet kurz eure Antwort.
- Stimmt ihr mit den Ansichten der Jugendlichen überein?
- Findet ihr es in Ordnung, dass schon Jugendliche synthetische Mittel zur Unterstützung des Körperaufbaus konsumieren können?
- Könnt ihr aus dem Gelesenen Konsequenzen für euer eigenes Verhalten ableiten?
- Welche Warnung würdet ihr für Jugendliche nach der Lektüre des Textes formulieren? Begründet.

**4** Es gibt verschiedene Möglichkeiten, wie ihr einen Schlussteil formulieren könnt. Vergleicht die folgenden Textbeispiele und entscheidet, ob diese gelungen sind oder nicht. Begründet eure Entscheidung.

Im Schlussteil könnt ihr
- eure Meinung zum Text oder zur Thematik formulieren,
- einen Ausblick auf die Zukunft geben oder
- an etwas appellieren.

VORSICHT FEHLER!

**Beispiel 1**

Die Reportage „Jugendliche im Fitnessstudio — Ich pumpe, also bin ich" beschäftigt sich mit dem Aufwärtstrend von Fitnessstudios bei Jugendlichen und macht deutlich, dass dieser Sport für manche nicht nur ein reines Freizeitvergnügen ist, sondern sogar zur Sucht werden kann, wenn hinter dem ehrgeizigen Training zusätzlich der ungesunde Wunsch nach einem perfekten Körper steckt. Da junge Leute dabei offensichtlich auch vor der Einnahme von Anabolika oder ähnlichen Ergänzungsmitteln nicht zurückschrecken, ist es wichtig, dass auch in Schulen zukünftig verstärkt kompetente Aufklärungsarbeit betrieben wird, um die jungen Menschen vor möglichen negativen Auswirkungen von Doping auf den jungen Körper zu schützen.

**Beispiel 2**

Über die in der Reportage „Jugendliche im Fitnessstudio — Ich pumpe, also bin ich" vorgestellten Jugendlichen kann ich mich einfach nur wundern. Ich frage mich echt, was das eigentlich soll, warum die Jugendlichen nicht einfach mit ihrem Aussehen zufrieden sind. Es schaut halt einfach jeder so aus, wie er ausschaut. Wenn sich die Jugendlichen nicht gegenseitig wegen ihres Aussehens ständig fertig machen würden, dann wäre auch keiner von denen gezwungen, sich unnötig anzustrengen oder gar zu dopen. Also, ich fühle mich wohl in meiner Haut und mir ist es auch total egal, was andere über mich denken. Deswegen würde ich niemals ins Fitnessstudio gehen oder irgendwelches ungesundes Zeug in mich hineinstopfen. Und deswegen hat mich der ganze Text eigentlich auch überhaupt nicht interessiert.

**Beispiel 3**

Wie die Jugendlichen im Text „Jugendliche im Fitnessstudio — Ich pumpe, also bin ich" gehe auch ich sehr gerne ins Fitnessstudio, um dort gemeinsam mit einem Freund zu trainieren. Zwar sind mir persönlich körperliche Fitness und ein trainierter Körper sehr wichtig, mich für diese Ziele zusätzlich noch an einen strengen Ernährungsplan zu halten, wäre mir aber viel zu aufwendig. Zu künstlichen Nahrungsergänzungsmitteln würde ich niemals greifen. Wenn man von vornherein, wie es bei uns in der Familie der Fall ist, auf gesunde und ausgewogene Ernährung achtet, ist dies zusammen mit einem sinnvollen Training meiner Meinung nach die beste Voraussetzung für einen gesunden jugendlichen Körper.

**5** Formuliert selbst einen geeigneten Schluss.
Ihr könnt so beginnen:
*Nach der Lektüre der Reportage „Jugendliche im Fitnessstudio – Ich pumpe, also bin ich" stellen sich mir die Fragen: Macht Schönheit wirklich glücklich? Bin ich tatsächlich nur mit einem perfekt geformten Körper und einem modernen Styling bei meinen Mitmenschen beliebt? ...*

# Einen Kommentar erschließen

## Den Kommentar lesen und verstehen

**1** Der folgende Kommentar thematisiert den Trend „Body-Positivity".
a Vermutet, was unter dieser aktuellen Strömung zu verstehen ist.
b Recherchiert im Internet, was sich hinter dieser Bezeichnung verbirgt. Notiert wesentliche Informationen.
c Lest den Text und vergleicht, welche Aspekte eurer Recherche aufgegriffen werden.

Kommentar

### Body-Positivity

**Nein, man muss nicht seine Cellulite lieben. „Body-Positivity" ist nicht viel besser als Schlankheitswahn. Wann kommt endlich die „Body-Gleichgültigkeit"?**

Von Sophie Passmann

Früher war es irgendwie einfacher, da wusste man nämlich, dass es Barbie gibt und dass Barbie „unrealistische Schönheitsideale" vermittelt. Man sah Barbie überall und konnte sie in Ruhe hassen.

Heute will die Welt etwas weiter sein, deswegen gibt es Body-Positivity, ein Internet-Phänomen, für das sich dünne, weiße, blonde Frauen absichtlich unvorteilhaft vor dem Spiegel fotografieren und zeigen, dass *selbst sie* Bauchspeck und Cellulite haben – und sich trotzdem so gut finden. Sie schreiben natürlich nie wortwörtlich dazu, dass *selbst sie* Makel haben, aber das pädagogische Sendungsbewusstsein, mit dem die Existenz eines echten menschlichen Körpers der Welt gezeigt wird, beweist, dass schlicht kein anderer Gedankengang dahinterstecken kann als dieser: *Natürlich halten die Leute mich für perfekt und makellos, ich beweise ihnen aber mal, dass selbst ich Bauchspeck habe.* Body-Positivity ist nicht schlauer als die Welt, in der Barbies erfunden wurden, sie gibt sich allerdings als logische Gegenbewegung aus: Da bislang viele Frauen ihre Körper nicht mochten, könnte jetzt ja mal die Liebe zum Körper dran sein.

Body-Positivity ist wie viele vermeintlich progressive Social-Media-Aktivismen irre hinterhältig, weil das Hauptargument *die Liebe* ist, und welches kranke Schwein will schon gegen *Liebe* und vor allem *Selbstliebe* argumentieren? Dieser Trend nutzt keine wesentlich anderen Denkfiguren, als Körperhass oder Diätobsession es tun, es wird weiterhin eine Welt um einen Körper gebaut, es wird vermittelt, dass der Weg zum Glück über ein Verhältnis zum eigenen Aussehen gefunden wird. Man könnte durch einmaliges angestrengtes Nachdenken draufkommen, dass das Problem, dass Frauen zu viel Zeit mit ihrem Aussehen und ihrem Körper verbringen, nicht dadurch gelöst wird, dass Frauen in Zukunft in *Dankbarkeit* und Liebe zu ihren Körpern leben sollen. Liebe ist ein absoluter Zeitfresser; wer es schaffen will, den eigenen Körper zu lieben, sollte besser sofort von Voll- auf Teilzeitarbeit umsteigen. Body-Positivity ist nur ein weiteres Ziel, das im echten Leben für normale Menschen kaum umzusetzen ist. Wer ein normales Leben führt, eines, in dem man mal wieder die Fenster putzen müsste und einem im Supermarkt an der Kasse ein Becher Sahne auf den Boden fällt und aufplatzt, hat schlicht keine Zeit für den Quatsch. In gewisser Weise ähnelt Body-Positivity der Barbie-Welt mehr, als die Protagonistinnen es wahrhaben wollen: Sie ist ein für die meisten unerreichbares Ideal. Und natürlich meinen die Macherinnen von Body-Positivity es gut. Das reicht manchmal aber nicht.

Statt wieder gesagt zu bekommen, wie man sich als Frau mit dem eigenen Körper zu fühlen hat, wäre es denkbar, einfach einen Mittelweg zwischen Selbstliebe und Selbsthass zu finden: freundliche Gleichgültigkeit. Es ist nämlich total okay, wenn so ein Körper einfach da ist und seinen verdammten Job macht. Man muss ihn gar nicht lieben. Es ist, von ganz außen betrachtet, sogar ein wenig albern, den eigenen Körper zu lieben. Ich liebe ja auch nicht meine Nebenniere. Man müsste gar nicht in die Welt reinbehaupten, dass *alle Körper schön* seien, stattdessen könnte man sich vor Augen halten, dass nahezu alle Körper nackt ein wenig komisch aussehen und dass es nun auch mal gut ist mit dem Nachdenken über Arme und Beine und so weiter. Dann bleibt so viel Zeit für anderes. Wir könnten uns über unsere Bäuche streicheln und die Wahrheit sagen. Nein, nicht jeder Körper ist schön. Und das ist auch völlig in Ordnung. Barbie ist ja auch nicht wirklich schön.

*(Zeit.de, 23.09.2020)*

**2** Erklärt mit eigenen Worten, was die folgenden Formulierungen im Text bedeuten. Erschließt die Bedeutung aus dem Textzusammenhang und schlagt Fremdwörter nach.

„Cellulite“ (Vorspann) • „Internet-Phänomen“ (▸ Z. 7) • „Makel“ (▸ Z. 13) • „pädagogische[s] Sendungsbewusstsein“ (▸ Z. 13 f.) • „Existenz“ (▸ Z. 15) • „progressive Social-Media-Aktivismen“ (▸ Z. 27 f.) • „Diätobsession“ (▸ Z. 33) • „Ideal“ (▸ Z. 57)

**3** Diskutiert, was ihr über die im Text genannten Schönheitsideale denkt.

## Inhalt und Aufbau des Kommentars zusammenfassen

**1** a Bei dem Text (▸ S. 200 f.) handelt es sich um einen Kommentar. Erklärt mündlich, wodurch sich ein Kommentar in der Zielsetzung von anderen journalistischen Textsorten unterscheidet.

b Erstellt mit Hilfe des Grundwissens (▸ S. 297) ein Lernplakat zu Aufbau, Inhalt und Layout eines Kommentars.

**2** Für die strukturierte Inhaltszusammenfassung ist es wichtig, die Textsorte richtig einzuordnen, da man den typischen Aufbau für die Zusammenfassung meist gut nutzen kann.
Auch der Aufbau des vorliegenden Textes ist typisch für einen Kommentar. Bringt die folgenden Sinnabschnitte in die richtige Reihenfolge, ergänzt sie und notiert die Zeilenangaben dazu.

**A** Kurzer Rückblick mit Bewertung: Das frühere Schönheitsideal der Barbie war einfach zu akzeptieren, da es für die „normale" Frau quasi nicht erreichbar war (Z. ?).
**B** Begründung für die Kritik an der gut gemeinten Gegenbewegung: Ebenso ist ? (Z. ?).
**C** Zusammenfassender Kompromiss: Statt ? (Z. ?).
**D** Erläuterung des neuen Schönheitsideals „Body-Positivity" als Gegenbewegung: ? (Z. ?).
**E** Kritik: Bei Body-Positivity wird ein positives Verhältnis zum eigenen Aussehen mit Glück gleichgesetzt und somit dem Körperkult – ähnlich wie bei Körperhass oder Diäten – erneut zu viel Bedeutung beigemessen (Z. ?).
**F** Appell: Aufforderung, weniger Zeit für Schönheit bzw. Selbstliebe aufzubringen, sondern ? (Z. ?).

**3** Fasst den Text mit eigenen Worten zusammen, indem ihr den Aufbau berücksichtigt.
●○○ Ihr könnt folgendermaßen beginnen:
*Die Autorin Sophie Passmann nimmt in ihrem Text „Body-Positivity" gleich zu Beginn Bezug auf das stets aktuelle Thema, das sie kommentieren möchte, nämlich ...*

## Sprachliche Besonderheiten beschreiben

In einer Sprachanalyse kann verlangt werden, dass ihr eine Behauptung zur Sprache des Textes nachweist, z. B.: *Die Autorin des Kommentars kritisiert die gegensätzlichen Schönheitsideale „Body-Positivity" und „Schlankheitswahn" mit sprachlichen Mitteln direkt und indirekt.*

**1** Zu Beginn ihres Kommentars verwendet die Autorin Sophie Passmann die Antithese „Früher war [...]" (Z. 1) – „Heute will [...]" (Z. 6). Erklärt, warum sie mit dieser Gegenüberstellung beginnt.

**2** a Durch die **anschauliche Art der Darstellung kritisiert** die Autorin die Bewegung „Body-Positivity" in den Zeilen 6 bis 26 **indirekt.** Beschreibt die sprachlichen Mittel, die sie hierfür nutzt.
b Im Text wird die Formulierung „selbst sie" (Z. 10, 13) wiederholt und sogar durch Kursivdruck hervorgehoben. Erklärt die Wirkung dieser Wiederholung.

**3** Die Autorin stellt die „Body-Positivity"-Bewegung in den Zeilen 27 bis 59 **direkt kritisch in Frage** und nutzt hierfür gezielt sprachliche Mittel. Untersucht den Abschnitt und notiert sie.
●○○ Die Zitate können helfen:

**A** „wer es schaffen will" (▸ Z. 44) – „Wer ein normales Leben führt, eines, in dem man mal wieder die Fenster putzen müsste und einem im Supermarkt an der Kasse ein Becher Sahne auf den Boden fällt und aufplatzt" (▸ Z. 48–52)
**B** „Body Positivity ist [...] argumentieren?" (▸ Z. 27–31)

**4** a Trotz des in der Regel gehobenen Sprachstils verwendet die Autorin an einigen Stellen Umgangssprache. Nennt Beispiele und erklärt die Wirkung.

b Um ihre ablehnende Haltung gegenüber beiden „Schönheitsidealen" – Schlankheitswahn und Body-Positivity – **prägnant auf den Punkt zu bringen,** nutzt die Autorin im übrigen Text weitere Stilmittel. Bestimmt die sprachlichen Mittel und beschreibt deren Wirkung.

●○○ Die Zitate können helfen:

**A** „Barbie" (▸ Z. 2 ff., 22, 54, 80) – „lieben" (▸ Z. 67, 69) – „normale Menschen" (▸ Z. 48) / „normales Leben" (▸ Z. 49)
**B** „Das reicht manchmal aber nicht." (▸ Z. 58 f.) – „Barbie ist ja auch nicht wirklich schön." (▸ Z. 80 f.)
**C** „pädagogische[s] Sendungsbewusstsein" (▸ Z. 13 f.)
**D** „Mittelweg [...] zu finden: freundliche Gleichgültigkeit" (▸ Z. 62–64)

**5** Beschreibt in einem zusammenhängenden Text, wie die Autorin mit sprachlichen Mitteln direkte und indirekte Kritik an den „Schönheitsidealen" zum Ausdruck bringt.
Nutzt dazu eure Arbeitsergebnisse aus den Aufgaben 1 bis 4.

**Wissen und Können** **Die Sprache in einem Kommentar beschreiben**

In einem Kommentar setzt die Autorin / der Autor die **Sprache gezielt** für ihre/seine **Absicht(en)** ein, weshalb die Ausdrucksweise oft stilistisch gehoben ist.
Um Thesen zur Sprache eines Textes nachzuweisen, empfiehlt es sich, die sprachlichen Mittel nach ihrer inhaltlichen **Verwendung** und **Intention** zu lernen:

- Darstellung von **Hintergründen** zum Thema, um **von der eigenen Kompetenz zu überzeugen:** sehr sachliche Sprache, Zahlen/Daten, Fachbegriffe und Fremdwörter, häufig komplexer und anspruchsvoller Satzbau
- **anschauliche Darstellung von Sachverhalten und Zusammenhängen:** Aufzählungen, Vergleiche, Metaphern, Personifikationen, Redewendungen, Häufung von Adjektiven, Partizipien, aussagekräftige Verben
- **Beeinflussung der Leser/-innen** und **Überzeugung von der eigenen Meinung:** Fragesätze, Ausrufesätze, rhetorische Fragen, Wir-Formen, Konjunktive
- **Infragestellung von Fakten, Abwägung verschiedener Meinungen:** Antithesen, Anaphern, Parallelismen, Aufzählungen, Vergleiche
- **Ausdrücken von Emotionen** und **prägnantes Formulieren der eigenen Meinung:** kurze Sätze, Satzreihen, Ellipsen, Anaphern, Wiederholungen oder kommentierende Einschübe in Form von Parenthesen, manchmal umgangssprachliche Wortwahl oder Ironie als Mittel der indirekten Kritik

# Testet euer Wissen!

## Reportage und Kommentar

**1** Findet in den Wortreihen den „Außenseiter“ und erklärt, warum er nicht zu den übrigen Begriffen passt.

**A** Meldung – Nachricht – Kommentar – Bericht
**B** Satzgefüge – Parallelismus – Metapher – Parenthese
**C** Recherche – Unterhaltung – Meinungsbildung – Information
**D** Bericht – Kurzgeschichte – Kommentar – Interview

**2** a Richtig oder falsch? Überprüft die folgenden Aussagen. Die Buchstaben der richtigen Lösungen am linken Rand ergeben nebeneinandergeschrieben einen kreativen Schreibanlass.
b Korrigiert die falschen Aussagen.

**DE** Die Sprache von Kommentaren ist meist sehr einfach gehalten.
**ER** Eine Reportage beginnt häufig mit einem szenischen Einstieg.
**RU** Ein Kommentar möchte seine Leser/-innen in erster Linie unterhalten.
**ZA** Sowohl in Reportagen als auch in Kommentaren werden sachliche Hintergründe erläutert.
**EH** Der Kommentar nimmt Bezug zu einem aktuellen Thema.
**MO** Der Kommentar enthält häufig direkte Rede, um persönliche Sichtweisen Betroffener darzustellen.
**LU** Ellipsen, kurze Sätze oder Wiederholungen werden häufig zur Meinungsäußerung genutzt.
**NG** Kommentare enden häufig mit einem Appell an die Leser/-innen.
**OL** Zahlen und Fakten sollen zeigen, wie gebildet die Autorin / der Autor ist.

**3** Ordnet den Erklärungen **A** bis **I** das passende Fremdwort bzw. den passenden Fachbegriff **1** bis **9** zu, der in Textbeschreibungen häufig Verwendung findet.

**A** vom Gefühl bestimmt
**B** zusammenfassend festgestelltes Ergebnis
**C** von persönlichen Ansichten, Gefühlen, Vorurteilen bestimmt, voreingenommen
**D** Fähigkeit, Sachverstand
**E** geistreicher, überraschender Schluss
**F** meist negative Beurteilung oder Einschätzung
**G** kurz, genau und treffend
**H** Absicht oder Bestreben
**I** Aufruf, Aufforderung, Mahnung

**1** Intention
**2** prägnant
**3** Appell
**4** Kompetenz
**5** Fazit
**6** Kritik
**7** Pointe
**8** emotional
**9** subjektiv

# 9.2 Auf der Suche nach der eigenen Identität – Auf Texte reagieren

## Sich mit dem Thema einer Reportage auseinandersetzen

### Weitere Besonderheiten: Reaktionen, die der Text hervorrufen kann

**1** Der Titel der folgenden Reportage lautet „Schönheit kennt keine Behinderung".
a Äußert euch in einer Blitzlichtrunde dazu, worum es in dem Text gehen könnte und mit welcher Absicht der Autor ihn vermutlich verfasst hat.
b Lest die Reportage und überprüft eure Erwartungen.

**Selbstwertgefühl**

#### Schönheit kennt keine Behinderung

**Stolz blickt die behinderte Laura in den Spiegel, während die Friseurin sich um ihre Haare kümmert. – In Hagen haben Erzieherinnen-Azubis ein Projekt zum Thema „Schönheit und Selbstbewusstsein bei jungen Menschen mit Behinderung" initiiert.**

Von Mike Fiebig

*Hagen-Mitte. Dieses Beispiel zeigt, wie wichtig es ist, jungen und behinderten Menschen das gleiche Selbstwertgefühl zu vermitteln wie den nicht behinderten Teenagern ihrer Generation.*

Behinderte junge Damen sind nicht sexy. Sie orientieren sich nicht an Schönheitsidealen. Sie stellen ihre Weiblichkeit nicht heraus. Das dominierende Thema im Leben von behinderten jungen Damen ist, dass sie behindert sind – fertig, aus. Alle anderen Gedankenspiele sind ein Tabu. Wer die Ironie in diesen Einstiegssätzen nicht erkannt hat, dem sei mit dem folgenden Beispiel vor Augen geführt, dass all das, was gerade in Aussagesätze verpackt wurde, im Grunde grober Unfug und ein Denkfehler großer Teile der modernen Gesellschaft ist. Dieses Beispiel zeigt nämlich, wie wichtig es ist, jungen und behinderten Menschen das gleiche Selbstwertgefüh zu vermitteln wie den nicht behinderten Teenagern ihrer Generation. Und dazu gehört es eben auch, sich weiblich, sexy und schön fühlen zu dürfen.

Mädchen so irgendwo zwischen 11 und 16 Jahren sind in ihrem ganz eigenen Universum unterwegs. Die Suche nach dem eigenen Ich. Anderen gefallen. Schönheitsideale, erste Verliebtheit, erste Enttäuschung – und das alles zwischen Reibereien mit den Eltern, bei denen man mit 14 schon glaubt, die Dinge einfach besser zu verstehen als jemand mit der dreifachen Lebenserfahrung. In genau diesen Prozess fällt auch das Thema des eigenen Körpers und der Schönheit.

**Einwöchiges Projekt**

„Was bei Behinderten in diesem Alter einfach ein Tabu-Thema ist", sagt Meike K. Sie ist Auszubildende zur Heilerziehungspflegerin und steht wie ihre Kolleginnen kurz vor dem Examen.

In einer einwöchigen Praxisphase nehmen die jungen Damen das Thema Schönheit und Selbstbewusstsein bei jungen Menschen mit Behinderung in den Blick. „Wir wollen ihnen zeigen, dass es nicht richtig ist, zu glauben: Ich bin behindert und dann darf ich nicht sexy sein."

Cindy genießt. Der junge Mann im Friseurladen lässt warmes Wasser über ihre dicken Haare laufen. Sie schließt die Augen. Sie grinst. Jetzt zählt das alles gerade nicht mit ihrer Einschränkung, mit diesem dominierenden Thema in ihrem Leben. Jetzt zählt nur sie. Und zwar als junge Frau, die in diesem Moment einfach nicht mehr will, als sich ein bisschen schöner machen zu lassen, als sie ohnehin schon ist. „Die Mädchen wissen nicht, wie es ist, wenn jemand Wert darauf legt", sagt Meike K.

**Blick auf die Persönlichkeit**

Das Äußere ist nicht alles im Leben. Das ist auch Teil der Wahrheit, die die Auszubildenden den jungen Menschen aus dem Matthias-Becker-Haus in der Schulstraße in dieser Projektwoche vermitteln. Schönheit ist nicht nur ein gut gezogener Lidstrich, eine Hose, die an einem schön gebauten Körper sitzt wie eine zweite Haut, oder ein strahlender Augenaufschlag. Schönheit ist vor allem auch das, was die kognitiv beeinträchtigte Laura an einem der Projekttage in einer Gesprächsrunde an sich als besonders schön erkannte: Ehrlichkeit und Ausstrahlung. „In der Woche, die wir im Rahmen unseres Projektes miteinander verbringen, ist all das ein Thema. Es geht darum, das Selbstwertgefühl dieser jungen Menschen zu stärken. Man muss das zum Thema machen", sagt Luisa H.

**Feinschliff beim Friseur**

Shoppen gehen, einen Friseur besuchen, über Schönheit sprechen – das mögen Oberflächlichkeiten sein. Und doch sei es Teil der Persönlichkeitsentwicklung. „Und wenn man da nicht ansetzt, leidet das Selbstwertgefühl." Dann ist man nicht nur behindert, sondern auch depressiv. Unnötig, wie die Auszubildenden finden. Zumal die Kombination behindert und selbstbewusst sich nicht ausschließe, aber Gesprächsarbeit erfordere.

Jetzt kommt der Feinschliff. Der Friseur im Salon „Notaufnahme" an der Elberfelder Straße greift zum Fön. Warme Luft lässt Cindys frisch frisierte Haare tanzen. Sie lacht laut. Ein bisschen aus Scham. Ein bisschen, weil sie es nicht fassen kann, dass ihr eigenes Antlitz sie so positiv überrascht. Und ein bisschen, weil es doch gelacht wäre, wenn an der nächsten Ecke nicht ein junger Mann denken würde: „Die sieht aber gut aus." *

*(Westfalenpost, 27.02.2016)*

**2** Kommt über den Text ins Gespräch:
Sprecht über Formulierungen, die Wichtiges aussagen, und darüber, was sie bei euch auslösen (z. B. Interesse ...).
**Tipp:** Ihr könnt auch ein Booksnap herstellen (▸ S. 318), auf dem ihr den Text mit Symbolen und Kommentaren kennzeichnet.

**3** Um herauszufinden, welche Reaktionen ein Text bei Leserinnen und Lesern hervorrufen kann, ist ein Blick auf die angesprochene Zielgruppe sinnvoll.

a Wählt unten mögliche Zielgruppen aus und begründet mit passenden Textstellen, warum gerade diese angesprochen sein könnten.

Lehrer/-innen • Jugendliche • Eltern behinderter Kinder • Erwachsene • Kinder und Jugendliche mit Behinderung • Mitschüler/-innen • Models b Wählt aus den folgenden Reaktionen auf diesen Text diejenigen aus, die ihr für wahrscheinlich haltet, und ordnet sie den in Aufgabe 3 a (▸ S. 206) ausgewählten Zielgruppen sinnvoll zu. Es sind auch mehrere Zuordnungen möglich.

**A** Positive Resonanz (Zustimmung) auf das Projekt und Wunsch, dieses zu unterstützen
**B** Selbstmitleid mit dem eigenen Aussehen
**C** Erkenntnis, dass das Aussehen für jeden Menschen wichtig und nicht unbedeutend für ein positives Selbstwertgefühl ist
**D** Größere Empathie für die Situation behinderter Jugendlicher
**E** Hilfestellung für den Umgang mit behinderten Kindern und Jugendlichen
**F** Empörung über ein vermeintlich unnützes Projekt
**G** Erkenntnis / schlechtes Gewissen, behinderte Jugendliche in ihrer Persönlichkeit bisher nicht ernst genommen zu haben
**H** Anstoß, über das eigene Selbstwertgefühl nachzudenken: Was ist wirklich wichtig? Worüber definiere ich mich?

**4** Formuliert eure Ergebnisse aus Aufgabe 3 zu einem zusammenhängenden Text aus. Belegt eure Aussagen mit passenden Textstellen.

●○○ Ihr könnt so beginnen:
*Als jugendliche Leserin / jugendlicher Leser der Reportage „Schönheit kennt keine Behinderung" wird man vielleicht zum ersten Mal mit der Erkenntnis konfrontiert, dass …*

## Eine begründete Stellungnahme verfassen

Im Anschluss an die Textanalyse eines pragmatischen Textes wird von euch in der Abschlussprüfung eine begründete Stellungnahme zu einer Aussage des Textes oder einer Frage- bzw. Problemstellung, die der Text aufwirft, verlangt.

**1** Erschließt zunächst gemeinsam die Aussage des Textes „Das Äußere ist nicht alles im Leben" (Z. 59), indem ihr euch mit der Piazza-Methode über eure Werte zu diesem Thema austauscht.

**Wissen und Können** **Piazza-Methode**

Bei diesem **Brainstorming-Verfahren** bewegt ihr euch frei im Klassenzimmer, das sozusagen zu einer Piazza (ital. für *Platz*) wird, und tauscht euch auf ein Signal hin mit einer Mitschülerin oder einem Mitschüler zur Frage- oder Themenstellung aus. Die so gesammelten Meinungen können im Anschluss für die individuelle Weiterarbeit genutzt werden.

**2** Tragt eure Werte aus Aufgabe 1 (▸ S. 207) in einer Tabelle zusammen und notiert passende Beispiele.

| Werte | Anschauliche Beispiele |
|---|---|
| *Freundschaft* | … |
| … | … |

**3** „Das Äußere ist nicht alles im Leben." (Z. 59) – Nehmt nun begründet Stellung zu dieser Aussage des Textes, indem ihr einige für euch wichtige Werte anschaulich darlegt.

a Die begründete Stellungnahme muss sprachlich mit der vorangegangenen Texterschließung verknüpft werden. Formuliert die folgenden Stichpunkte zu einer passenden Überleitung aus. Denkt daran, in eurer Überleitung auch die Fragestellung zu formulieren.

> Reportage „Schönheit kennt keine Behinderung" • Autor Mike Fiebig • Projekt • Unterstützung Selbstwertgefühl junger Menschen mit Behinderung • Erfahrung: eigener Körper ist schön • aber: „Das Äußere ist nicht alles im Leben." (▸ Z. 59) • daher Auseinandersetzung mit Fragestellung

b Formuliert eure begründete Stellungnahme aus, indem ihr zwei Argumentationen ausführt. Euer Text sollte etwa 250 Wörter umfassen.
**Tipp:** Eine Argumentation sollte sich an dem Grundprinzip mit dem Dreischritt Behauptung – Begründung – Beispiel orientieren und eine Rückführung zur Themafrage oder eine Schlussfolgerung enthalten.

c Tauscht eure Texte aus und gebt euch gegenseitig Rückmeldung, ob die Stellungnahme überzeugend ist.

## Kreative Schreibaufträge bearbeiten

Mohamed Amjahid

### Das Urteil – Wie es ist, wenn man aufgrund seiner Hautfarbe anders behandelt wird

> **Mohamed Amjahid**
> ist Reporter für die Wochenzeitung „Die Zeit" und hat ein Buch über die im Artikel beschriebenen Erfahrungen geschrieben: „Unter Weißen: Was es heißt, privilegiert zu sein".

Niemand kann sich seinen Körper aussuchen. Na gut. Man kann sich die Haare färben und glätten, die Haut kann man sich mit Cremes und Peelings aufhellen. Es gibt auch diese bunten Kontaktlinsen, die sich einige Menschen in die Augen packen, damit sie grün oder blau wirken. Für die Außenwelt existiert aber meist nur der eine Körper – so, wie man halt geboren wurde. Man sollte zwar nie zu viel Wert auf das Äußere legen, es wäre aber gelogen, zu behaupten, es spiele gar keine Rolle in der Gesellschaft, wie man aussieht.
Ich zum Beispiel habe eine hellbraune Hautfarbe, schwarze Haare, dicke Augenbrauen, und als wäre das nicht genug, trage ich noch einen

kurzen Bart. Über meinen Körper, also mein Äußeres, bin ich für viele als sogenannter „nordafrikanisch aussehender Mann“ zu identifizieren. Diese Beobachtung macht mit vielen Menschen in Deutschland und Europa etwas. Sie reagieren auf mich, ohne mich zu kennen. Es reicht meine bloße Anwesenheit. Der Anblick meines Körpers löst in vielen Köpfen einen Alarm aus. Menschen stecken mich in Schubladen, ohne dass ich ein Wort mit ihnen gewechselt habe. Das beginnt damit, dass ich in vielen Gegenden von Berlin von Menschen automatisch auf Englisch oder mit übertriebenen Handzeichen angesprochen werde – denn ein echter Deutscher kann anscheinend nicht so aussehen wie ich. An Bahnhöfen und Flughäfen fischen mich regelmäßig Polizisten aus großen Menschenmengen raus, um mich zusätzlich zu kontrollieren. Mein Körper signalisiert den Beamten anscheinend, dass Gefahr droht. Es passiert mir so häufig und meinen weißen biodeutschen Freunden so gar nicht, dass dies keine Zufälle sein können.

Wenn man in Deutschland blonde Haare hat, weiße Haut, blaue Augen, dann existiert man nicht als Gegenstand im öffentlichen Streit. Ich arbeite seit Jahren als Journalist: Die meiste Zeit davon wurde in Deutschland über Ausländer, Araber, Türken, Muslime, Roma, im Allgemeinen über Nichtweiße diskutiert. In anderen Ländern mit mehrheitlich weißer Bevölkerung sieht es nicht anders aus. Diese Dauerpräsenz in Medien, im Schulunterricht, in ganz alltäglichen Gesprächen überträgt sich auf die Körper der betroffenen nichtweißen Menschen. Das ist ätzend, und es nervt. Ich kann in manchen Geschäften nicht mehr in Ruhe einkaufen, weil mich Sicherheitsbedienstete durch die Regalreihen verfolgen. Sie sehen meinen Körper und denken: Der will was klauen. Wenn ich zufällig einen Kapuzenpulli trage, ist dieses Misstrauen besonders zu spüren.

Weil sie die vermeintliche Norm des weißen Körpers in der Öffentlichkeit nicht erfüllen, müssen Nichtweiße immer daran denken, dass sie „anders“ sind. Diese, wie ich sie nenne, Hautfarbenskala (weiß = super; schwarz = weniger gut) ist über Jahrhunderte gewachsen und hat sich an unsere Körper angeheftet. Die Sklaverei, der Kolonialismus, die Ausbeutung des globalen Südens und die Arbeitsmigration haben dazu geführt, dass wir Menschen mit bestimmten Körpermerkmalen positive Attribute zusprechen. Als Weißer gilt man als weniger angsteinflößend, zumindest wird man im Supermarkt seltener vom Detektiv verfolgt. Wie unsere Körper gelesen werden, hängt an mehreren Faktoren – zum Beispiel am Geschlecht oder am Habitus, also wie man sich gibt, wie man spricht und welchen „Stallgeruch“ man von der Familie mitbekommen hat. Doch die Hautfarbe und die offensichtliche Herkunft sind Faktoren, die sehr starken Einfluss darauf haben, wie unsere Körper und damit wir als Individuen wahrgenommen, ernst genommen und ob wir unvoreingenommen behandelt werden.

Oft wird mir entgegnet: Jeder Mensch möchte immer das Gegenteil davon haben, was er gerade besitzt. Diese Formel gelte auch für den eigenen Körper. Deswegen gingen auch so viele Weiße ins Solarium. Ich bin aber der Meinung, dass es einen Unterschied macht, ob man sich zwei Minuten auf die Sonnenbank legt oder ätzende Chemikalien auf die eigene Haut schmiert, sich stundenlang darum kümmert, glatte und helle Haare zu haben, oder blaue Kontaktlinsen trägt. Das eine hat vielleicht etwas mit Mode und Eitelkeit zu tun, das andere mit einer strukturellen, historisch gewachsenen Diskriminierung von Minderheiten und benachteiligten Gruppen. Das Problem heißt hier unter anderem auch Rassismus. Ich bin aber der Überzeugung, dass wir uns alle in unseren Körpern besser fühlten, wenn wir offen und ehrlich über die damit verbundenen Privilegien und Diskriminierungen reden würden. •

*(fluter, 23.03.2018)*

**1** Lest den Text (▸ S. 208 f.) und tauscht euch mit der Methode Think-Pair-Share über den Text aus:

a Think:
- Formuliert in einem Satz, welche Gedanken bzw. welche Gefühle der Text in euch auslöst.
- Notiert anschließend, welche Absicht der Autor eurer Meinung nach mit diesem Text verfolgt. Wählt dazu passende Verben aus dem Wortspeicher.

informieren über • aufklären über • hinweisen auf • auffordern zu • warnen vor • unterhalten • beraten • anleiten • kritisieren • kommentieren

b Pair: Vergleicht zu zweit eure Ergebnisse: Wie ähnlich oder verschieden sind eure Reaktionen auf den Text?

c Share: Stellt eure Ergebnisse der Klasse vor.

**2** a Beschreibt die konkreten Situationen, in denen der Autor aufgrund seines Aussehens anders behandelt wird.

b Vielleicht habt ihr Ähnliches erlebt wie der Autor? Berichtet davon.

c Der Autor zählt verschiedene Faktoren auf, die seiner Meinung nach beeinflussen, wie Menschen auf andere Menschen reagieren. Nennt diese und ergänzt eigene Überlegungen.

**3** a Erzählen, schildern, einen inneren Monolog verfassen, einen persönlichen Brief oder einen Dialog schreiben – dies sind Schreibformen, die als letzte Aufgabe zur Texterschließung möglich sind. Lest folgende Aufgabenstellungen zum Text:

**A** „Sie reagieren auf mich, ohne mich zu kennen." (Z. 20 f.) – Vielleicht ist es auch euch schon einmal wie dem Autor ergangen und ihr wurdet wegen eures Aussehens (Hautfarbe, Frisur, Kleidung, Behinderung, Größe ...) anders behandelt. Schreibt einen **inneren Monolog,** der insbesondere eure Gefühle in dieser Situation deutlich macht.

**B** Ihr beobachtet im Supermarkt, wie ein junger Mann mit dunklerem Teint im Kapuzenpullover fälschlicherweise des Diebstahls beschuldigt wird. Schreibt einen **Tagebucheintrag,** indem ihr am Abend die unangenehme Situation Revue passieren lasst.

**C** Schreibt einen **Dialog** zwischen einem Jugendlichen und dessen Eltern, die mit dem Styling bzw. Kleidungsstil ihres Kindes nicht einverstanden sind, weil sie Vorurteile anderer befürchten.

**D** Teilt dem Autor in einem **persönlichen Brief** eure Meinung zu seinem Text mit. Stellt ihm auch Fragen.

b Sprecht in Kleingruppen darüber, worauf es bei der jeweiligen Schreibform ankommt.
c Gestaltet zu jeder der vier kreativen Schreibaufgaben eine Liste mit sinnvollen Schreibtipps. Die Kurzbeschreibungen der Schreibformen können euch dabei helfen.

Einen ? schreibt jede/-r anders, es ist daher eine sehr freie Schreibform. Zu Beginn solltet ihr kurz klarstellen, mit welcher Situation die/der Schreibende sich auseinandersetzt. Ihr solltet euch möglichst gut in die Person hineinversetzen und ihre persönlichen Erlebnisse, Gedanken und Gefühle oder Wünsche in der Ich-Form schreiben. Hierfür eignen sich Fragen oder Ausrufe. Ein ? sollte ein Datum und kann auch eine Anrede und eine abschließende Unterschrift enthalten.

Ein ? ist eine zielführende Wechselrede zwischen zwei Personen. Es sollte klar sein, wer wann spricht, und der jeweilige Standpunkt sollte erkennbar werden. Mit Fragen und Ausrufen können Gedanken und Gefühle verdeutlicht werden. Die verschiedenen Ansichten müsst ihr begründen und als Gespräch wie in einem Theaterstück aufschreiben. Beachtet, ob die Aufgabenstellung ein Ergebnis fordert. Der Sprachstil darf etwas freier als in einem Gespräch sein.

In einem ? spricht eine Person in der Ich-Form zu sich selbst und äußert Gedanken und Gefühle zu einer gegebenen Situation, meist im Präsens. Gedankensprünge, Fragen, Ausrufe, Interjektionen und Vermutungen sind typische Merkmale dieser Schreibform. Beenden kann man der ? mit einem Entschluss, einem Ausblick oder einer Hoffnung.

In einem ? stellt ihr euch die geforderte Situation vor und schreibt darüber an eine vorgegebene Adressatin oder einen vorgegebenen Adressaten. Versetzt euch dafür in deren oder dessen Lage und macht euch Gedanken, was für sie/ihn interessant oder hilfreich sein könnte. Der ? sollte eine Datumsangabe, eine Anrede und eine Grußformel enthalten.

**4** a Einigt euch in der Klasse darauf, wer welche kreative Schreibaufgabe umsetzt, und bearbeitet den entsprechenden Auftrag.
b Überprüft eure Texte in einem stummen Schreibgespräch (▶ S. 321).
c Überarbeitet euren Text mit Hilfe der Anmerkungen und schreibt ihn in verbesserter Form auf.

# 9.3 Fit in ...? – Einen Kommentar erschließen

So könnte eine Schulaufgabe bzw. die Abschlussprüfung gestellt werden:

Verfassen Sie zu dem Text „Nachhaltig einkaufen ist hart, macht aber glücklich" eine Texterschließung mit Einleitung, Hauptteil und Schluss.

Bearbeiten Sie dazu folgende Aufgaben:

1. Fassen Sie den Text unter Berücksichtigung seiner Struktur zusammen.
2. Der Autor äußert seine eigene Meinung und möchte die Leserinnen und Leser gleichzeitig davon überzeugen. Stellen Sie die sprachlichen Mittel dar, mit denen ihm dies gelingt. Beschreiben Sie außerdem die sprachlichen Mittel, die der Autor nutzt, um Sachverhalte und Zusammenhänge besonders anschaulich darzustellen.
3. Weisen Sie die Textsorte nach und begründen Sie diese mit Hilfe von Layout, Inhalt und Autorenabsicht.
4. Nachhaltiges Handeln betrifft sehr viele Lebensbereiche. Nehmen Sie begründet Stellung, mit welchen Maßnahmen Sie Ihren eigenen Lebensstil nachhaltiger gestalten können. (ca. 250 Wörter)
5. Sie unternehmen gemeinsam mit Ihrer Familie einen Selbstversuch „Eine Woche ohne Plastik". Schildern Sie, mit welchen Schwierigkeiten Sie beim Wochenendeinkauf im Supermarkt zu kämpfen haben.

## Konsum: Nachhaltig einkaufen ist hart, macht aber glücklich

**Wer ethisch konsumieren will, muss seinen Bio-Öko-Ethik-Kompass im Kopf ständig neu kalibrieren. Das nervt, ist aber der Preis der Freiheit.**

Michael Kläsgen

Einkaufen war auch schon mal leichter. Wer der Randsportart des ökologisch korrekten Einkaufs verfallen ist, darf ruhig verzweifeln. Er steht in der Gemüseabteilung und fragt sich, wie bio diese Tomaten aus Spanien eigentlich sein können, die auf einer Pappschachtel liegen und von einer Plastikfolie umhüllt sind. Oder wie viel das Gütesiegel wirklich wert ist, mit dem der Fisch versehen ist. Er ist auch verblüfft, dass Discounter-Billigwasser in der Plastik-Einwegflasche nicht schlimmer für die Umwelt ist als das Alpenquellwasser in der formschönen Mehrweg-Relief-Flasche. Aber was hilft's?

Wer glaubt, mit seinem Konsum ein wenig die Welt verbessern zu können – worauf man nicht allzu große Hoffnungen setzen sollte –, dem bleibt nichts anderes übrig, als sich durch den Dschungel der Angebote zu schlagen und das Beste für sich persönlich herauszufiltern. Ohne erhobenen Zeigefinger und wissend, dass die große Mehrheit anders tickt und wenig Lust verspürt, vor jedem Griff ins Regal erst noch komplexe Lieferketten zu dechiffrieren.

Wenn Firmen ihr Wasser oder Bier in eigens designten Flaschen verkaufen, dann tun sie das ja gerade, weil die meisten Kunden das so wollen. Viele Konsumenten denken nicht groß darüber nach, in welcher Flasche das Getränk abgefüllt ist. Sie finden es okay oder hipp oder beides. Natürlich werden sie in dem Moment Opfer eines Marketingtricks. Aufklären lässt sich vielleicht, wer dazu bereit ist. Aber einwenden kann man dagegen kaum was. Natürlich darf Einkaufen auch Spaß machen und nicht zur permanenten Gewissenplage werden. So sehen das die meisten und sie haben recht. Zum Glück leben wir in einer freien Welt, in der jeder in bestimmten Grenzen herstellen und konsumieren kann, was er will.

In dieser Welt kann man Firmen nicht dazu zwingen, Einheitsflaschen zu benutzen, auch wenn das ökologisch wünschenswert wäre. Ebenso wenig können Kunden dazu verpflichtet werden, nur ein bestimmtes Produkt zu kaufen. Die Politik kann Anreize schaffen und Kaufströme zu lenken versuchen, indem sie umwelt- oder gesundheitsschädliche Artikel über Steuern verteuert. Bei Alkopops und Zigaretten gelang das ganz gut. Beides wird weniger nachgefragt. Aber es gibt keine Garantie, dass das jedes Mal aufs Neue klappt.

**Auf die Politik zu warten, bringt nichts. Fangen wir selber an**

[…] Der Politik fehlt hier der Hebel, an der richtigen Stelle anzusetzen. Und bei Plastik ist die Sache noch diffiziler. „Böses" Wegwerf-Plastik wird demnächst europaweit ohnehin verboten sein. Ein Schritt, der längst überfällig war. Von dem „guten" recycelbaren Kunststoffrezyklat hingegen gibt es eigentlich viel zu wenig. Firmen hätten gern mehr davon, damit sie einen geschlossenen Kreislauf aufbauen könnten. Umweltpolitisch wäre das fürs ganze Land das Sinnvollste. Deswegen müsste die Politik genau hier ansetzen, aber das wäre schrecklich unpopulär. Sofort hieße es: Was, die Regierung will mehr Plastik?

Auf die eine politische Maßnahme, die die Wende zum Besseren bringt, sollte der ökologisch bewegte Konsument daher nicht warten. Sondern sich am besten seinen persönlichen Bio-Öko-Ethik-Kompass im Kopf zurechtlegen und dementsprechend einkaufen. Diesen Kompass muss er leider ständig neu kalibrieren, siehe Billigwasser oben. Das ist nervend, aber der Preis der Freiheit. Klar ist auch: Nur wenn viele es tun, kapieren das die Firmen und ändern was. Ja, es wird hart und langwierig. Fangen wir also am besten heute noch damit an. *

*(Süddeutsche Zeitung, 11.07.2019)*

## Die Aufgabenstellung richtig verstehen und den eigenen Text planen

Besprecht die Aufgabenstellungen (▶ S. 212) mit einer Lernpartnerin oder einem Lernpartner. Erstellt einen Schreibplan für eure Vorgehensweise. Nutzt dazu die folgenden Aufgaben.

**1** Notiert stichpunktartig die wichtigsten Informationen für die Einleitung.

Für die **Einleitung** muss die **Kernaussage** des Textes formuliert werden. Stellt dazu mit eigenen Worten dar, mit welchem **Thema** sich der Autor in diesem Kommentar auseinandersetzt.

**2** Um den Text strukturiert zusammenzufassen, müsst ihr euch an seinem Aufbau orientieren.

a Ordnet die Sinnabschnitte **A** bis **F** den Bestandteilen des Kommentars (Einleitung, Hauptteil, Schluss) in der richtigen Reihenfolge zu.

b Notiert die fehlenden Strukturbegriffe und passenden Zeilenangaben auf eurem Schreibplan.

**A** Aktuelles Thema + erste Stellungnahme (Z. ?): Wer nachhaltig konsumieren will, der hat es nicht leicht, denn wie Beispiele zeigen, ist es nicht immer offensichtlich, welche Produkte im Vergleich wirklich besser für die Umwelt sind.

**B** Problem (Z. ?): Da die Analyse des Warenangebots sehr aufwendig ist und komplexes Hintergrundwissen erfordert, setzen sich in der Realität – verständlicherweise – aber nur wenige Menschen mit der Nachhaltigkeit ihrer Konsumgüter auseinander.

**C** Erläuterung der Wirksamkeit politischer Maßnahmen (Z. ?): Die politische Lenkung der Nachfrage funktioniert nur dann, wenn Maßnahmen von der Gesellschaft auch akzeptiert werden.

**D** Zusammenhänge und Lösungsvorschlag (Z. ?): Da Firmen und Kundschaft nicht zu nachhaltigem Konsumverhalten gezwungen werden können, müssen politische Maßnahmen getroffen werden, was – wie Beispiele zeigen – auch schon funktioniert hat.

**E** Schlussfolgerung und ? (Z. ?): Politische Maßnahmen sind zu träge, nur wenn viele von uns ihr Einkaufsverhalten ändern, werden die Firmen auch ihr Angebot nachhaltiger gestalten.

**F** Erläuterung des ? und ? (Z. ?): Das Konsumverhalten ist – glücklicherweise – eine freie Entscheidung jeder/jedes Einzelnen, die meisten Menschen lassen sich dabei von Marketingtricks leiten.

**3** a Notiert Textstellen, in denen die Meinung des Autors deutlich zum Ausdruck kommt.
**Tipp:** Seht euch vor allem die Zeilen 1 bis 26 und 59 bis 86 an.

b Bestimmt die sprachlichen Mittel der gefundenen Textstellen mit Hilfe des Wortspeichers und ergänzt Hinweise auf die Wirkung im Text. Lest dazu erneut den Merkkasten (▶ S. 203).

kurze Sätze • Umgangssprache • Parenthese • Ellipse • Fragesatz • Wir-Form

●○○

| Sprachliches Mittel | Beispiel | Wirkung im Text |
|---|---|---|
| *kurze Sätze* | *„Einkaufen war auch schon mal leichter." (Z. 1)* | *prägnante Hervorhebung und ...* |
| ... | ... | ... |

c Überprüft, welche sprachlichen Mittel Michael Kläsgen verwendet, um Sachverhalte und Zusammenhänge zu veranschaulichen.
**Tipp:** Notiert die sprachlichen Mittel ebenfalls in eine Tabelle wie in Aufgabe 3 b.

d Der Autor erfindet den Neologismus „Bio-Öko-Ethik-Kompass“ (Vorspann, Z. 78). Klärt die Bedeutung der einzelnen Wortbestandteile und besprecht, welche Aussage hinter diesem Wort steckt. Erklärt anschließend die Wirkung dieser sprachlichen Besonderheit.

**4** Für Aufgabenstellung 3 der Schulaufgabe müsst ihr den Text hinsichtlich Layout, Inhalt und Autorenabsicht genauer untersuchen. Überprüft, ob die genannten Merkmale auf den vorliegenden Kommentar zutreffen.
Zeichnet die Mind-Map mit den zutreffenden Kennzeichen ab und ergänzt konkrete Beispiele aus dem Text.

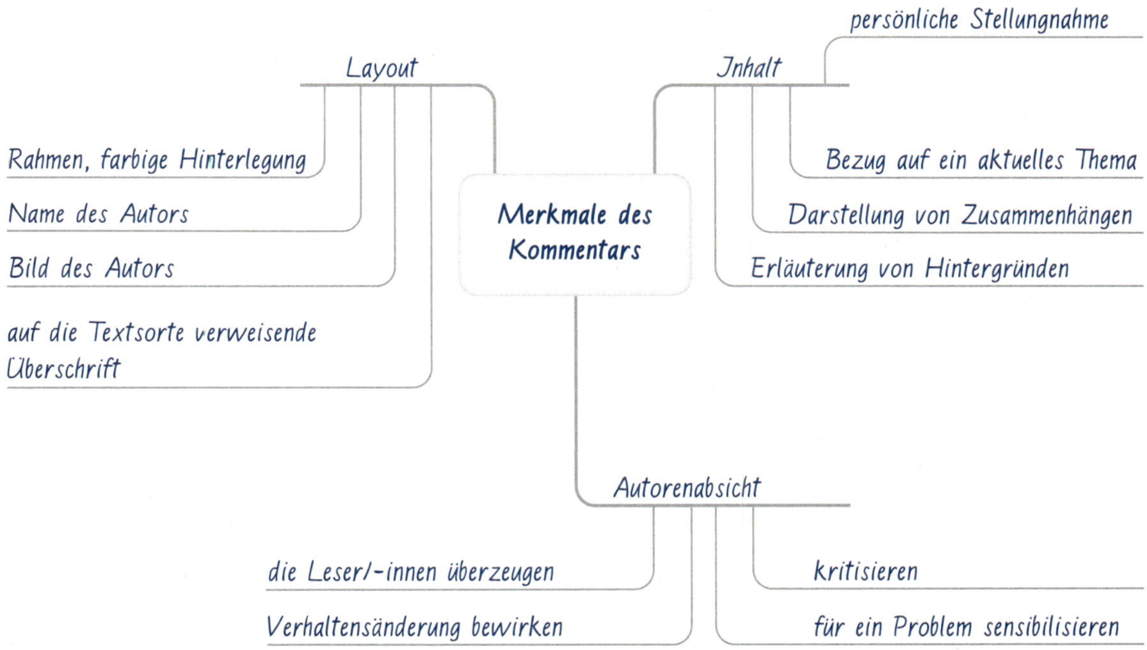


**5** Ein Schüler hat sich Stichworte notiert, in welchen Bereichen er einen Beitrag zu nachhaltigerem Handeln leisten könnte:
- *Energie, Wasser, Müll*
- *Mobilität im Alltag, Reisen*
- *Ernährung*
- *Kleidung*
- *Finanzen*

a Diskutiert anhand konkreter Beispiele mit eurer Lernpartnerin oder eurem Lernpartner, in welchen Bereichen es euch persönlich wahrscheinlich am besten / am einfachsten gelingen könnte, euer Verhalten im Hinblick auf Nachhaltigkeit zu verändern.

b Wählt mindestens zwei der Bereiche (Aufgabe 5 a) aus, notiert sie in eurem Schreibplan und ergänzt in Stichpunkten Behauptungen, Begründungen und passende Beispiele.
**Tipp:** Denkt auch an eine überzeugende Rückführung oder Schlussfolgerung.

**6** a Tauscht euch darüber aus, was in eurer Familie bevorzugt eingekauft wird.
b Überlegt, welche sinnvollen Vorbereitungen für den Einkauf ihr treffen solltet, wenn ihr beim Einkauf auf plastikverpackte Gegenstände verzichten müsst. Notiert Stichpunkte.
c Formuliert fünf Gedanken zum Warenangebot bzw. zum üblichen Konsumverhalten.
d Notiert für den Schluss der Schilderung, wie ihr den ungewohnten Einkauf bewertet oder welche Schlussfolgerung ihr aus dem Erlebten zieht.
**Tipp:** Auf den Seiten 268 f. könnt ihr die Rechtschreibung einer Schilderung zu diesem Kommentar überarbeiten.

**7** a Macht für den Schlussteil eures Aufsatzes Notizen zu eurem eigenen Einkaufsverhalten (z. B. Kriterien für Einkauf, bestimmte Waren ...).
b Formuliert, welche im Text genannten Probleme ihr auch seht oder was ihr anders erlebt.

## Den Text schreiben und überarbeiten

**1** a Legt euren Schreibplan bereit und formuliert eure Ergebnisse der Aufgaben 1 bis 7 (▶ S. 213 ff.) in einem zusammenhängenden Text aus.
Beachtet dabei genau die Aufgabenstellungen.
b Überarbeitet den Text mit Hilfe der Checkliste. Ihr könnt eure Ergebnisse auch gegenseitig überprüfen. Verwendet zur Überarbeitung eine andere Farbe.

### Checkliste

**Einen Kommentar erschließen**

**Einleitung**
- Habe ich alle Basisinformationen wie Textsorte, Titel, Autor/-in, Quelle (wenn bekannt), Kernaussage angegeben?

**Hauptteil**
- Habe ich den **Inhalt** knapp mit eigenen Worten formuliert und **zusammengefasst?** Habe ich dabei die Struktur des Textes aufgezeigt?
- Habe ich die wichtigsten **sprachlichen Besonderheiten** und ihre Wirkung dargestellt?
- Habe ich alle **weiteren Aufgaben** der Schulaufgabe bearbeitet und die Aufgabenstellungen genau beachtet?

**Schluss**
- Sind meine Aussagen im Schlussteil für andere **nachvollziehbar** und runden meinen Aufsatz sinnvoll ab?

**Sprache und Form**
- Habe ich die richtigen **Zeitformen** verwendet?
- Sind meine Formulierungen **abwechslungsreich** und **sachlich?**
- Habe ich richtig **zitiert?** Sind die Zeilenangaben richtig und vollständig?
- Habe ich die **Rechtschreibung** und die **Zeichensetzung** überprüft?
- Habe ich deutliche **Absätze** gemacht und auf eine **saubere Form** geachtet?

# 10 Erziehen und erzogen werden – Glossen lesen und verstehen

**1** Beschreibt den Konflikt, der in der Karikatur dargestellt ist.
Hinweis: Die Bildunterschrift spielt auf das in der Finanzbranche übliche Bonussystem einer Münchner Bankengruppe an.

**2** Tauscht euch darüber aus, welche Strategien eure Eltern anwenden bzw. angewendet haben, um gewünschte Verhaltensweisen, wie beispielsweise das Aufräumen des Zimmers, zu erreichen.

**In diesem Kapitel ...**

- untersucht ihr die Merkmale von Glossen genauer,
- erschließt und beschreibt ihr Glossen unter verschiedenen Gesichtspunkten,
- verfasst ihr eigene kreative Texte.

# 10.1 Erziehen, aber wie? – Glossen analysieren

## Das Wenn-dann-Prinzip – Eine Glosse erschließen

### Einem Hörtext Informationen entnehmen

1 Hört euch den Text an oder lasst ihn euch vortragen.

Martin Zöller

**Erpressung oder Erziehung?**

Viele große Firmen wissen um die Kraft von Belohnungen. Sie geben Urlaubsgeld, Boni – also hoch dotierte Zulagen, Incentives wie Tankgutscheine oder spendieren dem ganzen Team Klischeeaktionen wie Rafting oder Rodeln. So sehr das die einzelne Mitarbeiterin, den Mitarbeiter freut, all das macht eine Firma nicht ausschließlich aus Liebe, sondern nach dem Prinzip „Wenn … dann …“. Wenn du super Leistung bringst, dann kannst du damit rechnen, über dein Gehalt hinaus noch mehr zu bekommen.
So gut das System in der Wirtschaft funktioniert, so schwer fällt es mir nach wie vor, es auf mein Familienleben zu übertragen. Die Kinder trennen frech das „Wenn“ und das „Dann“ und erwarten, nur mit dem „Dann“ davonzukommen. Zum Beispiel hören sie nur „Dann lese ich noch was vor“ und überhören das vorangestellte „Wenn ihr euch selber umzieht“. Sie hören „Dann kriegt ihr ein Gummibärchen“, ignorieren aber „Wenn ihr eure Teller in die Spülmaschine räumt“. Sie jubeln über „Dann gehen wir Pizza essen“, verweigern sich aber dem „Wenn ihr euer Zimmer aufräumt“. Offenbar ist nicht zu ihnen durchgedrungen, dass ein „Dann“ ohne „Wenn“ letztlich nur ein „Dann nicht“ sein kann.
Aber nicht nur, dass diese Belohnungsmethode an ihnen abperlt, sie verunglimpfen sie auch noch als unlautere Manipulation. Das, was ich als ohnehin schon ziemlich zuvorkommende Erziehung bezeichnen würde, nennen sie in böswilliger Verkürzung Erpressung.

> **Martin Zöller**
> (geboren 1979 in München) schreibt als Autor für verschiedene Tageszeitungen und arbeitet als Programmreferent für die Fernsehdirektion des Bayerischen Rundfunks.

Zum Beispiel habe ich zuletzt versucht, die Freigabe von weiteren Stücken Schokolade an ein voriges Aufräumen zu binden. Ich finde, das kann man als Vater schon mal machen. Empörte Reaktion meines fünfjährigen Sohnes: „Erpressung, immer Erpressung!“ Das Ergebnis: Er verzichtet auf die Schokolade. „Dann mag ich keine mehr.“ Das Zimmer ist ein Saustall, bis ich selbst aufräumte. Die absolute Bankrotterklärung.
Was also tun? Die Lösung muss natürlich gesichtswahrend sein. Vielleicht dies: Die Kinder mit einer paradoxen Intervention aus der Psychologie verwirren. Wenn der Sohn das nächste Mal ein zweites Stück Schokolade will und auf meine Forderung nach Aufräumen nicht reagiert, übergebe ich ihm zu seiner Verwirrung strahlend vier große Tafeln Schokolade und schlage ihm eine gemeinsame komplette Verwüstung des Kinderzimmers vor. Im Idealfall sagt er: „Papa, habe verstanden, ich akzeptiere ab sofort deine geniale Erziehungsmethodik.“ Im wahrscheinlicheren Fall aber stimmt er zu. Ich verwüste mit ihm das Zimmer, er schnappt [sich] die Schokoladen, rennt aus dem gebrandschatzten Raum und ruft: „Wenn du nicht sofort mein Zimmer aufräumst, dann sage ich es der Mama!“ Und dann liege ich jammernd auf dem Boden und rufe – genau: „Erpressung!“
*(Ende der Welt – Die tägliche Glosse © BR 2020)*

**2** Worum geht es in dem Text? Begründet, welche der Antworten am ehesten zutreffen:

In dem Text geht es um ...

**A** das Belohnungssystem von Firmen, die sich so mehr Leistung von ihren Mitarbeiterinnen und Mitarbeitern erwarten.
**B** Eltern, die wegen Überforderung ihren Erziehungsaufgaben nicht gerecht werden.
**C** einen Vater, der daran scheitert, Belohnungen mit Gegenleistungen zu verbinden.
**D** Eltern, die ihren Kindern zu viele Aufgaben abnehmen.

**3** Setzt die folgenden Sätze zum Textinhalt sinnvoll fort:

- Im Arbeitsleben bedeutet das Wenn-dann-Prinzip, dass ? .
- Martin Zöller sieht bei Kindern das Problem, dass sie zwar ? , aber ? .
- Der Sohn des Autors bezeichnet das Wenn-dann-Prinzip seines Vaters als ? .
- Am Ende entwickelt der Vater eine Idee, wie er seinen Sohn zu einer Verhaltensänderung bewegen könnte, indem er überlegt, dass ? .
- Das Ganze endet mit dem überraschenden Gedankengang des Vaters, dass der Sohn ? .

**4** **a** Lest nun den Text. Klärt danach mit Hilfe des Internets oder eines Wörterbuchs folgende Begriffe:

„Incentives“ (▸ Z. 3) • „unlautere Manipulation“ (▸ Z. 29) • „paradoxen Intervention“ (▸ Z. 44)

**b** Besprecht, in welche Lücke der folgenden Sätze die im Text verwendeten Begriffe jeweils passen:

Bonus (▸ Z. 2) • Klischee (▸ Z. 4 f.) • „Manipulation“ (▸ Z. 29) • „Bankrotterklärung“ (▸ Z. 41)

Als ich vor Kurzem in der Schulaufgabe nicht mehr weiterwusste, hörte ich einfach auf zu schreiben. Das war eine einzige ? . Mädchen und Mathe passen einfach nicht zusammen. An diesem Tag schien dieses ? ausnahmsweise zu stimmen. Diesmal gab es also keinen ? in Form von vielen Geldscheinen von meinen Eltern. Um wieder an Geld zu kommen, werde ich sie irgendwie anders dazu bringen müssen, mir welches zu geben. Da hilft also nur ? .

**5** Fasst mit eigenen Worten zusammen, welche Einstellung der Autor zur Wenn-dann-Methode in der Erziehung hat.

**6** Diskutiert die Frage, wie konsequent Eltern in der Erziehung sein sollen, insbesondere, wenn sie Belohnungen an Gegenleistungen ihrer Kinder geknüpft haben.

## Die Textsorte Glosse erkennen und deren Merkmale beschreiben

**1 Kommentar**

**Kim R. am 31.01.20.. um 9:58 Uhr**
Es ist eine Tatsache, dass Eltern bei der Erziehung heute immer häufiger versagen. Kinderwünsche werden bedingungslos erfüllt. Kein Wunder, dass der Nachwuchs es zusehends als Selbstverständlichkeit erlebt, alles zu bekommen, was man gerade gerne hätte. Wenn es dagegen um Gegenleistungen wie Aufräumen oder Hilfe im Haushalt geht, sieht es in der Regel düster aus.

**1** In der Abbildung ist ein Kommentar aus einem Internetblog zum Thema „Erziehung heute" dargestellt.

a Lest den Text.

b Überprüft, ob im Blog die gleiche oder eine andere Meinung vertreten wird als im Text „Erpressung oder Erziehung?" (▸ S. 218).

c Erklärt anhand des jeweiligen Sprachstils die unterschiedliche Wirkung der beiden Texte.

●○○ **Tipps:**
- Verwendet Gegensatzpaare zur Begründung, z.B.: lustig – ernsthaft.
- Formuliert, ob eine deutliche oder eine indirekte Meinungsäußerung vorliegt.

**2** Bei dem Text „Erpressung oder Erziehung?" handelt es sich um eine Glosse mit typischen Merkmalen dieser Textsorte.
Lest die folgenden Aussagen und benennt die Merkmale, die auf diesen Text zutreffen.
**Tipp:** Der Merkkasten (▸ S. 221) kann helfen.

Der Ausdruck **„Glosse"** geht auf das altgriechische Wort *glóssa* für „Zunge", „Sprache" zurück.

A Der Text beschäftigt sich mit einem gesellschaftlich relevanten Thema.
B Es wird über ein aktuelles Ereignis berichtet.
C Der Autor macht sich über Zustände oder menschliche Verhaltensweisen lustig und kritisiert sie damit indirekt.
D Manche Handlungen oder Ereignisse im Text werden übertrieben dargestellt.
E Der Autor versucht seine Leser/-innen mit Sachargumenten von seiner Meinung zu überzeugen.
F Der Text ist witzig und enthält ironische, spöttische oder sarkastische Aussagen, die man nicht zu ernst nehmen darf.
G Der Text hat wie Reportagen am Anfang einen szenischen Einstieg.
H Es kommen viele Fachleute zu Wort.
I Am Ende des Textes steht eine Pointe, also eine zugespitzte oder überraschende Wendung.
J Der Text enthält informative Schaubilder mit detailliertem Zahlenmaterial.
K Der Text enthält eine Karikatur, die auf komische und überzeichnete Art und Weise die im Text vorkommende Thematik darstellt.
L Im Text werden komplizierte Sachverhalte erklärt.

**3** Der folgende Text ist ein Ausschnitt aus einer Textsortenbestimmung, wie sie in einer Texterschließung verlangt wird.

*Beim Text „Erpressung oder Erziehung?" handelt es sich eindeutig um eine Glosse. Dies lässt sich anhand der folgenden Merkmale nachweisen. Zunächst einmal ist typisch, dass Glossen sich auf witzige Art und Weise mit aktuellen oder gesellschaftlich interessanten Themen auseinandersetzen. Dies trifft hier zu, weil Fragen und Probleme in der Erziehung zu jeder Zeit relevant und von Interesse sind.*
*Außerdem ist der Text an vielen Stellen humorvoll, was an dem ironischen und spöttischen Schreibstil liegt. Besonders lustig sind die Szenen dargestellt, in denen der Autor erzählt, wie er mit seinen Erziehungsversuchen bei seinem eigenen Sohn immer wieder scheitert (Z. 33–41). Ziemlich übertrieben und sicherlich nicht ganz ernst gemeint ist vor allem die Idee des Vaters, gemeinsam mit dem Sohn das Zimmer zu verwüsten.*

a Nennt die beiden Merkmale einer Glosse, auf die hier eingegangen wird.
b Erklärt, was in dem Ausschnitt jeweils nach der Nennung des Merkmals folgt.
c Setzt die Textsortenbestimmung fort, indem ihr auf folgende Merkmale eingeht und begründet, warum sie auf diesen Text zutreffen:
– Autor macht sich über Verhaltensweisen lustig und kritisiert jene damit indirekt
– überraschende Wendung am Ende
Denkt an sprachliche Verknüpfungen zwischen den beiden Kennzeichen.

**4** Befindet sich bei einer Glosse eine Karikatur, so kann auch diese als Textsortenmerkmal beschrieben werden. Dabei sollte erklärt werden, inwiefern der Bildinhalt auf witzige Weise den Textinhalt veranschaulicht. Beschreibt die Karikatur auf Seite 217 so, als gehöre sie zur Glosse (▶ S. 218).

●○○ Ihr könnt so beginnen:
*Ein weiteres typisches Merkmal für eine Glosse ist, dass auch eine Abbildung in Form einer Karikatur zu finden ist. Auf dem Bild ist zu sehen ... Dies veranschaulicht auf witzige Weise ...*

**5** Erklärt mit eigenen Worten Unterschiede und Gemeinsamkeiten von Glosse und Kommentar (▶ S. 297).

**Wissen und Können** **Glosse und Karikatur**

Als Glosse wird ein kurzer journalistischer Text bezeichnet, in dem sich eine Autorin oder ein Autor mit **aktuellen Nachrichten** oder **gesellschaftlich interessanten Themen** auf **satirische Art und Weise** auseinandersetzt.

- Der Witz von Glossen wird meist durch **Ironie und Sarkasmus** erzeugt. Die Themen werden in der Regel übertrieben dargestellt. Die Autorin / Der Autor drückt die **eigene Meinung** oft auf **spöttische** oder **witzige** Art und Weise aus. Häufig **macht sich die Autorin oder der Autor** über aktuelle Ereignisse bzw. typische Verhaltensweisen **lustig** und übt dadurch **Kritik.**
- Glossen enden meist mit einer **überraschenden Wendung (= Pointe).**
- Manchmal sind bei einer Glosse Abbildungen zu finden, dabei handelt es sich meist um **Karikaturen.** Das sind **komisch überzeichnete Darstellungen,** die Menschen oder gesellschaftliche Zustände humorvoll illustrieren und kritisieren.

## Den Inhalt einer Glosse strukturiert zusammenfassen

**1** Um einen Text strukturiert zusammenzufassen, gliedert man ihn zunächst in Sinnabschnitte und ermittelt dann die Funktion des jeweiligen Absatzes.
Übertragt die Tabelle in euer Heft und ergänzt die fehlenden Angaben.

| | Kernaussagen zu Inhalt | Textaufbau/Struktur |
|---|---|---|
| *Z. 1–11* | *– Firmen belohnen ihre Mitarbeiter/-innen finanziell oder zum Beispiel durch teambildende Maßnahmen.*<br>*– Sie erhoffen sich dadurch motivierte und leistungsbereite Mitarbeiter/-innen.* | *Erklärung anhand von Beispielen, wie in der freien Wirtschaft das Belohnungssystem funktioniert* |
| *Z. 12–...* | *– Für Kinder scheint beim Wenn-dann-Prinzip nur das Wort „dann" eine Rolle zu spielen.*<br>*– Die mit dem Wort „wenn" verbundenen Gegenleistungen, wie zum Beispiel das Aufräumen oder Mithelfen im Haushalt, werden nicht nur ignoriert, sondern ...* | *anhand zahlreicher Beispiele Beleg dafür, dass das vorher genannte Belohnungssystem ...* |
| *Z. ...* | *– Der fünfjährige Sohn bezeichnet die Verknüpfung des Zimmeraufräumens mit Schokolade als ...*<br>*– Die Folge davon ist, dass ...* | *Verdeutlichung der Problematik anhand eines konkreten Beispiels* |
| *Z. ...* | *– Mit Hilfe der Methode der paradoxen Intervention ...* | *Beschreibung eines hilflosen Lösungsversuches* |
| *Z. ...* | *– ...* | *Pointe / überraschende Wendung* |

**2** Formuliert eine Einleitung zur Texterschließung. Achtet dabei vor allem auf einen überzeugenden Kernsatz, der den Inhalt knapp zusammenfasst und die grundlegende Funktion des Textes nennt.

**3** Fasst den Inhalt der Glosse mit Hilfe der Angaben aus der Tabelle (Aufgabe 1) zusammen. Denkt daran herauszustellen, wenn der Autor etwas nicht ernst meint, indem er übertreibt oder Aussagen ironisch formuliert.
**Tipp:** Achtet auf geeignete Satzverknüpfungen.
●○○ Ihr könnt so beginnen:

*Zu Beginn der Glosse erklärt der Autor, wie in der freien Wirtschaft Arbeitgeber versuchen, Belohnungen gezielt einzusetzen (Z. 1–...). Es folgen Beispiele, in welcher Form dies geschieht. Sie zeigen, dass Firmen ihren Mitarbeiterinnen und Mitarbeitern solche Anerkennungen nur zukommen lassen, um eine Gegenleistung von ihnen erwarten zu können.*
*Im folgenden Sinnabschnitt (Z. ...) wird nun deutlich gemacht, wie dieses Belohnungssystem ...*

## Mögliche Absichten des Autors beschreiben

**1** Diskutiert, an wen sich der Text „Erpressung oder Erziehung?" (▶ S. 218) vermutlich richtet und wer besonderes Interesse an dem Text zeigen könnte.

**2** Glossen haben meist eine Intention.

a Überlegt anhand des Textes, welche der folgenden Verfasserabsichten besonders typisch für Glossen sein könnten und welche nicht. Begründet eure Aussagen.

b Notiert anschließend die auf diesen Text zutreffenden Absichten.

> zur Meinungsbildung beitragen • Verhaltensweisen missbilligen •
> provozieren, sodass sich die Leserin/der Leser ertappt fühlt •
> in ironischer Weise Kritik üben •
> auf humorvolle Weise unterhalten •
> sachlich informieren •
> die Leser/-innen mit Argumenten überzeugen •
> schwierige Sachverhalte erklären •
> die Leser/-innen zum Nachdenken anregen •
> kritisch hinterfragen • Verhaltensweisen entlarven •
> sich lustig machen • auf spöttische Weise kritisieren

**3** Formuliert aus den folgenden Stichpunkten eine Beschreibung der Absichten des Verfassers der Glosse „Erpressung oder Erziehung?".

> Unterhaltung der Leser/-innen
> – humorvoller Text (→ Welche Stellen sind besonders lustig?)
>
> Kritik am Verhalten vieler Kinder und Jugendlicher
> – wollen alles haben, aber ?
> – tun so, als hätten sie das Recht auf sämtliche Vorteile, und empfinden es als Unrecht, wenn ?
>
> Kritik am Erziehungsverhalten vieler Eltern, indem sich der Autor über deren Verhalten lustig macht
> – manche Eltern könnten sich ertappt fühlen, weil sie ?
> – Eltern könnten ihr eigenes Erziehungsverhalten hinterfragen (→ Welches Erziehungsverhalten?)

●○○ Ihr könnt so beginnen:

> *Martin Zöller verfolgt mit seiner Glosse vermutlich mehrere Absichten. Zunächst einmal will er, wie das für diese Textsorte typisch ist, seine Leser/-innen unterhalten. Dies gelingt ihm durch seinen witzigen Sprachstil und die humorvolle Beschreibung von typischen Situationen, wie sie in vielen Familien üblich sind. Besonders lustig wird die Szene dargestellt ...*

# „Gar nicht pipieierleicht" – Sprachliche Mittel einer Glosse untersuchen und eine Stellungnahme verfassen

## Die Glosse lesen und verstehen

**Jan Weiler,**
geboren 1967 in Düsseldorf, ist ein deutscher Autor und Kolumnist.

Jan Weiler

### Gar nicht pipieierleicht

Beim täglichen Altern gerade wieder erhebliche Unzulänglichkeiten an mir festgestellt. Oder: Ehrlich gesagt habe nicht ich diese festgestellt, sondern Carla. Sie erbat meine Gesellschaft bei den Hausaufgaben, mit deren Anfertigung sie rechtzeitig am Sonntagabend gegen neunzehn Uhr begann. Ich fand das ein bisschen spät, musste mich aber dahingehend belehren lassen, dass sie vorher keine Zeit gehabt habe und dass Schule schließlich nicht alles im Leben sei und ich das schon noch lernen würde. Sie gab ihrer Hoffnung Ausdruck, dass ich mich ein wenig entspannen würde, wenn sie aufs Gymnasium käme. Carla neigt zu einer für eine Neunjährige sehr abgeklärten Weltsicht.

Vor einigen Tagen veranstaltete ihre Schule einen Spendenlauf für arme Kinder. Dieser sah vor, dass die Kinder um den Sportplatz laufen sollten und ein Sponsor für jede gelaufene Runde einen gewissen Betrag spendete. Ich fragte Carla, wie ihr das gefallen habe, und sie antwortete: „Die hätten mir genauso gut vorher sagen können, wie viel sie brauchen. Dann hätte ich das selber gespendet und mir die dämliche Rennerei erspart." Ich mag Sport, aber ich finde, sie hatte recht.

Nun saß sie am Küchentisch und jammerte über die Sinnlosigkeit des Seins. Ich setzte mich zu ihr und wir sahen die Aufgaben an. Zahlen. Verbunden mit Rechenzeichen. Endlose Zahlenkolonnen marschierten über das weiße Arbeitsblatt […]. 515 + 39 + 197 + 153. Addieren und Quersumme bilden. Zwanzigmal. Dreißigmal. Dann dasselbe noch mal, aber mit Subtrahieren. Sie beugte sich wie ein kafkaesker[1] Buchhalter über die Zahlen und schmierte das Ergebnis von 186 + 235 + 37 + 328 aufs Papier. Ich bekam Mitleid, aber ich durfte es nicht zeigen, im Gegenteil. Sie erwartete von mir Erklärungen. „Das muss man können", sagte ich. „Wofür?" „Für später." „Um später was zu tun?" „Um es später zu können." „Wofür?"„Himmelarsch, keine Ahnung! Rechnen kann man gut gebrauchen, und zwar für alles Mögliche."

Schriftlich addieren ging noch. Das kann ja jeder. Wir begaben uns zum Abziehen. Schon etwas mühsamer. Dann „Malnehmen", wie ich sagte. Carla sah mich kopfschüttelnd an und sagte: „Das heißt multiplizieren." Ach so, stimmt. Ich hatte keinen Schimmer, was zu tun war. Ich erinnere mich düster, dass beim Multiplizieren so ein schräger langer Bart entsteht und dass es sehr einfach ist, aber ich wusste nicht mehr, wie der Bart zustande kam. Carla zeigte es mir, ich machte ein paar ihrer Aufgaben. Sie war ganz zufrieden. Dann mussten wir dividieren. Ich hatte keinen Schimmer, was zu tun war. Von wegen divide et impera[2]. Weder teilte noch herrschte ich. „Das kannst du nicht?", frohlockte Carla. „Doch schon, aber es ist mir momentan entfallen." „Das ist doch pipieierleicht." „Ist es gar nicht", maulte ich. Sie zeigte mir, wie man schriftlich teilt, aber ich bekam es nicht hin. Es ist so lange her. 30 Jahre,

1 kafkaesk: in Anlehnung an die Werke des Schriftstellers Franz Kafka Bezeichnung für etwas auf unergründliche Weise bedrohlich oder absurd Wirkendes

2 divide et impera: lateinische Redewendung: „Teile und herrsche"

da kann man doch mal was vergessen. „Gib's zu, du schnallst es nicht", verlangte Carla. „Okay. Stimmt. Zufrieden?" „Und ich dachte, man kann es gut gebrauchen, wenn man groß ist!?" „Das ist auch so", jammerte ich. „Na, dann mach das mal schön zu Ende, und ich sehe es mir später an." Sie stand auf und ging ins Wohnzimmer. Ich hörte, wie sie mit einer Freundin telefonierte, dann sah sie fern. Ich brauchte zwanzig Minuten für ihre Divisionen. Und die meisten stimmten sogar, wie sie mir mitteilte, nachdem sie alles nachgerechnet hatte. Ich bekam noch ein Küsschen, und dann musste ich ins Bett. War ja schon spät. *
*(stern.de, 2007)*

**1** Tandemlesen: Lest jeweils zu zweit den ersten Absatz des Textes. Eine/-r erklärt anschließend den Textinhalt, während die/der andere zuhört, ergänzt oder korrigiert. Danach geht ihr beim zweiten Absatz mit umgekehrter Rollenverteilung vor, bis der Text vollständig gelesen und erschlossen ist.

**2** Entscheidet euch, welche beiden Aussagen auf diesen Text am ehesten zutreffen.

**A** Der Autor kritisiert die Schulpolitik und die Lehrpläne, welche die Kinder von heute überfordern.
**B** Der Autor macht sich darüber lustig, dass Eltern die Frage, wofür das Lernen in der Schule gut sein soll, oft selbst nicht überzeugend beantworten können.
**C** Der Autor weist auf das gesellschaftliche Problem hin, dass Erwachsene heute kaum mehr in der Lage sind, die einfachsten Mathematikaufgaben zu rechnen.
**D** Der Autor kritisiert indirekt das Erziehungsverhalten von Eltern, die ihren Kindern zu viel abnehmen und so wie hier am Ende die Hausaufgaben ihrer Kinder selbst machen.
**E** Der Autor macht auf die Problematik unprofessionell durchgeführter Spendenläufe an Schulen aufmerksam.

## Sprachliche Gestaltungsmittel untersuchen

**1** Die Glosse weist viele sprachliche Besonderheiten auf. Ordnet den sprachlichen Mitteln die passenden Textbeispiele zu.

**A** Vergleich
**B** ausdrucksstarkes Verb
**C** Ellipse
**D** Alliteration
**E** Wortneuschöpfung/Neologismus
**F** Fachbegriffe aus der Mathematik – lateinisch und „deutsch"
**G** Wortwiederholung

**1** „‚Das ist doch pipieierleicht.'" (▶ Z. 62 f.)
**2** „Sinnlosigkeit des Seins" (▶ Z. 28)
**3** „Zahlen. Verbunden mit Rechenzeichen." (▶ Z. 30)
**4** „schmierte das Ergebnis […] aufs Papier" (▶ Z. 36 f.)
**5** „Sie beugte sich wie ein kafkaesker Buchhalter über die Zahlen […]." (▶ Z. 35 f.)
**6** „‚Das muss man können', sagte ich. ‚Wofür?' ‚Für später.' ‚Um später was zu tun?' ‚Um es später zu können.'" (▶ Z. 40–42)
**7** „Dann ‚Malnehmen', wie ich sagte. Carla sah mich kopfschüttelnd an und sagte: ‚Das heißt multiplizieren.'" (▶ Z. 48–50)

**2** „Endlose Zahlenkolonnen marschierten über das weiße Arbeitsblatt […]. 515 + 39 + 197 + 153. Addieren und Quersumme bilden. Zwanzigmal. Dreißigmal." (Z. 30–34)

a Nennt die sprachlichen Mittel, mit denen es dem Autor gelingt, das Erledigen der Mathematikhausaufgabe als fast unüberwindbare Anstrengung darzustellen.

b Eine ausführliche Beschreibung dieser Textstelle könnte in einer Texterschließung folgendermaßen aussehen. Schreibt den Text ab und ergänzt die sprachlichen Auffälligkeiten, die ihr in Aufgabe 2a herausgearbeitet habt.

> *Der Autor versucht in seinem Text auf witzige Weise darzustellen, wie beschwerlich und unangenehm er die Erledigung der Mathematikhausaufgabe empfindet. Dies wird besonders bei der folgenden Textstelle deutlich: „Endlose Zahlenkolonnen marschierten über das weiße Arbeitsblatt […]. 515 + 39 + 197 + 153. Addieren und Quersumme bilden. Zwanzigmal. Dreißigmal." (Z. …)*
> *Die Rechenaufgaben auf dem weißen Papier werden durch die Verwendung der … „Zahlenkolonnen" veranschaulicht. Indem diese Zahlenkolonnen „marschieren", erhalten sie, wie es typisch für … ist, menschliche, in diesem Fall bedrohliche Eigenschaften. Zur Veranschaulichung wird ein konkretes … einer solchen Zahlenfolge eingefügt. Die anschließende Steigerung in Form von … „Addieren und Quersumme bilden. Zwanzigmal. Dreißigmal" verstärkt gleichzeitig in ihrer … noch das unangenehme Gefühl, dass es kaum möglich ist, die gestellten Aufgaben jemals zu bewältigen.*

c Benennt in den Zeilen 34 bis 68 weitere sprachliche Auffälligkeiten, mit denen der Autor seine Probleme mit den Mathematikaufgaben auf witzige Weise zum Ausdruck bringt.
●○○ Ihr könnt so beginnen:

> *Die Probleme, die der Autor mit dem Rechnen hat, werden ebenfalls anschaulich beschrieben. So wird die Wortwahl des Autors an manchen Stellen ausdrucksstark, wenn er seine Hilflosigkeit verdeutlichen will. Zweimal wiederholt er die Wendung …*
> *Vor allem auch die umgangssprachlichen Kommentare der Tochter tragen zur zunehmenden Verzweiflung des Vaters bei. So … Weiterhin …*

**3** Die Textstelle in den Zeilen 4 bis 7 ist ironisch zu verstehen. Erklärt, was der Autor meint.

**4** Der besondere Witz dieser Glosse besteht darin, dass im Laufe des Textes die Rollen von Vater und Tochter immer mehr vertauscht werden. Findet vor allem in den Dialogen und im Schluss Textstellen, die dies zeigen, und weist die sprachlichen Mittel nach, mit denen die lustige Wirkung erzeugt wird.

**5** Trotz der mathematischen Unbeholfenheit des Vaters lässt sich an einigen Stellen des Textes erkennen, dass es sich um einen gebildeten Menschen handelt.

a Beweist dies mit Hilfe dreier Textstellen.

b Begründet, welche beiden der folgenden Erläuterungen den Text zutreffend beschreiben.

> **A** Es soll gezeigt werden, wie wichtig Mathematik für das weitere Leben des Vaters war.
>
> **B** Die Tatsache, dass der Vater gebildet zu sein scheint, steht im Gegensatz dazu, dass er gleichzeitig schon mit den einfachsten Matheaufgaben überfordert ist.
>
> **C** Bildung ist die Voraussetzung dafür, auch später noch mathematische Zusammenhänge zu durchschauen.
>
> **D** Die Schwierigkeiten des anscheinend sonst erfolgreichen Vaters, einfache Rechenaufgaben zu lösen, bestätigen die Aussage der Tochter, dass man Mathematik nicht für sein weiteres Leben brauche.
>
> **E** Gebildete Menschen tun sich mit Mathematikaufgaben schwerer als weniger gebildete.

c Formuliert die Ergebnisse aus den Aufgaben 5 a und 5 b in einem zusammenhängenden Text.

## Die Textsorte nachweisen und eine Stellungnahme zu einer Frage eines Textes verfassen

**1** Weist nach, dass es sich hier um eine Glosse handelt. Nutzt dazu den Merkkasten (► S. 221).

**2** Nehmt ausführlich Stellung zur folgenden Themafrage, die an die Aussage der Glosse anknüpft: „Was spricht dafür, Schulkinder zu mehr Selbstständigkeit zu erziehen?"

a Diskutiert in der Klasse, wie ihr zu dieser Frage steht.

b Bildet Vierergruppen und sammelt eure Ideen zur Themafrage mit der Methode Placemat.

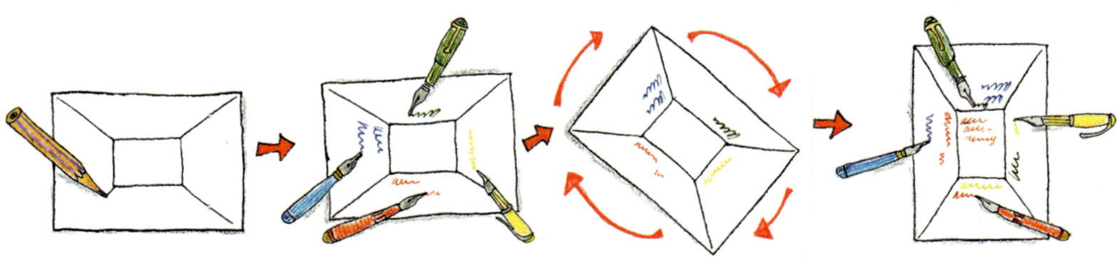

**Wissen und Können** | **Placemat** (Tischset)

- Bildet Vierergruppen. Nehmt einen Bogen Papier und zeichnet in die Mitte ein freies Feld. Teilt das Blatt dann durch zwei diagonale Linien in vier Felder.
- Jede/-r schreibt ihre/seine Ideen zum Thema in das vor ihr/ihm liegende Feld.
- Nach zwei Minuten wird das Tischset im Uhrzeigersinn gedreht, sodass jedes Gruppenmitglied nun die Notizen der Vorgängerin / des Vorgängers lesen, kommentieren, korrigieren oder ergänzen kann. Dies wiederholt sich so lange, bis jede/-r alles gelesen hat.
- Zuletzt verständigt sich die Gruppe, welche Gedanken in die Mitte des Bogens notiert und im Plenum vorgestellt werden.

**3** ●○○

a Schreibt nun sämtliche Aspekte auf, die ihr in eurer eigenen Stellungnahme zur Themafrage „Was spricht dafür, Schulkinder zu mehr Selbstständigkeit zu erziehen?" erläutern wollt. Legt dazu einen Schreibplan an.

*Gründe, warum es wichtig ist, Kinder zur Selbstständigkeit zu erziehen*
- *Konflikte mit Lehrkräften vermeiden, wenn Aufgaben von Eltern erledigt werden*
- *Kindern nicht die Chance nehmen, aus eigenen Fehlern zu lernen und eigene Erfolgserlebnisse zu haben*
- *Kinder können nicht selbstständig werden, wenn Eltern immer helfend bereitstehen*
- *fehlende Motivation, auch schwierige Aufgaben allein zu lösen*

b Zu Beginn der Stellungnahme sollte der Bezug zum Text hergestellt werden. Schreibt den Anfang in euer Heft und ergänzt die Lücken mit sinnvollen Aussagen.

*Auch wenn die von Jan Weiler verfasste Glosse „Gar nicht pipieierleicht" bei all ihren überspitzten Aussagen nicht ganz ... genommen werden darf, so macht sie doch auf ein verbreitetes ... aufmerksam. Denn viele Eltern mischen sich heute ... ein. Gerade während der Grundschulzeit kontrollieren sie zum Beispiel noch sehr gründlich sämtliche Hausaufgaben ihrer Kinder, schießen dabei aber auch oft über das Ziel hinaus, indem sie am Ende – wie im Text humorvoll dargestellt – die ...*

c Verfasst mit Hilfe eurer Ergebnisse aus den Aufgaben 3 a und 3 b eure Stellungnahme als zusammenhängenden Text.

## Einen Schluss verfassen

**1** Im Schlussteil rundet ihr eure Texterschließung ab.

a Vergleicht den folgenden Schluss mit eurer Stellungnahme. Stellt heraus, inwiefern sich der Schluss von der Stellungnahme unterscheidet und welche Aspekte im Schluss enthalten sein können.

Die Glosse „Gar nicht pipieierleicht" von Jan Weiler hat mich sehr gut unterhalten und an viele Szenen aus meinem eigenen Leben erinnert. Dass wir Kinder unsere Eltern ganz erheblich beeinflussen können, ist nämlich ein offenes Geheimnis. Auch ich habe meine Tricks, wie ich manche Dinge bei meinen Eltern ganz leicht erreichen bzw. durchsetzen kann. Natürlich darf man nicht alle Aussagen des Textes wörtlich nehmen, aber die Situation, dass meine Eltern – mit deutlich mehr Motivation als ich – versuchen, schwere Mathematikaufgaben zu lösen, kommt mir bekannt vor. Besonders gelungen finde ich zudem die Szene, als es dem Vater nicht gelingt, der Tochter klarzumachen, welchen Sinn die Rechenaufgaben haben, und er sich in fadenscheinigen Begründungen verliert. Auch dazu fallen mir einige Situationen mit meinen Eltern und Lehrern ein.

b Formuliert einen eigenen Schluss, der an eure Stellungnahme aus Aufgabe 3 c anknüpft.

# Testet euer Wissen!

## Merkmale der Glosse

**1** Ordnet den Satzanfängen links die passenden Ergänzungen des rechten Kastens zu.

**A** Glossen greifen aktuelle Nachrichten auf
**B** Glossen haben häufig einen spöttischen Unterton,
**C** Häufig werden Handlungen oder Ereignisse
**D** Glossen darf man nicht wörtlich nehmen,
**E** In Glossen stellt die Autorin / der Autor zwar ihre/seine Meinung dar,
**F** Am Ende einer Glosse findet sich häufig eine lustige oder nachdenkliche Pointe,
**G** Manche Glossen illustrieren die Thematik
**H** Als Leserin/Leser von Glossen kann es einem passieren, dass man sich ertappt fühlt,

**1** oder beschäftigen sich mit gesellschaftlich interessanten Themen.
**2** weil sich der Autor zum Beispiel über menschliche Verhaltensweisen lustig macht.
**3** dies geschieht aber meist überspitzt und nicht auf ernsthafte Art und Weise, wie zum Beispiel beim Kommentar.
**4** da Aussagen oft ironisch gemeint sind.
**5** übertrieben dargestellt.
**6** mit Hilfe von Karikaturen.
**7** weil man die dort beschriebenen Situationen aus dem eigenen Leben kennt.
**8** die den Text mit einer überraschenden Wendung abschließt.

**2** a Bestimmt bei den Sätzen **A** bis **C**, welche für Glossen typischen sprachlichen Mittel jeweils vorliegen.

Alliteration • Neologismus • Anapher • Übertreibung (Hyperbel) • Ironie • Ellipse • Vergleich • Personifikation

**A** Er konnte ja nicht ahnen, dass es mitten im Winter schneien würde.
**B** Zahlen. Überall Zahlen. Und Klammern.
**C** Er schaute mich an, als wäre ich gerade einem Raumschiff entstiegen.

b Ordnet zu, zu welchen Textbeispielen aus Aufgabe 2a die folgenden Aussagen zur Wirkung passen:

**1** Durch die kurzen, abgehackt wirkenden Sätze wird eine „bedrohliche" Wirkung erzeugt.
**2** So wird auf bildhafte Weise dargestellt, wie erstaunt er bei dem Anblick gewesen zu sein scheint.
**3** In spöttischer Weise macht der Autor sich darüber lustig, dass anscheinend niemand mit dem plötzlichen Wintereinbruch gerechnet hatte.

# 10.2 Ganz schön gemein – Kreative Schreibaufgaben bearbeiten

## Die Glosse lesen und verstehen

**Katharina Hübel**
ist eine deutsche Journalistin, die unter anderem für den Bayerischen Rundfunk tätig ist.

Katharina Hübel

### Kinderschreck

Ich habe alles vorbereitet. Ein Jahr lang hatte ich Zeit, den perfekten Plan auszuarbeiten. Für den Moment, wenn sie wieder vor der Tür stehen, als Hexen verkleidet, als Gespenster, als Monster, die Nachbarsschratzen. Wenn sie wieder klingeln heute Abend an Halloween und Süßes schnorren wollen, mehr noch, mit Saurem drohen. Vergangenes Jahr habe ich mich noch überrumpeln lassen. Komisch schauen diese Sternsinger aus und zu früh sind sie auch dran, dachte ich mir noch. Die Spinnweben könnten sie sich mal vom Umhang klopfen, eine Zahnregulierung bräuchten diese armen Kinder auch mal und etwas blass schauen's aus. Ja, mit der vampirischen Ikonografie[1] war ich damals etwas überfordert und dann haben sie noch nicht mal gesungen. Gruselig, fremde Kinder, die einfach so vor der Tür stehen und Süßigkeiten wollen. Mit welchem Recht überhaupt?
Zeit, mit allen legalen Mitteln zurückzuerschrecken. Erste Strategie: [...] Auf die Kinder – und das werden sie hassen – mit Verständnis reagieren. Du, das finde ich nicht okay, dass du mir mit Gewalt drohst. Woher kommen denn deine Aggressionen? Lass uns das mal durchanalysieren und ganz konfliktfrei lösen. Die Kinder werden darauf mit konditionierter[2] Ablehnung reagieren und freiwillig das Feld räumen.
Zweite Strategie: Die Verwöhntante. Dafür habe ich eine große Kiste mit ganz besonderen Leckereien besorgt: Wirsing, Grünkohl, Rosenkohl. Mit milden Augen und bitterbösem Lächeln werde ich das Horrorgemüse gönnerisch präsentieren. Greift zu und Saures gibt's noch obendrein: Essigreiniger mit einem Hauch Zitronensäure. Da werden die Blagen schon die Beine in die Hand nehmen.
Dritte Strategie: [...] Mit der Ernährungsbibel unterm Arm und glatt gescheitelt im Haar die Türe öffnen. Ernster Blick, traurige Augen, mit ruhiger leiser Stimme sage ich dann: „Glaubt ihr an Karies? Darf ich mit euch mal über Zahnhygiene sprechen?“ Und ein kleines vorbereitetes Tütchen zücken mit Zahnbürste und Zahnpasta.
Und für die extra renitenten Plagegeister Strategie Nummer vier: die Gruselshow. Dafür braucht man eine Nebelmaschine, die milchige Schwaden unter die Türritze durchpustet, ein Stück alten Limburger und ein paar faulige Eier unauffällig im Briefkasten positioniert. Sobald es klingelt, hinter der Türe Messer wetzen und laut fluchen: „Krötenschleim und Spinnenfurz“, rumpeln, humpeln und keuchen und dann ganz, ganz langsam die Türe einen Spaltbreit öffnen und während man ein Päckchen Lebkuchen hindurchschiebt, mit rollenden Augen sagen: „Knusper, knusper, knäuschen, wer knuspert an meinem Häuschen?“ Spätestens wenn man die Zeigefinger der Kinder abtastet, ob sie schon Fett angesetzt haben, werden sie ihre Süßigkeiten abwerfen und nie, nie wiederkommen. *

*(Ende der Welt – Die tägliche Glosse © BR 2019)*

1 (vampirische) Ikonografie: kunstgeschichtl. Beschreibung von Bildern; hier: Aussehen von Vampirkostümen

2 konditioniert: antrainiert

**1** a Lest die Glosse.
b Tauscht euch über eure Leseeindrücke aus.
- Worum geht es in dieser Glosse?
- Welche Einstellung hat die Autorin zu Halloween und worüber macht sie sich lustig?
  **Tipp:** Bezieht auch die Überschrift in eure Überlegungen ein.
- Welchen Vorschlag zur Abschreckung von „Halloween-Kindern" findet ihr am witzigsten?

**2** Sprecht den Text selbst und zeichnet ihn mit eurem Smartphone auf. Denkt an einen spöttischen und ironischen Tonfall.

**3** Begründet, weshalb es sich bei diesem Text eindeutig um eine Glosse handelt. Beachtet dabei den Merkkasten zur Glosse (▸ S. 221).

## Einen Erzählbeginn fortsetzen

**1** Setzt den Erzählbeginn unten fort, indem ihr aus der Sicht der Kinder eine der ersten drei im Text vorkommenden Szenen (▸ S. 230, Strategien 1–3) beschreibt.
a Entscheidet euch, welche Situation ihr erzählen wollt.
b Notiert zunächst, welche Handlungsschritte sich nacheinander ereignen.
c Eine Erzählung lebt von ihrer sprachlich anschaulichen Gestaltung. Macht euch bewusst, welche Möglichkeiten es dazu gibt. Entscheidet, welche der folgenden Gestaltungsmerkmale für Erzählungen passen und welche nicht.

**A** ausdrucksstarke Verben und Adjektive zur bildhaften Beschreibung des Geschehens
**B** verschachtelte Sätze zur Steigerung der Spannung
**C** kurze, aussagekräftige Dialoge
**D** häufige Wiederholung gleicher Satzanfänge
**E** Vergleiche, Personifikationen und Metaphern
**F** Ironie und Sarkasmus

d Schreibt zum folgenden Erzählbeginn die Fortsetzung.
Nutzt dazu die Mittel, die ihr bei Aufgabe 1 c ausgewählt habt.

*Die bisherige Halloween-Tour war ein voller Erfolg gewesen. Julia, Leon und ich – alle als Vampire verkleidet – hatten schon die Taschen halb voll mit Süßigkeiten. Jetzt bogen wir in die Schillerstraße ein. Das erste Haus lag ein wenig nach hinten versetzt und um zur Haustür zu gelangen, mussten wir erst einen langen, schmalen Weg durch einen verwilderten Garten zurücklegen. Von Anfang an hatten wir drei kein gutes Gefühl. ...*

# Eine Schilderung verfassen

**1** Schreibt eine Schilderung zur letzten Szene („Strategie: Gruselshow" ▸ S. 230, Z. 46–63). Schildert so, dass die Leser/-innen sich die Situation bildlich vorstellen und die Atmosphäre miterleben können.

a Malt euch den Ort und die Situation ganz genau aus. Achtet dabei auf alle denkbaren Sinneswahrnehmungen. Ihr dürft neben den Informationen im Text auch noch weitere Details einfügen.

●○○ Beispiel:

*Informationen aus dem Text*
- *milchige Schwaden unter der Türritze*
- *Gestank aus dem Briefkasten*
- *Messerwetzen hinter der Tür*
- *lautes Fluchen: „Krötenschleim und Spinnenfurz"*
- *rumpeln, humpeln und keuchen*
- *Tür wird langsam einen Spaltbreit geöffnet*
- *Päckchen Lebkuchen hindurchgeschoben*
- *„Knusper, knusper, knäuschen, wer knuspert an meinem Häuschen?"*
- *Zeigefinger der Kinder werden abgetastet*

*eigene Ideen:*
- *Gebüsch hängt im Weg, streift beim Laufen ...*
- *schwarze Katze an der Haustür*
- *beleuchtete Kürbisse*
- *...*

*mögliches Ende:*
- *Flucht der entsetzten Kinder*
- *...*

b Überlegt euch einen interessanten Beginn. Schilderungen setzen am besten mitten im Geschehen ein. Denkbar ist es zum Beispiel, mit wörtlicher Rede zu beginnen.

●○○ Beispiel:

*„Oje ... Vielleicht hätten wir das Haus der verrückten Frau Finsterling lieber doch auslassen sollen", flüstere ich meiner Freundin zu. Vor allem weil ja schon der Weg dorthin gespenstisch ist. Ein schmaler Pfad, in völliger Dunkelheit, mitten durch dichtes Gebüsch. Ständig verheddern sich von beiden Seiten die Äste in unseren dünnen Vampirkostümen. Endlich leuchtet uns schwach ein fahles Licht von der Haustür entgegen ...*

c Schildert nun die gesamte Situation, die sich an der Haustür ereignet. Verwendet die Anregungen aus den Aufgaben 1a und 1b.
**Tipp:** Verwendet auch sprachliche Mittel (▸ S. 317).

# Einen persönlichen Brief schreiben

1 Stellt euch vor, dass ein 10-jähriges Kind die letzte Situation („Strategie: Gruselshow“ ▶ S. 230, Z. 46–63) tatsächlich erlebt hat und sich bei seiner Mutter darüber beklagt. Diese wendet sich in einem persönlichen Brief an die Dame, die die Kinder verschreckt hat. Formuliert diesen Brief.

a Plant zunächst den Aufbau eures Briefes.
●○○ Dies könnte folgendermaßen aussehen:

1. *Anlass für das Schreiben nennen (z.B. Kind kam weinend nach Hause)*
2. *Verständnis äußern, dass nicht allen die Halloween-Bräuche gefallen*
3. *Begründung, warum das konkrete Verhalten nicht angemessen ist*
   - *Vertrauen von Kindern gegenüber Erwachsenen wird zerstört*
   - *Kinder hatten schreckliche Angst*
   - …
   - …
4. *Vorschläge, wie sie in Zukunft den Halloween-Abend gestalten könnten*
   - …
   - …
5. *eventuell Vorschlag, das Ganze in einem persönlichen Gespräch zu klären*
   - …
   - …

b Verfasst nun den vollständigen Brief. Denkt auch an die formalen Aspekte eines Briefes.

So ist ein **persönlicher Brief** aufgebaut:

- Gebt im **Briefkopf** die Anschrift der Absenderin / des Absenders, der Empfängerin / des Empfängers sowie Ort und Datum an.
- **Beginnt** den Brieftext mit einer höflichen **Anrede**, nach der ein **Komma** steht.
- Nennt in der Einleitung den Grund für das Schreiben.
- Beschreibt im **Hauptteil** euer **Anliegen**.
- Schließt mit einer passenden **Grußformel** und eurer **Unterschrift**.
- Formuliert **sachlich** und **höflich** in der **Standardsprache** und achtet auf die Großschreibung der **Anredepronomen**.

# 10.3 Fit in ...? – Eine Glosse erschließen

So könnte eine Schulaufgabe oder eine Abschlussprüfung gestellt sein:

Erschließen Sie den Text „Wo ist zu Hause, Mama?".
Bearbeiten Sie dazu folgende Aufgaben:

1. Fassen Sie den Text unter Berücksichtigung seiner Struktur zusammen.
2. Der Text macht sich über Verhaltensweisen von Eltern und deren Kindern lustig. Untersuchen Sie die sprachlichen Mittel, die eingesetzt werden, um diesen Eindruck zu erzeugen.
3. Weisen Sie die Textsorte Glosse nach.
4. Viele Fachleute aus Pädagogik und Medizin fordern, die Bildschirmzeiten von Kindern zu reduzieren. Wie stehen Sie zu dieser Forderung?
5. Verfassen Sie den Tagebucheintrag eines Jugendlichen, der sich ganz bewusst für einen Tag ohne Computer, Handy und Fernsehen entschieden hat.

Nils Heinrich

## Wo ist zu Hause, Mama?

Vor gar nicht allzu langer Zeit existierte das geflügelte Wort, dass bestimmte Kinder schwerer zu hüten sind als ein Sack Flöhe. Die lieben Kleinen konnten flitzen, auf Bäume klettern, sich in dunklen Ecken verstecken, irgendwo runterspringen und sie konnten Fahrrad fahren. Alles verrückte Kulturtechniken, zu denen das menschliche Wesen dank Nervenbahnen und Muskulatur imstande ist. Jeder Mensch wird bei seiner Geburt mit dieser Grundausstattung ausgeliefert. Aber immer weniger Menschen wissen das. Aktuell können immer weniger Kinder Fahrrad fahren. Sie haben es nicht drauf, ihr Gleichgewicht zu halten, und kippen um. Bumm.

Aber wie sollen sie das auch lernen? Die Kinder kommen ja kaum noch raus. Ihre besonders umsichtigen Eltern sehen auf der Wetter-App, dass es regnet. Regen macht nass, er ist nicht temperiert, versaut die Markenschuhe und vor allem macht er das Smartphone des Kindes kaputt. Also bleibt das Kind drin und darf auf dem Tablet noch eine Folge Super Wings [...] gucken. Das ist eine Cartoon-Serie über Flugzeuge, die Beine haben und damit rumlaufen. Die haben eine Motorik, das Kind nicht. Und wenn die Eltern mit ihrem Kind mal ins Restaurant gehen, darf das Kind am Tisch auch aufs Tablet gucken. Sobald mal länger als zwei Sekunden nichts passiert, wird das Tablet angemacht. Dem Kind ist es ja egal, wo es den Bildschirm anstarrt wie ein Reh den Autoscheinwerfer. Ob nun zu Tisch beim Italiener, zu Besuch bei Oma oder auf dem Rücksitz von Mamas SUV, wo es im Kindersitz stoßfest verschnürt zur Schule ausgeliefert wird.

So lernt man natürlich nicht Fahrrad fahren. Und so weiß das Kind auch gar nicht, wie es nach Hause findet, falls die Schule mal hitzefrei gibt, was ja immer häufiger passiert. Dem Bringdienst in Mamas Auto und dem dadurch folgenden Klimawandel sei Dank. Wenn man nur noch rumsitzt und LED-Pixel anstarrt, entwickelt man die Motorik von überreifem Fallobst, das dick und überzu-

ckert am Boden liegt und die Schwerkraft einfach machen lässt.
In letzter Zeit wird ja häufiger der Untergang unserer Kultur beklagt. Irgendwelche dunklen Mächte sollen dran schuld sein. Die Wahrheit ist aber, dass der Mensch sich seine schönen haptischen, motorischen und geistigen Fähigkeiten ganz freiwillig abtrainiert. Er probiert sie ja nicht mal mehr aus, hat keine Zeit dafür. Er muss twittern.
Nicht mehr lange und er braucht nicht mehr nur am Fahrrad Stützräder, sondern auch beim ganz normalen Gehen. Wobei, mir fällt gerade auf, die gibt's ja schon, die Stützräder. [...] Da sind Griffe oben dran. Das sind diese Dinger mit den dicken Rädern links und rechts, auf denen Touristen im Stehen durch große Städte fahren, weil sie nicht mehr laufen wollen – oder können. Ich könnte mir vorstellen, dass es nicht mehr lange dauert, bis der Mensch mit einem Stützrad unten dran auf die Welt kommt. Dann braucht man definitiv keine Motorik mehr und keinen Orientierungssinn, sondern nur noch ein Ladegerät. Halleluja. *
*(Auf ein Wort, NDR Info, 10.01.2020)*

## Den eigenen Text planen und schreiben

Lest die Aufgabenstellung sorgfältig durch und macht euch bewusst, was bei den einzelnen Fragestellungen jeweils erwartet wird. Legt am besten einen Schreibplan an, auf dem ihr euch Notizen zu den einzelnen Aufgaben macht.

**1** a Für die Einleitung notiert ihr Basisinformationen zum Text (Textsorte, Titel, Autor, Erscheinungsdatum und -ort bzw. Quelle).
b Formuliert die Kernaussage. Diese soll nicht zu lang sein, aber dennoch den wesentlichen Inhalt zusammenfassen und die vorherrschende Absicht benennen.
**Tipps:**
- Versetzt euch in die Lage des Autors, der in einem Interview kurz zusammenfassen soll, worauf er mit seiner Glosse aufmerksam machen will bzw. was für ihn die wichtigste Botschaft seines Textes ist.
- Achtet auf die Überschrift.

**2** Um einen Text strukturiert zusammenzufassen, müsst ihr ihn in Sinnabschnitte einteilen und die wesentliche Aussage jedes Sinnabschnitts erfassen.
a Um die Sinnabschnitte zu erkennen, müsst ihr den Text genau lesen. Achtet darauf, wann ein neuer inhaltlicher Aspekt beginnt und welche Funktion er hat.
Lest die ersten drei Absätze durch und entscheidet, welche der folgenden Reihen die Struktur bis dahin am besten zusammenfasst:

**A** Ausweitung des Themas – Folgen der Erziehung – Gründe für die Missstände
**B** Rückblick und Vergleich mit heute – Beispiele, die den aktuellen Missstand belegen – Auswirkungen des Bewegungsmangels
**C** Abwägen von Meinungen – Lösungsvorschläge – Schlussfolgerung
**D** Zusätzliche Informationen – Appell – Lösungsvorschläge

b Findet im Wortspeicher die beiden passenden Formulierungen für die Funktion der letzten zwei Sinnabschnitte des Textes.

> Ursache des Problems • Ausblick in die Zukunft • Appell • Kritik • Zusammenfassung • Bewertung

c Schreibt nun stichpunktartig die jeweiligen Kernaussagen der fünf Sinnabschnitte auf.
**Tipp:** Auf Seite 266 könnt ihr üben, eine Inhaltszusammenfassung zu diesem Text zu überarbeiten.

**3** Bei der Aufgabenstellung zu den sprachlichen Gestaltungsmitteln geht es nicht darum, den ganzen Text auf seine sprachlichen Auffälligkeiten hin zu untersuchen, sondern nur solche Textstellen, in denen sich der Autor über Eltern bzw. die Kinder lustig macht.

a Notiert auf dem Schreibplan alle Textstellen mit Zeilenangabe, in denen dies der Fall ist.

b Ordnet den Textstellen die verwendeten sprachlichen Mittel zu und ergänzt kurz, welche Wirkung dadurch erzeugt wird.
**Tipp:** Konzentriert euch vor allem auf den zweiten Absatz des Textes.
●○○ So könnte dies auf eurem Schreibplan aussehen:

> *„Sie haben es nicht drauf, ihr Gleichgewicht zu halten, und kippen um. Bumm." (Z. 14–16)*
> *→ umgangssprachliche Formulierung*
> *→ ausdrucksstarkes Verb*
> *→ Ellipse, Comicsprache*
> *Wirkung: spöttische Darstellung, wie ungeschickt Kinder sich beim Fahrradfahren anstellen, bringt Schadenfreude zum Ausdruck*

**4** Bei der Untersuchung der Textsorte ist es hilfreich, auf dem Schreibplan in die linke Spalte einer Tabelle die Merkmale einer Glosse (► S. 221) zu notieren. Rechts lässt sich stichpunktartig eintragen, inwiefern die Kennzeichen bei diesem Text zutreffen.
Übertragt die Tabelle in euer Heft und vervollständigt sie.

| Merkmale der Glosse | Trifft zu | Textbezug |
|---|---|---|
| *Glossen setzen sich auf witzige Art und Weise mit aktuellen oder gesellschaftlich interessanten Themen auseinander.* | ☑ | *trifft zu, weil Problem des Bewegungsmangels bei Kindern heute verbreitet ist; humorvoller Text* |
| *spöttischer Unterton* | ☑ | *Autor macht sich lustig über …* |
| *Handlungen oder Ereignisse werden …* | … | … |
| … | … | … |

**5** Viele Fachleute aus Pädagogik und Medizin fordern, die Bildschirmzeiten von Kindern zu reduzieren. Wie steht ihr zu dieser Forderung?

a Überlegt zunächst, welche Meinung ihr hinsichtlich der Themafrage vertretet, und schreibt sie auf.

b Vervollständigt euren Schreibplan, der bereits eine Grobstruktur der Stellungnahme enthalten soll.

●○○ Beispiele:

*Eigene Meinung: Bejahen der Forderung nach Einschränkung der Bildschirmzeiten*
*Aufbau:*
1. *Benennung des Grundproblems: Smartphones, Computer usw. sind kaum mehr wegzudenken*
2. *Bestätigung der Probleme, die auch im Text geäußert werden, dass sich Kinder und Jugendliche immer weniger bewegen*
   → *Aufzählung konkreter Probleme*
   - ...
   - ...
3. *Schluss: Unterstützung der Forderung, die Zeiten einzuschränken, und Begründung dieser Meinung*
4. *Lösungs-/Kompromissvorschläge, wie das konkret aussehen könnte*

*Eigene Meinung: Verneinen der Forderung nach Einschränkung der Bildschirmzeiten*
*Aufbau:*
1. *Bestätigung des Problems: Kinder und Jugendliche verbringen viel Zeit vor dem Bildschirm*
2. *Überleitung: Computer und Handys sind heute nicht mehr aus dem Alltag wegzudenken*
   → *Aufzählung von Vorteilen im Hinblick auf die allseits geforderte Digitalisierung*
   - ...
   - ...
3. *Schluss: Forderung, die heute häufigere Nutzung technischer Geräte zu akzeptieren*
4. *Lösungs-/Kompromissvorschläge, damit gleichzeitig aber Bewegung nicht zu kurz kommt*

**6** Für den Tagebucheintrag macht ihr euch Notizen, auf welche Ereignisse des bildschirmfreien Tages ihr eingehen wollt. In eurem Text sollte klar werden, wie ihr euch dabei fühlt.

a Setzt den Tagesablauf mit eigenen Worten fort.

●○○ Ihr könnt so beginnen:

1. *Aufstehen: geweckt werden durch Radiowecker anstatt durch Handy*
2. *ungewohnt: kein Blick auf das Handy, um Nachrichten abzurufen => fühlt sich komisch an ...*
3. *Frühstück ohne Fernseher ...*
4. *Busfahrt ...*

...

b Notiert, an welchen Stellen ihr eigene Gedanken, Wünsche, Sorgen usw. einbauen wollt.

c Wie wollt ihr den Tagebucheintrag beenden? Anbieten könnte sich hier ein Fazit: Wie gut oder schlimm war der bildschirmfreie Tag? Würdet ihr ihn wiederholen? Vorsätze für die Zukunft? Macht euch Notizen dazu im Schreibplan.

**7** Plant einen Schluss, der die Texterschließung abrundet. Macht euch dazu ebenfalls Notizen auf eurem Schreibplan.

●○○ Ihr könnt zum Beispiel diese Fragen für euch beantworten:
- Ist das Thema der Glosse aus eurer Sicht gesellschaftlich interessant oder relevant?
- Hat euch der Text unterhalten?
- Wurdet ihr durch die Lektüre zum Nachdenken angeregt?

Im **Schluss einer Texterschließung** sollt ihr eure eigenen Gedanken zum Text und zur Thematik des Textes formulieren. Die Aussagen im Schluss sollten sich nicht mit denen der Stellungnahme überschneiden.
Bei einer **Glosse** ist es auch denkbar, zu begründen, inwiefern euch der Text zum Beispiel zum Schmunzeln gebracht hat.

## Die Texterschließung überarbeiten

**1** Lest die folgenden Ausschnitte einer Texterschließung zum Text „Wo ist zu Hause, Mama?“ (► S. 234 f.).

**2** Überarbeitet die Ausschnitte mit Hilfe der Anmerkungen am Rand.

VORSICHT FEHLER!

| | |
|---|---|
| *Die Glosse „Wo ist zu Hause, Mama?“ beschäftigt sich mit dem Problem, dass viele Kinder heute wenig können. Der Autor macht sich darüber lustig.* | Autor und Erscheinungsdatum fehlen<br>zu ungenaue Aussagen |
| *Der Autor beginnt seinen Text damit, dass Kinder ihrem Bewegungsdrang folgen und aufgrund ihrer körperlichen Anlage ständig aktiv sind und herumtoben (Z.1–13).* | Es fehlt eine Aussage zur Struktur des Textes, hier Rückblick in die nahe Vergangenheit. |
| *Daraufhin (Z.13–39) stellt er mit einem aktuellen Beispiel fest, dass dies heute nicht mehr der Fall ist. Jn spöttischer Weise nennt er zahlreiche Verhaltensweisen, die zeigen, wie Eltern sich heute falsch verhalten.* | Welches Beispiel?<br>Zu ungenau, um welche Verhaltensweisen geht es? |
| *Es folgt nun die Erklärung der übertriebenen Folge im folgenden Abschnitt, wie dieser Bewegungsmangel zwangsläufig dazu führt, dass Kinder kaum mehr zu selbstständigem Verhalten in der Lage sind und körperlich immer ungeschickter werden.* | umständlicher Nominalstil<br>Zeilenangabe fehlt<br>Die eigentlichen Kernaussagen des Sinnabschnitts fehlen. |
| *Jn den Zeilen 51 bis 58 wird noch einmal die Ursache dafür auf den Punkt gebracht.* | Worin besteht die Ursache? |
| *...* | |
| *An vielen Stellen macht sich der Autor in seiner Glosse über Verhaltensweisen vieler heutiger Eltern und ihrer Kinder lustig. Dazu verwendet er zahlreiche sprachliche Mittel, um die gewünschte Wirkung zu erzeugen.* | |

| | |
|---|---|
| *In den Zeilen 14 bis 16 stellt er zum Beispiel sehr blutrünstig dar, wie ungeschickt Kinder sich beim Fahrradfahren anstellen: „Sie haben es nicht drauf, ihr Gleichgewicht zu halten, und kippen um. Bumm." Durch die dialekthafte Formulierung „haben es nicht drauf" und das Satzgefüge „Bumm", das an Comicsprache erinnert, wirkt es so, als empfände der Verfasser Schadenfreude dabei.* | *unpassende Bezeichnung*<br>*falsche Benennungen der vorliegenden sprachlichen Mittel* |
| *Zum Stilmittel der Ironie greift der Autor, als er das Verhalten von Eltern beschreibt, die ihre Kinder nicht rauslassen, wenn es regnet. „Ihre besonders umsichtigen Eltern sehen auf der Wetter-App, dass es regnet. Regen macht nass, er ist nicht temperiert, versaut die Markenschuhe und vor allem macht er das Smartphone des Kindes kaputt." (Z. 18–23)* | *Umgangssprache* |
| *Der Autor greift hier zum Mittel der Aufzählung und listet in sarkastischer Art und Weise an sich wenig überzeugende Argumente der Eltern auf, ihr Kind im Haus zu lassen.* | *Wiederholung* |
| *Dabei verwendet er anschauliche Begriffe wie „temperiert" und „versaut", die der an sich schwachen Argumentation der Eltern Gewicht verleihen sollen.* | *Wiederholung* |
| *Auch die Bemerkung, Eltern würden erst durch den Blick auf die Wetter-App bemerken, dass es draußen regnet, ist ironisch.* | *Beschreibung der Wirkung fehlt, inwiefern ist die Aussage ironisch zu verstehen?* |
| *...* | |
| *Beim Text „Wo ist zu Hause, Mama?" handelt es sich eindeutig um eine Glosse, da diese Textsorte, die sich auf witzige Art und Weise mit aktuellen oder gesellschaftlich interessanten Themen auseinandersetzt, hier zutrifft, weil der Autor in seinem Text das heute verbreitete Problem des Bewegungsmangels vieler Kinder auf humorvolle Weise behandelt.* | *zu langer, unübersichtlicher Satz* |
| *Wie es für Glossen typisch ist, macht sich der Autor dabei über Verhaltensweisen lustig und übt so auf spöttische Art und Weise indirekt Kritik an ihnen. In diesem Text gibt er vor allem fürsorgliche Eltern und deren Kinder der Lächerlichkeit preis. Dazu führt er übertriebene Beispiele an.* | *Welche Beispiele? Über welche Verhaltensweisen macht er sich lustig?* |
| *...* | |
| *Ich fand den Text von Nils Heinrich sehr lustig. Er hat mir gefallen, weil er sehr witzig, weil er an vielen Stellen sehr komisch ist und ich immer wieder schmunzeln musste.* | *Wiederholungen und umständlicher Satzbau; zu knapper Schluss; es wird keine Begründung genannt, warum der Text als lustig empfunden wurde. Außerdem fehlt eine kurze Auseinandersetzung mit der Thematik des Textes.* |

**3** a Lest eure überarbeiteten Texte abschließend aufmerksam durch und überprüft anhand der folgenden Checkliste, ob ihr alles berücksichtigt habt.

b Notiert gegebenenfalls Korrekturen als Fußnoten.
**Tipp:** Ihr könnt auch zu zweit arbeiten und eure Texte gegenseitig prüfen.

## Checkliste

### Eine Glosse erschließen

**Einleitung**
- Habe ich alle Basisinformationen wie Titel, Autor/Autorin, Textsorte, Quelle (wenn bekannt), Kernaussage angegeben?

**Hauptteil**
- Habe ich für den **Aufsatz** alle geforderten Aufgaben erfasst?
- Habe ich den **Inhalt** knapp und mit eigenen Worten formuliert und logisch **zusammengefasst**? Habe ich die Struktur des Textes berücksichtigt?
- Habe ich die **sprachlichen Besonderheiten** entsprechend der Aufgabenstellung analysiert und deren Wirkung mit **Belegen** dargestellt?
- Habe ich eine **weitere Besonderheit** erläutert (z. B. Nachweis der Textsorte) und mit Beispielen **belegt**?
- Sind die Argumentationen meiner **Stellungnahme** überzeugend?
- Habe ich beim **kreativen Schreibauftrag** die für die verlangte Textsorte typischen Gestaltungsmerkmale beachtet?

**Schluss**
- Rundet der Schluss meinen Aufsatz sinnvoll ab?
- Ist meine Meinung begründet und auf den Textinhalt bezogen?

**Sprache und Form**
- Habe ich die richtigen **Zeitformen** verwendet?
- Habe ich mit **eigenen Worten** formuliert?
- Sind meine Formulierungen **abwechslungsreich** und **sachlich**?
- Enthält mein Text **Überleitungen** zwischen den einzelnen Aufgaben?
- Habe ich richtig **zitiert**? Sind die Zeilenangaben richtig und vollständig?
- Habe ich meinen Aufsatz auf korrekte **Rechtschreibung, Zeichensetzung** und **Grammatik** überprüft?
- Habe ich **Absätze** gemacht und auf eine **saubere Form** geachtet?

# 11 Grammatik und Rechtschreibung – Texte überarbeiten

**1** a Auf dem Bild sind aktuelle Sprachbeispiele zu sehen. Sucht nach sprachlichen Erscheinungen, die es vor einigen Jahren vermutlich noch nicht gab.

b Überlegt, warum es wohl zu diesen sprachlichen Neuerungen kam.

c Zeigt auf, welche weiteren sprachlichen Veränderungen ihr in den letzten Jahren beobachtet habt.

**2** Beurteilt die Neuerungen: Nennt sprachliche Erscheinungen, die ihr akzeptiert oder sogar gut findet, und solche, die ihr ablehnt. Begründet eure Position.

### In diesem Kapitel ...

- vergleicht ihr Sprachvarietäten,
- wiederholt ihr eure Grammatikkenntnisse und wendet sie an,
- übt ihr, Texte grammatisch richtig und stilistisch angemessen zu formulieren,
- wiederholt ihr euer Strategie- und Regelwissen zur Rechtschreibung,
- überarbeitet ihr Texte mit Hilfe gelernter Regeln und Tipps.

# 11.1 Von Anglizismen, Kiezdeutsch und Hashtags – Vielfalt und Wandel der Sprache

## Fachbegriffe und Fremdwörter

Herzlichen Glückwunsch zum Kauf dieses Gerätes! Dies ist ein Breitbandrouter mit integriertem DSL-Modem, der die Anbindung an das Internet über VDSL2, ADSL und ADSL 2+ ermöglicht. Das Konfigurationsprogramm Ihres Routers ist eine Internetbrowser-basierte Bedienoberfläche. Gehen Sie folgendermaßen vor:
Stellen Sie zuerst fest, ob das netzwerkfähige Gerät eine Verbindung zum LAN oder WLAN aufgebaut hat. Nachdem Sie den Computer gebootet haben, starten Sie auf Ihrem Desktop den Internetbrowser, der auf Ihrem PC installiert ist. Das Webportal zur „Automatischen Konfiguration" wird automatisch geöffnet. Falls dies nicht funktioniert, loggen Sie sich auf unserer Homepage als registrierter User ein. Folgen Sie jetzt den Anweisungen auf der Website, damit Ihr Breitbandrouter installiert wird. Überprüfen Sie, ob Ihre Internetverbindung funktioniert, indem Sie z. B. eine Mail verschicken. Wenn die automatische Konfiguration erfolgreich war, leuchtet die LED „Online" dauerhaft auf. Jetzt können Sie regulär im Internet surfen.

**1** a Lest diese Bedienungsanleitung und versucht, sie zu verstehen.
Sprecht darüber, was ihr verstanden habt und wo ihr Verständnisschwierigkeiten hattet.
b Übertragt die Tabelle in euer Heft und notiert aus der Bedienungsanleitung alle Fachbegriffe aus dem Bereich „Computer" sowie Fremdwörter.

●○○

| Fachbegriffe aus dem Bereich „Computer" | Fremdwörter |
|---|---|
| *Breitbandrouter* | *integriert* |

c Diskutiert, welche Probleme es beim Sortieren gab.

Sehr geehrte Damen und Herren,
vor einigen Tagen habe ich mir den Breitbandrouter gekauft, doch leider ist es mir nicht möglich, ihn zu installieren, da ich Ihre Bedienungsanleitung aufgrund der vielen Fachbegriffe und Fremdwörter nicht verstehe. Wäre es Ihnen möglich, die Bedienungsanleitung so umzuformulieren, dass sie für jeden verständlich ist!?

Mit freundlichen Grüßen
Sonja Vollmuth

**2** a Formuliert die Bedienungsanleitung so um, dass sie von möglichst jedem verstanden werden kann. Schlagt gegebenenfalls im Fremdwörterbuch nach.
b Diskutiert den Vorschlag, auf Fachbegriffe und Fremdwörter zu verzichten.

**War Ihre Ernte dieses Jahr wieder suboptimal?**
Wir bieten Ihnen zum günstigen Preis Herbizide bester Qualität an!

Wir suchen für unser Küchenstudio einen Facility Manager!

**Besichtigen Sie unsere Seniorenresidenz!**
Das Domizil befindet sich in bester Lage! Wir zeigen Ihnen gerne unser stilvolles Ambiente und verwöhnen Sie mit kulinarischen mediterranen Delikatessen.

Charmanter, romantischer, introvertierter, korpulenter Er im besten Alter sucht liebevolle Sie für gemeinsame Unternehmungen.

Immer mehr Autos werden fremdfinanziert und geleast!

**3** a Ersetzt die Fremdwörter durch deutsche Entsprechungen oder Umschreibungen.
b Überlegt, weshalb in den einzelnen Textauszügen Fremdwörter verwendet wurden.
c Zeigt auf, welche Fremdwörter als Euphemismen bezeichnet werden können.

**Euphemismen**
Ein Euphemismus ist ein sprachlicher Ausdruck, der etwas beschönigend oder in verschleiernder Absicht benennt (z. B. „Fehltritt“ statt „Straftat“).

Gestern hatte ich mal wieder Fußballtraining. Nachdem ich im Stadium noch mit dem Couch geredet hatte, kam Vera, die stets viel erzählt, auf mich zu. Sie schwärmte von einem Roman, der von einer richtigen Konifere, also einer korpulenten Person, auf dem Gebiet „Psychologie“ geschrieben wurde. Das Buch handelt von einem Waisenjungen, der es nicht schafft, sich in der Gesellschaft zu intrigieren. Mit dieser Hauptperson konnte sie sich sofort infizieren. Deswegen hat sie intensiv gehandelt und völlig euphemistisch eine Rezession zu dem Buch geschrieben. Außerdem überlegt sie, ob sie sich bei einer karikativen Hilfsorganisation arrangieren soll, die Kindern in armen Verhältnissen hilft. Sie möchte nämlich nicht wie so viele andere Menschen wegschauen und sich aus der Atmosphäre ziehen. Um sie abzulenken, flambierte ich mit ihr noch ein wenig durch die Fußgängerzone.

**4** a Zeigt auf, was bei diesem Text nicht stimmt.
b Schreibt alle Fremdwörter untereinander heraus und notiert dahinter deren deutsche Entsprechung oder eine Umschreibung.
c Findet für die falsch gebrauchten Fremdwörter den richtigen Ersatz aus dem Wortspeicher und schreibt die verbesserten Sätze auf. Allerdings wurden die Fremdwörter im Wortspeicher in Lautschrift angegeben und ihr müsst auf die korrekte Rechtschreibung achten.

[aˈfɛːrə] • [koːtʃ] • [ãgaˈʒiːʁən] • [ɔɪ̯ˈfoːʀɪʃ] • [flaˈniːʀən] • [idɛntifiˈtsiːʀən] • [ˌɪmpʊlˈziːf] • [ˌɪnteˈgʀiːʀən] • [kaʀitaˈtiːf] • [kɔmpəˈtɛnt] • [ˌkoʀyˈfɛːə] • [ʀetsɛnˈzi̯oːn] • [ˈʃtaːdi̯ɔn]

# Anglizismen

Hi Amelie,
sorry, muss für heut Abend absagen, geh auf eine absolut coole Party in der Clublounge. Es wird vom DJ vor allem House, Hip-Hop und Soul aufgelegt. Ach, das wird so crazy werden! Freu mich schon aufs Abdancen und den Smalltalk mit den Jungs. Ich war heut extra noch shoppen und hab mir ein trendy Outfit gekauft: ein glitzerndes Longshirt, eine graue Leggins und Highheels. Sogar einen passenden Lipgloss hab ich mir gegönnt. Ich hab ein Foto von meinem neuen Style upgeloadet und dir gemailt. Bin ich zu overdressed? Treffen wir uns wieder zum Biken oder Spinning?

CU Veronika

**1** a Erklärt den Begriff „Anglizismus".
b Beschreibt, wie diese E-Mail auf euch wirkt. Versucht, sie sinngemäß zu übersetzen.
c Vergleicht die Wirkung eurer Texte mit der des Originals.
d Nennt Gründe dafür, weswegen wir so viele Anglizismen verwenden.

**2** a Überlegt, welche deutschen Begriffe für die folgenden Berufsbezeichnungen stehen. Erklärt, für welche der Begriffe es keine deutsche Entsprechung, allenfalls eine Umschreibung gibt.
**Tipp:** Schlagt gegebenenfalls im Fremdwörterbuch nach.
b Sucht Gründe dafür, warum viele Berufsbezeichnungen in Englisch ausgedrückt werden.

Discjockey • Coach • Promoter • Sales Manager • Hairstylist • Facility Manager • Freelancer • Artdirector • Waste Removal Engineer • Office Managerin • Performer

**3** a Erklärt den Witz der Karikatur.
b Der „Verein Deutsche Sprache" spricht sich gegen Anglizismen aus. Nennt mit Hilfe der Karikatur Kritikpunkte an Anglizismen.

*- Zeitgeist-Irritationen -*

**4** Die folgenden Begriffe sind sogenannte Scheinanglizismen – sie stammen ursprünglich nicht aus dem Englischen. Findet für diese Begriffe die englischen Bezeichnungen:

Handy • Oldtimer • Public Viewing • Hometrainer • Castingshow • Happy End • Beamer

**5** ●●● Einige der Ausdrücke in Aufgabe 4 gibt es auch im Englischen, allerdings mit einer anderen Bedeutung. Recherchiert diese.

# Sprachen miteinander vergleichen

## Den Apostroph richtig verwenden

This is my sister's dress.

Das ist Noras Kleid.

These are my parents' books.

Das sind Ines' oder Fritz' Bücher.

**1** Vergleicht, wie der Apostroph im Englischen und im Deutschen verwendet wird. Achtet dabei auf den Kasus (Genitiv) und auf den Numerus (Singular oder Plural).

**2** Ordnet den Aussagen zum Apostroph **A** bis **E** jeweils zwei passende Beispiele aus dem Kasten zu.

**A** Ein Apostroph steht bei der Genitivform von Namen, die auf *s, ss, tz, z* oder *x* enden.
**B** Ein Apostroph darf stehen, wenn man mündliche Abkürzungen schriftlich nachahmt.
**C** Ein Apostroph steht nicht beim Plural-*s*.
**D** Ein Apostroph steht nicht beim Genitiv-*s*.
**E** Ein Apostroph steht nicht bei Präpositionen, die mit dem Artikel verschmolzen sind.

die DVDs • Esras Katzen • ins Bett • Felix' Ball • Ich hab's! • Agnes' Beispiel • Wie war's? • die Hobbys • Fabians Plan • fürs Kind

## Stellung der Satzglieder im Deutschen und Englischen

*Ich möchte gern ein Praktikum als Tierpfleger machen. Für diesen Beruf interessiere ich mich, weil ich Tiere mag. Zu Hause habe ich einen Hund und eine Schlange.*

*I would like to do a work experience as a zookeeper. I am interested in the job because I like animals. At home I have got a dog and a snake.*

**1** Ein Schüler möchte ein Praktikum als Tierpfleger im Londoner Zoo machen. Dazu hat er sein Bewerbungsschreiben ins Englische übersetzt. Vergleicht in den beiden Auszügen den Satzbau.

**2** Untersucht den Satzbau in den Auszügen genauer.
a Schreibt die drei deutschen und die drei englischen Sätze jeweils untereinander in euer Heft.
b Unterstreicht in allen Sätzen
– die Prädikate und
– markiert die Objekte, z. B.:
●○○ *Ich möchte gern ein Praktikum als Tierpfleger machen.*
c Beschreibt den Satzbau in den Nebensätzen *„weil ich Tiere mag"* bzw. *„because I like animals"*. Wo steht das Prädikat im Deutschen, wo steht es im Englischen?
d Vergleicht den Satzbau in den Hauptsätzen: Wo steht das Prädikat, wo das Objekt?

## Geschlechtergerecht formulieren

Guy Deutscher

### Wie die Sprache unser Denken prägt

Wenn ich auf Englisch sage „I spent yesterday evening with a neighbour“, dann können Sie sich durchaus die Frage stellen, ob ich mit einem Mann oder mit einer Frau ausgegangen bin. Aber ich habe das Recht, Ihnen höflich zu erklären, dass Sie das nichts angeht. Wenn wir aber Deutsch sprechen, dann verfüge ich nicht über das Privileg, die Dinge im Unklaren zu lassen, denn ich werde von der Sprache dazu gezwungen, mich zwischen „Nachbar“ oder „Nachbarin“ zu entscheiden.
Deutsch zwingt mich also, Sie über das Geschlecht des Menschen, der mich begleitet hat, zu informieren – ob ich nun der Meinung wäre, dass Sie das etwas angeht oder nicht. Das bedeutet natürlich nicht, dass Englischsprecher die Unterschiede zwischen Abenden, die man mit Nachbarn, und solchen, die man mit Nachbarinnen verbringt, nicht wahrnehmen. Ebenso wenig bedeutet es, dass Englischsprecher den Unterschied nicht ausdrücken können, falls sie das wünschen sollten. Es bedeutet nur, dass Englischsprecher nicht verpflichtet sind, das Geschlecht anzugeben, jedes Mal, wenn von dem Menschen aus dem Nachbarhaus die Rede ist, während diese Verpflichtung für die Sprecher mancher Sprachen gewohnheitsmäßig besteht. *

**1** a Erläutert die Überlegungen von Guy Deutscher am Beispiel von Berufsbezeichnungen im Englischen und im Deutschen, z. B.: *teacher – …*

b Diskutiert, welche Konsequenzen die englischen Berufsbezeichnungen für eine geschlechtergerechte Sprache haben.

**2** a Vergleicht die Bezeichnung für „Ministerin“ in verschiedenen Sprachen. Wie wird die weibliche Form sprachlich gekennzeichnet?

| | **männlich** | **weiblich** | **Kennzeichnung ♀** |
|---|---|---|---|
| **Deutsch** | *der Minister* | *die Ministerin* | *Suffix „-in“ + Artikel* |
| **Englisch** | *the minister* | *the minister* | … |
| **Französisch** | *le ministre* | *Madame le ministre* | … |
| **Spanisch** | *el ministro* | *la ministra* | … |

b Nennt weitere Beispiele für geschlechterneutrale (z. B. die Lehrkraft) oder geschlechtsspezifische (z. B. der Lehrer, die Lehrerin) Berufsbezeichnungen in verschiedenen Sprachen.

# Sprachvarietäten unterscheiden

## Jugendsprache

Das Freiluftkonzert hat mir sehr gut gefallen, vor allem der Veranstaltungsort war ausgezeichnet gewählt. Besonders gelungen fand ich die Auswahl der Musikgruppen. Höhepunkt war für mich der Auftritt der „Sunbreakers" – ihre Stücke sind fantastisch. Natürlich haben sie am Ende einen begeisterten Applaus erhalten.

**1** a Wie wirkt die Aussage auf euch? Begründet.
b Erklärt, in welcher Situation ihr diese Äußerung gewählt hättet. Denkt an mögliche Gesprächspartner/-innen und an die Gesprächssituation.

**2** Wie würdet ihr Gleichaltrigen von diesem Freiluftkonzert berichten? Formt die Aussage in der Sprechblase dazu in Jugendsprache um. Schreibt in euer Heft.

**3** Untersucht die Merkmale der Jugendsprache. Übertragt die Tabelle ins Heft und ergänzt sie mit euren Beispielen aus Aufgabe 2. Fügt je Zeile ein bis zwei weitere Ausdrücke hinzu.

| Merkmale von Jugendsprache | Beispiele |
|---|---|
| Übernahme englischer Begriffe (Anglizismen) | ... |
| bildhafte Ausdrücke | ... |
| Abkürzungen | ... |
| Übertreibungen | ... |
| Erfindung neuer Wörter (Neologismen) | ... |
| Ausrufewörter (Interjektionen) | ... |

**Wissen und Können** **Jugendsprache**

- **Jugendsprache unterscheidet** sich **von** der **Standardsprache** (Hochsprache) durch bestimmte **Wörter, Wendungen** oder den **Satzbau**, z. B.: *krass* (Jugendsprache) = *gut* (Standardsprache).
- **Jugendsprache** ist sehr **schnelllebig** und **verändert sich oft** innerhalb weniger Jahre.

## Kiezdeutsch

**1** a Übertragt die beiden Dialoge ins Hochdeutsche.

●○○

| Kiezdeutsch | Hochdeutsch |
|---|---|
| *Ey, rockst du, Lan?* | *Hallo, geht es dir gut, Junge/Kerl?* |
| ... | ... |

b Erläutert jeweils, wie sich die Äußerungen in Kiezdeutsch vom Hochdeutschen sprachlich unterscheiden. Achtet auf Besonderheiten in der Grammatik und bei der Wortwahl.

## Isch mach disch Messer

*Von Martin Klesmann*

*Heike Wiese ist Germanistikprofessorin an der Universität Potsdam. Die Sprachwissenschaftlerin, die in Kreuzberg lebt, forscht über die Jugendsprache in Stadtbezirken, in denen viele Menschen unterschiedlicher Herkunft leben.*

**Frau Professor Wiese, was heißt: „Machst du rote Ampel?"?**

Der Satz stammt aus einer unserer Studien. Dort hatte ihn ein Jugendlicher gesagt, der seinen Freund davor warnte, bei Rot über die Straße zu gehen. Das nenne ich Kiezdeutsch.

**Was ist Kiezdeutsch für eine Sprache? Ein Jugendslang, der in Berliner Innenstadtbezirken gesprochen wird?**

Nein, Kiezdeutsch wird nicht nur in Berlin gesprochen, sondern generell in mehrsprachigen Wohngebieten in deutschen Städten. Kiezdeutsch könnte man als neuen deutschen Dialekt bezeichnen, mit dialektalen Eigenarten in Aussprache, Wortschatz, Grammatik. „Ich" wird zum Beispiel häufig zu „isch" wie in „Isch geh jetzt Viktoriapark". Gleichzeitig wird der Wortschatz erweitert, und zwar nicht nur mit Wörtern aus dem Englischen. Ein Satz wird dann mit „wallah" im Sinne von „echt" abgeschlossen. Das kommt aus dem Arabischen und heißt wörtlich „bei Allah", so wie wir „Gott sei Dank" sagen. Oder „Lan", das kommt aus dem Türkischen und bedeutet „Kerl". In der Jugendsprache heißt das dann: „Komm mal her, Lan!" Aber natürlich auch: „Komm mal her, Alter!"

**Wer spricht Kiezdeutsch?**

Es ist keine Mischung aus Deutsch und Türkisch. Oder Deutsch und Arabisch. Jugendliche unterschiedlicher Herkunft sprechen das untereinander im gemeinsamen Alltag.

**Wieso sprechen auch Jugendliche, die ausschließlich Deutsch als Muttersprache haben, diesen seltsamen Dialekt?**

Diese Jugendlichen leben in mehrsprachigen Wohngebieten, haben dort Freunde. Ich denke nicht, dass türkischstämmige Jugendliche mit Kiezdeutsch angefangen und andere das nachgemacht haben. Das war von Anfang an ein Gemeinschaftsprojekt. Fast alle Jugendlichen, die Kiezdeutsch sprechen, sind in Deutschland geboren. Sie sprechen mit ihren Eltern vielleicht noch zusätzlich Türkisch, Kurdisch oder Arabisch oder eben Deutsch. Mehrsprachige Jugendliche sind offener für Sprachspielereien und sprachliche Veränderungen, deshalb ist Kiezdeutsch so etwas wie ein Turbo-Dialekt, in dem grammatisch besonders viel passiert. Aber dieser neue Dialekt ist fest im Deutschen verankert. *

**2** a Formuliert in zwei oder drei Sätzen eine Definition des Begriffs „Kiezdeutsch".
b Berichtet davon, ob ihr ebenfalls Kiezdeutsch sprecht. Nennt konkrete Beispiele.

**3** Nehmt begründet Stellung zur Frage, ob Kiezdeutsch die Sprache ärmer oder reicher macht.

**4** Manche befürchten, dass in einigen Jahren alle nur noch Kiezdeutsch sprechen. Diskutiert darüber, ob ihr diese Befürchtung für realistisch haltet.

## Dialekte

Der Käs iss gesse.

A gsondor Mensch hot tausend Wensch, a kranker bloß oin.

Dat jitt et för ene Appel un e Ei.

Keene Haare uff'm Kopp, aba 'n Kamm inner Tasche!

Dumm deaf ma scho sei, bloß zhälfn muaß ma se wissen.

De dümmsten Buurn hebbt de dicksten Kartuffeln.

**1** a Versucht, die Redewendungen ins Hochdeutsche zu übersetzen. Erklärt, wie ihr sie versteht und in welchen Zusammenhang sie passen.

b Ordnet die Redewendungen den folgenden Dialekten zu: Bairisch, Brandenburgisch, Hessisch, Nordniedersächsisch/Plattdeutsch, Ripuarisch/Kölsch, Schwäbisch.

c Bestimmt mit Hilfe der Karte, welche dieser Dialekte zum Niederdeutschen, welche zum Mitteldeutschen und welche zum Oberdeutschen gehören.

d Fragt in eurer Umgebung nach Redewendungen und Sprichwörtern in Mundart. Klärt die Bedeutung der Sprüche und ordnet die Dialekte, die ihr kennt, in die Karte ein.

**2** a Seit 2015 wird das oberfränkische Wort des Jahres gekürt. Stellt Vermutungen an, was diese Wörter bedeuten.

Wischkästla (2015) • a weng weng (2016) • urigeln (2017) • derschwitzen (2018) • Sternlaschmeißer (2019) • Fregger (2020) • Erpfl (2021)

b Macht Vorschläge für das Dialekt-Wort eures Dialekts und kürt euren Klassenfavoriten.

**3** a Nennt
- Filme oder Serien, in denen die Hauptfiguren Mundart sprechen,
- Musiker oder Bands, die Mundart singen,
- Kabarettisten, die bei ihrem Bühnenprogramm Mundart sprechen.

b Überlegt euch Gründe dafür, weshalb diese Interpreten Mundart verwenden.

Die Lehrerin in der Tölzer Grundschule sagt zu den Kindern: „Wir haben jetzt alles über die verschiedenen Würmer gelernt, nun möchte ich, dass jeder von euch einen Satz sagt, in dem das Wort ‚Würmer' vorkommt." Da meldet sich der Pauli aus Tölz und sagt: „Wenn da Papa zum Angeln geht, dann nimmt er oiwei Würma ois Köder mit." Die Lehrerin ist zufrieden und nimmt den Benni aus Wackersberg dran, der sich auch gemeldet hat. Der Benni steht auf und sagt: „Gestan war's no koid, heind is scho würma!" Das war nicht, was sich die Lehrerin vorgestellt hat. Da sieht sie, wie in der letzten Reihe der Seppi aus der Jachenau immer den Kopf schüttelt. „Warum schüttelst du immer dein' Kopf, Seppi?", fragt sie ihn. Da steht der Bub auch auf und meint, immer noch kopfschüttelnd: „Würma no so an Schmarrn redn ko!"

**4** a Lest den Witz und erklärt ihn mit eigenen Worten.

b Übersetzt den Text ins Hochdeutsche. Zeigt auf, weswegen der Witz verloren gegangen ist.

c Überlegt anhand des Textes, weshalb Dialektsprecher/-innen oft Vorurteilen ausgesetzt sind.

Helmut Zöpfl

**Mundart**

Denkts amal a bisserl nach,
was de Mundart für a Sprach,
für a blumenreiche is
und vui anschaulicher gwiss
Als wia Schriftdeutsch.
[...]
Is de Mundart net de Sprach,
de was aussagt, des was stimmt,
weil de Sprach von Herzen kimmt? *

**5** a Lest das Gedicht „Mundart". Versucht, es ins Hochdeutsche zu übersetzen.

b Nennt die Gründe für die Verwendung von Dialekten. Begründet, ob ihr diese Meinung teilt.

**6** Überlegt, in welchen der folgenden Situationen die Mundart angebracht ist und in welchen Situationen man besser die Hochsprache verwenden sollte. Begründet eure Meinung.

Bewerbungsgespräch • Gespräch mit Nachbarinnen/Nachbarn • Interview • Gespräch unter Freundinnen/Freunden • telefonische Anfrage • im Sportverein • im Unterricht • Gespräch mit Austauschschülerinnen/-schülern • Vortrag eines Referats • auf Festen

# Kommunikation via Instant Messenger, Chat und E-Mail

**1**

a Beim Chatten wird Mündlichkeit simuliert: Die/Der Schreibende tut so, als würde sie/er sprechen. Nennt Beispiele dafür.

b Zeigt Merkmale auf, die typisch für Chatsprache sind. Sucht zu jedem Merkmal ein passendes Beispiel aus der Messenger-Unterhaltung heraus.

c Verändert die Chatnachricht so, dass daraus eine inhaltlich vollständige und grammatikalisch und orthografisch korrekte Mitteilung wird.

d Zeigt auf, welche Vorteile die vorgegebene Mitteilung gegenüber der Mitteilung hat, die ihr in Aufgabe 1 c erarbeitet habt.

hi, sarah!

hi, leo!

hast heut nach schule zeit? wär cool denn hab ne idee

logo könn mer uns treffn. hab no nix vor. was warn gestern los?

sry is dumm glaufn. sag i dir dann. oke?

ok

cu. freu mi.

bb

Hallo, Sarah, hättest du heute Abend Zeit zum Babysitten?

Es tut mir wirklich leid, aber ich bin leider erkältet. Soll ich nächstes Wochenende wieder bei Ihnen vorbeikommen? Wir können deshalb ja noch einmal miteinander telefonieren.

Hallo, Sarah, hättest du heute Abend Zeit zum Babysitten?

sry bin sick. nächstes we? CUL8R

**2**

a Lest beide Messenger-Unterhaltungen. Erklärt, für welche der beiden Varianten ihr euch an Sarahs Stelle entscheiden würdet. Begründet.

b Tauscht euch darüber aus, wie ihr Sarahs Botschaft als Sprachnachricht versenden würdet.

## Mit den Besonderheiten digitaler Kommunikation richtig umgehen

Julia Ruhnau

### Wann Sie mit Emojis den Chatpartner verärgern

*Smiley, Herzchen oder Handzeichen: In Chats und Nachrichten wimmelt es nur so von Emojis. Ihr Siegeszug ist kein Zufall, sagen Forscher. Doch die Symbole können schnell zu Missverständnissen führen.*

Am Anfang war das Emoticon. Punkt, Punkt, Komma, Strich – so ähnlich sahen die ersten durch Zeichen vermittelten Gefühlsäußerungen in der digitalen Welt aus. Der Informatiker Scott Fahlman dachte sich in den 1980er-Jahren, dass es praktisch wäre, ironisch oder lustig gemeinte Aussagen in Chats mit einem Symbol zu kennzeichnen. Und das :-) kam heraus.

Heute ist nichts mehr so simpel wie damals. Längst sind die Emoticons von den Emojis verdrängt worden, kleinen Grafiken wie Smileys mit ihren Gesichtsausdrücken, von Alltagsobjekten oder Tieren.

Die Zahl nimmt unaufhaltsam zu: Allein 117 neue Emojis hat das Unicode-Konsortium im Januar 2020 vorgestellt. [...]

Die Linguistin Christina Margrit Siever hat in einer Studie an der Uni Zürich die Kommunikation mit Emojis in WhatsApp-Chats untersucht. „Manche Leute sind genervt, wenn zu viele Emojis verwendet werden", sagt sie. Einige Nutzer gaben an, die Person dann nicht ganz ernst nehmen zu können. Auch reine Emoji-Antworten, etwa Daumen hoch, können negativ ankommen und als Faulheit oder Respektlosigkeit aufgefasst werden.

#### Missverständnisse sind mit Emojis vorprogrammiert

Ein weiteres Problem: Genau wie bei Wörtern kann es auch bei Bildern zu Missverständnissen kommen. „Emojis sind – wie Bilder generell – von Kulturalität geprägt und deshalb nicht unbedingt global verständlich", erklärt Siever. Da wäre zum Beispiel das „Sleepy Face Emoji" – ein Gesicht mit geschlossenen Augen, geöffnetem Mund und einem blauen Tropfen auf Höhe der Nase.

„Im europäischen Kulturkreis wird das Emoji vermutlich als traurig interpretiert, das blaue Element wird als Träne aufgefasst." Das Symbol ist aber, wie viele Emojis, aus der Bildsprache japanischer Manga-Animes entlehnt – eine Rotzglocke bedeutet da schlicht, dass eine Person müde ist oder schläft.

Sogar simple Symbole wie der Zwinker-Smiley können mehrdeutig sein: Der eine sieht ihn als Zeichen für einen Witz oder Ironie, die andere als neckisches Zwinkern und der Nächste gar als Provokation. [...]

„Man kann nicht einfach sagen, Emoji X bedeutet das oder das", sagt auch der Linguist Michael Beißwenger von der Universität Duisburg-Essen. Die Bedeutung sei „hochgradig kontextabhängig" – es kommt also darauf an, was zuvor geschrieben wurde, mit welchen Wörtern das Symbol kombiniert wurde und in welchem Verhältnis die Chatpartner zueinander stehen.

#### Strategischer Emoji-Einsatz

Auch Beißwenger hat in einer Studie WhatsApp-Verläufe untersucht und herausgefunden: Emojis werden immer in einer von zwei Funktionen verwendet. Entweder, um Zusatzinformationen oder Interpretationshilfe zu geben, oder zur Beziehungspflege.

Ersteres ersetzt etwa die genervte Mimik, wenn ein Schüler seinem Kumpel erzählt, dass er am nächsten Tag Matheklausur hat. Wenn man ein Herz oder einen Kuss-Emoji sendet, zeigt man damit einfach, dass man den anderen mag, ähnlich wie bei einem freundlichen Lächeln oder einer Umarmung.

**Beruflicher Kontext verlangt emojifreie Klarheit**

Besonders heikel wird es, wenn man Emojis in beruflichen Beziehungen sendet. „Emojis haben in geschäftlichen Mails nichts zu suchen“, sagt Knigge-Coach Michael Mayer. Die Gefahr von Missverständnissen sei einfach zu hoch. „Über allem steht die Klarheit“, betont er.
Auch im privaten Bereich sei Überschaubarkeit und Angemessenheit wichtig. Am besten fährt man, wenn man sich einfach nach und nach den Gewohnheiten des Chatpartners anpasst. *

**1** a Lest den Text und berichtet davon, wann ihr Emojis verwendet. Erklärt, welche Vorteile ihr in Emojis seht.
b Diskutiert darüber, in welchen Situationen ihr auf Emojis verzichten würdet. Begründet.

## Neologismen und Hashtags in sozialen Netzwerken untersuchen

In Bettdeckung
Replay Retweet Favorit

Schade dass heute Dienstag und nicht Dönerstag ist #crazy #bamberg #hbf #dönermachtschöner
Replay Retweet Favorit

weiß denn nun jemensch, was für Aktionen am Samstag geplant sind? habe den Überblick verloren
Replay Retweet Favorit

**1** a Lest die drei Posts und findet Neologismen (Wortneuschöpfungen).
b Erklärt, was diese Neologismen zu bedeuten haben.
c Diskutiert darüber, weswegen Neologismen verwendet werden.
●●● d Findet selbst Neologismen in sozialen Netzwerken.

Marco Bertolaso

### Eine kleine Geschichte des Hashtags

[...] Alle reden vom Hashtag, doch was hat es damit genau auf sich? „Hash“, so heißt im Englischen die Raute oder das Doppelkreuz: #. „Tag“, das meint hier Markierung. Das zusammengesetzte Wort Hashtag bedeutet folglich die Markierung durch eine Raute.
Auch in den Duden haben es die Hashtags schon geschafft. Dort wird der Begriff erklärt als „mit einem vorangestellten Rautezeichen markiertes Schlüssel- oder Schlagwort in einem (elektronischen) Text“. Im Duden steht übrigens auch, dass es „das“ Hashtag heißen kann. Zu Hause ist das Hashtag nicht nur bei Twitter, aber dort wurde es erstmals eingesetzt. Die Idee kam gut an. [...] Doch den wirklichen Durchbruch erlebten die Hashtags im Jahr 2009, als Twitter eine Suchfunktion für sie einführte. Als Instagram 2010 startete, waren Hashtags direkt mit dabei. Und Facebook öffnete sich schließlich 2013 ebenfalls für die Strukturierung der Inhalte mit Hilfe der Raute. *

**2** a Lest den Text aufmerksam.
b Erklärt die Funktion von Hashtags anhand des oben abgedruckten Posts.
c Tauscht euch aus, bei welchen sozialen Netzwerken ihr häufig Hashtags nutzt. Weshalb?

# Testet euer Wissen!

## Sprachvarietäten

**1** a Notiert im Heft die richtigen Aussagen. Richtig sortiert ergeben die Buchstaben ein Lösungswort.
b Korrigiert die falschen Aussagen.

**AB** Fachsprache kann von jedem verstanden werden.
**EN** Manche Fremdwörter sind gleichzeitig Euphemismen.
**DO** Für alle Anglizismen und Fremdwörter gibt es passende deutsche Synonyme.
**RE** In Stellenanzeigen findet man vermehrt englische Berufsbezeichnungen.
**CH** Jugendsprache ist schnelllebig und verändert sich innerhalb weniger Jahre.
**SP** Alle Dialekte in Bayern gehören zum Oberdeutschen.
**WO** Emojis sind Smileys, deren Bedeutung eindeutig geklärt ist.

**Wir suchen während der Sommerferien**
Schülerinnen und Schüler zur Betreuung für unsere Jugendgruppen.
Wenn du Interesse hast, bewirb dich bei uns: Ansprechpartnerin ist Frau Menzel.

VORSICHT FEHLER!

*Hallo, Frau Menzel,*

*Sie suchen coole Typen, die während der Sommerferien Kids betreuen?*
*Ich glaube, dass ich für diesen geilen Job super geeignet bin. In meiner Schule habe ich schon oft Megaevents geplant. Ich habe Fun im Umgang mit Kids und bin keine Schnarchnase. Wenn es aber sein muss, bin ich auch tough. Gibt es mal Stunk, kann ich die Lage schnell peilen. Dann labere ich nicht lange herum, sondern mache klare Ansagen. Das kommt in der Regel echt krass an.*
*Über ne gute Antwort von Ihnen würde ich mich sehr freuen.*

*Tschüss Jens*

**2** Jens hat auf die Anzeige von Frau Menzel diesen Brief geschrieben. Überarbeitet Jens' Schreiben in eurem Heft:
a Notiert Verbesserungsvorschläge für die umgangssprachlichen Ausdrücke.
b Schreibt den Text mit Hilfe eurer Notizen neu.

**3** Vergleicht in Partnerarbeit eure Lösungen.

# 11.2 Was erwartet mich beim Einstellungstest? – An eigenen Fehlerschwerpunkten arbeiten

## Eigene Fehlerschwerpunkte erkennen

VORSICHT FEHLER!

### Was ist ein Einstellungstest?

**A** Personalendscheidungen sind für Unternehmen jeder Bransche stets mit große Risiken verbunden. Wer heute eingestellt wird, muss sich auch Morgen noch rechnen. Um zu vermeiden das eine Fehlentscheidung getroffen wird greifen Unternehmen auf Einstellungstests zurück die dich auf Herz Nieren und Verstand prüfen sollen. Ob du über die nötigen Qualifikationen verfügst und für dem angestrebten Beruf geignet bist kann nicht nur aus Bewerbungsschreiben und Lebenslauf heraus gelesen werden. Einstellungstests dienen also nicht der Schickane (zumindest sollten sie dass nicht) sondern geben den verantwortlichen die Möglichkeit dich besser kennenzulernen und deine Eignung für die Ausbildung ein zu schätzen.

Es gibt eine riesige Bantbreite an Einstellungstests, die im Rahmen der Auswahl von Arbeitskräften eingesetzt werden. Am Einfachsten lassen sie sich in drei Hauptkategorin einteilen, die unterschiedliches über die Bewerbenden preis geben: Persönlichkeitstests, Wissenstests, allgemeine Intelligenz- und Leistungstests.

VORSICHT FEHLER!

**B** Häufig werden sogenannte Persönlichkeitstests eingesetzt. Hier sollst du eine Reihe von Fragen über deine Eigenschaften oder Verhaltensweisen beantworten und/oder angeben inwieweit bestimmte Aussagen auf dich zu treffen. Verbreitet sind auch Wissenstests. Neben Allgemeinwissen wird oft auch Wissen zu speziellen Bereichen wie Wirtschaft oder Politik abgefragt. Teilweise kann man in endsprechenden Forren im Internet die richtigen Lösungen finden, die man dann auswändig lernen kann.

Des weiteren werden oftmals Intelligenz- und Leistungstests angewendet. Wissenschaftlich betrachtet sagen solche Tests beruflichen Erfolg wesentlich besser voraus als irgend welche Wissenstests. Intelligenz- und Leistungstests enthalten häufig Aufgaben zum zahlen-, sprach- oder abstrakt-logischem denken sowie zu Konzentration, Auffaßungsgabe und Merckfähigkeit. Oft werden auch weitere spezielle Aufgaben gestellt, z. B. zum räumlichem Denkvermögen oder zum physikalisch-technischen Verständniss – je nachdem, welche Fähigkeiten für die Ausbildung besonders relewant sind.

Wenn du eine Einladung zu einen Einstellungstest bekommen hast solltest du dich als erstes gut vorbereiten damit nichts schief läuft. Es ist nämlich nichts neues, das man klar im Vorteil ist, wenn man typische Aufgabentypen trainiert hat. Damit du auch Tiefen entspannt sein kannst, stellen wir dir im folgenden konckrete Übungen vor, die dich erwarten können.

**1** a Schreibt die Textabschnitte **A** und **B** korrigiert in euer Heft. Unterstreicht die Verbesserungen.

b Wertet eure Fehlerschwerpunkte mit Hilfe des Korrekturbogens (▶ S. 257) und den dazugehörigen Aufgaben aus.

| Korrekturbogen zu Seite 256 – Fehlerschwerpunkte | Übungen und Informationen |
|---|---|
| ***das* und *dass***<br>**A:** Um zu vermeiden, **dass** eine […], […] (zumindest sollten sie **das** nicht) […].<br>**B:** Es ist nämlich nichts Neues, **dass** man […]. | Station 1, S. 258<br>Grundwissen, S. 314 |
| **Getrennt- und Zusammenschreibung**<br>**A:** herausgelesen, einzuschätzen, preisgeben<br>**B:** zutreffen, irgendwelche, schiefläuft, tiefenentspannt | Station 2, S. 258<br>Grundwissen, S. 314 |
| **Groß- und Kleinschreibung**<br>**A:** morgen, den Verantwortlichen, am einfachsten, Unterschiedliches<br>**B:** des Weiteren, Denken, als Erstes, nichts Neues, im Folgenden | Station 3, S. 259<br>Grundwissen, S. 311 f. |
| **Rechtschreibstrategien und -regeln**<br>**A:** Personalentscheidungen, geeignet, Bandbreite<br>**B:** entsprechenden, auswendig, Auffassungsgabe, Merkfähigkeit, Verständnis | Station 4, S. 259<br>Grundwissen, S. 310–314 |
| **Richtiger Kasus nach Präpositionen**<br>**A:** mit großen Risiken, für den angestrebten Beruf<br>**B:** Aufgaben zum zahlen-, sprach- oder abstrakt-logischen Denken, zum räumlichen Denkvermögen, zu einem Einstellungstest | Station 5, S. 260<br>Grundwissen, S. 302 |
| **Kommasetzung**<br>**A:** Um zu vermeiden, dass […] getroffen wird, greifen […] zurück, die dich auf Herz, Nieren […] prüfen sollen. Ob du über […] geeignet bist, kann […]. Einstellungstests dienen (zumindest […] nicht), sondern geben […] Möglichkeit, dich besser kennenzulernen […].<br>**B:** Hier sollst du […] und/oder angeben, inwieweit […]. Wenn du eine Einladung […] bekommen hast, solltest du […] gut vorbereiten, damit nichts schiefläuft. | Station 6, S. 260 f.<br>Grundwissen, S. 315 |
| **Fremdwörter**<br>**A:** Branche, Qualifikationen, Schikane, Hauptkategorien<br>**B:** Foren, relevant, konkret | Station 7, S. 261<br>Grundwissen, S. 316 |

**2** Vergleicht in Partnerarbeit eure Überarbeitung zu Seite 256 mit dem Korrekturbogen.

**3** Findet eure persönlichen Fehlerschwerpunkte. Geht so vor:
- Kopiert den Korrekturbogen.
- Markiert in der linken Spalte alle Fehler, die ihr bei eurer Korrektur nicht gefunden habt.
- Überlegt anhand eurer Fehlerzahl, wo ihr sicher seid bzw. was ihr erneut üben solltet.

Bearbeitet dementsprechend die Stationen zu den jeweiligen Fehlerschwerpunkten (▶ S. 258–261).

**4** Keine oder nur wenige Fehler? Bearbeitet die Zusatzaufgaben in jeder Station (▶ S. 258–261).

## Station 1: *das* und *dass*

**1** a Verbindet die Sätze mit *das* oder *dass* (► S. 314) und schreibt sie ins Heft. Ergänzt die Kommas.
b Erklärt euch gegenseitig, wann man *das* bzw. *dass* einsetzen muss.

**2** Formt die Sätze **A**, **D** und **E** in eine Infinitivgruppe um.

**A** Viele Jugendliche träumen seit ihrer Kindheit davon
**B** Es ist wohl bekannt
**C** ? ein Mindestalter von 17 Jahren und eine Mindestgröße von 1,65 m vorgeschrieben sind
**D** Viele sind sich nicht darüber im Klaren ? ein Tattoo ? man im sichtbaren Bereich trägt
**E** Es ist selbstverständlich
**F** ? Schwimmabzeichen ? mindestens in Bronze vorliegen muss

**1** wissen nicht alle.
**2** ? sie eine Karriere bei der Polizei starten.
**3** ist eine weitere Voraussetzung für einen Werdegang bei der Polizei.
**4** dazu führt ? man nicht eingestellt wird. ? ist aber immer so.
**5** ? man nicht im Konflikt mit dem Gesetz stehen darf.
**6** ? man für eine Bewerbung mindestens einen qualifizierenden Hauptschulabschluss mit abgeschlossener Berufsausbildung oder den mittleren Schulabschluss vorweisen muss.

## Station 2: Getrennt- und Zusammenschreibung

**1** a Entscheidet, ob die markierten Wörter getrennt oder zusammengeschrieben werden (► S. 314). Schreibt den Text richtig ins Heft.
b Erklärt euch gegenseitig, warum die Wörter getrennt bzw. zusammengeschrieben werden.

**2** Notiert jeweils einen Satz, in dem die Verbindungen *leicht fallen, schwer fallen, Bank drücken, Pendel laufen* und *sicher gehen* getrennt geschrieben werden.

Alle Bewerberinnen und Bewerber werden zu einem Einstellungstest eingeladen, bei dem man um einen beliebten Ausbildungsplatz bei der Polizei **wett+eifert**. Bei diesem Auswahlverfahren, das an zwei aufeinanderfolgenden Tagen **statt+findet**, kann man sein Können unter **Beweis+stellen**.
Am ersten Tag werden ein Sprach- und Grundfähigkeitstest, ein **schweiß+treibender** Sporttest sowie eine **nerven+aufreibende** Gruppendiskussion auf dem **Programm+stehen**. Am folgenden Tag werden eine medizinische Untersuchung und ein Einzelgespräch **durch+geführt**. Vielen werden all diese Prüfungen nicht **leicht+fallen**. Einige werden bei einem der Tests **durch+fallen** und somit nicht für die Polizeiausbildung **zu+gelassen** werden. Besonders vielen wird der Sporttest **schwer+fallen**, denn das **Bank+drücken** und das **Pendel+laufen** haben es in sich. Selbst wenn man alle Tests besteht, kann man nicht **sicher+sein**, ob man einen Ausbildungsplatz bekommt, da zu wenige zur **Verfügung+stehen**. Die Gesamtnote, die sich aus den einzelnen Testergebnissen **zusammen+rechnet**, reicht nämlich oft nicht aus, um im oberen Bereich der Rangliste **zu+landen**. Daher sollte man **sicher+gehen** und beim Auswahlverfahren stets sein **Bestes+geben**.

## Station 3: Groß- und Kleinschreibung

**1** a Schreibt den Text in richtiger Groß- und Kleinschreibung (▶ S. 311 f.) in euer Heft.
b Markiert die nominalisierten Verben, Adjektive bzw. anderen Wortarten mit ihren Begleitern.

**2** Formt die Sätze mit den nominalisierten Verben in den Verbalstil um (▶ S. 309).

VORSICHT FEHLER!

polizistinnen und polizisten müssen fließend deutsch sprechen können, denn sie müssen verstehen, was ihr gegenüber sagt, und in der lage sein, sich selbst verständlich zu machen. dies gilt einerseits beim mündlichen tadeln oder aufklären im berufsalltag, andererseits aber auch beim kommunizieren mit teammitgliedern. doch im polizeialltag brauchen polizistinnen und polizisten nicht nur die gesprochene sprache, sondern sie müssen auch die gängigen regeln der rechtschreibung beherrschen. zu ihren aufgaben gehören nämlich auch das aufnehmen von anzeigen oder das fehlerfreie schreiben von berichten.
nun sollten sich alle darüber im klaren sein, warum der sprachtest für bewerberinnen und bewerber bei der polizei ein muss ist. bei diesem test am computer, den circa zehn prozent nicht bestehen, wird folgendes geprüft: rechtschreibung, zeichensetzung, grammatik, wortschatz, ausdrucksvermögen und textverständnis. am besten wäre es daher, wenn man in deutsch schon immer gute noten hätte. eine eins oder zwei wäre gold wert!

## Station 4: Rechtschreibstrategien und -regeln

**1** a Schreibt den Text in korrekter Rechtschreibung (▶ S. 310–314) in euer Heft.
b Erklärt euch gegenseitig die korrekte Rechtschreibung der einzelnen Wörter anhand der jeweiligen Rechtschreibstrategie (▶ S. 310 f.) bzw. -regel (▶ S. 311–314).

**2** Schreibt den Text in korrekter Rechtschreibung ab und ersetzt dabei die Wörter „Bürgerinnen und Bürger" und „Polizistinnen und Polizisten" durch passende Synonyme oder Pronomen.

VORSICHT FEHLER!

### Aufgaben der Polizei

Polizistinnen und Polizisten nehmen die Aufgabe war, die öffentliche Sicherheit und Ordnung zu gewehrleisten oder widerherzustellen. Neben der Bundespolizei verfügt jedes Bundesland über eine eigene Polizei. Diese Polizistinnen und Polizisten bekämpfen die Kriminalität, untersuchen ordnungswiedrige Handlungen und sichern dafür Beweise. Des Weiteren zählt das regelmässige Überwachen des Verkehrs zu ihren Aufgaben. Bei Unfällen dokumentieren Polizistinnen und Polizisten den Tathergang und leiden Erste-Hilfe-Maßnahmen ein, wenn Bürgerinnen und Bürger Schmertzen haben. Auch bei Großveranstaltungen wie Fußballspielen oder Demonstrationen sind Polizistinnen und Polizisten im Einsatz. Ausserdem erleutern Polizistinnen und Polizisten den Bürgerinnen und Bürgern bestehende Gesetze oder Anweißungen und geben heufig wertvolle Tips. Den Polizistinnen und Polizisten geht es also dauernt darum, dass den Bürgerinnen und Bürgern nichts wiederfährt. Damit sollte nun entgültig klar sein, warum viele Bürgerinnen und Bürger Polizistinnen und Polizisten zu Recht als Freund und Helfer bezeichnen.

## Station 5: Richtiger Kasus nach Präpositionen

**1** a Wählt bei Text **A** die richtige Wortform (► S. 302) und schreibt den Text ins Heft.
b Setzt bei Text **B** die Wörter in Klammern in den richtigen Kasus (► S. 302) und schreibt den Text in euer Heft.

**2** Löst die beiden Logikaufgaben.

### Mögliche Logikaufgaben beim Grundfähigkeitstest

A Du nimmst nach reifliche / reiflicher Überlegung und nach monatelangem / monatelangen Training am bekanntem / bekannten Ironman teil. 85 m vor der / den Ziellinie kannst du wegen eines leichtsinnigen Fehlers / einen leichtsinnigen Fehler des Viertplatzierten diesen überholen. Auf welchen / welchem Platz bist du jetzt?

**B** Aufgrund *(sein defekter Traktor)* macht sich ein Landwirt zu Fuß auf *(der Weg)* in die nächstgelegene Stadt. Zu *(seine Begleiter)* zählen ein Wolf, ein Schaf und ein Kohlkopf. Bald gelangen sie an *(ein reißender Fluss)*, der von *(sie)* überquert werden muss. An *(das Ufer)* wird der Landwirt auf *(ein kleiner Kahn)* aufmerksam. Außer *(er)* haben in *(das winzige Boot)* aber nur ein weiteres Tier beziehungsweise der Kohlkopf Platz. Der Bauer steht also vor *(ein großes Problem)*. Den Wolf kann er nicht mit *(der dicke Schafbock)* allein lassen – der Wolf würde sofort auf *(er)* losgehen. Ebenso würde das Schaf das Kraut vertilgen, wenn beide allein wären. Der Wolf dagegen macht sich nichts aus *(der Kohl)*. Wie schafft es also der Bauer trotz *(diese Gegebenheiten)*, alle Passagiere unbeschadet über *(der rauschende Fluss)* zu bringen?

## Station 6: Kommasetzung

**1** a Übertragt den Text ins Heft. Setzt die fehlenden Kommas (► S. 315).
b Erklärt euch gegenseitig, warum die jeweiligen Kommas gesetzt werden mussten.

**2** Diskutiert in einer Kleingruppe: Welches der Präventionsprojekte wäre an eurer Schule am sinnvollsten?

VORSICHT FEHLER!

Bei der Gruppendiskussion geht es darum mit drei bis sieben anderen Bewerberinnen und Bewerbern eine Problemstellung welche von der Prüfungskommission vorgegeben wird zu erörtern. Um hier gut abzuschneiden benötigst du kein polizeiliches Vorwissen. Letztendlich kommt es nämlich nicht unbedingt auf die Lösung des Problems an sondern es soll herausgefunden werden ob du kommunikativ teamfähig und kompromissbereit bist. Einerseits sollst du also bei der Diskussion deine eigenen Ideen und Argumente einbringen andererseits sollst du aber auch aufmerksam die Lösungen der anderen anhören deren Argumente akzeptieren oder Verbesserungsvorschläge aufzeigen. Die richtige Balance zwischen Durchsetzungsvermögen und Kompromissbereitschaft zeigend so kannst du bei den Jurymitgliedern die sich während des Gesprächs Notizen machen punkten.

Eine mögliche Aufgabe könnte lauten dass die Polizei ein Schulprojekt zur Prävention plant und sich die Gruppe für eines der Themen entscheiden soll: Drogen Verkehrssicherheit sexuelle Gewalt Internetgefahren Rechtsextremismus Sachbeschädigung Stalking und häusliche Gewalt.

## Station 7: Fremdwörter

**1** a Schreibt den Text ab und setzt die fehlenden Fremdwörter (► S. 316) in der richtigen Schreibweise und grammatischen Form ein. Die Lautschrift der Fremdwörter in Klammern kann helfen.

●○○ Nutzt den Wortspeicher. **Achtung:** Nicht alle Wörter werden benötigt.

b Sucht für jedes Fremdwort ein deutsches Synonym bzw. eine Umschreibung.

c Findet für die unterstrichenen Wörter gleichbedeutende Fremdwörter.
**Achtung:** Teils ändert sich dann die grammatische Form der vorausgehenden Wörter.

**2** Klärt die Bedeutung aller Fremdwörter im Wortspeicher. Schlagt gegebenenfalls im Wörterbuch nach.

**3** Findet Antworten auf die hier vorgestellten möglichen Fragen in einem Bewerbungsgespräch.

Nach erfolgreich <u>abgeschlossenen</u> Tests folgt das Vorstellungsgespräch. Bei dieser <u>Befragung</u> wird ein besonderes Augenmerk auf deine [zoˈt͡si̯aːl] [kɔmpəˈtɛnt͡s] und [motivaˈt͡si̯oːn] gelegt. Mögliche Fragen wären zum Beispiel: [pʁɛzɛnˈtiːʁən] Sie die wichtigsten [ʃtaˈt͡si̯oːn] Ihres Lebens in [kʁonoˈloːgɪʃ] Reihenfolge! Warum sind Sie [ˌpʁɛdɛstiˈniːɐ̯t] für die <u>Arbeit</u> bei der Polizei? Welche [ˈhɔbi] haben Sie? [ɑ̃gaˈʒiːʁən] Sie sich bei irgendeiner <u>gemeinnützigen</u> [ˌɔʁganizaˈt͡si̯oːn]? Können Sie gut in der <u>Gruppe</u> arbeiten? Wurden Sie schon einmal von jemandem [pʁovoˈt͡siːʁən] oder <u>ungerecht</u> behandelt und wie haben Sie darauf [ʁeaˈgiːʁən]? Des Weiteren könnte es sein, dass man bestimmte [zituaˈt͡si̯oːn] bzw. Sachverhalte [analyˈziːʁən] soll: Wie würden Sie sich verhalten, wenn ein <u>Jugendlicher</u> beim Stehlen erwischt wird und er Angst hätte, dass ihn sein [agʁɛˈsiːf] Vater verprügeln würde, wenn er davon Wind bekäme? Am Ende des Vorstellungsgesprächs hast du die <u>Möglichkeit</u>, deine Fragen loszuwerden. Wenn du [ɛkspliˈt͡siːt] dazu aufgefordert wirst, Fragen zu stellen, solltest du das auch tun, denn ansonsten könnte der Eindruck entstehen, dass es dir an echtem [ɪntəˈʁɛsə] mangelt.

aggressiv • analysieren • anvisieren • appellativ • chronologisch • engagieren • explizit • explorativ • Hobby • Hockey • Interesse • Intuition • jovial • Kompetenz • Konferenz • Motivation • Mutation • Organisation • phonologisch • prädestiniert • präferieren • präsentieren • präzisiert • produzieren • provozieren • rangieren • reagieren • Situation • sozial • Stadium • Station

# Häufig falsch geschriebene Wörter diktieren

**1** Die folgenden Wörter wurden in Schulaufgaben der 10. Klasse häufig falsch geschrieben.

**a** Erklärt euch, wo möglich, die Schreibweisen der Wörter anhand von Rechtschreibstrategien und -regeln (► S. 310–314).

**b** Diktiert euch die Wörter gegenseitig und testet, wie fit ihr seid.

- im Allgemeinen, im Wesentlichen
- im Folgenden, im Großen und Ganzen
- im Übrigen, im Einzelnen
- im Voraus
- das Zuhause, zu Hause / zuhause
- des Weiteren, des Öfteren
- alles Gute, nichts Erfreuliches
- viel Interessantes, viel Schönes
- nichts Ungewöhnliches, nichts Erfreuliches
- als Erstes, als Nächstes
- etwas Ähnliches, ein ähnliches Thema
- beim Schreiben, beim Lesen
- im Einzelnen, die/der Einzelne, einzeln
- der Sechzehnjährige, der 16-Jährige, der 16-jährige Schüler, der sechzehnjährige Schüler
- die rhetorische Frage, die Metapher, die Ellipse

- rhythmisch, der Rhythmus
- intensiv, die Intensität
- nachmittags, abends, nachts
- heute Mittag, gestern Abend
- am Sonntagmorgen
- die Voraussetzung, voraussetzen
- meist, meistens, am meisten
- interessant, das Interesse, interessiert sein
- riesig
- bewusst, das Bewusstsein
- ein bisschen
- das Ereignis, die Ereignisse
- der Anlass, veranlassen, anlässlich
- der Anschluss, anschließend
- ausschließlich
- das Missverständnis, unmissverständlich
- außerdem, außer, außerhalb
- die Maßnahme
- allzu viel, allzu sehr, allzu bald

- zum einen, zum anderen
- am liebsten, am schönsten, am besten
- beide, alle beide, wir beide
- derselbe, dieselbe, denselben Geschmack
- das Kennenlernen
- widerspiegeln, widersprechen
- zurzeit, derzeit
- allmählich, ziemlich, nämlich
- die Aggression, aggressiv sein
- die Pubertät, pubertieren
- die Kompetenz, kompetent sein
- Bescheid wissen
- einerseits, andererseits

# Testet euer Wissen!

## Richtig schreiben

**1** Testet euch gegenseitig und deckt dabei die Lösungen ab.

| Aufgaben für Partner/-in A | Richtig |
|---|---|
| **1** Verknüpfe zu einem Satzgefüge:<br>*Sie hätten am Ende der Schulaufgabe noch Zeit übrig. Trotzdem ist für viele Schüler/-innen mit dem letzten geschriebenen Wort der Aufsatz fertig.* | *Obwohl sie am Ende der Schulaufgabe noch Zeit übrig hätten, ist für viele Schüler/-innen [...] fertig.* |
| **2** Ersetze den *dass*-Satz durch eine Infinitivgruppe:<br>*Da das Geschriebene allerdings noch nicht perfekt ist, ist es wichtig, dass man es überarbeitet.* | *Da das Geschriebene [...], ist es wichtig, es zu überarbeiten.* |
| **3** Setze fehlende Kommas und begründe:<br>*Weil es unmöglich ist beim einmaligen Durchlesen des Aufsatzes alle Fehler zu beseitigen sollte man mehrere Durchgänge vornehmen bei denen man sich auf einzelne Aspekte konzentriert.* | *[...] ist*, (Anfang Infinitivgruppe nach „es") *beim [...] zu beseitigen*, (Ende Infinitivgruppe mit „es") *sollte [...] vornehmen*, (Relativsatz) *bei denen [...].* |
| **4** Setze passende Präpositionen ein und füge die Wörter in Klammern in der richtigen Form ein:<br>? *(der erste Durchgang) achtet man z. B.* ? *(der Inhalt und Aufbau): Gehe dafür* ? *(dein inneres Auge) die Checkliste* ? *(die wichtigsten Inhaltspunkte) durch.* | *Beim/Im ersten Durchgang, auf den Inhalt und Aufbau, vor deinem inneren Auge, mit den wichtigsten Inhaltspunkten* |
| **Aufgaben für Partner/-in B** | **Richtig** |
| **1** Verbessere alle grammatikalischen Fehler:<br>*Beim nächstem Durchgang sollten die Anzahl dieser Fehler reduziert werden, weil einem häufig unterlaufen Wiederholungs-, Ausdruck- und Satzbaufehler.* | *Beim nächsten Durchgang sollte die Anzahl dieser Fehler reduziert werden, weil einem häufig [...] unterlaufen.* |
| **2** Forme zur Vermeidung von „man" ins Passiv um:<br>*Indem man ein Wörterbuch nutzt, kann man die Rechtschreibung verbessern.* | *Indem ein [...] genutzt wird, kann [...] verbessert werden.* |
| **3** Setze passende Konjunktionen ein:<br>*Insgesamt ist es von Vorteil,* ? *man sich seiner Schwächen bewusst ist,* ? *dann kann man sich beim Überarbeiten auf diese konzentrieren.* | *Insgesamt ist es von Vorteil, wenn man sich seiner Schwächen bewusst ist, denn dann [...] konzentrieren.* |
| **4** Setze „das" oder „dass" ein und begründe:<br>? *Überarbeiten,* ? *oft sehr aufwendig ist, kann einem den letzten Nerv rauben.* ? *sich diese Arbeit lohnt, ist aber selbstverständlich!* ? *kann jeder bestätigen!* | Das („Dieses", Artikel), das („welches", Relativpr.), „Dass" (Konjunktion), Das („Dies", Demonstrativpr.) |

# 11.3 Fit in ...? – Texte überarbeiten

## Erörterungen sprachlich überarbeiten

Im Folgenden findet ihr eine Gliederung und Auszüge aus einer Erörterung zum Thema „Warnschussarrest“: „Was spricht für diese Maßnahme, was dagegen?“ (▶ S. 90).

### Den Nominalstil in der Gliederung anwenden

VORSICHT FEHLER!

*A) Seit 2013 können jugendliche Straftäter für vier Wochen in den Arrest geschickt werden.*

*B) Was spricht für die Maßnahme des Warnschussarrests, was dagegen?*
*I. Gründe für den Warnschussarrest*
*1. Wirkt abschreckender als andere Bestrafungen*
*2. Abstand zum schädlichen Umfeld*
*3. Angedrohte Freiheitsstrafe wird tatsächlich vollzogen*
*4. Signal, dass Jugendgewalt nicht akzeptiert wird*
*II. Gründe gegen den Warnschussarrest*
*1. Jugendliche werden häufig rückfällig*
*2. Pädagogische Maßnahmen fehlen*
*3. Bewährungsstrafe oft abschreckend genug*
*4. Fragliche Angemessenheit: Freiheitsentzug ist sehr harte Maßnahme*

*C) Ich finde Resozialisierungsprojekte sinnvoller als den Warnschussarrest.*

**1** a Erklärt, weswegen diese Gliederung formal nicht korrekt ist (▶ S. 285).
b Schreibt eine korrigierte Fassung der Gliederung in euer Heft.

### Die Wiederholung von *man* vermeiden

VORSICHT FEHLER!

*Gewalttätige Jugendliche können ganze Ortsteile verunsichern, sodass man sich als Anwohner/-in nicht mehr wohlfühlt. Früher konnte man über die straffällig gewordenen Teenager entweder eine Jugendstrafe oder einen Jugendarrest verhängen. Seit 2013 kann man allerdings neben einer Bewährungsstrafe auch einen Warnschussarrest, also einen Jugendarrest von höchstens vier Wochen, anordnen (siehe Material 1). Allerdings wendet man das Gesetz nicht in allen Bundesländern gleichermaßen oft an, denn man diskutiert noch immer über dessen Sinnhaftigkeit. Im Folgenden soll daher erörtert werden, welche Gründe dafür und welche dagegen sprechen, dass man gewalttätige Jugendliche zu einem Warnschussarrest verurteilt.*

**1** Verbessert die Einleitung, indem ihr *man* durch andere Formulierungen ersetzt (▶ S. 309).
●○○ *Gewalttätige Jugendliche können ganze Ortsteile verunsichern, sodass sich die Anwohner/-innen ...*

## Sätze durch Konjunktionen und Adverbien miteinander verknüpfen

VORSICHT FEHLER!

*Es wurden die Gründe für den Warnschussarrest aufgezeigt. Nun wird auf die Aspekte dagegen eingegangen. Ein großes Problem ist: Es gibt eine hohe Rückfallquote von 70 Prozent (Material 3). Der Warnschussarrest geht den Ursachen für die Straffälligkeit der/des Jugendlichen nicht auf den Grund. Es gibt tiefsitzende Gründe, warum Jugendliche Straftaten begehen. Man muss die Gründe erforschen. Eine lange Bewährungszeit kann genutzt werden. Die/Der Jugendliche sollte begleitet und nicht sich selbst überlassen werden. Sie/Er sollte die begangene Tat reflektieren. Eine Aufarbeitung in Gesprächen wäre sinnvoll. Man kann ein Hilfenetzwerk im Umfeld aufbauen. Es sollte sich grundlegend etwas ändern. Im Warnschussarrest ist dies nicht möglich. Die Wirkung der Maßnahme ist fraglich. Es wurde Folgendes ersichtlich: Der Warnschussarrest ist kein geeignetes Zuchtmittel. Allzu viele Jugendliche begehen nach dem Arrest wieder eine Straftat.*

**1** Diese Argumentation ist sprachlich nicht gelungen, da sie weitestgehend aus Hauptsätzen besteht und ohne jeglichen Zusammenhang dasteht. Verbindet einige Hauptsätze mit passenden Konjunktionen und Adverbien zu Satzreihen oder Satzgefügen und schreibt die Argumentation in euer Heft. Achtet auf die Kommasetzung.

## Im Schlussteil Sätze mit *das* und *dass* richtig schreiben

VORSICHT FEHLER!

*Ich bin der Meinung ? der Warnschussarrest nicht ? richtige Mittel im Umgang mit jugendlichen Straftäterinnen und Straftätern ist. Es ist nämlich schockierend ? trotzdem 70 % der Inhaftierten rückfällig werden. Vielleicht brächte der Arrest den erhofften Erfolg, wenn in allen Gefängnissen genügend Personal zur Verfügung stünde ? sich intensiv um die Straftäter/-innen kümmern könnte. Aber ? scheitert an den finanziellen Mitteln. Viel sinnvoller als der Gefängnisaufenthalt wäre ein Projekt ? es ermöglicht ? die Jugendlichen wieder sozial eingegliedert werden. So gibt es in Oberbayern beispielsweise ? Programm „Tagwerk" ? es sich zum Ziel setzt ? die Heranwachsenden durch ? Arbeiten in der Natur wieder an ein normales Leben herangeführt werden. Und ? Konzept hat erwiesenermaßen Erfolg. ? lässt mich hoffen ? ? Projekt ? wesentlich sinnvoller als der Warnschussarrest erscheint flächendeckend eingeführt wird.*

**1** a Schreibt den Text in der korrekten Rechtschreibung ab und setzt anstelle des Fragezeichens *das* oder *dass* ein (▶ S. 314). Notiert jeweils in einer Klammer dahinter, ob es sich um ein Relativpronomen (R), einen Artikel (A), ein Demonstrativpronomen (D) oder eine Konjunktion (K) handelt.

b Setzt die fehlenden Kommas und unterstreicht alle Relativsätze in Blau.

**2** Verbessert den Text stilistisch: Reduziert die Häufung von *das* bzw. *dass* durch alternative Formulierungen (▶ S. 309), z. B.:

●○○ *In meinen Augen ist der Warnschuss nicht das richtige Mittel ...*

# Aufsätze überarbeiten

## Wortwiederholungen in der Inhaltszusammenfassung vermeiden

Ihr seht hier eine Inhaltszusammenfassung der Glosse „Wo ist zu Hause, Mama?“ von Nils Heinrich (► S. 234 f.).

VORSICHT FEHLER!

*Zuerst (Z. 1–13) schreibt der Autor anhand eines Rückblicks in die nahe Vergangenheit, dass Kinder ihrem Bewegungsdrang folgend und aufgrund ihrer körperlichen Veranlagung ständig aktiv gewesen sind. Daraufhin (Z. 13–16) stellt der Autor anhand eines aktuellen Beispiels fest, dass dies heutzutage nicht mehr der Fall ist, denn viele Minderjährige könnten nicht mehr Fahrrad fahren. Jn spöttischer Weise schreibt der Autor im Folgenden (Z. 17–39) über zahlreiche Situationen, die zeigen, dass Eltern in ihrer übertriebenen Fürsorge ihre Kinder heute zu sehr behüten und ihren Kindern zugleich erlauben, dass sie zu viel Zeit vor dem Bildschirm verbringen. Daher schreibt der Autor im folgenden Abschnitt (Z. 40–50), Kinder seien kaum mehr zu selbstständigem Verhalten in der Lage und körperlich immer ungeschickter. Jm weiteren Verlauf (Z. 51–58) schreibt der Autor noch einmal über die Ursache dafür, nämlich dass sich die Menschen zugunsten ihres Medienkonsums ihre eigenen körperlichen Fähigkeiten „abtrainiert“ haben. Zuletzt (Z. 59–73) schreibt der Autor überspitzt über seine Kritik an den Elektroroller-Touristen: Diese seien zu faul zum Laufen. Womöglich kämen Kinder sogar bald motorisiert auf die Welt und müssten nur noch aufgeladen werden, schreibt der Autor abschließend.*

**1** a Erklärt, weswegen diese Inhaltszusammenfassung sehr eintönig wirkt.
b Nennt die Möglichkeiten, Wortwiederholungen zu vermeiden (► S. 309).
c Überarbeitet die Zusammenfassung mit Hilfe eurer Vorschläge und schreibt sie in euer Heft.

## In der Inhaltszusammenfassung passende Präpositionen verwenden

Dies ist eine Inhaltszusammenfassung der Kurzgeschichte „Das Wiedersehen“ von Gertrud Schneller (► S. 117 f.).

*Peter, ein ehemaliger Häftling, kommt ? (seine Entlassung) ? (das Gefängnis) ? (ein Café), ? (das) er – wie erwartet – seinen Freund Jean trifft. Dieser wirkt überrascht, lädt ihn aber ? (ein Kaffee) ein und erfährt dann ? (der reumütige Peter), dass man ihm zwar ? (die Arbeitssuche) geholfen habe, er aber ? (eine Bleibe) suche. Seine ehemalige Vermieterin will ihn vermutlich ? (sein dreijähriger Aufenthalt) ? (das Gefängnis) nicht mehr aufnehmen. Da meint Jean unvermittelt, dass er aufbrechen müsse, da er gleich ? (drei Wochen) ? (der Zug) ? (der Erholungsurlaub) fahren würde. Peter zweifelt daher ? (die Hilfsbereitschaft und Loyalität) seines Freundes, aber ? (die Tür) dreht sich Jean plötzlich um, händigt Peter den Schlüssel ? seine Wohnung aus und sagt, sein Freund könne ? (er) wohnen, solange er unterwegs sei.*

**1** Schreibt die Inhaltszusammenfassung in euer Heft: Ergänzt passende Präpositionen und fügt die Wörter in Klammern in der grammatikalisch richtigen Form ein.

## Kommas im Textsortennachweis richtig setzen

Ihr seht hier einen Textsortennachweis zur Kurzgeschichte „Das Wiedersehen“ (▶ S. 117 f.).

**A** *Der Text weist viele Merkmale einer Kurzgeschichte auf. Die Geschichte stellt eine ausschnitthafte Momentaufnahme dar, denn die Handlung umfasst lediglich einen etwa halbstündigen Aufenthalt in einem Café. Außerdem beginnt die Kurzgeschichte nicht mit einer Einleitung, sondern die Handlung setzt unmittelbar ein, ohne die W-Fragen zu beantworten. Typisch für die Textsorte ist auch, dass die Hauptfiguren nicht näher charakterisiert werden. Im Mittelpunkt stehen der ehemalige Straftäter Peter, der gerade aus der Haft entlassen worden ist, und dessen Freund Jean, ein Bankangestellter. Über deren Aussehen, Vorlieben und Zukunftspläne erfährt man nur wenig. Ort und Zeit der Handlung sind ebenfalls nicht näher bestimmt: Die Geschichte spielt nachmittags in irgendeinem Café.*

VORSICHT FEHLER!

**B** *Einerseits könnte man das Aufeinandertreffen der alten Freunde als Alltagssituation deuten doch andererseits stellt die Szene auch ein prägendes Erlebnis dar. Im Handlungsverlauf zeigt sich nämlich indirekt ein innerer Konflikt der Hauptfiguren: Peter bereut seine Tat spürt aber dass ihn die Gesellschaft nun ausgrenzt weswegen er Angst davor hat auch von Jean im Stich gelassen zu werden. Jean hingegen kämpft sicherlich innerlich mit sich ob er seinem Freund der straffällig geworden ist vertrauen kann. Des Weiteren ist eine unerwartete Wende charakteristisch für die Kurzgeschichte. In dieser Erzählung findet sie sich in den Zeilen 68 bis 75 als sich Jean plötzlich umdreht und Peter seinen Wohnungsschlüssel aushändigt. Der Text endet mit einem offenen Schluss da man nicht erfährt wie Peter auf das Angebot Jeans bei ihm zu wohnen solange er unterwegs ist reagiert.*

**1** **a** Erklärt die Kommasetzung im ersten Teil (A) des Textsortennachweises (▶ S. 315).
**b** Übertragt den zweiten Teil des Textes in euer Heft und ergänzt alle fehlenden Kommas.

## In einer Stellungnahme auf einen korrekten Satzbau achten

Nachfolgend findet ihr Auszüge aus einer Stellungnahme zum Thema „Welche Erwartungen habe ich an eine Freundschaft?“ (Aufgabe zur Kurzgeschichte „Das Wiedersehen“ ▶ S. 117 f.).

VORSICHT FEHLER!

**A** *Die Kurzgeschichte zeigt am Beispiel des Protagonisten Peter, der trotz des Fehlverhaltens Hilfe von seinem alten Freund Jean bekommt, dass Freunde etwas besonders Wertvolles. Daher stellt sich mir die Frage, welche Erwartungen habe ich an eine Freundschaft.*
*Natürlich ist es wichtig, sich sympathisch zu sein und ähnliche Interessen oder Vorlieben haben. Weil man kann so schnell Gesprächsthemen finden oder gemeinsam Unternehmungen planen ...*
*Wesentlich bedeutender ist aber, dass Freunde in allen Lebenslagen füreinander da sein sollten. Dazu gehört auch, ein offenes Ohr für die Probleme, Schwächen und Ängste des anderen zu haben. Und sich gegenseitig zuzuhören. ... Daher ist es wichtig, einen guten Freund an seiner Seite zu haben, der wo die Situation nachvollziehen, einen trösten und wieder aufmuntern kann. Natürlich muss dieser die vertraulichen Gespräche für sich behalten, weil die Vertrauensbasis könnte ansonsten zerstört sein.*

VORSICHT FEHLER!

**B** *Außerdem müssen Freunde unbedingt ehrlich und aufrichtig sein, weswegen sie einen einerseits darauf hinweisen oder sogar kritisieren sollten, wenn man einmal etwas Falsches gesagt oder gemacht hat, aber sich andererseits auch bei einem glücklichen Ereignis oder Erfolgserlebnis, ohne neidisch zu sein, mit einem freuen sollten. ...*
*Alles in allem ist wichtig, dass man seine Freundschaften pflegt, indem man regelmäßig Kontakt hält, indem man den anderen anruft, sich mit ihm trifft oder ihm schreibt, denn ansonsten kann es auch sein, dass die ehemals beste Freundschaft in die Brüche geht und man eine Freundin / einen Freund verliert, da man sich auseinandergelebt bzw. aus den Augen verloren hat.*

**1** a Benennt die Satzbaufehler im ersten Teil der begründeten Stellungnahme (A) auf Seite 267.
b Schreibt den Text verbessert in euer Heft.
c Erklärt, weswegen es schwerfällt, dem Inhalt des zweiten Teils (B) zu folgen.
d Löst die verschachtelten Sätze auf und schreibt den verbesserten Text in euer Heft.

## In der Schilderung auf die Rechtschreibung achten

Ihr findet hier eine Schilderung zu folgender Aufgabenstellung: „Du unternimmst gemeinsam mit deiner Familie den Selbstversuch, eine Woche ohne Plastik zu leben. Schildere, mit welchen Schwierigkeiten ihr beim Wochenendeinkauf im Supermarkt zu kämpfen habt.“
(Aufgabe zum Kommentar von Michael Kläsgen ▸ S. 212 f.)

VORSICHT FEHLER!

**A** Zusammen mit meiner Mutter betrete ich am frühen morgen den Supermarkt. Da wir uns dazu endschlossen haben, eine Woche lang Plastik frei zu leben, wollen wir bei unserem heutigen Wocheneinkauf auf genau dies achten.
Zuerst gehen wir schnellen Schrittes in Richtung Getränkeabteilung. Geschwint greife ich zu einem Kasten mit Glasflaschen. Puh, der ist ja wesentlich schwerer als einer mit Plastikflaschen! Danach schländern wir zum Kühlregal. Beim Gedanken an meinen Lieblingsjoghurt kann ich sofort den süßen Geschmack der Erdbeeren auf der Zunge spühren. Aber das wahr ja klar! Natürlich gibt es diesen nicht im Glas! Ich hatte mich so sehr darauf gefreut! Wiederwillig und mißmutig hole ich irgend welche Joghurtglässer aus dem Fach. Gleich neben den Milchprodukten gibt es ein riesiges Angebot an eingeschweißter Wurst, doch heute kaufen wir unseren aufschnitt an der Theke. Bei dieser Schlange ist Gedult gefragt! So kann man immerhin in Ruhe die gesammte Produktpalette begutachten. Nach dem meine Mutter bestellt hat, backt die Verkäuferin die Wurst in eine Papiertüte und über reicht uns das Packet.

**1** a Sophia hat den ersten Teil der Schilderung (A) am Computer geschrieben. Sucht sechs Rechtschreibfehler, die nicht gekennzeichnet wurden. Begründet, warum diese nicht markiert wurden.
b Verbessert alle Fehler mit Hilfe der Rechtschreibstrategien und -regeln (▸ S. 310–314). Schreibt den Text richtig ins Heft.
c Vergleicht eure Texte. Begründet bei unterschiedlichen Lösungen die richtige Schreibweise mit Hilfe der Rechtschreibstrategien und -regeln.

**B** Als n/Nächstes begeben wir uns in die Obstabteilung. In Ruhe durch+forsten wir die Auslage. Fast alles ist in Plastikschalen abgepackt! Und das lose Obst ist doppelt so teuer wie das v/Verpackte! Dennoch sehe ich, dass meine Mutter einzelne Früchte in den Wagen hinein+legt. Neben den Bananen erspähe ich Kirschen. Sogleich ergreife ich die Schippe und entnehme damit einige Früchte. Hastig schaue ich mich um. Hier gibt es ja nur Plastikbeutel! Wir hätten irgend+ein Gefäß von d/Daheim mitbringen sollen! Obwohl es mir schwer+fällt, lasse ich die Kirschen da. In dem Moment lässt mich eine Durchsage zusammen+zucken: „Heute für s/Sie reduziert: Drogerieartikel." Das hätte ich fast vergessen! Mein Duschgel ist leer+geworden! Rasch überprüfe ich das Sortiment und greife dann doch zu einer Kunststoffflasche. Kopf+schüttelnd gibt mir Mama stattdessen eine Schachtel mit Seife. Wer benutzt denn so etwas? Am l/Liebsten hätte ich die Seife zurück+gelegt. Gedanken+verloren folge ich meiner Mutter, die zielstrebig auf die Kasse zu+steuert. Was hätte s/Sie wohl als Ersatz für eine Zahnpastatube vorgeschlagen? Nach dem b/Bezahlen verlassen wir f/Freude + s/Strahlend den Supermarkt. Obwohl sich das p/Plastikfreie e/Einkaufen als schwierig erwiesen hat, bin ich ein w/Wenig stolz darauf, etwas g/Gutes für die Umwelt getan+zu+haben! Nachhaltigkeit wird bei uns jetzt groß+geschrieben!

**2** a Sophia ist sich im zweiten Teil der Schilderung (B) bei einigen Wörtern hinsichtlich der Groß- und Kleinschreibung sowie Getrennt- und Zusammenschreibung unsicher. Erklärt, warum das Rechtschreibprogramm des Computers hier nicht nützlich ist.

●●● b Schreibt den Text in euer Heft und entscheidet, ob die markierten Wörter groß-, klein-, zusammen- oder getrennt geschrieben werden (► S. 311 f., ► S. 314).

c Vergleicht eure Schreibweisen und begründet sie.

## In der Sprachanalyse richtig zitieren

Ihr seht hier eine Sprachanalyse zum Romanauszug aus „Die Mitte der Welt“ von Andreas Steinhöfel (▶ S. 139 f.).

**A** *Man kann sich die Szene sehr gut vorstellen, weil im Text einige lautmalerische Verben bzw. nominalisierte Verben verwendet wurden, wie z. B. „flatterten“ (Z. 23), „flackerte“ (Z. 66) oder „ein Sirren“ (Z. 13). Sie lassen einen beim Lesen erschaudern und heben damit die unheimliche, beklemmende Stimmung hervor. Des Weiteren fügen sich Vergleiche an, die diese irreal wirkende Situation bzw. die mystische Atmosphäre unterstreichen: „wie ein Schwarm ausgelassener Sperlinge“ (Z. 23 f.), „wie Telegrafenmasten“ (Z. 41 f.) und „wie ein Trugbild flackerte“ (Z. 66). Man sieht Dianne förmlich inmitten unzähliger Fledermäuse auf dem Dachfirst des Hauses sitzen, welches von riesigen Bäumen umgeben ist. Auch der Gemütszustand der Mutter wird mit ähnlich anschaulichen Vergleichen („wie die Ruhe selbst“, Z. 80, „wie Wellen in einem Gewässer“, Z. 87 f.) beschrieben. So kann man sich bildlich vorstellen, wie wütend Glass in Wirklichkeit ist, obwohl sie versucht, nach außen hin ruhig zu bleiben. Das wird auch durch die Metaphern „Worte in die Luft spuckte“ (Z. 75), „Schleier aus Rauch“ (Z. 79) und „Ihr Zorn […] ging in konzentrischen Kreisen von ihr aus“ (Z. 85–87) deutlich.*

VORSICHT
FEHLER!

**B** *Auch die niedergeschlagene, deprimierte Stimmung des Ich-Erzählers wird anhand von Metaphern beschrieben: „auf meinen Schultern lastete ein tonnenschweres Gewicht, ganz Visible, gekrönt von Dianne“, Z. 91–93, „ein Kampf ausgetragen wurde: Glass und Dianne waren die ungleichen Kriegerinnen, unsere kleine Familie und Visible das Schlachtfeld“ (Z. 100–103). Sowohl diese bildhaften Ausdrücke als auch der Vergleich („wie versiegelt“, Z. 90) ermöglichen, sich in den Ich-Erzähler hineinzuversetzen und seine Gefühle nachzuempfinden, denn man hat Mitleid mit dem Jungen, der sich aufgrund des Streits zwischen seiner Mutter und seiner Schwester hilflos und überfordert fühlt. Auffällig ist, dass oftmals Parenthesen oder Nachschübe eingesetzt werden, um das zuvor Beschriebene noch genauer und eindringlicher darzustellen, z. B.: „einer sich auflösenden und wieder verdichtenden Wolke gleich“, „stabil und so dick wie Telegrafenmasten“ (Z. 41 f.) oder „im Gegenteil: Ihr Zorn … Stein geworfen hat“ (Z. 85–89). Da der Satz durch diese Einschübe bzw. Zusätze unterbrochen wird, wird das darin Beschriebene besonders betont. Außerdem enthält der Textauszug wenig wörtliche Rede. Diese beschränkt sich lediglich auf einzelne Wörter „Nichts“, Z. 45, bzw. knappe Aussagesätze („Du kommst sofort […] Dach ist baufällig“, Z. 46 f.) oder Fragesätze („Wie bist du da raufgekommen?“), die sich Mutter und Tochter zurufen. Dadurch werden das gestörte Verhältnis der beiden und die angespannte Atmosphäre deutlich. Überdies kann man sich als Leser/-in mit dem Gesprochenen identifizieren, da häufig umgangssprachliche Formulierungen („raufgekommen“ Z. 37 „runter“ Z. 46) verwendet wurden. Folglich ermöglicht die Dichte an bildhaften, anschaulichen Ausdrücken, dass man sich sehr gut in diese Szene hineinversetzen kann.*

**1** **a** Erklärt anhand des ersten Absatzes (A), welche Möglichkeiten es gibt, Zitate in den Text einzubinden (▶ S. 290).

**b** Korrigiert die Zitierfehler im zweiten Absatz (B) und schreibt den überarbeiteten Text in euer Heft.

# 12 Alles klar? –
## Die Abschlussprüfung vorbereiten

**1** **a** Betrachtet das Foto und beschreibt, wie sich die Schüler/-innen bei der Abschlussprüfung vermutlich fühlen.
**b** Sprecht darüber, aus welchen Gründen die Stimmung der Zehntklässler/-innen einer Schule unterschiedlich sein kann.

**2** Sammelt Aspekte, die euch das Lernen für Prüfungen erleichtern.

### In diesem Kapitel ...

- macht ihr eine langfristige Planung für eure Vorbereitung auf die Abschlussprüfung,
- strukturiert ihr Lerneinheiten sinnvoll,
- überprüft ihr, welcher Lerntyp ihr überwiegend seid,
- lernt ihr effektive Lernmethoden zur Vorbereitung kennen,
- hinterfragt ihr, welche Strategien euch helfen, die Abschlussprüfung zu bewältigen.

# 12.1 Mach dir einen Plan! – Langfristige Vorbereitung auf die Abschlussprüfung

## Gut geplant ist halb gelernt

Eure Abschlussprüfungen finden im Juni statt. Beginnt rechtzeitig mit der Vorbereitung: Nehmt euch einen Jahresplan, prüft, wann Ferien sind, und plant Lern- und Wiederholungseinheiten für jedes Fach in den Ferien ein.

**Wiederholen und lernen – besser mit Plan**

- Unterteilt den Stoff der Prüfungsfächer in Lernportionen für die einzelnen Werktage – Samstag und Sonntag bleiben frei.
- Für die Werktage setzt ihr vier **Lerneinheiten** à 60 Minuten an (je Prüfungsfach eine Lerneinheit).
- Nach einer Lerneinheit macht ihr eine **Pause** von 15 Minuten, in der ihr den Arbeitsplatz verlasst.
- Nach der dritten Lerneinheit ist eine **längere Pause** von 50–60 Minuten nötig.
- Wechselt **mündliche** und **schriftliche Lerneinheiten** ab: Wiederholt zunächst ein Stoffgebiet (z. B. die Regeln der Groß- und Kleinschreibung) circa 15 Minuten lang mündlich und bearbeitet danach schriftliche Aufgaben dazu.

**1** a Beschreibt mit Hilfe der Tipps, wie man einen „Lerntag“ sinnvoll aufbaut.
b Erstellt euren individuellen Wochenlernplan für die nächsten Ferien, z. B. die Allerheiligen- oder Osterferien.

**2** Erklärt, warum es sinnvoll ist, sich schon früh im Schuljahr mit Hilfe eines Lernplans vorzubereiten.

**3** Sammelt Voraussetzungen, die ein guter Arbeitsplatz erfüllen muss. Nutzt auch die folgenden Stichworte.

Licht • Belüftung • Ordnung • ergonomisches Sitzen • Ablenkung • (ausreichend) Platz • Essen und Trinken

Schulaufgaben-Vorbereitung ist **Prüfungsvorbereitung**! Alles, was ihr für Schulaufgaben und andere Leistungsnachweise lernt, lernt ihr gleichzeitig auch schon für die Abschlussprüfung. Stoff, den man sich schon einmal eingeprägt hat, kann man später leichter wiederholen. Plant also auch die Schulaufgaben-Vorbereitung rechtzeitig.

# Den eigenen Lerntyp berücksichtigen

**Visueller Lerntyp**
Liest du lieber selbst, als beim Lesen zuzuhören?
Stellst du Lernstoff gern in Form von Zeichnungen dar?
Stellst du dir Zusammenhänge bildlich vor?
Strukturierst du Texte gern durch Unterstreichungen oder farbige Markierungen?

**Auditiver Lerntyp**
Liest du gern laut?
Schreibst du bevorzugt nach Klang?
Erinnerst du dich gut an Besprochenes oder Gehörtes?
Sprichst du beim Lernen halblaut mit?
Erinnerst du dich oft an Dinge, die du nur gehört hast?

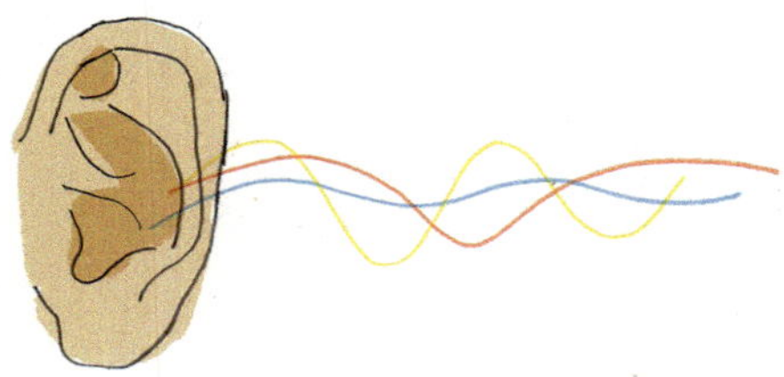

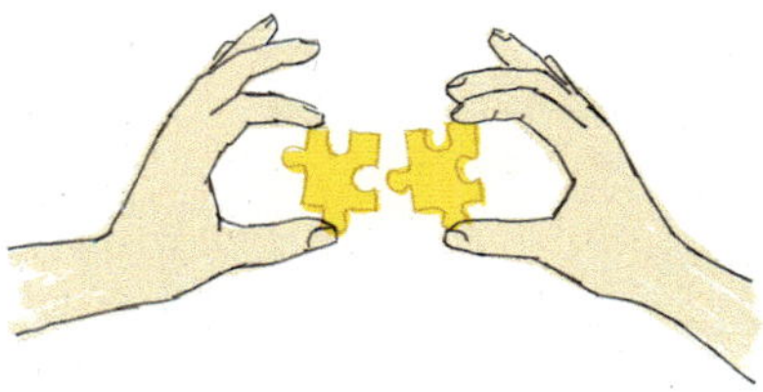

**Haptischer oder motorischer Lerntyp**
Prägst du dir Lernstoff ein, indem du ihn „begreifst" oder untersuchst?
Lernst du am effektivsten durch Bewegung, z. B. durch Aufschreiben?
Kannst du z. B. Vokabeln besser behalten, wenn du dabei im Zimmer herumgehst?

**Kommunikativer Lerntyp**
Arbeitest du erfolgreich in Gruppen?
Prägst du dir Lernstoff gut ein, wenn du ihn mit anderen durchsprichst?
Kannst du dir Abläufe und Zusammenhänge gut merken, wenn du sie mit anderen besprochen hast?
Bringt dir Gruppenarbeit in der Schule mehr als die Präsentation durch die Lehrkraft?

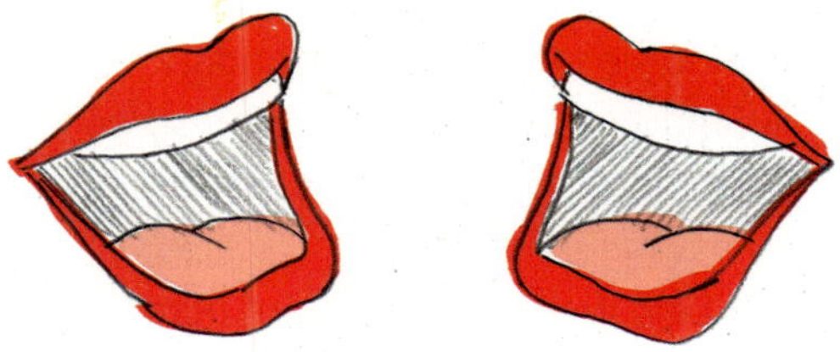

**1** Macht den Lerntypentest, indem ihr für euch die Fragen beantwortet, und findet so heraus, welcher Lerntyp bei euch vorherrscht. Beachtet, dass die wenigsten Menschen nur einem Lerntyp zuzuordnen sind.
**Tipp:** Lerntypentests findet ihr auch im Internet.

Oft ist es durch den zu erlernenden Stoff vorgegeben, auf welchem Weg man ihn sich aneignen muss.

**2** Ordnet die Lernprodukte und Methoden dem Lerntyp zu, für den sie sich am ehesten eignen:

Hörbücher • Podcasts • Schulfunksendungen • Tutorials • Skizzen • Mind-Maps • Flussdiagramme • Rechtschreibkartei • Lapbooks • Figurenkonstellation • Lernspiele • Lerntutoren • Austausch in Foren und Chats • Rollenspiele • Diskussionen

# 12.2 Gewusst, wie! – Lernmethoden gezielt nutzen

## Eigenständig mit der geeigneten Methode lernen

**1** a Welche Lernmethoden nutzt ihr? Stellt mindestens zwei vor.
b Erklärt, warum nicht jede Lernmethode für jedes Fach geeignet ist.

### Lernplakate

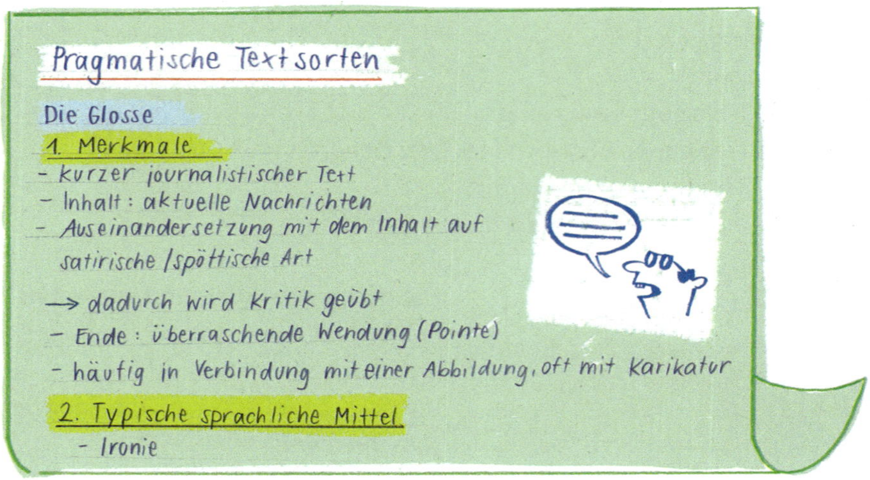


**2** a Erstellt ein Plakat zu den wesentlichen Merkmalen literarischer Textsorten. Berücksichtigt dabei die geltenden Regeln zur Gestaltung (▸ Merkkasten).
b Beurteilt die Plakate eurer Mitschüler/-innen:
– Sind sie inhaltlich vollständig?
– Sind sie übersichtlich und ansprechend gestaltet?
– Ist das Dargestellte gut verständlich? Eignet sich das jeweilige Plakat als Lernhilfe?

**3** Erstellt ein weiteres Plakat, auf dem die journalistischen Textsorten vorgestellt werden. Berücksichtigt dabei die Rückmeldungen aus der Klasse zu euren Plakaten (▸ Aufgabe 2).

**Wissen und Können** **Wichtiges auf Lernplakaten veranschaulichen**

- Auf Plakaten könnt ihr das Wesentliche eines Lerngegenstandes übersichtlich und anschaulich darstellen, sodass sich Zusammenhänge visuell erschließen.
- Groß, gut leserlich und stichpunktartig notiert ihr die wichtigsten Aspekte.
- Mit Hilfe von Unterstreichungen, Farben, Aufzählungszeichen etc. strukturiert ihr das Plakat. Außerdem könnt ihr Zeichnungen und Abbildungen zur Veranschaulichung einsetzen.
- Wichtig ist, dass ihr nicht zu viel auf das Poster schreibt, damit es übersichtlich bleibt.
- Den größten Lerneffekt erzielt ihr, wenn ihr das Lernplakat selbst erstellt, anstatt es nur zu fotografieren.
- Sind auf den Plakaten Grundwissensthemen dargestellt, könnt ihr sie im eigenen Zimmer aufhängen und so den Inhalt immer wiederholen.

## Spickzettel

Wer einen guten Spickzettel erstellt hat, braucht diesen in der Prüfung nicht mehr! Um nämlich das Wichtigste auf kleinstem Raum festzuhalten, muss man sich so intensiv damit auseinandersetzen, dass der Inhalt automatisch im Gedächtnis haften bleibt.

**1** Beschreibt, woran man erkennt, dass dies ein gelungener Spickzettel ist.

**2** Sammelt typische Abkürzungen und Symbole, die man anstelle von längeren Formulierungen gut auf einem Spickzettel verwenden kann.

**3** Erstellt einen Spickzettel zu einem Autor oder einer Autorin bzw. einer literarischen Epoche, die ihr bereits kennengelernt habt.

## Pinnwand-Methode

Diese Methode eignet sich, um sich Lernstoff „nebenbei" einzuprägen.

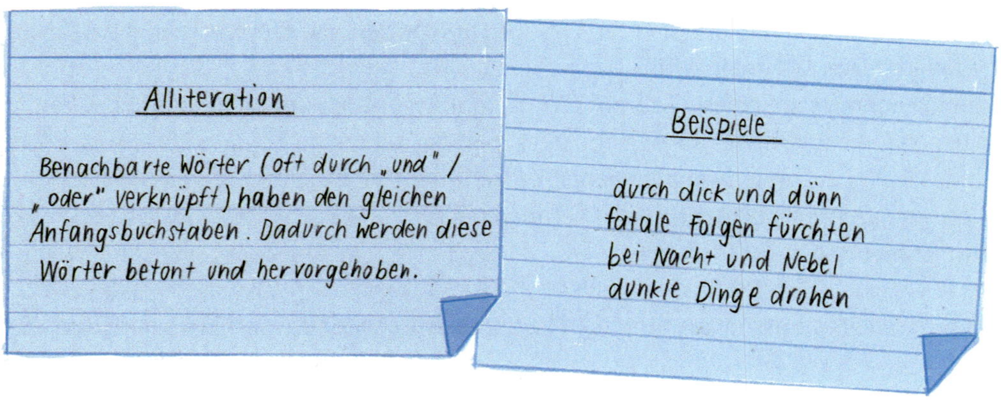


**1** Erstellt mit Hilfe der Pinnwand-Methode Lernkärtchen zu den Stilmitteln.
Geht dabei so vor:
- Schreibt den Lernstoff auf Kärtchen: Bezeichnung und Erklärung auf die Vorderseite, Beispiele auf die Rückseite.
- Heftet die Zettel an eine Pinnwand in der Nähe eures Arbeitsplatzes.
- Lest euch die Vorderseite durch und ergänzt in Gedanken, was auf der Rückseite steht.
- Wendet jede Karte und kontrolliert, lasst dann die Rückseite hängen.
- Bei der nächsten Wiederholungseinheit ein paar Tage später prüft ihr, ob ihr zu den Beispielen die passenden Bezeichnungen und Erklärungen wisst.

**2** Nennt weitere Themen, die man gut mit der Pinnwand-Methode lernen kann.

# Mit anderen im Team lernen

Einige von euch werden sich sicher mit Mitschülerinnen und Mitschülern treffen, um Stoff zu wiederholen und durchzusprechen. Solche Lerngruppen sind aber nur effektiv, wenn man sich vorbereitet und vorher festlegt, wie man vorgehen möchte. Erarbeitet, was man dabei beachten sollte.

> Das war ja nicht wirklich effektiv heute. Erst mussten wir ewig auf Lenka warten, weil die wieder einmal viel zu spät kam. Dann stellte sich heraus, dass Basti den Übungstext zu Hause liegen gelassen hatte. Also mussten wir den erst für ihn kopieren – denn wir wollten ja üben, wie man Texte für die Inhaltszusammenfassung markiert und kommentiert. Rio kann das nämlich richtig gut und wollte uns zeigen, wie er dabei vorgeht ...

**1** a Sammelt mit Hilfe der Aussage der Schülerin und eigener Erfahrungen Vorteile und mögliche Schwierigkeiten bei der Arbeit in Lerngruppen. Nutzt dazu die Doppelkopf-Methode.
Geht dabei so vor:
- Nehmt ein DIN-A4-Blatt quer und schreibt in die Mitte das Thema.
- Teilt das Blatt durch einen Strich in zwei Hälften und notiert als Überschriften die Aspekte, zu denen ihr Ideen sammeln wollt.
- Setzt euch eurer Lernpartnerin / eurem Lernpartner gegenüber und schreibt auf der vor euch liegenden Papierhälfte eure Gedanken zur Fragestellung auf.
- Dreht das Blatt nach einem vorgegebenen Zeitraum und ergänzt bzw. kommentiert die Notizen eurer Lernpartnerin / eures Lernpartners.

b Stellt eure Ergebnisse in der Klasse vor.

**2** Formuliert aus den Ergebnissen aus Aufgabe 1 Regeln und Tipps für das Lernen in der Gruppe.

**Wissen und Können** | **Lernen in der Gruppe**

Das Lernen in der Gruppe kann sehr effektiv sein. Gerade dem kommunikativen Lerntyp (► S. 273) liegt diese Form des Lernens sehr. Um zu guten Ergebnissen zu kommen, braucht es jedoch große Disziplin:
- Vereinbart einen **festen Termin,** an den sich alle Mitglieder der Lerngruppe halten müssen. Macht auch aus, wann das Treffen beendet wird.
- Legt fest, was das **Ziel** des Treffens sein soll (z. B.: *sprachliche Mittel besprechen*).
- Alle Gruppenmitglieder müssen zu Hause ihre **Unterlagen** durchschauen und zum Treffen mitbringen.
- Gemeinsam wird ein **Produkt** (z. B. ein Lernplakat, eine kleine Broschüre) erstellt.
- **Prüft** euch gegenseitig, ob ihr das Besprochene verstanden und behalten habt.

# Spielerisch lernen

Wenn ihr Lernstoff in Gruppen wiederholt, könnt ihr auch Methoden mit Wettkampfcharakter ausprobieren, z. B. „Predict a word" (► S. 321), „Heißer Stuhl" (► S. 320), das Spiel „Vier gewinnt" oder die „Pressekonferenz".

## Vier gewinnt

1 Wiederholt mit Hilfe des „Vier gewinnt"-Spiels Fachbegriffe, die ihr für die Beschreibung literarischer und pragmatischer Texte benötigt.

**a** Bereitet bei einem Treffen ein 7x6-Raster vor, in das ihr 42 Fachbegriffe aus dem Grundwissen (► S. 289–298, ► S. 317) eintragt (z. B.: personaler Erzähler, Anapher ...).

**b** Wiederholt das Grundwissen zu diesen Begriffen bis zum nächsten Treffen.

**c** Tretet bei eurem nächsten Lerngruppen-Treffen in zwei Gruppen gegeneinander an. Ein Mitglied der Gruppe 1 wählt einen Begriff aus dem Raster und erklärt diesen. Trifft die Erklärung zu, wird das Feld in der Farbe dieser Gruppe markiert.

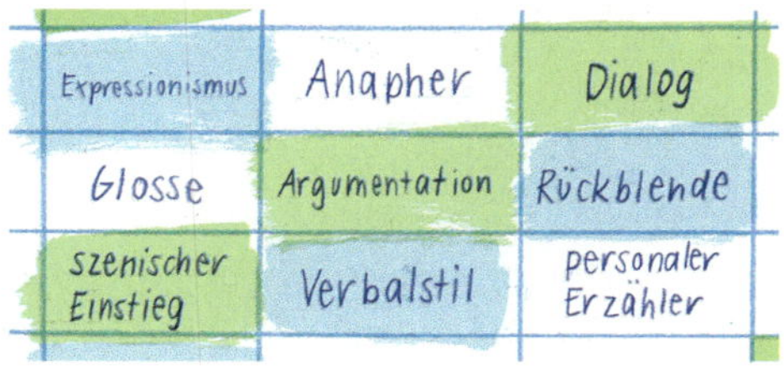


**d** Die Gruppe, die zuerst vier zusammenhängende Felder (vertikal, horizontal oder diagonal) farbig markieren konnte, hat gewonnen.

## Pressekonferenz

1 Mit der Methode „Pressekonferenz" könnt ihr z. B. wichtige Strategien und Regeln für das materialgestützte Argumentieren wiederholen.

**a** Tragt mit Hilfe des Grundwissens (► S. 285 f.) in der Lerngruppe zusammen, was für das materialgestützte Argumentieren wichtig ist.
Ihr könnt auch den Wortspeicher nutzen:

> Analyse des Themas • Strategien zur Materialauswertung • Aufbau der Gliederung • Formulierung der Gliederungspunkte • Einleitungsmöglichkeiten • Aufbau einer Argumentation • Einbindung von Informationen aus den Materialien in die Argumentation • Überleitungen • Schlussmöglichkeiten

**b** Bereitet euch auf eine „Pressekonferenz" beim nächsten Gruppentreffen vor, indem ihr euch das betreffende Grundwissen gut einprägt.

**c** Bestimmt bei eurem nächsten Treffen ein bis zwei Reporter/-innen sowie Expertinnen und Experten. Die Reporter/-innen stellen Fragen zum Themengebiet, die Expertinnen und Experten beantworten diese so genau wie möglich, um zu verhindern, dass die Reporter/ -innen „nachbohren".

# 12.3 Der Countdown läuft – Letzte Tipps für euren wichtigen Termin

## Arbeitsanweisungen richtig umsetzen

In der Abschlussprüfung könnt ihr entweder zu einer Frage auf der Basis von Materialien argumentieren oder einen literarischen bzw. pragmatischen Text beschreiben. Neben der Inhaltszusammenfassung, der textbezogenen Sprachanalyse und der argumentativen Stellungnahme müsst ihr eine weitere Besonderheit des Textes beschreiben und einen kreativen Schreibauftrag ausführen. Euch sollte klar sein, was die verschiedenen Anweisungen bedeuten.

**A** Erzählen Sie das Geschehen von Zeile 3 bis 9 aus der Perspektive von ...

**B** Weisen Sie nach, dass die Handlung im Mittelalter / in der Zukunft / in der Nachkriegszeit / ... spielt.

**C** Verfassen Sie eine unterhaltsame Geschichte.

**D** Stellen Sie die Beziehungen zwischen den beiden Hauptfiguren dar.

**E** Erläutern Sie die Intention der Verfasserin / des Verfassers.

**F** Formulieren Sie einen humorvollen Ausblick in die Zukunft.

**1** Ein Geschehen soll mit den typischen Mitteln der Erzählung lebendig und anschaulich dargestellt werden.

**2** Man beschreibt das Verhalten der Figuren im Umgang miteinander und ordnet ihre Beziehung und ihr Verhältnis zueinander ein. Dazu untersucht man, wann die Figuren aufeinandertreffen, was sie voneinander wollen und ob sich ihr Verhältnis im Laufe der Handlung ändert.

**3** Mit Hilfe geeigneter Textstellen und Zitate ist zu belegen, welche Absichten die Autorin / der Autor mit dem Text verfolgt, was sie/er bei den Leserinnen und Lesern erreichen möchte. Hierfür ist es hilfreich, wenn man sich textsortentypische Intentionen einprägt.

**4** Die zeitliche Einordnung ist mit Besonderheiten der Wortwahl, zeittypischen Alltagserscheinungen, Lebensumständen etc. zu erklären und mit Textzitaten zu belegen.

**5** Man stellt mit Hilfe von Übertreibungen, Ironie und witzigen Formulierungen auf amüsante Art und Weise dar, wie sich ein im Text angesprochener Aspekt entwickeln wird.

**6** Man stellt das Ereignis dar, wie die angegebene Figur es erlebt. Deren Sichtweise, Gefühle und Motive sind mit den Mitteln der Erzählung zum Ausdruck zu bringen.

**1** Eine weitere Besonderheit des Textes oder ein kreativer Schreibauftrag? Lest die Anweisungen **A** bis **F** und entscheidet, um welchen Aufgabentyp es sich jeweils handelt.

**2** Ordnet den Aufgabenstellungen **A** bis **F** die passende Erläuterung **1** bis **6** zu.

# Jetzt wird's ernst – Der Prüfungstag

Behaltet am Prüfungstag die Ruhe und vergegenwärtigt euch, dass die Abschlussprüfung im Prinzip genauso abläuft wie jede Schulaufgabe vorher. Deshalb solltet ihr euch überlegen, wie ihr euch die Zeit einteilt. Gerade in der Deutschprüfung ist das von Bedeutung, weil sie die längste Prüfung ist.

### Der Beginn der Prüfung

- Ihr erhaltet ein Prüfungsgeheft mit den drei Themen: *Materialgestütztes Argumentieren, Erschließen eines pragmatischen Textes und Erschließen eines literarischen Textes.*
- Die meisten Schüler/-innen wissen schon vorher, ob sie das materialgestützte Argumentieren oder die Texterschließung auswählen. Dennoch solltet ihr euch nicht vollständig auf eine Aufsatzart festlegen, denn es kann durchaus sein, dass euch das Thema für das materialgestützte Argumentieren oder der literarische bzw. der pragmatische Text nicht ansprechen. Dann solltet ihr in der Lage sein, von der einen auf die andere Aufsatzart auszuweichen.
- Nehmt euch also genügend Zeit, euch für den richtigen Text bzw. das Erörterungsthema zu entscheiden.
- Lest die Texte bzw. das Erörterungsthema und das beigefügte Material.
- Macht euch auf einem Blatt Notizen, die euch die Entscheidung erleichtern. Bei der Erörterung können das erste Ideen sein, für die Textbeschreibung kann man festhalten, welche Aufgabenstellung einem besser zusagt.
  Für diese Auswahl kann man schon eine halbe Stunde anberaumen, denn dabei handelt es sich um eine wichtige Entscheidung.

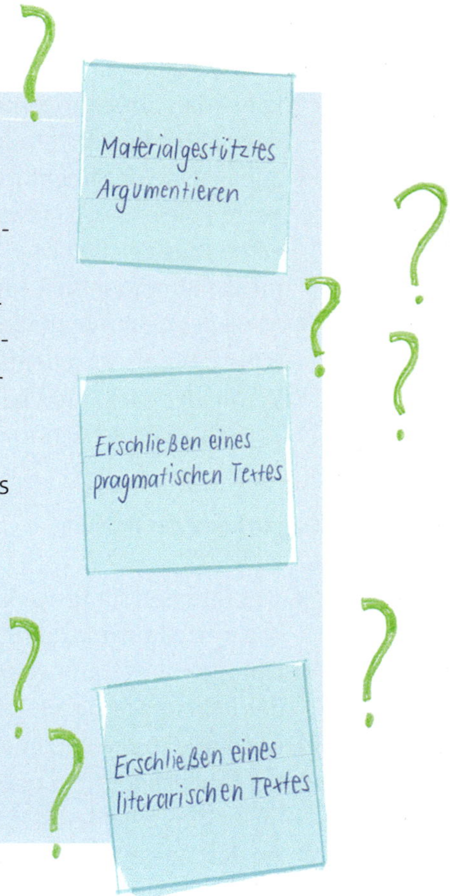


### Vorarbeiten erledigen

- Wie in der Schulaufgabe muss auch in der AP zunächst auf einem Konzeptpapier (Schreibplan) festgehalten werden, was im Aufsatz stehen soll. Nutzt dazu euch bekannte Strukturierungsmaßnahmen wie Tabelle, Cluster, Mind-Map etc. Verwendet unterschiedliche Farben und Formen. Hier kommt es nicht auf Schönschrift an, sondern auf gezieltes Herausarbeiten von Informationen. Auch dieser Arbeitsschritt braucht seine Zeit. Überlegt euch eine sinnvolle Reihenfolge für eure Argumentationen bzw. kontrolliert noch einmal die Aufgabenstellung zur Textanalyse.
- Bevor ihr mit dem Schreiben loslegt, gönnt euch noch eine kurze Pause, in der ihr einen Schluck trinkt oder auch einen kleinen Snack zu euch nehmt. Kurz die Augen zu schließen, nimmt oft die Nervosität.

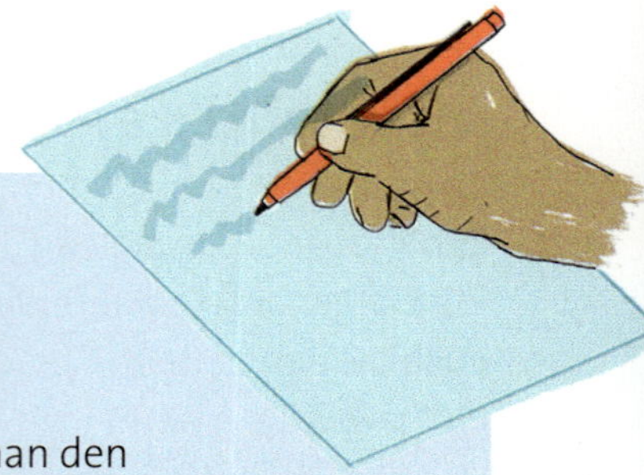

## Der eigentliche Aufsatz

- Jetzt geht es zur Sache. Überlegt, bevor ihr anfangt zu schreiben, wie und was ihr als Erstes formulieren wollt. Manchmal muss man auch einen Satz erst einmal entwickeln und ihn auf einem Notizblatt aufschreiben, um die Satzstruktur zu erhalten, die man will. Damit die Informationen zu einem Textganzen zusammenwachsen, muss man den vorhergehenden Satz oder sogar den ganzen Absatz noch einmal durchlesen. Nur so kann man Wiederholungen vermeiden und geeignete Satzverknüpfungen wählen. Auch einzelne Wörter kann man notieren, wenn man nicht weiß, wie man sie schreibt. Das visuelle Gedächtnis hilft dabei! Und im Wörterbuch kann man auch nachschlagen, wenn man sich nicht sicher ist.
- Sobald eine Argumentation oder eine Aufgabe zum Text fertiggestellt ist, liest man sie sich am besten gleich noch einmal durch und korrigiert Fehler oder ergänzt Informationen. Macht dazu eindeutige Zeichen bzw. Nummerierungen und fügt Ergänzungen am Ende an, damit der Text nicht zu unordentlich aussieht.
- Mit jeder neuen Aufgabe bzw. jeder neuen Argumentation beginnt auch ein neuer Absatz. So wirkt der Aufsatz ordentlich und übersichtlich.
- Wenn ihr einen Punkt bearbeitet habt, gönnt euch eine kurze Verschnaufpause. Jetzt ist auch Zeit, das Wörterbuch zu nutzen, bevor es zum nächsten Aspekt geht.

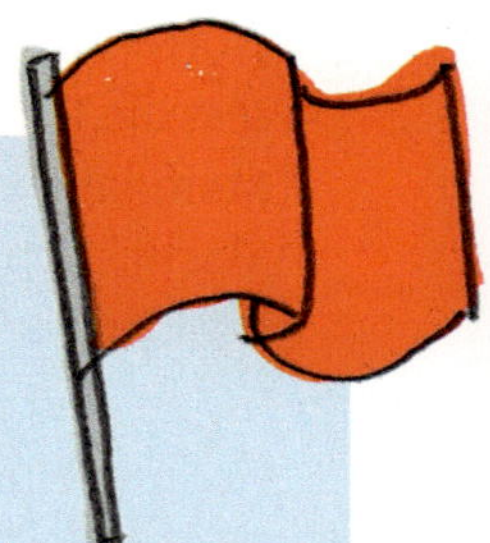

## Gegen Ende der Prüfung

- Vier Stunden sind zwar lang, aber es bleibt keine Zeit zum Vertrödeln. Arbeitet zügig und konzentriert. Behaltet die Uhr im Blick!
- Optimal ist es, wenn man circa 20 Minuten vor dem Ende der Prüfung mit dem Aufsatz fertig ist. Dann hat man noch die Gelegenheit, alles durchzulesen und Korrekturen vorzunehmen.
- Kontrolliert noch einmal, ob ihr alle Ideen in eurer Erörterung verwendet habt bzw. ob ihr die gestellten Aufgaben zum Text beantwortet habt. Macht einen Haken dahinter!
- Sortiert alle Blätter und überprüft, ob euer Name und die Klasse auf den Einzelblättern stehen.
- Und wenn ihr immer noch Zeit haben solltet, dann greift zum Wörterbuch und schlagt Wörter nach, bei deren Schreibweise ihr unsicher wart.

**1** a Lest euch die Tipps für die Prüfung gut durch.
b Erstellt einen waage- oder senkrechten Zeitstrahl, der optisch signalisiert, wie ihr euch die Zeit einteilt. Beginnt mit 8:00 Uhr oder 8:30 Uhr, je nachdem, wann die Prüfung beginnt.

**2** Überlegt euch mögliche Stolpersteine in der Prüfung und wie ihr darauf reagieren bzw. wie ihr diesen Problemen vorbeugen könnt.

●○○ *Kreislaufprobleme, Übelkeit → etwas essen und/oder trinken, evtl. Traubenzucker bereitlegen*

# Grundlegendes Wissen und Können

## Sprechen, zuhören und schreiben

### Kommunizieren und zuhören

#### Small Talk führen

▶ S. 16–18

Small Talk bezeichnet **Alltagssprache** bzw. Plaudereien zu **unverfänglichen Themen,** um ein Gespräch zu beginnen oder fortzuführen (z. B. das Wetter, den Ort ...). Tabu sind Themen wie Politik, Krankheiten oder persönliche Probleme. Für den Small Talk eignen sich **offene Fragen** (▶ S. 283); **geschlossene Fragen** (▶ S. 283) sollte man vermeiden.

#### Mimik, Gestik und aktives Zuhören

▶ S. 19–27

Der Mensch kommuniziert mit **verbalen, paraverbalen** (die Art, wie gesprochen wird, z. B. Tonfall) **und nonverbalen Mitteln** (Körpersprache). Der Einsatz von **Mimik** (Gesichtsausdruck) und **Gestik** (Körpersprache und Gebärden) ist für die Kommunikation wichtig. Dabei sollte man beachten, dass Gesten je nach Kulturkreis unterschiedliche Bedeutungen haben können.
Auch **aktives Zuhören** drückt sich in der Gestik und Mimik aus. Folgende Verhaltensweisen zeigen der Gesprächspartnerin / dem Gesprächspartner, dass man „bei der Sache" ist:

- Man konzentriert sich auf die Gesprächspartnerin / den Gesprächspartner und stellt Rückfragen, wenn etwas im Unklaren bleibt.
- Das Interesse sollte man auch durch nonverbale Signale zeigen, z. B. durch Blickkontakt.
- Das Gesagte des Gegenübers sollte man „spiegeln" bzw. daran anknüpfen, indem man sinngemäß die Beiträge teilweise wiederholt.
- Man lässt die andere / den anderen ausreden und merkt sich besonders die Dinge, auf die man selbst eingehen möchte.

**Kommunikationsstörungen vermeiden:** Das gelingt, wenn man versucht, den Empfänger zu verstehen und die eigene **Botschaft genauer zu beschreiben oder zu erklären.**
**Höfliche Ausdrucksformen für eine angemessene Kommunikation: Modalverben** (▶ S. 305), der sinnvolle und nicht übertriebene Einsatz des **Konjunktivs II** (▶ S. 304) sowie **Partikeln** (▶ S. 305) oder das Wort **„bitte"** machen jede Aufforderung höflicher.

#### Sandwich-Feedback

▶ S. 22; 48

Beim Sandwich-Feedback wird eine **Kritik** (in der Regel negative Rückmeldung) von einem **Lob** und einem **Tipp** (Verbesserungsvorschlag) eingerahmt. Dabei ist zu beachten, Kritik zu **konkretisieren** und nicht mit allgemeinen Floskeln auszudrücken.

### Hörtexten Informationen entnehmen ▶ S. 44–45; 64–65; 96–97; 132–133; 148; 154–155; 176; 218

- Klärt eure **Erwartungen** an den Text, z. B. anhand des Titels.
- Hört euch den Text einmal ganz an und macht euch beim Hören **Notizen zu den wichtigsten Aussagen des Textes.** Beim ersten Zuhören geht es um den Gesamtzusammenhang und noch nicht um Details. Deshalb solltet ihr auch nicht versuchen, alles mitzuschreiben.
- Hört den Text ein zweites Mal an und korrigiert bzw. ergänzt dem jeweiligen Arbeitsauftrag entsprechend eure Notizen.

## Diskutieren

### Argumentieren ▶ S. 42–48

Beim **Argumentieren** werden **Meinungen, Forderungen** oder **Behauptungen** überzeugend **begründet.**

- **Behauptung:** *Schülerjobs können negative Auswirkungen auf die schulischen Leistungen haben.*
- **Begründung** erfolgt in mehreren Schritten:
  - Ausgangsfrage: Warum können Schülerjobs negative Auswirkungen auf die Schulleistungen haben? → *Schülerjobs werden oft nachmittags ausgeübt, sodass man seine Aufgaben abends erledigen muss.*
  - Weiterführende Frage: Inwiefern kann dies Auswirkungen auf die schulischen Leistungen haben? → *Man ist dann abends nicht mehr so konzentriert und kann sich nicht mehr so gut vorbereiten.*
- **Beispiel:** *Beim Abfragen am nächsten Tag besteht die Gefahr von schlechten Noten.*

**Argumente entkräften:** Beim **Argumentieren** überzeugt ihr noch mehr, wenn ihr **auf ein Argument eingeht, das eurem Standpunkt widerspricht,** und dieses entkräftet:

- **Wiederholt** das Argument. **Schwächt** es ab, indem ihr erklärt, warum es euch nicht überzeugt.
- **Stärkt** das eigene Argument durch Beispiele, Erfahrungen, Fakten, Vorschläge.

### Diskussionsformen ▶ S. 43; 46–48

- **Positionsspiel:** Bis zu drei Personen nehmen jeweils die **Pro- und Kontraposition zu einem Thema** ein und stellen sich in die **gegenüberliegenden Ecken des Raums.** Die restlichen Schüler/-innen, die zu Beginn in der Mitte stehen, wechseln ihre Position nach jeder vorgetragenen Argumentation der Rednerin / des Redners: Befürworten sie ihre/seine Argumentation, machen sie **einen Schritt auf sie/ihn zu,** überzeugt diese sie nicht, gehen sie **einen Schritt zurück.** Die Aufstellung des Plenums stellt damit ein Feedback dar, wie überzeugend die jeweiligen Argumentationen der Pro- und Kontraredner/-innen gewesen sind.
- **Debatte:** In der Debatte entscheiden sich Diskussionsteilnehmer/-innen **für eine Position** und nehmen eine vorgegebene Sitzordnung ein. Eine **Moderatorin** / Ein **Moderator** leitet die Debatte (Begrüßung, Einleitung, Zusammenfassen des Diskussionsergebnisses).
  Eine Debatte besteht aus drei Teilen:
  - In der **Eröffnungsrunde** (je zwei Minuten Redezeit) wird die Streitfrage aus der Sicht der einzelnen Teilnehmer/-innen beantwortet und mögliche Argumente werden kurz erwähnt.
  - In der **freien Aussprache** (zwölf Minuten) werden diese Argumente ausführlich diskutiert.
  - In der **Schlussrunde** (je eine Minute) beantwortet jede/jeder die Streitfrage erneut.

# Informieren

## Eine Umfrage und ein Interview führen

▶ S. 161

- **Vorbereitung:**
  - Ihr legt fest, wen ihr wo befragen wollt.
  - Erstellt am besten einen Fragenkatalog zum Ankreuzen. PC-Programme können helfen.
  - Überlegt, wie ihr die Aussagen festhaltet, z. B. Tonaufnahme, Mitschrift, Videoaufzeichnung.
  - Holt euch dafür die Einverständniserklärung der Interviewpartnerin / des Interviewpartners.
  - Bereitet die Fragen gut vor. Formuliert sie schriftlich.
    Wichtig ist die richtige Fragetechnik: Ungeeignet sind **geschlossene Fragen**, d. h. Fragen, die bejaht oder verneint werden. Stellt keine Doppel- oder Mehrfachfragen. Verwendet **offene Fragen.** Sie bringen Befragte dazu, sich genauer und ausführlicher zu äußern.
- **Durchführung:**
  - Stellt euch zu Beginn des Interviews vor und nennt auch den Anlass des Interviews.
  - Fordert die Person zur Stellungnahme auf, z. B.: *Was halten Sie von Bio-Lebensmitteln?*
  - Lasst die Interviewpartnerin / den Interviewpartner ausreden.
  - Fragt kritisch nach, z. B.: *Wieso denken Sie ...? Welche Folgen könnte ...?*
  - Bedankt euch am Ende des Interviews.

## Ein Referat halten

▶ S. 52–62

**1 Das Referat vorbereiten**

- Ordnet die Informationen für euer Referat und bringt sie in eine sinnvolle Reihenfolge.
- Notiert zu jedem Unterthema wichtige Stichworte, z. B. auf Karteikarten.
- Nummeriert die Karteikarten in der entsprechenden Reihenfolge.
- Bereitet geeignetes Anschauungsmaterial vor, z. B.: Bilder, Fotos, Grafiken.

**2 Das Referat gliedern**

- **Einleitung:** Weckt das Interesse eurer Zuhörerinnen und Zuhörer und führt in das Thema ein, z. B. durch Bilder/Fotos, treffende Zitate oder persönliche Bemerkungen zum Thema.
  Gebt einen Überblick über die Gliederung.
- **Hauptteil:** Ordnet eure Informationen nach sachlichen Gesichtspunkten. Legt Oberbegriffe und Unterpunkte fest. Streicht überflüssige Informationen, die vom Thema wegführen.
- **Schluss:** Der Schluss rundet das Referat ab. Ihr könnt wichtige Informationen zusammenfassen, eure Meinung zum Thema formulieren oder einen Ausblick auf weitere Entwicklungen geben.

## Einen Podcast erstellen

▶ S. 67–68; 160–161

Wenn man Texte aufnimmt, erstellt man einen **Podcast.** Dabei geht es zunächst um eine **Audiodatei,** die man mit Hilfe eines Smartphones mit gutem Mikrofon aufnehmen kann. Möglich ist auch ein Videopodcast, der aber etwas mehr Zeit erfordert. Abgespeichert wird die Datei im MP3-Format. Audiopodcasts haben den Vorteil, dass man den Text ablesen kann. Trotzdem sollte man **frei sprechen** und sich an den **Regeln eines Referats** orientieren. Auch eine sehr **deutliche Aussprache** ist von großer Bedeutung. Man kann Hintergrundgeräusche, Effekte und Musik einsetzen.

# Schriftlich erzählen

## Schildern

► S. 116; 212; 216; 232; 268–269

**Schildern** heißt, die Eindrücke und Stimmungen, die eine Situation auslöst, so **anschaulich** und **lebendig darzustellen,** dass die Situation vorstellbar ist und nacherlebt werden kann. Schilderungen geben **Sinneseindrücke** (sehen, hören, riechen, fühlen, schmecken), **Gedanken und Gefühle** wieder. Schilderungen schreibt ihr im **Präsens** und gestaltet sie mit sprachlichen Mitteln anschaulich:

- **ausdrucksstarke Verben,** z. B.: *schweifen, knurren,* und **Adjektive/Partizipien,** z. B.: *riesig, rasend*
- **Vergleiche,** z. B.: *dehnt sich wie ein Kaugummi, ringeln sich wie Schlangen*
- **Metaphern,** z. B.: *Mauer des Schweigens, Totenstille*
- **Personifikationen,** z. B.: *die Luft steht, mein Magen knurrt*
- **Redewendungen,** z. B.: *die Flinte ins Korn werfen*
- **abwechslungsreiche Satzanfänge,** z. B.: *Ächzend öffnet sich die Tür.*
- **kurze Sätze bzw. Satzbruchstücke** (Ellipsen), z. B.: *Hölle! Tut das weh!*
- Wiedergabe von Gedanken in einem **inneren Monolog,** z. B.: *Warum gerade ich?*

# Appellieren

Beim **Appellieren fordert man** jemanden **auf,** etwas zu tun. Appellierende Texte beschreiben eine **Problemlage** und rufen dazu auf, die **Meinung** und/oder das **Verhalten zu ändern.**

## Redestrategien und stilistische Mittel

► S. 64–66

Um Zuhörer/-innen zu **beeinflussen,** kann man folgende **stilistische Mittel** (► S. 317) verwenden:

- **persönliche Anrede** der Zuhörer/-innen: *Sie wissen es, ...*
- Wecken eines Gemeinschaftsgefühls durch **„wir“** („Wir-Gefühl“), z. B.: *„Wir sind […]“*
- **Imperative,** um zu einer Handlung aufzurufen, z. B.: *„Packen wir es an!“*
- **auffällige Wiederholungen** (Alliterationen, Anaphern, Wörter, Satzanfänge), z. B.: *„Wir brauchen jetzt mehr ausgebildete Menschen. Wir brauchen Fachkräfte […].“*
- **rhetorische Fragen** (Scheinfragen), die die Zuhörerinnen und Zuhörer scheinbar einbeziehen, z. B.: *„[…] – aber ist es nachhaltig?“*
- **Schlagwörter** mit positiven oder negativen Konnotationen, z. B.: *„Innovationsland“*
- **anschauliche Formulierungen,** z. B. durch Vergleiche, Metaphern oder Personifikationen
- kurze, **parallel aufgebaute Sätze,** z. B.: *„Wir brauchen Lehrer/-innen, die […]. Nötig sind auch Schüler/-innen, die […].“* oder **Ellipsen,** z. B.: *„[…] allerdings nur minimal.“*
- **Übertreibungen (Hyperbeln),** z. B.: *„[…] eine außerordentlich wichtige Rolle.“*

## Eine Rede halten

► S. 66

- Eine passende **Anrede und Einleitung** wecken das **Interesse** und führen in das Thema ein.
- Im **Hauptteil** werden Thema oder Appelle mit **überzeugenden Argumentationen** formuliert.
- Im **Schluss** bringt man den **Appell** auf den Punkt.

# Schriftlich argumentieren

## Materialgestützt erörtern

► S. 69–94; 264–265

Beim schriftlichen Argumentieren befasst ihr euch jeweils mit einer oder mehreren Themafragen.

### Argumenttypen unterscheiden

► S. 71–73

- **Faktenargument:** Es werden nachprüfbare Fakten, etwa Ergebnisse aus Studien, angeführt.
- **Autoritätsargument:** Aussagen eines Experten oder einer Expertin werden als Belege angeführt.
- **Normatives Argument:** Es wird auf einen allgemein anerkannten Wert verwiesen.
- **Analogisierendes Argument:** Ein Beispiel aus einem anderen Bereich wird als Vergleich angeführt.

### Das Thema erschließen und eine Gliederung erstellen

► S. 70–71; 76; 81; 85; 264

**Das Thema erschließen:** Arbeitet den **Themabegriff** (z. B. *Haustiere*) sowie die **Schlüsselbegriffe** (z. B. *Anschaffung* ...) heraus und beachtet **Einschränkungen.**

**Eine Stoffsammlung anlegen:**
- Analysiert immer zuerst das vorliegende Material.
- Lest die Materialien stets mit der Themenstellung im Kopf und notiert alle Aspekte, die eine Antwort darauf enthalten.
- Sammelt danach weitere Stichpunkte, die euch zur Themenstellung einfallen.
- Ihr könnt hierzu auch eine Mind-Map anlegen.

**Den Stoff ordnen:**
- Wählt aus der Stoffsammlung **unterschiedliche Gliederungspunkte** für eure Gliederung aus.
- Markiert ähnliche Aspekte mit der gleichen Farbe, um inhaltliche Überschneidungen zu vermeiden.
- Verwendet vorzugsweise, aber nicht nur im Material angesprochene Aspekte.

**Die Gliederung erstellen:** Sie ist verpflichtend und vergleichbar mit einem Inhaltsverzeichnis. Ihr verfasst sie im **Nominal- oder Verbalstil** (► S. 309). Beispiel für eine Gliederung im **Nominalstil:**

| | |
|---|---|
| **A)** Meine Eltern haben sich bewusst gegen ein Haustier entschieden. | **Einleitungsgedanke A)** als Satz oder im Nominalstil |
| **B) Warum sind Haustiere bei vielen Menschen so beliebt? Was spricht gegen die Anschaffung eines Haustiers?**<br>**I.** Gründe für die Beliebtheit von Haustieren<br>**1.** Therapeutische Funktion<br>**2.** Gemeinsame Unternehmungen mit dem Haustier<br>**3.** Erlernen sozialer Kompetenzen mit dem Tier<br>**II.** Aspekte gegen die Anschaffung eines Haustiers<br>**1.** Finanzielle Folgen<br>**2.** Fehlende Zeit für das Tier<br>**3.** Gesundheitliche Aspekte | **Hauptteil B)** mit Themafragen Argumente als Gliederungspunkte im Nominalstil |
| **C)** Als Erwachsene/-r möchte ich auch mit einem Haustier leben. | **Schlussgedanke C)** als Satz oder im Nominalstil |

## Hauptteil: Eine Argumentation aufbauen

▶ S. 78–79; 87–88

Eine Argumentation hat in der Regel folgenden Aufbau: **1 Behauptung, 2 Begründung, 3 Beispiel(e), 4** Am Ende längerer Argumentationen kann eine **Abrundung** stehen, indem zur **Themafrage** zurückgeführt oder eine **Schlussfolgerung** aufgestellt wird. Entscheidend ist, eine logische Gedankenführung zu entwickeln. Hier können Leitfragen eine Hilfe sein, z. B.:
*Was genau ist mit der Themenstellung gemeint? Wie können die Themafragen beantwortet werden? Welche Schlussfolgerung lässt sich daraus ziehen?*
Alle Argumentationen werden mit Überleitungen miteinander verknüpft.
Auf keinen Fall darf man in den Argumentationen im Hauptteil seine eigene **Meinung** schreiben, indem man z. B. bewertet, kommentiert oder Forderungen aufstellt.

## Einleitung und Schluss formulieren

▶ S. 77, 79; 86; 89

Die **Einleitung** beim materialgestützten Erörtern besteht aus folgenden Teilen:
**Einleitungsgedanke:** Hierfür nutzt man am besten geeignete Informationen aus dem Material, z. B. eine Definition, ein Zitat, statistische Angaben, oder man bezieht sich auf persönliche Erfahrungen, aktuelle Ereignisse oder auf einen geschichtlichen Rückblick.
**Überleitung:** Diese muss logisch zu den Themafragen hinführen, z. B.: *Aufgrund dieser Zahlen stellen sich die Fragen, ...*
**Themafragen:** Diese können direkt oder indirekt angegeben werden.
Im **Schluss** einer materialgestützten Erörterung nimmt man persönlich Stellung zur Themafrage. Dabei kann man auf das Material zurückgreifen und Schlussfolgerungen ziehen, Lösungsvorschläge unterbreiten oder zum Handeln auffordern, z.B.: *In Zukunft sollten ... Außerdem ...*

## Das Material angeben

▶ S. 87

Verwendet in eurer Erörterung unbedingt Informationen aus dem zur Verfügung gestellten Material und macht dies in eurer Ausführung kenntlich, z. B.:
- **Materialangabe in Klammern:** *Haftstrafen bis zu einem Jahr sind möglich (vgl. Material 4).*
- **Nennung des Materials im Nebensatz:** *..., wie aus Material 4 hervorgeht, ...*
- **direkte Materialangabe:** *In Material 2 wird darauf hingewiesen, ...*
- **Zitate aus den Materialien:** *„Die offiziellen Zahlen sind nur die Strafanzeigen" (Material ...).*

## Überleitungen

▶ S. 88

Um Argumentationen zusammenhängend zu formulieren, werden Überleitungen benötigt:
- zwischen größeren Teilbereichen der Erörterung (z. B. der Erörterung der Vorteile und Nachteile einer Sache; von Ursachen und Gegenmaßnahmen ...):
  *Die Vorteile sind nicht von der Hand zu weisen, jedoch müssen auch mögliche Nachteile von ... bedacht werden. – Die Ursachen von ... sind demnach vielfältig. Was gegen ... unternommen werden könnte, wird im zweiten Teil des Aufsatzes näher beleuchtet.*
- zwischen den einzelnen Argumentationen: *Ein weiterer wesentlicher Aspekt ist ... – Hinzu kommt, dass ... – Daneben ist auch zu beachten, dass ... – Neben ... spielt auch ... eine wesentliche Rolle.*
- in der Argumentation zwischen der Begründung und den Beispielen:
  *Deutlich wird dies an ... – ... sind konkrete Situationen, in denen ...*
- in der Argumentation vor der Abrundung bzw. Rückführung oder der Folgerung:
  *Deshalb ... – Es zeigt sich demnach ... – Folglich ...*

# Mit Texten und Medien umgehen

## Die literarischen Strömungen

### Motive der Romantik (1796–1840)

Die Menschen **flüchteten** in der Romantik mit Hilfe der Literatur aus der Wirklichkeit **(Eskapismus).** Dem Alltag wurde die **Fantasie** entgegengesetzt. Ein typisches Motiv der Romantik ist die **Sehnsucht nach verlorenem Glück oder der Ferne,** die sich zum Beispiel im Bild des **Wanderers** ausdrückt. Die **Natur** spielt eine wichtige Rolle, sie wird oft auch **geheimnisvoll** und **übersinnlich** dargestellt. Typisch sind rauschende Wälder, der Mond, Ruinen. Das Motiv der **Nacht** ist bedeutsam – in der Zeit entstehen **Träume, Unbewusstes** wird sichtbar und es kann eine **Verbindung zum Jenseits** hergestellt werden. Häufig wird **die Liebe** thematisiert – mit ihren Höhen und Tiefen. **Einsamkeit** löst Trauer und Schmerz aus. Viele Autoren und Autorinnen besinnen sich auf **religiöse Werte.** Nach romantischer Auffassung sollte das Lebensgefühl das ganze Dasein durchdringen und zu einer **„Universalpoesie“** verschmelzen – Leben, Dichtung, Musik, Kunst sollten zusammenwirken. Bekannte Persönlichkeiten: Clemens Brentano, Karoline von Günderrode, Joseph von Eichendorff.

### Der poetische Realismus (ca. 1848–1890)

Die Veränderungen im Wirtschaftsleben und in der Gesellschaft wirkten sich auf die Kunst aus. Sie wurde nun realistisch, man wollte die **Wirklichkeit möglichst genau beschreiben.** Das Leben sollte so gezeigt werden, wie es war. In der Klassik wurde die Welt beschrieben, wie sie sein sollte, das Vorbild war der vernünftige Mensch. Die Schriftsteller/-innen des Realismus beschrieben nun eine **geordnete Welt** ohne Illusionen und Hoffnungen, so wie sie wirklich war. Gerade die Literatur dieser Epoche zeigte diese Wirklichkeit oft wenig positiv: **Der Mensch ist in seinem gesellschaftlichen Stand gefangen,** er kann nicht aus seiner Rolle ausbrechen. Entweder fügt er sich in sein Schicksal oder er begehrt dagegen auf, geht aber dann daran zugrunde, wenn er gegen die gesellschaftlichen Vorstellungen seiner Zeit verstößt. Bedeutende Vertreter sind zum Beispiel Theodor Fontane, Conrad Ferdinand Meyer und Theodor Storm.

### Naturalismus (1880–1900)

▸ S. 149

Im Naturalismus wandten sich die Literatinnen und Literaten wie zum Beispiel Gerhart Hauptmann der möglichst **detailgetreuen Darstellung der Wirklichkeit,** der **Natur,** zu. Arno Holz, ein Vorreiter dieser Epoche, fasste die Forderung des Naturalismus in der Literatur nach wirklichkeitsgetreuer Abbildung in einer Formel zusammen: **Kunst = Natur – x.** Je kleiner x war, desto gelungener galt ein literarisches Werk. Da die Armut der breiten untersten Gesellschaftsschicht, des Proletariats, allgegenwärtig war, wurde auch diese zum Thema. Im Mittelpunkt standen nun häufig **sozial niedrig gestellte Figuren,** die laut den Naturalisten in ihrem Handeln und ihrem Willen von ihren Erbanlagen bzw. der Herkunft, den Umwelteinflüssen und den Trieben gesteuert wurden. Man ging also davon aus, dass das **Schicksal eines Menschen** durch äußere Umstände und Vererbung **vorbestimmt** ist, ohne dass die/der Betreffende es ändern kann. Diese Wirklichkeit galt es, zu analysieren und darzustellen. Dabei **symbolisierten oft einzelne Figuren eine ganze gesellschaftliche Gruppe.**

## Strömungen der Lyrik in der Moderne (1890–1920)

▶ S. 146–149; 150–153

Um die Jahrhundertwende prägten bedeutende wissenschaftliche Konzepte wie etwa die Psychoanalyse Freuds (1901) oder die Relativitätstheorie Einsteins (1905) das Weltbild der Menschen. In dieser Zeit entwickelten sich in der Literatur verschiedene Strömungen, die unter dem Begriff der **Moderne** zusammengefasst werden.

- Im **Impressionismus** wandten sich die Dichter/-innen wie Detlev von Liliencron anders als im Naturalismus von der Politik ab und wollten keine sachliche Darstellung der Wirklichkeit. Es ging darum, was der einzelne Mensch im Hier und Jetzt empfand. Typische Themen des Impressionismus wurden **Liebe und Sehnsucht, Naturempfindungen, Suche nach dem Sinn, emotionaler Schmerz und die Auseinandersetzung mit dem Tod.** Sprachlich griffen die Impressionisten häufig auf Bilder und Personifikationen, Lautmalereien und Wortneuschöpfungen zurück.
- Im **Symbolismus** hatte man das Gefühl, dass die Sprache die Wirklichkeit nicht angemessen erklärt. Die wahre Wirklichkeit wurde verstanden als ein hinter der Oberfläche verstecktes Geheimnis, das man nur durch Bilder und Symbole erfassen kann. Deshalb beschäftigten sich die Vertreter/-innen wie Rainer Maria Rilke mit der inneren Welt, ihren Ideen und Träumen. Thematisiert wurden Visionen, Mystisches, Geheimnisvolles, Schönheit und die Seele.
- Der **lyrische Expressionismus** (1905–1925) beschäftigte sich – wie auch die Malerei, Musik oder andere Kunstrichtungen dieser Zeit – mit den Themen Großstadt, Tod, Verfall, Vergänglichkeit, Weltuntergang, Krieg und Vereinsamung. Politische Spannungen und der Erste Weltkrieg versetzten Menschen in Todesangst und lösten eine **Weltuntergangsstimmung** aus. Mit **Stilmitteln** wie Metaphern, Symbolen, Personifikationen und Neologismen wollten die Dichter/ -innen wie Else Lasker-Schüler **Gefühlen** Ausdruck verleihen, welche die Grenzerfahrungen bei ihnen auslösten.

## Nachkriegs-/Trümmerliteratur (nach 1945)

▶ S. 111; 186

Viele junge Autorinnen und Autoren begannen unmittelbar nach Kriegsende schon im Jahr 1945, ihre Erfahrungen mit dem Nationalsozialismus und dem Zweiten Weltkrieg literarisch aufzuarbeiten.
In der **Gruppe 47** trafen sich Schriftsteller/-innen aus den westlichen Besatzungszonen, um Werke vorzustellen, zu kritisieren und junge Talente zu fördern. Der Preis der Gruppe 47, den auch Heinrich Böll erhielt, bedeutete für viele von ihnen einen Karriereschub. In vielen Romanen erfolgte eine **kritische Auseinandersetzung mit der Vergangenheitsbewältigung** der Hitlerzeit und dem Leben in der Nachkriegsgesellschaft der Bundesrepublik Deutschland, die vom **Wirtschaftswunder** geprägt war.

**Die Kurzgeschichte in der Nachkriegszeit:** Nach dem Ende des Zweiten Weltkrieges (1945) wurde die deutsche Literatur von der amerikanischen **Short Story beeinflusst,** die es in den USA bereits seit dem 19. Jahrhundert gab. In der unmittelbaren Nachkriegszeit waren die deutschen Autorinnen und Autoren der Überzeugung, dass **kurze Texte** sich im Gegensatz zu Romanen oder längeren Erzählungen am besten dazu **eigneten, ihre Kriegserfahrungen, das Leben in Trümmern** und die damit einhergehende Armut, den Hunger und die Wohnungsnot **darzustellen.** So wurden in den Kurzgeschichten der Nachkriegszeit **Momentaufnahmen** aus dem Leben der Zivilbevölkerung und der Kriegsheimkehrer dargestellt, denen die Wiedereingliederung in die Gesellschaft nach oft jahrelanger Abwesenheit schwerfiel. Die **realistische** und **ungeschönte Darstellung der Wirklichkeit** war den Autorinnen und Autoren sehr wichtig, weshalb diese Zeit auch als **Trümmer- und Kahlschlagliteratur** bezeichnet wurde. Bedeutende Autorinnen und Autoren dieser Zeit waren Wolfgang Borchert, Heinrich Böll, Ilse Aichinger, Kurt Marti und Josef Reding.

# Epische Textsorten

## Erzähltexte erschließen

### Handlungsschritte in einer Geschichte

▶ S. 106; 119–120; 140–141; 144; 231

Ein **Handlungsschritt (Erzählschritt)** beginnt häufig dann, wenn:
- der **Ort** der Handlung wechselt, z. B.: *Bei Lisa angekommen ...*
- ein **Zeitsprung** stattfindet, z. B.: *Am nächsten Morgen ...*
- eine **neue Figur** auftaucht, z. B.: *„Tag!", sagte jemand, als Frieda gerade verschwinden wollte.*
- die Handlung eine **Wendung** erfährt, z. B.: *Auf einmal ...*

### Die Zeitgestaltung in einer Erzählung

▶ S. 114; 134; 140

- **Rückblenden** liefern oft Hintergrundinformationen, welche die Handlung erklären. Diese müssen in einer Zusammenfassung nur wiedergegeben werden, wenn sie für das Textverständnis nötig sind.
- **Vorausdeutungen** sind in einer Erzählung meist „Köder", um zum Weiterlesen anzuregen.
- **Erzählzeit:** die Zeitspanne, die erforderlich ist, um einen Text zu lesen oder zu erzählen
- **Erzählte Zeit:** die Zeitspanne, in der die Handlung stattfindet
- **Zeitdeckung:** Im Text sind alle Ereignisse so lange erzählt, wie es dauert, sie zu lesen (Erzählzeit = erzählte Zeit).
- **Zeitraffung:** Im Text sind die Geschehnisse eines längeren Zeitraums verknappt, also gerafft, dargestellt (Erzählzeit < erzählte Zeit).
- **Zeitdehnung,** die durch ausführliche Schilderungen, Beschreibungen, innere Monologe usw. entsteht, muss man in der Zusammenfassung auf die sachliche Information reduzieren.

### Den Inhalt eines Erzähltextes chronologisch zusammenfassen

▶ S. 101; 109; 119; 124–125; 139; 266

- Teilt den Text in **Handlungsschritte** und sortiert sie chronologisch.
- **Notiert** zu jedem Handlungsschritt **Stichworte oder Sätze.**
- Gebt den Inhalt dann im Präsens wieder, verwendet nur bei Vorzeitigkeit das Perfekt.
- Schreibt **sachlich.** Beschränkt euch auf den wesentlichen Inhalt und lasst unnötige Details weg.
- Nutzt **eigene Worte** und verwendet keine wörtlichen Reden. Besonders wichtige Textstellen könnt ihr in indirekter Rede wiedergeben.
- **Verknüpft** eure Sätze mit Hilfe von Konjunktionen (z. B.: *nachdem, während, als*), Pronomen (z. B.: *welcher, die*) und Adverbien (z. B.: *zunächst, gleich darauf*).

### Erzählperspektive und Erzählform

▶ S. 129

- Der Erzähler eines literarischen Textes darf nicht mit der Autorin / dem Autor gleichgesetzt werden.
- **Auktoriale Erzählperspektive:** Der **allwissende (auktoriale) Erzähler** überblickt die **gesamte Handlung.** Er kennt die **Gedanken und Gefühle aller Figuren** und kann das Geschehen beurteilen, vorausdeuten oder sich auch direkt an die Leserinnen und Leser wenden.
- **Personale Erzählperspektive:** Der **personale Erzähler** erzählt aus **dem eingeschränkten Blickwinkel einer Figur,** die am Geschehen beteiligt ist. Er kann in der **Er-/Sie-Form** erzählen und weiß nur das, was die erzählende Figur erlebt.
- **Neutrale Erzählperspektive:** Der **neutrale Erzähler** beschreibt nur das, was **von außen** gesehen werden kann, ohne etwas zu werten oder sich in eine Figur hineinzuversetzen.

**Der Erzähler in der Ich-Form**
Er nimmt eine **Sonderstellung** ein. Er kann eine der handelnden Figuren sein und erzählt, was das Ich in der Geschichte erlebt, denkt und fühlt **(personale Erzählperspektive).** Es ist aber auch möglich, dass er in Bezug auf das Geschehen allwissend ist und es bewerten oder kommentieren kann **(auktoriale Erzählperspektive).**

## Die Figurenrede ▶ S. 130

Die Gedanken und Gefühle von Figuren können unterschiedlich wiedergegeben werden.

- **Direkte Rede:** Sie wird mit Anführungszeichen gekennzeichnet, z. B.: *„Ich weiß nicht, was ich tun soll", sagte er.*
- **Indirekte Rede:** Das Verb steht in der 3. Person im Konjunktiv, ein Redebegleitsatz ist enthalten, z. B.: *Er sagte, er wisse nicht, was er tun solle.*
- **Erlebte Rede:** Sie drückt eine innere Zerrissenheit oder Unruhe der Figur aus. Oft treten Modalverben auf (z. B.: *sollen, dürfen, müssen*). Typisch sind außerdem Ausrufe oder Fragen, z. B.: *Hatten sie seine Unsicherheit gemerkt? Sollte er sich dazu äußern?*
- **Innerer Monolog:** Darunter versteht man das stumme Selbstgespräch einer Figur in der 1. Person, das oft Ausrufe, Fragen, Gedankensprünge oder Umgangssprache enthält, z. B.: *Mist, ich hab meine Brille vergessen. Er schaut immer noch her. Ob ich den Bus noch erwische?*

## Eine literarische Figur charakterisieren ▶ S. 126; 139; 141

In einer Charakterisierung fasst man sowohl alle **äußeren Merkmale** wie Geschlecht, Alter, Aussehen, Lebensumstände und Verhalten als auch **innere Merkmale** wie Gefühle und Gedanken zusammen. Dabei geht man von Textstellen aus, in denen wichtige Eigenschaften von Figuren **direkt** benannt werden oder **indirekt** aus dem Verhalten, der Art zu sprechen usw., abgeleitet werden können.

## Sprachliche Besonderheiten beschreiben ▶ S. 106–107; 110–111; 119; 126–127; 139; 141; 270

Folgendes kann von euch bei einer Sprachanalyse verlangt sein: **A** Analyse der sprachlichen Besonderheiten des gesamten Textes, **B** Analyse der Besonderheiten eines bestimmten Textabschnitts, **C** Beschreibung einer vorgegebenen Anzahl sprachlicher Mittel, **D** Nachweis, dass eine Behauptung zur Sprache des Textes stimmt. Dabei untersucht ihr Besonderheiten in Bezug auf **Wortwahl, Satzbau** sowie auffällige **Stilmittel** (▶ S. 317) und beschreibt die **Wirkung** dieser im jeweiligen Text, z. B.:

- **anschaulich und lebendig darstellen oder schildern:** ausdrucksstarke Adjektive, treffende Verben, wörtliche Reden, Personifikationen, Vergleiche, Metaphern, Symbole, Präsens, Beschreibung von Sinneswahrnehmungen, Aufzählungen ...
- **betonen:** Alliterationen, Anaphern, Parallelismen, Inversionen, Ellipsen, Parenthesen, Aufzählungen, Antithesen ...
- **kritisieren, ins Lächerliche ziehen:** Ironie, Über-/Untertreibungen, rhetorische Fragen, Neologismen ...

## Richtiges Zitieren ▶ S. 114; 126; 270

- Nur wichtige Aussagen sollte man zitieren. Wörtliche Zitate werden in Anführungszeichen gesetzt.
- Die Zeilenangaben folgen in Klammern dahinter oder in einem Begleitsatz.
- Ausgelassene Stellen werden durch eckige Klammern [...] gekennzeichnet.
- Das Zitat muss wortwörtlich wiedergegeben, der Text darf nicht geändert werden.

## Erzählende Textsorten

### Die Kurzgeschichte

▶ S. 104–120

- Eine Kurzgeschichte **beginnt unmittelbar,** ohne Klärung der Eingangssituation durch W-Fragen.
- Die Handlung nimmt oft eine **unerwartete Wendung** (Wende- bzw. Höhepunkt).
- Das **Ende** der Kurzgeschichte ist häufig **offen,** man erfährt nichts über die weitere Entwicklung.
- Es wird eine **bedeutsame Situation** im Leben der Hauptfigur dargestellt (Momentaufnahme).
- Oft wird die Figur vor eine **schwierige Entscheidung** gestellt.
- Es geht häufig um **Themen** und **Menschen des Alltags.**

### Die Novelle

▶ S. 165–167

Hierbei handelt es sich um eine Erzählung (von ital. *novella* = Neuigkeit), die nach Goethes Definition von einer **„unerhörten Begebenheit“,** einem ungewöhnlichen Ereignis handelt. Novellen **basieren oft auf tatsächlichen Begebenheiten,** die eine besondere Bedeutung im Leben eines Protagonisten haben. Oft wird die Novelle in eine **Rahmenerzählung** eingebettet: Es tritt eine Figur auf, die über die Begebenheit berichtet, die Anlass für die Novelle gab. Die Novelle **hat Ähnlichkeit mit einem Drama,** da ein **Konflikt** beschrieben wird, der sich zu einem **Höhe- oder Wendepunkt** hin zuspitzt. Dabei hat meist ein Gegenstand oder ein Tier eine wichtige Bedeutung **(Dingsymbol).**

### Die Parabel

▶ S. 101–102

- Eine Parabel ist eine **kurze, lehrhafte Erzählung,** die verschlüsselt eine allgemeine Erkenntnis oder Lebensweisheit ausdrückt.
- Die **Lehre** wird oft nicht mitformuliert. Die Leser/-innen müssen sich diese selbst erschließen. So wird eine **Situation dargestellt (Gesagtes = Bildteil),** die auf eine **allgemeinere Bedeutung** des Textes **(Gemeintes = Sachteil)** verweist.
- Manchmal fordert die Parabel auch zum Handeln auf.

### Der Roman

▶ S. 121–144; 176–186

Er ist ein Erzähltext größeren Umfangs und beschreibt vielschichtige Lebenszusammenhänge der Figuren oft über Jahre hinweg. So entstehen zahlreiche Handlungsstränge und Nebenhandlungen. Es gibt vielfältige Arten des Romans, die man nach dem Inhalt (Kriminal-, Liebes-, Jugendroman) oder nach der Form (Briefroman, Collage ...) unterscheidet.

### Satirische Darstellungsformen

▶ S. 96–100

Eine Satire kann in unterschiedlichen Formen auftreten, z. B. als: belustigende, übersteigerte Zeichnung (Karikatur); ironisches Gedicht, absurde Kurzgeschichte bzw. Erzählung oder absurder Roman; spöttische Umformung eines bekannten Textes (Parodie ▶ S. 100); humorvolle schauspielerische Szene auf einer Kleinkunstbühne (Kabarett); witziger Beitrag im Fernsehen und Radio oder als Internet-Meme [miːm] mit Fotos/Videos. Die Satire übt in spöttisch-frecher Weise **Kritik an gesellschaftlichen oder politischen Zuständen** und an **menschlichen Schwächen.** Diese Absicht kann mit **sprachlichen Mitteln** verdeutlicht werden: z. B. Über-/Untertreibungen; belustigende Metaphern, Vergleiche oder Wortspiele; ironisch-spöttischer Unterton; lässig-saloppe Sprache; unpassende Wörter, Widersprüchlichkeiten und Neologismen.

## Kreativ mit Texten umgehen

### Einen persönlichen Brief schreiben

▶ S. 128; 135–136

In einem persönlichen Brief **versetzt ihr euch meist in eine literarische Figur** und schreibt an eine andere Figur aus dem Text. Der Brief sollte eine Datumsangabe, eine Anrede und eine Grußformel enthalten. Der Inhalt sollte zu der vorgegebenen Textstelle passen und **Geschehnisse aus dem Text aufgreifen.** Überlegt euch, welches Verhältnis die beiden Figuren zueinander haben. Wo im Text treffen sie aufeinander? Was haben sie gemeinsam erlebt?

### Einen Dialog schreiben

▶ S. 135–136; 183

Ein Dialog ist eine **Wechselrede zwischen zwei** oder mehreren **Figuren.**
Beispiel: *Tessa: Ich will kein Mitleid. Und es stört mich nicht, wenn du lachst. Alle lachen.*
*Ben: So war das doch gar nicht gemeint.*
Wenn man einen Dialog für Figuren eines literarischen Textes formulieren soll, muss man zunächst Textstellen untersuchen, in denen die Figuren gesprochen haben. Dadurch erkennt man **Besonderheiten ihrer Sprechweise.** Außerdem sind die Einstellung und der Charakter der Figuren zu beachten, damit der erfundene Dialog zum Handlungsverlauf passt.

### Einen inneren Monolog schreiben

▶ S. 102; 123; 136–137

Um einen inneren Monolog zu verfassen, muss man **sich in eine Figur hineinversetzen** und ihre **Gedanken und Gefühle nachempfinden.** Dazu ist es notwendig, genau auf Hinweise im Text zu achten, welche die Einstellung der Figur ausdrücken.
Beispiel: *Ich frage mich, warum sich Oma eigentlich nie ankündigen kann. Jetzt sitze ich schon wieder in diesem zugeräucherten Auto ...*

### Einen Paralleltext schreiben

▶ S. 157

Ein Paralleltext ist ein Text, der sich an dem Inhalt, dem Aufbau und der Sprache einer Textvorlage orientiert. Aber einige Aspekte des Originaltextes werden verändert, z. B. die Zeit, in der die Handlung spielt, der Ort oder die Figuren.

### Einen Tagebucheintrag schreiben

▶ S. 115; 136–137; 182

In einem Tagebuch werden neben der Datumsangabe persönliche Erlebnisse, Eindrücke, Gedanken, Gefühle, Wünsche usw. festgehalten.
Beachtet beim Schreiben eines Tagebucheintrags aus Sicht einer literarischen Figur:
- Der Inhalt sollte zu der vorgegebenen Textstelle passen und **Geschehnisse aus dem Text aufgreifen.**
- Stil und Form des Tagebucheintrags sind nicht genau festgelegt, die **Ausdrucksweise sollte** allerdings **zu der Figur passen.**
- Durch Fragen oder Ausrufe können **Gefühle und Gedanken** verdeutlicht werden, z. B.: *Was soll ich bloß tun? Wenn ich nur wüsste, was sie im Schilde führt! Ob sie mir helfen wird ...?*

# Lyrik: Gedichte

## Kennzeichen von Gedichten

### Die äußere Gedichtform – Der Vers, die Strophe, der Refrain, der Reim, das Metrum ▶ S. 146; 152; 155

- Ein **Vers** bezeichnet die **einzelne Zeile** in einem Gedicht oder Song.
- Eine **Strophe** besteht aus **mehreren Versen,** die eine Gruppe bilden.
- Als **Refrain** bezeichnet man **einen oder mehrere Verse,** die **regelmäßig wiederkehren.**
- Viele Gedichte und Songs verfügen über **Reime,** z. B.: *die Stadt – sie hat.*
  Typische Reimschemata sind: **Paarreim** (a a b b), **Kreuzreim** (a b a b), **umarmender Reim** (a b b a).
- Wenn in Gedichten die **Abfolge von betonten und unbetonten Silben** einem bestimmten **Rhythmus** entspricht, nennt man dies **Metrum** (Versmaß).
- Man unterscheidet folgende **Versmaße:**
  Trochäus (**X**x): ***Va**ter, **Tie**fe, **al**bern*
  Daktylus (**X**xx): ***Win**terzeit, **heuch**lerisch*
  Jambus (x**X**): *Be**trug**, Ge**winn**, ge**nau***
  Anapäst (xx**X**): *Harmo**nie**, Ana**päst***

### Das lyrische Ich ▶ S. 146–147; 150; 152–154; 157

- In vielen Gedichten oder Liedern gibt es ein **„Ich“,** das seine persönlichen **Gefühle, Beobachtungen** oder **Gedanken** in einer bestimmten Situation mitteilt. Man nennt dieses „Ich“ das lyrische Ich. Es ist nicht mit der Autorin / dem Autor des Gedichts gleichzusetzen.
- In manchen Gedichten heißt es auch „wir“ oder das Geschehen wird von einer Beobachterin / einem Beobachter geschildert, die/der weder „ich“ noch „wir“ sagt.

## Die Ballade ▶ S. 158

Eine Ballade ist ein meist **längeres Gedicht** mit Merkmalen verschiedener Textarten:
- **Gedicht** (Lyrik): Reim, Strophen, manchmal Refrain (= wiederkehrende Strophen);
- **Erzählung** (Epik): oft Erzähler, Handlungsschritte, abgeschlossene Handlung;
- **Theaterstück** (Dramatik): oft Dialoge, Menschen müssen dramatische Situationen meistern, Spannung, Höhepunkt.

## Ein Gedicht vortragen ▶ S. 148; 150–151; 154–155; 158

- Sprecht den Text **deutlich,** betont dabei wichtige Wörter.
- Macht wirkungsvolle **Sprechpausen** an passenden Stellen.
- Achtet auf die **Lautstärke** und werdet je nach Inhalt der Textstelle lauter oder leiser.
- Ein **Tempowechsel** macht euren Vortrag abwechslungsreicher: Überlegt euch, an welchen Textstellen ihr schneller, an welchen ihr langsamer vorlesen solltet.
- Eure **Gestik** und **Mimik** sollten zu dem Inhalt der Textstellen passen.
- Damit der Vortrag gut gelingt, solltet ihr ihn vorbereiten:
  – Schreibt den Text ab oder legt eine Folie darüber.
  – **Unterstreicht** Wörter, die ihr besonders **betonen** wollt.
  – **Markiert** Stellen, an denen ihr (kurze oder längere) **Pausen** machen wollt.

# Dramatik: Theaterstücke (Dramen)

## Merkmale von Dramen
▶ S. 174

- In Dramen treten **Figuren** mit unterschiedlichen Zielen und Interessen auf. Daraus entsteht ein **Konflikt.** Der Konflikt treibt die Handlung voran und es entsteht Spannung.
- Die Handlung wird im Drama durch **Dialoge** und **Monologe** der Figuren dargestellt.
- **Regieanweisungen** geben außerdem Hinweise darauf, wie die Schauspieler/-innen ihre Rolle sprechen und wie sie sich auf der Bühne bewegen und verhalten sollen.
- Die Handlung eines Dramas ist oft in **Akte** gegliedert. Diese bestehen aus einzelnen **Szenen.**
- **Klassische Dramen** verfügen über einen strengen **Aufbau** (Handlungsverlauf):

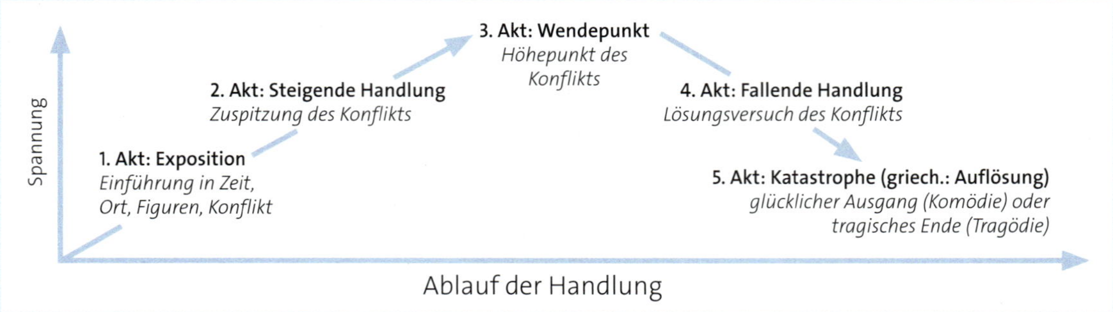


## Das epische Theater
▶ S. 170–175

Im Gegensatz zum **klassischen Theater** entwickelte Brecht das **epische Theater:** Einzelne Szenen werden lose zu **Bildern** aneinandergereiht, die **Handlung** spielt an verschiedenen Orten zu unterschiedlichen Zeiten; der **Schluss** ist **offen.** Wichtigstes Stilmittel ist der **Verfremdungseffekt (V-Effekt):**

- Der Effekt soll den Zuschauerinnen und Zuschauern bewusst machen, dass das, was sie auf der Bühne sehen, nur Spiel ist. Sie sollen nicht mit den Figuren mitfühlen, sondern ihnen **kritisch distanziert** gegenübertreten und über ihre Einstellungen und ihr Handeln **nachdenken.**
- Im **Dramentext** zeigt sich der V-Effekt durch eingeschobene **Kommentare, Verse oder Songs.** Oft wird die Handlung auch durch einen außenstehenden **Erzähler** vorweggenommen. Die Figuren verwenden häufig **Umgangssprache, Dialekt** und eine ihre Haltung **entlarvende Wortwahl.**
- Bei der **Aufführung** treten die Schauspieler/-innen aus ihren Rollen heraus und wenden sich direkt an das Publikum, Requisiten werden durch **Transparente, Schilder und Projektionen (Film, Fotos)** ersetzt, Kostüme durch **einfache Straßenkleidung.**

## Eine Dramenszene spielen
▶ S. 178; 183

- Zeigt im szenischen Spiel, wie ihr die **Figuren, ihre Aussagen** und ihr **Handeln** versteht.
- Besprecht vor dem Spiel, welche **Eigenschaften** die einzelnen Figuren in der Szene haben, welche **Absichten** sie verfolgen und was sie **denken und fühlen.**
- Überlegt, wie ihr Verhalten, Gedanken und Gefühle der Figuren durch **Mimik** (Gesichtsausdruck), **Gestik** (Körperhaltung und Bewegungen) und durch die **Sprechweise** umsetzen könnt.
- Fügt in eine Textkopie der Szene **Regieanweisungen** zur **Sprechweise** (z. B.: *schüchtern, wütend, aufgeregt* ) und Hinweise zu **Betonung, Lautstärke** und **Pausen** ein.
- Verteilt die Rollen und probt erst das **laute Lesen,** dann das **szenische Spiel.**
  Lernt den Text für eure Rolle möglichst auswendig.

# Pragmatische Texte / Sachtexte

Sachtexte unterscheiden sich von literarischen Texten dadurch, dass sie sich vorwiegend mit **Ereignissen und Vorgängen der Wirklichkeit** beschäftigen und darüber **informieren.**

## Einen Sachtext erschließen und zusammenfassen

▶ S. 54–56; 74–75; 82; 90–92; 192–194

**1. Schritt:** Lest die Überschrift, den Textanfang sowie hervorgehobene Wörter und betrachtet die Abbildungen zum Text.
Überlegt: Welche Textsorte liegt vor? Worum könnte es in diesem Text gehen? Was weiß ich bereits über das Thema?

**2. Schritt:**
- Lest den gesamten Text gründlich durch. Gliedert ihn in Sinnabschnitte und markiert in jedem Abschnitt die Schlüsselwörter.
- Notiert Zwischenüberschriften oder die Fragen, die im jeweiligen Textabschnitt beantwortet werden, an den Rand.
- Kreist Wörter und Textstellen ein, die ihr nicht versteht.
  Klärt sie anschließend durch Nachdenken, Nachschlagen oder Nachfragen.

**3. Schritt:** Fasst die Informationen des Textes zusammen. Ihr könnt sie auch in einer Grafik (Mind-Map, Flussdiagramm, Schaubild) oder in einer Concept-Map (▶ S. 194) veranschaulichen.

## Aus Texten exzerpieren

▶ S. 57

Beim Exzerpieren (lat. „herausklauben", „auslesen") werden **gezielt Informationen** aus einem Text **ausgewählt** und in **kurzer, prägnanter Form aufgeschrieben.** Wichtig ist, die Vielzahl der **Informationen zu reduzieren** und **mit eigenen Worten zu formulieren:**

- Man notiert bibliografische Angaben: Autor/-in oder Herausgeber/-in, Titel, Erscheinungsort, Erscheinungsjahr, ggf. Auflage, Fundort (Bibliothek oder Internet, Aufrufdatum).
- Markierte Textstellen und Randnotizen gibt man in knapper Form, inhaltlich korrekt und mit eigenen Worten wieder.
- Wörtliche Übernahmen kennzeichnet man als Zitate.
- Enthält der Text bzw. das Material Abbildungen, die man für ein Referat verwenden möchte, so macht man sich dazu auf dem Exzerpt eine Notiz.

## Inhalte strukturiert zusammenfassen

▶ S. 195; 202; 212; 214; 222; 234–236

- Bei der strukturierten Zusammenfassung eines Sachtextes **gliedert** man ihn zunächst in **Sinnabschnitte.** Achtet hierbei auf **Signale** (z. B. neuer Aspekt, Personen-/Ortswechsel), denn nicht immer stimmen Sinnabschnitte mit den Absätzen überein.
- Ermittelt anschließend die **Funktion des Sinnabschnitts.**
  Prüft dabei, ob in einem Abschnitt
  - **subjektiv geschildert** wird (bildhafte Sprache, Wiedergabe von Sinneseindrücken),
  - **sachlich informiert** wird (Zahlen, Fakten, Erklärungen mit Fachbegriffen) oder ein
  - **Sachverhalt kommentiert** wird (z. B. wertende Adjektive).
- Gebt die Zeilen an, die ein Sinnabschnitt umfasst, und beschränkt euch auf das Wesentliche. Lasst unwichtige Details weg.
- Formuliert die Inhaltszusammenfassung mit eigenen Worten. Schreibt im Präsens und vermeidet wörtliche Rede, indem ihr den Inhalt sachlich wiedergebt.

### Grafiken und Diagramme auswerten

▶ S. 34; 59; 71; 81; 91–92; 107

In Diagrammen (z. B. Säulen-, Balken-, Kreis-, Kurvendiagramm) werden Angaben (z. B. Mengen) **bildlich** auf zwei Ebenen dargestellt: der **Inhaltsebene** und der **Gestaltungsebene.**
So könnt ihr **Diagramme entschlüsseln:**

**1. Schritt:** Betrachtet das Diagramm genau. Lest die Überschrift und alle Angaben.
**2. Schritt:** Untersucht zuerst die Inhaltsebene (Überschriften, Texte) und anschließend die Gestaltungsebene (Abbildungen, Zahlen, Farben).
Welche Angaben werden gemacht? Wofür stehen die Zahlen?
**3. Schritt:** Vergleicht die Angaben und wertet das Diagramm aus. Achtet dabei auf besonders hohe oder niedrige, ähnliche oder abweichende Zahlenwerte. Notiert, was euch auffällt.
**4. Schritt:** Fasst die Grundaussage des Diagramms zusammen.

# Journalistische Textsorten

## Meldung – Nachricht – Bericht

▶ S. 191; 195; 201

Meldung, Nachricht und Bericht gehören zu den **informierenden Texten.** Sie geben Informationen zu einem aktuellen Thema wahrheitsgetreu und sachlich wieder.

- Eine **Meldung** gibt nur den Kern des Ereignisses in aller Kürze wieder.
- Eine **Nachricht** enthält noch weitere wichtige Informationen.
- Ein **Bericht** informiert ausführlich über alle Einzelheiten des Geschehens und liefert oft auch Hintergrundinformationen.

## Die Reportage

▶ S. 192–199; 205–208

Im Mittelpunkt einer **Reportage** steht die **anschauliche Darstellung** eines **Sachverhalts, der auf allgemeines Interesse stößt.** Die Autorin / Der Autor lässt die Leserinnen und Leser wie durch das Auge einer Kamera unmittelbar an ihrem/seinem **subjektiv** gefärbten **Erlebnisbericht** teilhaben. Eigene Recherche, Interviews mit Augenzeugen oder Fachleuten sowie Fotos ergänzen die Berichterstattung. Reportagen sind oft nach folgendem Muster aufgebaut:

- **szenischer Einstieg (Zoomtechnik),**
- Wechsel zwischen **sachlichen Hintergrundinformationen, persönlichen Aussagen von Betroffenen** und auch **Kommentaren** der Verfasserin / des Verfassers,
- **Fazit, Abrundung, Pointe** (= überraschende Wendung) oder Wiederaufgreifen der Eingangsszene am Schluss (Zooming-out).

Reportagen unterhalten und informieren zugleich. Mögliche **Absichten: Unterhaltung, Information, Interesse** für ein Thema wecken, Veranschaulichung eines **aktuellen Themas, Meinungsbildung.**
**Zielgruppen:** Erwachsene, Jugendliche, Kinder; Leute, die unterhalten werden wollen und sich für das Thema interessieren; Leser/-innen, die sich weiterbilden wollen.

### Die Sprache der Reportage

▶ S. 196–197

- Bei der **Schilderung persönlicher Sichtweisen** und Stimmungen ist die Sprache **subjektiv und emotional.** Hier werden oft Präsens und direkte Rede verwendet, anschauliche Verben und Adjektive treten gehäuft auf und es wird **bildhaft beschrieben.** Sprachliche Mittel sind dann z. B.: Vergleiche, Metaphern, Personifikationen, Aufzählungen, Wiederholungen, Redewendungen. Der Satzbau ist meist einfach und weist oft Auslassungen (Ellipsen) oder Inversionen (Umstellungen des Satzbaus) auf. Auch Frage- und Ausrufesätze können auffallend sein.
- Bei den **informierenden Textanteilen,** die oft **Hintergrundwissen** liefern, ist der **Stil sachlich** und durch Daten, Fachbegriffe und Fremdwörter geprägt. Hier steht oft das Präteritum und der Satzbau ist durch das Aufzeigen der Zusammenhänge komplexer.

## Der Kommentar

▶ S. 200–203; 208–211; 212–216

Ein Kommentar ist ein wertender Text, in dem eine Autorin / ein Autor zu einem aktuellen Thema Stellung bezieht und die persönliche Meinung äußert. **Ziel** ist es, zur **Meinungsbildung** anzuregen.

- In der **Einleitung** wird der Bezug zum aktuellen Thema, das kommentiert werden soll, hergestellt. Auch hier kann die Autorin / der Autor schon Stellung beziehen.
- Im **Hauptteil** werden aus der Sicht der Schreibenden Zusammenhänge dargestellt, Hintergründe erläutert und zusätzliche Informationen, z. B. ein geschichtlicher Rückblick, statistische Daten oder weitere Beispiele, gegeben sowie Verbesserungen oder Lösungen angeboten.
- Der **Schluss** fasst die Gedanken zusammen, zieht Schlussfolgerungen, bewertet, stellt eine Prognose oder enthält einen Aufruf oder Appell.
- Das **Layout** eines Kommentars **setzt sich deutlich** von anderen Artikeln **ab.** Es soll zu erkennen sein, dass es sich beim Kommentar um eine **subjektive Meinung** handelt. So ist **der Name der Verfasserin / des Verfassers** immer angegeben, manchmal auch mit einem **Foto.** Häufig verweisen Überschriften auf die Textsorte, z. B.: *Meine Meinung, Kommentar.*

### Die Sprache in einem Kommentar beschreiben

▶ S. 202–203; 212; 214–215

In einem Kommentar setzt die Autorin / der Autor die **Sprache gezielt** für ihre/seine **Absicht(en)** ein, weshalb die Ausdrucksweise oft stilistisch gehoben ist. Um Thesen zur Sprache eines Textes nachzuweisen, empfiehlt es sich, die Stilmittel nach ihrer inhaltlichen **Verwendung** und **Intention** zu lernen:

- Darstellung von **Hintergründen** zum Thema, um **von der eigenen Kompetenz zu überzeugen:** sehr sachliche Sprache, Zahlen/Daten, Fachbegriffe und Fremdwörter, häufig komplexer und anspruchsvoller Satzbau
- **anschauliche Darstellung von Sachverhalten und Zusammenhängen:** Aufzählungen, Vergleiche, Metaphern, Personifikationen, Redewendungen, Häufung von Adjektiven, Partizipien, aussagekräftige Verben
- **Beeinflussung der Leser/-innen** und **Überzeugung von der eigenen Meinung:** Fragesätze, Ausrufesätze, rhetorische Fragen, Wir-Formen, Konjunktive
- **Infragestellung von Fakten, Abwägung verschiedener Meinungen:** Antithesen, Anaphern, Parallelismen, Aufzählungen, Vergleiche
- **Ausdrücken von Emotionen** und **prägnantes Formulieren der eigenen Meinung:** kurze Sätze, Satzreihen, Ellipsen, Anaphern, Wiederholungen oder kommentierende Einschübe in Form von Parenthesen, manchmal umgangssprachliche Wortwahl oder Ironie als Mittel der indirekten Kritik

## Glosse und Karikatur

▶ S. 220–221

Als Glosse wird ein kurzer journalistischer Text bezeichnet, in dem sich eine Autorin oder ein Autor mit **aktuellen Nachrichten** oder **gesellschaftlich interessanten Themen** auf **satirische Art und Weise** auseinandersetzt.

- Der Witz von Glossen wird meist durch **Ironie und Sarkasmus** erzeugt. Die Themen werden in der Regel übertrieben dargestellt. Die Autorin / Der Autor drückt die **eigene Meinung** oft auf **spöttische** oder **witzige** Art und Weise aus. Häufig **macht sich die Autorin oder der Autor** über aktuelle Ereignisse bzw. typische Verhaltensweisen **lustig** und übt dadurch **Kritik.**
- Glossen enden meist mit einer **überraschenden Wendung (= Pointe).**
- Manchmal sind bei einer Glosse Abbildungen zu finden, dabei handelt es sich meist um **Karikaturen.** Das sind **komisch überzeichnete Darstellungen,** die Menschen oder gesellschaftliche Zustände humorvoll illustrieren und kritisieren.

## Kreativ mit pragmatischen Texten umgehen

▶ S. 208–211; 212; 216; 230–234; 237

Offenere Schreibaufträge bieten einen kreativen Zugang zu pragmatischen Texten.

# Der Film

### Die Kamera als „Erzählerin“

▶ S. 184–186

Im Film gibt es in der Regel keine Erzählerin oder keinen Erzähler wie in einem Roman. Stattdessen übernimmt die **Kamera** die Rolle der „Erzählerin“. Ihre Sprache ist die **Bildsprache,** die sich aus **Kameraeinstellungen, Kameraperspektiven** und **Kamerabewegungen** zusammensetzt. Die Bildsprache beeinflusst, **was** die Zuschauer/-innen wahrnehmen und **wie** sie das Geschehen empfinden.
**Die Bildinszenierung (Mise en Scène):** Filmbilder werden oft wie Gemälde inszeniert (Mise en Scène: franz. für „in Szene setzen“). Dabei wird durch die Gestaltung von Bildaufbau, Farbe und Licht eine spezielle Wirkung erzielt.

### Die Kameraeinstellungen und die Kameraperspektiven

▶ S. 184–186

- Die **Kameraeinstellung** legt die **Größe des Bildausschnitts** fest:
  - **die Totale:** Der Schauplatz der Handlung wird aus großer Entfernung im Überblick gezeigt.
  - **die Halbnahaufnahme:** Gegenstände werden aus mittlerer Nähe gezeigt, Figuren ab der Hüfte aufwärts. Man erkennt die unmittelbare Umgebung.
  - **die Großaufnahme:** Man sieht den Kopf der Figur und kann ihren Gesichtsausdruck (Mimik) deutlich erkennen.
  - **die Detailaufnahme:** Ein Ausschnitt wird sehr groß gezeigt, z. B. nur die Augen einer Figur, die Hände oder ein Gegenstand.
- Mit einer Kamera kann man verschiedene **Perspektiven (Blickwinkel)** einnehmen und dadurch eine bestimmte Wirkung erzielen:
  - **die Normalsicht:** Die Kamera befindet sich in gleicher Höhe wie die Figuren oder die Objekte.
  - **die Aufsicht (Vogelperspektive):** Die Kamera steht viel höher als die Figur oder das Objekt.
  - **die Untersicht (Froschperspektive):** Der Kamerastandort ist viel niedriger als das Motiv.

# Über Sprache nachdenken

## Wortarten

### Das Nomen (das Hauptwort/Substantiv; Plural: die Nomen)

▶ S. 142; 150

Die meisten Wörter in unserer Sprache sind Nomen. Sie werden immer **großgeschrieben.**
Nomen bezeichnen:

- **Lebewesen,** z. B.: *Biber, Eule, Zwerg,*
- **Gegenstände,** z. B.: *Schatz, Stadt,*
- **Begriffe** (Gedanken, Gefühle, Zustände ...), z. B.: *Angst, Mut, Freude, Ferien, Freundschaft.*

Sie werden häufig von **Wörtern begleitet,** an denen man sie erkennen kann, z. B. einem **Artikel** *(der Hase, eine Uhr)* oder einem Adjektiv *(blauer Himmel, fröhliche Menschen).*

### Genus (das grammatische Geschlecht; Plural: die Genera)

**Jedes Nomen hat ein Genus** (ein grammatisches Geschlecht), das man **an** seinem **Artikel erkennen** kann. Ein Nomen ist entweder:

- ein **Maskulinum** (männliches Nomen), z. B.: *der Zwerg, der Schatz,*
- ein **Femininum** (weibliches Nomen), z. B.: *die Hexe, die Unterwelt,* oder
- ein **Neutrum** (sächliches Nomen), z. B.: *das Ungeheuer, das Hexenhaus.*

Das **grammatische Geschlecht** eines Nomens stimmt **nicht immer** mit dem **natürlichen Geschlecht** überein, z. B.: *das Mädchen, das Kind.*

### Numerus (die grammatische Zahl; Plural: die Numeri)

▶ S. 245

Nomen haben einen Numerus, d. h. eine Anzahl. Sie stehen entweder im

- **Singular** (Einzahl), z. B.: *der Wald, die Hexe, das Einhorn,* oder im
- **Plural** (Mehrzahl), z. B.: *die Wälder, die Hexen, die Einhörner.*

Nur bei wenigen Wörtern ist entweder nur eine Singularform oder eine Pluralform möglich, z. B.: *der Regen, die Ferien.*

### Kasus (der Fall; Plural: die Kasus, mit langem u gesprochen)

▶ S. 245; 257; 260

In Sätzen erscheinen Nomen immer in einem bestimmten Kasus, d. h. in einem grammatischen Fall. **Im Deutschen gibt es vier Kasus.** Nach dem Kasus richten sich die Form des Artikels und die Endung des Nomens. Man kann den **Kasus** eines Nomens **durch Fragen ermitteln.**

| Kasus | Kasusfrage | Beispiele |
|---|---|---|
| 1. Fall: **Nominativ** | *Wer oder was ...?* | *Der Junge liest ein Buch.* |
| 2. Fall: **Genitiv** | *Wessen ...?* | *Das Buch des Jungen ist spannend.* |
| 3. Fall: **Dativ** | *Wem ...?* | *Ein Mädchen schaut dem Jungen zu.* |
| 4. Fall: **Akkusativ** | *Wen oder was ...?* | *Sie beobachtet den Jungen genau.* |

Meist ist der Kasus am veränderten Artikel des Nomens erkennbar, manchmal auch an der Endung des Nomens, z. B: *des Mannes, des Mädchens, den Kindern.*
Wenn man ein Nomen in einen Kasus setzt, nennt man das **deklinieren** (beugen).

## Der Artikel (der Begleiter, Geschlechtswort; Plural: die Artikel)

▶ S. 245–246; 263; 265

Das Nomen tritt selten allein auf, sondern wird häufig von einem Artikel begleitet. Man unterscheidet zwischen dem bestimmten Artikel *(der, die, das)* und dem unbestimmten Artikel *(ein, eine, ein)*, z. B.:

| | bestimmter Artikel | unbestimmter Artikel |
|---|---|---|
| **männlich** (Maskulinum) | *der Stift* | *ein Stift* |
| **weiblich** (Femininum) | *die Uhr* | *eine Uhr* |
| **sächlich** (Neutrum) | *das Buch* | *ein Buch* |

## Das Adverb (das Umstandswort; Plural: die Adverbien)

▶ S. 142; 265

Adverbien beschreiben die **genauen Umstände eines Geschehens.** Sie erklären beispielsweise:
- **die Zeit (Wann?) – Temporaladverbien,** z. B.: *jetzt, heute, gestern, manchmal*
- **den Ort (Wo? Wohin? Woher?) – Lokaladverbien,** z. B.: *hier, dort, draußen, überall*
- **den Grund (Warum? Aus welchem Grund?) – Kausaladverbien,** z. B.: *wegen, deshalb*
- **die Art und Weise (Wie? Womit?),** z. B.: *Er las ausdrucksstark.*

Adverbien ändern ihre Form meistens nicht.

## Das Adjektiv (das Eigenschaftswort; Plural: die Adjektive)

▶ S. 141; 143; 150; 196–197; 203; 231; 259

Adjektive drücken aus, **wie** etwas ist. Mit ihnen können wir die **Eigenschaften** von Lebewesen, Dingen, Vorgängen, Gefühlen und Vorstellungen **genauer beschreiben,** z. B.: *der starke Wind.*
Adjektive werden **kleingeschrieben.** Adjektive, die vor einem Nomen stehen, haben den gleichen Kasus wie das Nomen, z. B.: *der kalte See, des kalten Sees, die kalten Seen.*

**Steigerung der Adjektive**

Die meisten Adjektive lassen sich steigern (z. B.: *schön – schöner – am schönsten*).

| Positiv (Grundform) | Komparativ (Höherstufe) | Superlativ (Höchststufe) |
|---|---|---|
| *Lars ist groß.* | *Stefan ist größer.* | *Fabian ist am größten.* |

## Die Konjunktion (das Bindewort; Plural: die Konjunktionen)

▶ S. 88; 142; 263; 265

Konjunktionen verbinden Satzteile oder Teilsätze miteinander, z. B.:
*Es gab Donner und Blitz. Er konnte nicht an der Wanderung teilnehmen, weil er krank war.*
Die häufigsten Konjunktionen sind: *und, oder, weil, da, nachdem.*
Konjunktionen kann man nicht beugen (in einen Kasus oder eine Personalform setzen).
Man unterscheidet nebenordnende und unterordnende Konjunktionen:

- **nebenordnende Konjunktionen** (▶ Satzreihe, S. 307)
  *Peter schwimmt im See(,) und Philipp kauft sich ein Eis.*
  — Hauptsatz 1 — Konjunktion — Hauptsatz 2 —
- **unterordnende Konjunktionen** (▶ Satzgefüge, S. 308)
  *Wir gehen heute ins Schwimmbad, weil die Sonne scheint.*
  — Hauptsatz —
  Konjunktion — Nebensatz —

## Das Pronomen (das Fürwort; Plural: die Pronomen)

▶ S. 142; 150; 233; 259; 265

**Das Pronomen vertritt oder begleitet ein Nomen.** Es gibt verschiedene Arten von Pronomen.

- **Das Personalpronomen** (persönliches Fürwort)
  Mit den **Personalpronomen** *(ich, du, er, sie, es, wir, ihr, sie)* kann man **Nomen und Namen ersetzen,** z. B.:

  *Die Katze möchte ins Haus. Sie miaut. Schnell lassen wir sie herein.*

  *Paul rennt zum Bus. Er hat verschlafen und weiß, dass der Busfahrer nicht auf ihn wartet.*

  Personalpronomen werden wie die Nomen **dekliniert** (gebeugt):

| | Singular | | | Plural | | |
|---|---|---|---|---|---|---|
| Kasus | 1. Pers. | 2. Pers. | 3. Pers. | 1. Pers. | 2. Pers. | 3. Pers. |
| 1. Fall: **Nominativ** | *ich* | *du* | *er/sie/es* | *wir* | *ihr* | *sie* |
| 2. Fall: **Genitiv** | *meiner* | *deiner* | *seiner/ihrer/seiner* | *unser* | *euer* | *ihrer* |
| 3. Fall: **Dativ** | *mir* | *dir* | *ihm/ihr/ihm* | *uns* | *euch* | *ihnen* |
| 4. Fall: **Akkusativ** | *mich* | *dich* | *ihn/sie/es* | *uns* | *euch* | *sie* |

- **Das Demonstrativpronomen** (hinweisendes Fürwort)
  Mit Demonstrativpronomen kann man auf etwas **zeigen** oder **hinweisen.**
  Sie werden wie Nomen dekliniert (gebeugt). Demonstrativpronomen sind z. B.:
  – ***dieser, diese, dieses,*** z. B.: *Ich glaube, diese Tiere sind nachtaktiv.*
  – ***jener, jene, jenes,*** z. B.: *Jenes Nashorn läuft den ganzen Tag im Kreis.*
  – ***der, die, das,*** wenn sie im Unterschied zum bestimmten Artikel (▶ S. 300) betont sind, z. B.:
  *Das ist der kleine Elefant, der im letzten Jahr geboren wurde.*

- **Das Relativpronomen**
  Relativpronomen leiten einen Relativsatz ein. Sie **beziehen** sich **auf** ein **Bezugswort oder eine Wortgruppe im Hauptsatz.** Der Relativsatz ist ein Nebensatz, der einen Bezug zu einem Wort im Hauptsatz herstellt.
  Beispiel: *Der Tiger, der heute noch kein Futter bekommen hatte, lief im Käfig auf und ab.*
  Relativpronomen Relativsatz
  Als Relativpronomen werden die Wörter *der, die, das, welcher, welche, welches* verwendet.
  Relativpronomen werden wie Nomen dekliniert. Den Fall, in dem sie stehen, kann man erfragen.
  Beispiel: *Der Tiger, dessen Fütterung unmittelbar bevorstand, lief im Gehege auf und ab.*
  Frageprobe: *Wessen Fütterung stand unmittelbar bevor?*
  Antwort: *Dessen Fütterung stand unmittelbar bevor.* → *Genitiv*

- **Das Possessivpronomen** (besitzanzeigendes Fürwort)
  **Possessivpronomen** *(mein/meine/mein – dein/deine/dein – sein/seine/sein – ihr/ihre/ihr – unser/unsere/unser – euer/eure/euer – ihr/ihre/ihr)* **geben an, zu wem etwas gehört,** z. B.: *mein Buch, deine Tasche, unsere Lehrerin.* Possessivpronomen begleiten meist Nomen und stehen dann in dem gleichen Kasus (Fall) wie das dazugehörige Nomen, z. B.: *Ich gebe meinen Freunden eine Einladungskarte.* (Wem …? → Dativ)

## Die Präposition (das Verhältniswort; Plural: die Präpositionen)

▶ S. 245; 257; 260; 263; 266

**Präpositionen** zeigen die **Beziehungen** zwischen Lebewesen, Dingen oder Vorgängen an:

- **lokal** (Wo?), z. B.: ***in*** *der Schule,* ***vor*** *der Tür* – (Wohin?), z. B.: ***hinter*** *das Haus,* ***zwischen*** *die Pfosten*
- **temporal** (Wann?), z. B.: ***nach*** *dem Unterricht,* ***während*** *der Sportstunde*
- **kausal** (Warum?), z. B.: ***aufgrund*** *des Wetters,* ***wegen*** *des Nebels*
- **modal** (Wie?), z. B.: ***mit*** *Geduld,* ***ohne*** *Probleme,* ***aus*** *Spaß*

Präpositionen stehen meist vor Namen, Nomen und Pronomen.
Nach einer Präposition müssen die Wörter immer in einem bestimmten Kasus stehen:

- Präpositionen mit **Akkusativ:** *durch, für, ohne, um, gegen,* z. B.: *für einen Tag;*
- Präpositionen mit **Dativ:** *mit, nach, bei, von, zu, aus, außer, seit,* z. B.: *seit der Anfrage;*
- Präpositionen mit **Genitiv:** *anstatt, anhand, aufgrund, dank, mittels, seitens, statt, trotz, während, wegen, laut, zwecks,* z. B.: *dank seines Einsatzes;*
- Präpositionen mit **Dativ oder Akkusativ:** *an, auf, hinter, neben, in, über, unter, vor, zwischen.*
  Auf die Frage *Wo?* (= Ort/Position) folgt der Dativ, z. B.: *Wir lernen in der Schule.*
  Auf die Frage *Wohin?* (= Richtung) folgt der Akkusativ, z. B.: *Wir gehen in die Schule.*

## Das Verb (das Tätigkeitswort; Plural: die Verben)

Mit Verben gibt man an, **was jemand tut** (z. B.: *laufen, reden, lachen*), **was geschieht** (z. B.: *regnen, brennen*) oder **was ist** (z. B.: *haben, sein, bleiben*). Verben werden kleingeschrieben.

- Der **Infinitiv** (die Grundform) eines Verbs endet auf *-en* oder *-n,* z. B.: *rennen, lächeln.*
- Wenn man ein Verb in einem Satz verwendet, bildet man **die Personalform des Verbs.** Das nennt man **konjugieren (beugen),** z. B.: *suchen* (Infinitiv) → *Ich suche den Schlüssel* (1. Person Singular). Die Personalform des Verbs wird aus dem Infinitiv des Verbs gebildet. An den Stamm des Verbs wird dabei die passende Personalendung gehängt, z. B.: *sprechen* (Infinitiv) → *Er spricht* (3. Person Singular).

### Die Zeitformen (Tempora) der Verben

▶ S. 120; 144; 195; 197; 211

Verben kann man in verschiedenen Zeitformen verwenden. Die Zeitformen (Tempora; Sg.: das Tempus) der Verben sagen uns, wann etwas passiert.

- **Das Präsens** (die Gegenwartsform)
  - Das Präsens wird verwendet, wenn etwas in der **Gegenwart** (in diesem Augenblick) geschieht, z. B.: *Er schreibt gerade einen Brief.* (Es geschieht in diesem Augenblick.)
  - Im Präsens stehen auch **Aussagen, die immer gelten,** z. B.: *Suppe isst man mit dem Löffel.*
  - Man kann das Präsens auch verwenden, **um etwas Zukünftiges auszudrücken.** Dann ergänzt man eine Zeitangabe, die auf die Zukunft verweist, z. B.: *Morgen gehe ich ins Kino.*
- **Das Futur I** (die Zukunftsform): wird verwendet, um ein zukünftiges Geschehen auszudrücken, z. B.: *In den Sommerferien werde ich häufig ins Freibad gehen.*
  Das Futur I wird gebildet durch: Personalform von ***werden*** im **Präsens** und dem **Infinitiv** des Verbs, z. B.: *Ich werde anrufen, du wirst anrufen ...*
- **Das Futur II:** Wer sich vorstellt, dass schon eingetreten ist, was er plant, verwendet das **Futur II:** Es wird gebildet aus einer Personalform von ***werden*** im **Präsens,** dem **Partizip II** des Verbs und dem Infinitiv von ***sein*** bzw. ***haben,*** z. B.: *Ich* ***werde*** *ein schönes Wochenende* ***erlebt haben.***
  Das **Futur II** wird auch verwendet, um eine **Vermutung** zu formulieren, z. B.:
  *Peter* ***wird*** *wahrscheinlich heute früh schon Fahrrad* ***gefahren sein.***

- **Das Präteritum** (1. Vergangenheit)
  Das Präteritum ist eine **einfache Zeitform der Vergangenheit.** Sie wird vor allem in schriftlichen Erzählungen (z. B. in Märchen, in Geschichten) und in Berichten verwendet, z. B.:
  *Sie lief schnell nach Hause, denn es regnete in Strömen.* Man unterscheidet:
  – **regelmäßige (schwache) Verben:** Bei den regelmäßigen Verben wird an den Wortstamm *-te* angehängt, der Vokal *(a, e, i, o, u)* im Verbstamm ändert sich nicht, wenn das Verb ins Präteritum gesetzt wird, z. B.: *ich lache* (Präsens) → *ich lachte* (Präteritum),
  – **unregelmäßige (starke) Verben:** Bei den unregelmäßigen Verben ändert sich im Präteritum der Vokal *(a, e, i, o, u)* im Verbstamm, z. B.: *ich singe* (Präsens) → *ich sang* (Präteritum); *ich laufe* (Präsens) → *ich lief* (Präteritum).
- **Das Perfekt** (2. Vergangenheit)
  Wenn man mündlich von etwas Vergangenem erzählt, verwendet man häufig das Perfekt, z. B.:
  *Ich habe gerade etwas gegessen. Er ist nach Hause gekommen.*
  Das Perfekt ist eine **zusammengesetzte Vergangenheitsform,** es wird mit einer Form von ***haben*** oder ***sein*** im Präsens (z. B.: *hast, sind*) und dem **Partizip II des Verbs** (z. B.: *gesehen, aufgebrochen*) gebildet.
  – Das Partizip II beginnt meist mit *ge-*, z. B.: *lachen → gelacht; gehen → gegangen.*
  – Wenn das Verb schon eine Vorsilbe hat (*ge-, be-* oder *ver-*), bekommt das Partizip II keine mehr, z. B.: *gelingen → gelungen; beschweren → beschwert; verlieren → verloren.*
- **Das Plusquamperfekt** (3. Vergangenheit)
  Wenn etwas vor dem passiert ist, wovon im Präteritum oder im Perfekt erzählt wird, verwendet man das Plusquamperfekt. Das Plusquamperfekt wird deshalb auch **Vorvergangenheit** genannt, z. B.: *Nachdem er den Computer ausgeschaltet hatte, verließ er das Zimmer.*
  Das Plusquamperfekt ist wie das Perfekt eine **zusammengesetzte Vergangenheitsform,** weil es mit einer Form von ***haben*** oder ***sein*** im Präteritum (z. B.: *hatte, war*) und dem **Partizip II des Verbs** (z. B.: *gelesen, aufgebrochen*) gebildet wird, z. B.: *Nachdem alle angekommen waren, ging es los.*
- **Die Wiedergabe von Vorzeitigkeit:** Wenn man **Vorzeitigkeit** ausdrücken möchte, muss man die **Zeitform (Tempus) im Nebensatz** verändern:
  **Hauptsatz: Präsens → Nebensatz** mit vorzeitiger Handlung: **Perfekt,**
  z. B.: *Ich schreibe einen Bericht, nachdem ich mich informiert habe.*
  **Hauptsatz: Präteritum → Nebensatz** mit vorzeitiger Handlung: **Plusquamperfekt,**
  z. B.: *Ich schrieb einen Bericht, nachdem ich mich informiert hatte.*
  Bei **Nachzeitigkeit** (Satzgefüge mit *bevor*) werden gleiche Zeitformen verwendet,
  z. B.: *Ich informierte mich, bevor ich den Bericht schrieb.*

## Aktiv- und Passivformen

▶ S. 263

- Aktiv und Passiv drücken eine **unterschiedliche Sicht auf ein Geschehen** aus: Das Aktiv betont, wer handelt, das Passiv betont, was oder mit wem etwas geschieht.
- In Texten sollte man Aktiv- und Passivformen möglichst abwechselnd verwenden.

| | **Aktiv** | **Passiv** |
|---|---|---|
| Präsens | *Sie stiehlt die Tasche.* | *Die Tasche wird gestohlen.* |
| Präteritum | *Er stahl die Tasche.* | *Die Tasche wurde gestohlen.* |
| Perfekt | *Sie hat die Tasche gestohlen.* | *Die Tasche ist gestohlen worden.* |
| Plusquamperfekt | *Er hatte die Tasche gestohlen.* | *Die Tasche war gestohlen worden.* |
| Verbform mit Modalverb | *Wir müssen die Tasche suchen.* | *Die Tasche muss gesucht werden.* |

## Der Imperativ (Befehlsform)

▶ S. 65

- Wenn man eine Person zu etwas auffordert, verwendet man den **Imperativ Singular.**
  Bildung: **Verbstamm,** z. B.: *Komm! Lauf!*
  Manchmal wird die Endung *-e* angehängt oder es ändert sich der Stammvokal, z. B.: *Hilf! Gib! Lies!*
- Wenn man mehrere Personen zu etwas auffordert, verwendet man **den Imperativ Plural.**
  Bildung: **Verbstamm + *(e)t*,** z. B.: *Kommt! Lauft! Redet! Helft! Gebt! Nehmt!*
- Bei der **höflichen Anrede** verwendet man die **Höflichkeitsform des Imperativs,** z. B.: *Kommen Sie bitte!*

## Der Modus (Indikativ, Konjunktiv I, Konjunktiv II)

- **Indikativ** und **Konjunktiv** sind verschiedene **Aussageweisen (Modi)** in Sätzen.
  Sie zeigen an, wie wirklich oder wie sicher eine Aussage ist.
- Mit dem **Indikativ** wird gezeigt, dass die Sache, über die etwas gesagt wird, real (wirklich) ist, z. B.: *Die Astronauten fliegen zur ISS.*
- Den **Konjunktiv I** verwendet man, wenn man ausdrücken möchte, dass jemand anderes etwas gesagt hat (indirekte Rede), z. B.: *Leo sagt, er habe einen Tipp. Man solle ruhig atmen.*
- Mit dem **Konjunktiv II** kann man ausdrücken, dass etwas **nicht wirklich** ist, sondern nur erwünscht, gedacht oder geplant, z. B.: *Wenn ich die Stelle bekäme, riefe ich dich an.* Man verwendet den Konjunktiv II auch, um besonders **höflich** zu **formulieren,** z. B.: *Könnten Sie mich bitte zurückrufen?*

### Die Bildung des Konjunktivs I

▶ S. 130–131; 144; 203

- So wird der Konjunktiv I gebildet: **Stamm des Verbs + Konjunktivendung:**

| Indikativ Präsens | Konjunktiv I | Indikativ Präsens | Konjunktiv I |
|---|---|---|---|
| *ich komm-e* | *ich komm-e* | *wir komm-en* | *wir komm-en* |
| *du komm-st* | *du komm-est* | *ihr komm-t* | *ihr komm-et* |
| *er/sie/es komm-t* | *er/sie/es komm-e* | *sie komm-en* | *sie komm-en* |

- Wenn sich der Konjunktiv I nicht vom Indikativ Präsens unterscheidet, wird der Konjunktiv II oder die *würde*-Ersatzform verwendet, z. B.: *„Viele kommen morgen", sagte Eva.*
  → Konjunktiv I: → *Viele kommen morgen, sagte Eva.*
  → Ersatzform – Konjunktiv II: → *Viele kämen morgen, sagte Eva.*
  *würde*-Ersatzform: → *Viele würden morgen kommen, sagte Eva.*
- Die indirekte Rede steht nicht in Anführungszeichen, z. B.: *Er sagte, es werde toll.*

### Die Bildung des Konjunktivs II

▶ S. 25; 28–29

- Der Konjunktiv II wird in der Regel vom Indikativ Präteritum abgeleitet.
  Man hängt an die **Präteritumform** ein ***-e:***

| Indikativ Präteritum | Konjunktiv II | Indikativ Präteritum | Konjunktiv II |
|---|---|---|---|
| *ich ging* | *ich ging-e* | *wir ging-en* | *wir ging-en* |
| *du ging-st* | *du ging-est* | *ihr ging-t* | *ihr ging-et* |
| *er/sie/es ging* | *er/sie/es ging-e* | *sie ging-en* | *sie ging-en* |

- Außerdem werden bei **starken Verben** mit *a, o, u* im Wortstamm der Präteritumform die Vokale zu *ä, ö, ü*, z. B.: *du warst – du wärest, er konnte – er könnte, sie wussten – sie wüssten.*
- **Die *würde*-Ersatzform:** Wenn man den Konjunktiv II nicht vom Indikativ Präteritum unterscheiden kann, verwendet man die **Personalform von *würde* + Infinitiv,** z. B.: *wir gingen – wir würden gehen.*

### Die Modalverben

▶ S. 25; 28–29; 130

Modalverben verändern den Aussagewert eines Verbs:

| Modalverb | verdeutlicht ... | Beispiele |
|---|---|---|
| **können** | *Möglichkeit, Fähigkeit* | *Sie können hier parken. Sie kann reiten.* |
| **sollen** | *Empfehlung, Vorschrift* | *Besucher/-innen sollen leise sein.* |
| **müssen** | *Gebot, Zwang* | *Hunde müssen draußen bleiben.* |
| **dürfen** | *Erlaubnis* | *Sie dürfen hier parken.* |
| **wollen** | *Absicht, Bereitschaft* | *Ich will bald verreisen.* |
| **mögen** | *Wunsch* | *Er möchte gern nach Indien reisen.* |

### Die Partikel (Plural: die Partikeln)

▶ S. 25–26; 28–29

Partikeln bezeichnen als Oberbegriff alle **nicht flektierbaren Wortarten** (Adverb, Präposition, Konjunktion). Darüber hinaus werden die Partikeln nach ihrer **Funktion** unterschieden, z. B.: Negationspartikel *nicht* oder Gesprächspartikeln wie *gern, ja, nein.*

### Das Zahlwort (Singular: das Numerale; Plural: die Numeralia)

Bei den Zahlwörtern (Numeralia) unterscheidet man unter anderem:

- **Kardinalzahlen:** Sie legen die Anzahl fest, z. B.: *drei, hundert, tausend.*
- **Ordinalzahlen:** Sie legen eine Reihenfolge fest, z. B.: *erstens, der vierte Tag.*

## Satzglieder

### Wortart und Satzglied

▶ S. 245

Beachtet den Unterschied zwischen Wortarten und Satzgliedern. Oft besteht ein Satzglied aus mehreren Wörtern. Man erkennt das mit Hilfe der Umstellprobe.

| Nomen | Verb | Pronomen | Nomen | Präposition | Artikel | Nomen | **Wortarten** |
|---|---|---|---|---|---|---|---|
| *Thomas* | *trifft* | *seinen* | *Freund* | *auf* | *dem* | *Sportplatz.* | |
| Subjekt | Prädikat | Akkusativobjekt | | Lokaladverbiale | | | **Satzglieder** |

### Satzglieder erkennen: Die Umstellprobe

**Ein Satz besteht aus verschiedenen Satzgliedern.** Diese Satzglieder können aus einem einzelnen Wort oder aus mehreren Wörtern (einer Wortgruppe) bestehen. Mit der **Umstellprobe** könnt ihr feststellen, wie viele Satzglieder ein Satz hat. Wörter und Wortgruppen, die bei der Umstellprobe immer zusammenbleiben, bilden ein Satzglied, z. B.: *Unbekannte Täter stahlen nachts den teuren Schmuck. Nachts stahlen unbekannte Täter den teuren Schmuck.*

## Das Prädikat (Plural: die Prädikate)

▶ S. 245

Der **Kern des Satzes** ist das Prädikat (Satzaussage). Prädikate werden durch Verben gebildet. In einem Aussagesatz steht die Personalform des Verbs (der gebeugte Teil ▶ S. 302) **immer an zweiter Satzgliedstelle,** z. B.: *Der Hamster schläft in seinem Käfig. Er isst gerne Möhren.*
**Prädikate** können **aus mehreren Teilen** bestehen, z. B. aus:

- **einem Verb,** das in **zwei Bestandteile** getrennt ist: *Der Hund lief plötzlich fort.*
- **Personalform** und **Partizip:** *Der Hund ist plötzlich losgelaufen.*
- **zwei Verben:** *Petra ging mit ihrem Hund spazieren.*

Die zwei Teile des Prädikats bilden eine Prädikatsklammer. Sie klammern andere Satzglieder ein:
*Petra hat den Hund später auf dem Nachbargrundstück gefunden.*

Prädikatsklammer

## Das Subjekt (Satzgegenstand; Plural: die Subjekte)

Das Satzglied, das angibt, wer oder was etwas tut, veranlasst, handelt usw., heißt Subjekt.

- Ihr könnt das Subjekt mit der Frage **„Wer oder was ...?"** ermitteln: *Ich schlafe.* → *Wer schläft?*
- Es kann aus mehreren Wörtern bestehen, z. B.: *Tim schläft. – Mein treuer Hund Tim schläft.*

## Die Objekte (Singular: das Objekt)

▶ S. 245

- **Genitivobjekt:** Das Objekt, das im Genitiv steht, heißt Genitivobjekt. Ihr ermittelt es mit der Frage: **„Wessen ...?",** z. B.: *Wessen gedachten die Menschen? Sie gedachten der Opfer.*
- **Dativobjekt:** Das Objekt, das im Dativ steht, heißt Dativobjekt. Ihr ermittelt es mit der Frage: **„Wem ...?",** z. B.: *Wem leiht sie das Buch? Sie leiht das Buch mir.*
- **Akkusativobjekt:** Das Objekt, das im Akkusativ steht, heißt Akkusativobjekt. Ihr ermittelt es mit der Frage: **„Wen oder was ...?",** z. B.: *Wen oder was leiht sie mir? Sie leiht mir das neue Buch.*
- **Präpositionalobjekte** stehen **nach Verben,** die **fest mit einer Präposition verbunden** sind, z. B.: *denken an, warten auf.* Diese Präposition ist auch im Fragewort enthalten, mit dem man nach dem Präpositionalobjekt fragt, z. B.:
  *Pit dachte oft* ***an Nina.*** — **An** wen?
  *Er wartete sehnsüchtig* ***auf eine Nachricht.*** — Wo**auf**?

Objekte können aus einem oder aus mehreren Wörtern bestehen.

## Die Adverbialien (Singular: das Adverbiale; Umstandsbestimmung)

- Adverbialien sind Satzglieder, die über den Ort **(Lokaladverbiale),** die Zeit **(Temporaladverbiale),** die Art und Weise **(Modaladverbiale)** oder die Gründe **(Kausaladverbiale)** eines Geschehens informieren.
- Adverbialien können aus einem oder aus mehreren Wörtern bestehen.
- Durch die Frageprobe kann man ermitteln, welches Adverbiale vorliegt.

| Satzglied | Frageprobe | Beispiel |
|---|---|---|
| **Lokaladverbiale** | *Wo ...? Wohin ...? Woher ...?* | *Wo fand Nils den Krebs?* *Nils fand den Krebs am Strand.* |
| **Temporaladverbiale** | *Wann ...? Wie lange ...? Seit wann ...?* | *Wann regnete es?* *Es regnete am Sonntag.* |
| **Modaladverbiale** | *Wie ...? Womit ...? Auf welche Art und Weise?* | *Wie spielte Mesut?* *Mesut spielte schnell und geschickt.* |
| **Kausaladverbiale** | *Warum? Weshalb?* | *Warum blieb Anna zu Hause?* *Anna blieb wegen des Gewitters zu Hause.* |

### Die Attribute (die Beifügungen; Singular: das Attribut)

Um sich genau und abwechslungsreich auszudrücken, beschreibt man Gegenstände, Personen und Sachverhalte näher. Dabei wird das **Bezugswort** durch **zusätzliche Angaben näher bestimmt.** Solche Angaben nennt man **Attribute.** Man unterscheidet:

- **Adjektivattribute, Partizipialattribute,** z. B.: *der lustige Witz, der erzählte Witz*
- **Präpositionalattribute,** z. B.: *das Erdbeben von Lissabon, der Witz ohne Pointe*
- **Genitivattribute,** z. B.: *das Ergebnis der Untersuchung, der Lieblingswitz meines Freundes*
- **Appositionen,** z. B.: *Leon, mein Freund, bekam einen Lachanfall.*

Attribute können bei der **Umstellprobe** nur zusammen mit dem Bezugswort verschoben werden. Das bedeutet, dass Attribute **Teil eines Satzglieds** sind.

## Sätze

### Die Satzreihe: Hauptsatz + Hauptsatz

▶ S. 196–197; 203; 265

Hauptsätze haben folgende Kennzeichen:

- Ein **Hauptsatz** ist ein selbstständiger Satz. Er kann allein stehen.
- Er enthält mindestens zwei Satzglieder, nämlich Subjekt und Prädikat, z. B.: *Peter schwimmt.*
- Die Personalform des Verbs (das gebeugte Verb ▶ S. 302) steht im Hauptsatz in der Regel an zweiter Satzgliedstelle, z. B.: *Peter schwimmt im See.*

Ein **Satz,** der **aus zwei oder mehr Hauptsätzen** besteht, wird **Satzreihe** genannt. Die einzelnen Hauptsätze einer Satzreihe werden durch ein **Komma** voneinander getrennt, z. B.: *Peter schwimmt im See, Philipp kauft sich ein Eis.*

Häufig werden die Hauptsätze durch die **nebenordnenden Konjunktionen** (Bindewörter ▶ S. 300) *und, oder, aber, denn, doch* verbunden, z. B.: *Peter schwimmt im See, denn es ist sehr heiß.*

**Beachtet:** Vor den Konjunktionen *und* bzw. *oder* darf das Komma wegfallen, z. B.: *Peter schwimmt im See und Philipp kauft sich ein Eis.*

## Das Satzgefüge: Hauptsatz + Nebensatz

▶ S. 111; 263; 265

**Nebensätze haben folgende Kennzeichen:**

- Ein Nebensatz kann **nicht ohne** einen **Hauptsatz** stehen.
- Der Nebensatz wird z. B. durch eine **unterordnende Konjunktion** (Bindewort ▶ S. 300, z. B.: *weil, da, obwohl, damit, dass, sodass, nachdem, während*) oder durch ein **Relativpronomen** (z. B.: *der, die, das*) eingeleitet.
- Die **Personalform des Verbs** (das gebeugte Verb) steht im Nebensatz immer **an letzter Satzgliedstelle.**
- Indirekte Fragesätze werden durch **Fragewörter** eingeleitet (z. B.: *wie viele, wer*).

Einen **Satz,** der **aus** mindestens einem **Hauptsatz und** mindestens einem **Nebensatz** besteht, nennt man **Satzgefüge.** Zwischen Hauptsatz und Nebensatz muss **immer ein Komma** stehen, z. B.:

*Wir gehen heute ins Schwimmbad, weil die Sonne scheint.*

Hauptsatz — Nebensatz

In einem **Satzgefüge mit unterordnender Konjunktion** kann der **Nebensatz dem Hauptsatz folgen,** ihm **vorangestellt** sein oder in ihn **eingeschoben** werden.

## Relativsätze

▶ S. 263; 265

**Relativsätze** sind Nebensätze, die ein vorausgehendes Bezugswort im Hauptsatz näher erklären, z. B.:

*Ayshe nimmt den **Bus**, **der** direkt vor dem Schwimmbad **hält**.*

Sie werden mit einer Form des **Relativpronomens** (z. B.: *der, die, das, dessen* ▶ S. 301) eingeleitet und immer durch **Komma(s) abgetrennt.**

## Infinitivgruppen

▶ S. 258; 263

Ein Infinitiv + *(um) zu* + weiteres Wort oder Wortgruppe bilden eine **Infinitivgruppe.**

Sie **muss** durch ein **Komma** abgetrennt werden, wenn sie:

- durch *um, ohne, statt, anstatt, außer, als* eingeleitet wird, z. B.: *Er hielt ein Referat, um seine Idee vorzustellen.*
- von hinweisenden Wörtern wie *daran, darauf, damit, davon, dazu, es* abhängt, z. B.: *Er wartete darauf, seine Idee vorstellen zu können.*
- von einem Nomen abhängt, z. B.: *Er hatte den Plan, eine Schülerinitiative ins Leben zu rufen.*

## Partizipgruppen

Eine **Partizipgruppe** wird mit einem **Partizip I** (Partizip Präsens) oder **Partizip II** (Partizip Perfekt) gebildet, z. B.: *Den Kopf in den Nacken **legend** genießt er den Fahrtwind.*

Partizipgruppen darf man durch **Komma** vom Hauptsatz trennen. Ein Komma muss stehen,

1. wenn durch ein **hinweisendes Wort** auf die Partizipgruppe Bezug genommen wird, z. B.: *Den Kopf in den Nacken legend, so genießt er den Fahrtwind.*
2. wenn die Partizipgruppe eine **nachgestellte Erläuterung** zu einem Nomen oder Pronomen ist, z. B.: *Er, den Kopf in den Nacken gelegt, genoss den Fahrtwind.*

### Adverbialsätze

Wenn ein **Adverbiale** in Form eines **Nebensatzes** auftritt, nennt man diesen Satz **Adverbialsatz.** Adverbialsätze werden vom Hauptsatz mit einem **Komma** abgetrennt. Man unterscheidet z. B.:

- **Temporalsätze** (Wann? Seit wann? Wie lange?): *als, während, nachdem, seit, sobald*
- **Modalsätze** (Auf welche Art und Weise? Wodurch? Wie?): *indem, als ob*
- **Konsekutivsätze** (Mit welcher Folge?): *dass, sodass, ohne dass*
- **Kausalsätze** (Warum?): *weil, da*
- **Finalsätze** (Mit welcher Absicht? Wozu?): *damit*
- **Konditionalsätze** (Unter welcher Bedingung?): *wenn, falls, sofern*
- **Konzessivsätze** (Trotz welcher Tatsache?): *obwohl, auch wenn, obschon*

Bei der **Umformung von Adverbialien** in Adverbialsätze wird das Nomen zu einem Ausdruck mit Verb umgewandelt. Präpositionen werden durch passende Konjunktionen ersetzt, z. B.: *wegen → weil: Wegen unseres lauten Lachens wurde das Baby geweckt. Weil wir laut lachten, wurde das Baby geweckt.*

## Stil

▶ S. 264–270

### Die Übereinstimmung von Subjekt und Prädikat

▶ S. 245

Das flektierte Verb hat den gleichen Numerus (Singular, Plural) wie das Subjekt, z. B.: *<u>Viele</u> <u>kommen</u> heute in die Kita. Morgen <u>kommt Damian</u> nicht. <u>Die Mehrheit findet</u> das schade.*
Bei Subjekten, die aus Nomen mit vorangestellten Maß- oder Mengenangaben bestehen, ist es meist richtig, das Prädikat an die Mengenangabe anzugleichen, z. B.: *<u>Die Mehrheit der Erzieher ist</u> dafür. <u>Zwei Drittel der Kinder sind</u> dafür. <u>98 Prozent der Eltern sind</u> dafür.*

### Nominal- und Verbalstil

▶ S. 76; 80; 93–94; 238; 259; 264

- Der **Nominalstil** verwendet vor allem **Nomen und Nominalisierungen.** Mit Hilfe dieses Stils lassen sich **viele Informationen** in einem Satz wiedergeben. Er wird vor allem in wissenschaftlichen, Behörden- und Gesetzestexten eingesetzt.
- Der Verbalstil bevorzugt dagegen **Verben.** Dadurch wirken Texte **lebendiger** und **leichter verständlich.** Dieser Stil wird oft in umgangssprachlichen oder erzählenden Texten angewendet.

### Wortwiederholungen vermeiden

▶ S. 264; 266

Wiederholungen lassen sich vermeiden, indem man

- **Satzglieder** so **umstellt,** dass die Satzanfänge nicht immer gleich sind. Generell sollte man das Satzglied an den Anfang stellen, das besonders wichtig ist.
- Nomen durch passende **Pronomen ersetzt.**
- **Synonyme findet,** z. B.: *man → die Leute.* Dabei hilft der Thesaurus eines Schreibprogramms.
- **Umschreibungen** oder **Infinitivgruppen** statt *dass*-Sätze verwendet, z. B.: *Er hofft, dass er sie wiedersieht. → Er hofft auf ein Wiedersehen mit ihr. Er hofft, sie wiederzusehen.*
- zwischen **Aktiv- und Passivsätzen** abwechselt, z. B.: *Man behauptet ... – Es wird behauptet ...*

# Tipps zum Rechtschreiben

▶ S. 256–257; 259; 262; 268

## Tipp 1: Deutlich sprechen – Genau hinhören

▶ S. 256–257

Sprecht euch das Wort, das ihr schreiben wollt, deutlich vor. Sprecht dabei jeden Buchstaben einzeln. Achtet darauf, ob der **betonte Vokal kurz** gesprochen wird (z. B.: *Kamm*) oder **lang** (z. B.: *kam*). Unterscheidet deutlich **harte** und **weiche** Konsonanten (z. B.: *er **t**ankt / er **d**ankt*).

## Tipp 2: Auf Wortbausteine achten

▶ S. 256–257

In verschiedenen Wörtern kommen oft gleiche **Wortbausteine** vor. Wer diese Bausteine kennt, macht weniger Fehler.
Der Grundbaustein eines Wortes heißt **Wortstamm.**

- Wörter mit dem gleichen Wortstamm bilden eine **Wortfamilie,** z. B.: *frei, die Freiheit, unfreiwillig.*
  **Beachtet:** Der Vokal im Wortstamm kann sich ändern, z. B.: *backen, das Gebäck.*
- Durch **Vorsilben (Präfixe)** und **Endungen (Suffixe)** können **verwandte Wörter** gebildet werden, z. B.:

| Vorsilbe | Wortstamm | Endung |
|---|---|---|
| *an-* | ***-geb-*** | *-en* |

Wörter können auch aus zwei oder mehr Wörtern zusammengesetzt werden:
Das **Grundwort** am Ende bestimmt die Wortart und bei Nomen das Genus, z. B.: *der Wasserball.*

## Tipp 3: Verwandte Wörter suchen

▶ S. 256–257; 259

***ä*** oder ***e, äu*** oder ***eu?*** – Wenn ihr unsicher seid, wie ein Wort geschrieben wird, macht die **Ableitungsprobe** und sucht ein **verwandtes Wort mit *a* bzw. *au,*** z. B.:
*gef ? hrlich? → die Gefahr → gefährlich*
*die M ? use → die Maus → die Mäuse*
Bei einigen Wörtern mit ***ä*** gibt es keine Ableitungsmöglichkeit – ihr müsst euch ihre Schreibung einprägen, z. B.: *der Käfig, der Lärm, erzählen, während, allmählich, die Krähe.*
Diese Suche nach einem verwandten Wort nennt man **Ableitungsprobe.**

## Tipp 4: Wörter verlängern

▶ S. 256–257; 259

Am Wortende klingen ***b*** wie ***p*** (z. B.: *lieb*), ***g*** wie ***k*** (z. B.: *der Steg*) und ***d*** wie ***t*** (z. B.: *der Held*).
Verlängert die Wörter und sprecht sie deutlich aus. Bildet

- bei **Nomen** den Plural (z. B.: *der Ber ? → die Berge → der Berg*)
  oder ein Adjektiv (z. B.: *der Win ? → windig → der Wind*),
- bei **Adjektiven** die Steigerungsform (z. B.: *klu ? → klüger → klug*)
  oder beugt es mit einem Nomen (z. B.: *klu ? → die kluge Schülerin → klug*),
- bei **Verben** eine andere Verbform, etwa den Infinitiv (z. B.: *er lo ? → lügen → er log*).

### Tipp 5: Silbentrennung

**Mehrsilbige Wörter** trennt man nach **Sprechsilben,** die man beim langsamen, deutlichen Vorlesen hört, z. B.: *Spa-zier-gang, Welt-meis-ter, er-zäh-len, Recht-schrei-bung, kom-men.*
**Von mehreren Konsonanten** kommt **nur einer** in die **neue Zeile,** z. B.: *Git-ter, Kat-ze, knusp-rig.*
Aber: ***ch, ck*** und ***sch*** bleiben immer zusammen, z. B.: *la-chen, drü-cken, lau-schen.*
**Einzelne Buchstaben** werden **nicht abgetrennt,** z. B.: *Abend, Ofen.*
Zusammengesetzte Wörter und Wörter mit Vorsilbe (▶ Tipp 2) trennt man **zwischen** den **Wortbausteinen,** z. B.: *Rast-platz, Ab-sprung, Tief-schlaf, Trenn-strich, Ver-trag, be-stellt.*

### Die Rechtschreibprüfung am Computer

▶ S. 268–269

Der **Computer** kann euch dabei helfen, **Fehler zu finden.** Er macht oft sogar mehrere **Korrekturvorschläge,** zwischen denen ihr dann auswählen und die ihr mit **„Ändern"** bestätigen könnt. Wenn die Rechtschreibprüfung zum Beispiel einen korrekten Namen oder ein neues, aber richtiges Wort rot unterstreicht, könnt ihr mit **„Ignorieren"** oder **„Hinzufügen"** reagieren.
**Aber:** Die automatische Rechtschreibprüfung findet nicht alle Fehler!

# Rechtschreibregeln

▶ S. 256–263; 268–269

## Großschreibung

▶ S. 233; 256–257; 259; 269

**Satzanfänge, Namen** und **Nomen** schreibt man groß.

- Ein Nomen erkennt man sicher am **bestimmten oder unbestimmten Artikel,** der davorsteht (z. B.: *der Baum, ein Einfall*) oder den man probeweise ergänzen kann **(Artikelprobe),** z. B.: *Simona isst gern (die) Nudelsuppe.*
- Weitere **Signalwörter** für Nomen sind: **Numeralia** (Zahlwörter, z. B.: *drei Hunde*), **Pronomen** (z. B.: *meine Tasche*) und **Adjektive** (z. B.: *rote Schuhe*).
- Wörter mit den Endungen ***-heit, -keit, -nis, -schaft, -tum, -ung*** sind **Nomen** und werden **großgeschrieben,** z. B.: *Schönheit, Süßigkeit, Ereignis, Mannschaft, Eigentum, Zeichnung.*
- **Verben im Infinitiv** (Grundform) und **Adjektive** können **wie ein Nomen gebraucht (nominalisiert)** werden. Man erkennt nominalisierte Verben und Adjektive am Artikel, der davorsteht oder den man probeweise ergänzen kann (Artikelprobe), z. B.:
  *Er mag das Schwimmen im See. Das Besondere daran ist die Größe des Gewässers.*
  **Nominalisierte Verben und Adjektive** werden **großgeschrieben.**

## Kleinschreibung

▶ S. 256–257; 259; 269

Die meisten Wortarten werden kleingeschrieben, z. B.:

- alle Verben, z. B.: *malen, tanzen, gehen,*
- alle Adjektive, z. B.: *freundlich, sonderbar, rostig;* viele Adjektive kann man an typischen Adjektivendungen erkennen: ***-bar, -haft, -ig, -isch, -lich, -los, -sam,***
- alle Pronomen (Fürwörter), z. B.: *ich, du, er/sie/es, wir, ihr, sie, mich, dich, mein, dein, euer, dieser.*
  **Beachtet:** Eine Sonderregelung gibt es bei den Pronomen der Höflichkeitsanrede (z. B. in Briefen und E-Mails): Wenn ihr jemanden siezt, schreibt ihr die Anredepronomen groß, z. B.: *Sie, Ihnen, Ihr.* Die vertraute Anrede *du* kann man auch in Briefen kleinschreiben, z. B.: *dir, dein, euch, euer.*

### Wie Adjektive gebrauchte Nomen

▶ S. 256–257; 259

- Aus einigen Nomen wie *Angst, Ernst, Leid, Pleite, Recht, Schuld* und *Wert* sind Wörter bzw. „verblasste" Nomen entstanden, die – meist in Verbindung mit *sein, werden* oder *bleiben* – **wie Adjektive gebraucht** und deshalb **kleingeschrieben** werden, z. B.: *Ihr wurde angst und bange, er meinte es ernst.* In den anderen Fällen werden die Nomen als solche **großgeschrieben,** z. B.: *Dem Land droht eine Pleite. Hat die Bevölkerung Schuld?*
- **Klein- oder Großschreibung** ist möglich bei *recht/Recht behalten, recht/Recht haben, recht/Recht geben* usw.

## Schreibweise von Farb- und Sprachbezeichnungen

▶ S. 259

- **Namen** und **Nomen** werden **großgeschrieben. Adjektive** werden dann **großgeschrieben,** wenn sie als **Teil eines Namens,** als **Nomen** oder **Nominalisierung** verwendet werden. Man erkennt dies an einem Artikel, z. B.: *das Französische,* einer Präposition, z. B.: *auf Französisch,* einem vorangestellten Pronomen oder einer Mengenangabe, z. B.: *ihr Französisch, kein Blau.*
- Kann man **Farb-** oder **Sprachbezeichnungen** mit „Wie?" erfragen, schreibt man sie meistens klein, z. B.: *Er spricht portugiesisch.*

## Schreibung der Zeitangaben

▶ S. 256–257

Zeitangaben, die **Nomen** sind, werden **großgeschrieben,** z. B.: Wochentage oder Tageszeiten. Ihnen gehen Artikel *(der Abend, eines Nachts),* Präpositionen *(am Dienstagabend, über Nacht)* oder Zeitadverbien *(heute Abend, gestern Nachmittag)* voraus.
Andere Zeitangaben **(Zeitadverbien)** werden **kleingeschrieben:**

- *heute, gestern, wochenlang, immer, spät;*
- wenn sie auf *-s* enden: *montagabends, morgens.*

## Schreibweise von Zahlwörtern

▶ S. 256–257; 259

- Als Nomen gebrauchte **Grundzahlen** werden **großgeschrieben,** wenn sie **Ziffern** bezeichnen, z. B.: *eine Zwei in Sport.* Sonst werden **Grundzahlen kleingeschrieben,** z. B.: *Sie lernte mit fünf pfeifen.*
- Als Nomen gebrauchte **Bruchzahlen** und **Ordnungszahlen** schreibt man **groß,** z. B.: *ein Viertel der Jugendlichen, er wurde Fünfter.*

## Schreibweise von Eigennamen

Eigennamen werden **großgeschrieben.** Bei mehrteiligen Eigennamen werden die Adjektive, Partizipien und Zahlwörter großgeschrieben, wenn sie Bestandteile des Eigennamens sind:

- **Personennamen, Titel** oder **Ehrbezeichnungen,** z. B.: *Friedrich der Große, der Heilige Vater,*
- **historische Ereignisse,** z. B.: *das Elisabethanische Zeitalter,*
- **geografische Bezeichnungen,** z. B.: *der Große/Kleine Wagen,*
- **bestimmte Kalendertage,** z. B.: *der Erste Mai,*
- **Bezeichnungen aus der Flora und Fauna,** z. B.: *die Schwarze Mamba,*
- Namen von **Institutionen,** z. B.: *Institut für Deutsche Sprache.*

## Schreibung von Orts- und Straßennamen

- **Zusammengesetzte Straßennamen** schreibt man **zusammen,** z. B.: *Schlossallee.*
- **Getrennt** schreibt man die Straßennamen, wenn eine **Ableitung auf *-er*** von einem Orts- oder Ländernamen vorliegt, z. B.: *Leipziger Straße, Saarbrücker Tor.*
- **Das erste Wort eines Straßennamens** wird **großgeschrieben,** ebenso alle zum Namen gehörenden Adjektive und Zahlwörter, z. B.: *An den Drei Tannen, Am Alten Lindenbaum.*
- Straßennamen, die **aus mehrteiligen Namen zusammengesetzt** sind, schreibt man **mit Bindestrichen,** z. B.: *Willy-Brandt-Straße, Kaiser-Friedrich-Ring.*

## Kurze Vokale – Doppelte Konsonanten

► S. 256–257; 259

Nach **kurzem betontem Vokal** folgen fast immer **zwei oder mehr Konsonanten.**

- In den meisten Fällen kann man die Konsonanten bei deutlichem Sprechen gut unterscheiden, z. B.: *Hund, Topf, Karte, singen, wandern.*
- Wenn nach einem kurzen Vokal nur ein Konsonant zu hören ist, wird dieser beim Schreiben meist **verdoppelt,** z. B.: *knabbern, Brunnen, Pudding, Koffer, Bagger, schwimmen, Suppe, irren, vergessen.*
  **Ausnahmen:** Statt verdoppeltem ***k*** schreibt man ***ck*** (z. B.: *backen, Nacken, Ecke*) und statt verdoppeltem ***z*** schreibt man ***tz*** (z. B.: *Katze, Netz, Hitze*).

## Lange Vokale

► S. 259

- **Einfacher Konsonant hinter langem Vokal**
  Die langen Vokale ***a, e, o, u*** und die Umlaute ***ä, ö, ü*** werden oft nur mit einem einfachen Buchstaben geschrieben, z. B.: *Wagen, leben, Bogen, klären, Flöte, Gemüse.*
  **Nach** einem **langen Vokal** und nach ***ä, ö, ü*** steht meist **nur *ein* Konsonant,** z. B.: *haben, geben, oben, rufen, Käse, mögen, grüßen.*
- **Wörter mit Doppelvokal**
  In einigen Wörtern wird der lange Vokal mit Doppelbuchstaben geschrieben, z. B.:
  – ***aa:*** *Aal, Aas, Haar, paar, Paar, Saal, Saat, Staat, Waage,*
  – ***ee:*** *Beere, Beet, Fee, Heer, Klee, Schnee, See, Seele;* ursprünglich aus einer anderen Sprache stammen Wörter wie: *Armee, Idee, Kaffee, Klischee, Tee, Tournee, Püree,*
  – ***oo:*** *Boot, doof, Moor, Moos, Zoo.*
- **Langer Vokal + *h***
  Manchmal steht hinter einem langen Vokal ein ***h,*** z. B.: *gestohlen, zahm, Sehne, wahr.*
  Das ***h*** erscheint nach langem Vokal besonders oft vor den Buchstaben ***l, m, n*** und ***r.***
- **Langer *i*-Laut**
  – Das lang gesprochene ***i*** wird meistens ***ie*** geschreiben, z. B.: *Dieb, hier, blieb, kriechen.*
  – Manchmal wird das lange ***i*** nur durch den Einzelbuchstaben ***i*** wiedergegeben, z. B.: *dir, mir, Biber, Igel, Maschine.*
  – Die Verbindung ***ih*** findet man nur bei Pronomen, z. B.: *ihm, ihn, ihr.*

## Schreibung des *s*-Lauts

▶ S. 256–259

Im Hochdeutschen unterscheidet man in der Aussprache den **stimmhaften** (summenden) ***s*-Laut** vom **stimmlosen** (zischenden) ***s*-Laut.**

- Der **stimmhafte *s*-Laut** wird **mit einfachem *s*** geschrieben, z. B.: *Hase, Riese, eisig.*
- Der **stimmlose *s*-Laut** wird mit einfachem ***s*** geschrieben, wenn sich beim Verlängern des Wortes ein stimmhaftes ***s*** ergibt, z. B.: *Gras – Gräser, Haus – Häuser, reiste – reisen.*
- Den **stimmlosen *s*-Laut nach langem Vokal** oder nach **Diphthong** *(au, äu, ei, eu)* schreibt man ***ß*,** wenn er bei der **Verlängerungsprobe stimmlos** bleibt, z. B.: *Fuß – Füße, weiß – weißer.*
- **Nach** einem **kurzen betonten Vokal** wird ein **stimmloser *s*-Laut** meist ***ss*** geschrieben, z. B.: *Fass, Biss, sie muss, er hasst, hässlich.*
- ***das* oder *dass*?**
  Mit einem einfachen **s** geschrieben wird das Wort ***das*** als:
  - **bestimmter Artikel,** z. B.: *Ich kaufe das Buch.*
  - **Demonstrativpronomen** (kann durch ***dieses*** ersetzt werden), z. B.: *Das ist mein Lieblingsbuch.*
  - **Relativpronomen** (kann durch ***welches*** ersetzt werden), z. B.: *Ich lese das Buch, das mir gefällt.*

  ***dass*** ist eine Konjunktion (Bindewort ▶ S. 300) und wird mit **Doppel-*s*** geschrieben. Sie kann **nicht durch *dieses* oder *welches*** ersetzt werden, z. B.: *Ich glaube, dass ich das Buch schon kenne.*

## Getrennt- und Zusammenschreibung

▶ S. 256–258; 269

- **Getrennt** schreibt man in der Regel **Wortverbindungen** aus:
  - Verb bzw. Partizip + Verb: *singen können, sprechen lernen, geschenkt bekommen,*
  - Nomen + Verb: *Vokabeln lernen, Radio hören,*
  - Adjektiv + Verb: *schnell arbeiten, gut hören*
  - sowie mit ***sein:*** *dabei sein, da sein, pünktlich sein.*
- Werden diese Verbindungen **als Nomen** gebraucht, schreibt man sie **zusammen** und **groß,** z. B.: *das Radiohören, beim Vokabellernen.*
- Wenn die Verbindungen aus Verb + Verb bzw. Adjektiv + Verb eine **übertragene Bedeutung** haben, schreibt man sie **zusammen,** z. B.: *Ich habe mich breitschlagen (überreden) lassen.*
  *Du solltest deswegen nicht schwarzsehen (negativ denken).*
- **Zusammensetzungen werden zusammengeschrieben:**
  - Zusammensetzungen aus Adverb/Präposition + Verb, bei denen die **Hauptbetonung auf dem ersten Bestandteil liegt,** z. B.: *übersetzen,*
  - Zusammensetzungen, deren erster Bestandteil ein **„verblasstes" Nomen** ist (das in der Verbindung seine Eigenständigkeit verloren hat), z. B.: *heim-, irre-, preis-, stand-, statt-, teil- und wett-,*
  - Zusammensetzungen aus **Nomen und Adjektiv** oder **Partizip,** z. B.: *plastikfrei, gewinnbringend,*
  - Zusammensetzungen mit *irgend-*.

## Wörter mit *wieder-* oder *wider-*

▶ S. 259

- Man schreibt ***wider*** mit einfachem ***i*,** wenn das Wort **im Sinne von „gegen",** „in Opposition zu etwas oder jemandem" benutzt wird, z. B.: *Widerstand (Einstellung gegen etwas).*
- In der **Bedeutung** von **„noch einmal", „erneut", „zurück"** hingegen schreibt man ***wieder*,** z. B.: *wiederkäuen (etwas noch einmal kauen), wiedersehen (erneut sehen).*

# Zeichensetzung

▶ S. 256–257; 260–261; 267

## Kommasetzung

▶ S. 256–257; 260–261; 267

- Zwischen den einzelnen Teilen einer **Aufzählung** steht ein **Komma,** wenn diese nicht durch *und* oder *oder* verbunden sind, z. B.: *Ich spiele Hockey, Fußball, Völkerball und Karten.*
- Zwischen den Hauptsätzen in einer **Satzreihe** (▶ S. 307) müssen Kommas stehen, wenn die Hauptsätze nicht durch *und* oder *oder* verbunden sind, z. B.:
  *Lene kommt mit dem Fahrrad zur Schule, aber Ole nimmt den Bus.*
  *Vinzenz geht zu Fuß, Clara wird gebracht und Anton kommt mit dem Zug.*
- **Nebensätze** (▶ S. 308) werden durch **Komma** vom Hauptsatz getrennt.
  Eingeleitet werden sie meist durch:
  – eine **Konjunktion** (Bindewort ▶ S. 300), z. B.: *weil, dass, nachdem, wenn, obwohl,* oder
  – ein **Relativpronomen** (▶ S. 301), z. B.: *der, die, das, welche, dessen.*

## Die Kommasetzung bei Infinitivgruppen

▶ S. 256–257; 260–261; 267

- Ein **einfacher Infinitiv** (nur Verb + *zu*) kann **ohne Komma** stehen, z. B.: *Er glaubt(,) zu gewinnen.*
- Die Stellung des Kommas kann die Bedeutung des Satzes ändern.
- Wird ein Infinitiv mit *zu* durch mehrere Wörter erweitert, spricht man von einer **Infinitivgruppe,** z. B.: *Er glaubt(,) im Wettkampf zu gewinnen.*
- **Infinitivgruppen,** die mit *um, (an)statt, ohne, außer* oder *als* eingeleitet werden oder von Nomen wie *Plan, Absicht, Hoffnung, Idee* sowie von hinweisenden Wörtern *(darum, das, dazu, es, damit, daran)* abhängen, **müssen mit einem Komma vom Hauptsatz getrennt werden,** z. B.:
  *In Ohio darf ein Polizist einen Hund beißen, um ihn zu beruhigen.*
  *In Alabama ist es verboten, am Sonntag Domino zu spielen.*

**Tipp:** Am besten setzt ihr bei einem erweiterten Infinitiv mit *zu* immer ein Komma.

## Die Kommasetzung bei Partizipgruppen

▶ S. 260–261

**Partizipgruppen müssen** mit **Komma** abgetrennt werden, wenn sie

**1** als Zusätze oder Nachträge anzusehen sind, die einem Nomen oder Pronomen nachgestellt sind, z. B.: *Er, überwältigt von so viel Glück, konnte die Tränen nicht zurückhalten.*
*Er konnte die Tränen nicht zurückhalten, überwältigt von so viel Glück.*

**2** durch ein Wort oder eine Wortgruppe angekündigt oder wieder aufgenommen werden, z. B.:
*Dann, endlich in Hamburg angekommen, suchten wir ein Hostel.*
*Über beide Ohren grinsend, so kam sie auf uns zu.*

In allen anderen Fällen bzw. um Missverständnissen vorzubeugen, **kann** ein Komma gesetzt werden, z. B.: *Von so viel Glück überwältigt(,) brach sie in Tränen aus.*

## Die Kommasetzung bei der Apposition

▶ S. 267

Nomen kann man näher bestimmen, indem man ihnen ein anderes treffendes Nomen (oder eine Wortgruppe mit einem Nomen) im gleichen Fall nachstellt und in Kommas setzt. Dies nennt man **Apposition,** z. B.: *Dies ist Herr Gruber, unser Trainer. Ich rief Herrn Gruber, unseren Trainer, an.*

### Zeichensetzung bei der wörtlichen Rede

▶ S. 143

- Was jemand spricht, steht in **Anführungszeichen.**
- Steht der Redebegleitsatz **vor der wörtlichen Rede,** wird er mit einem **Doppelpunkt** von der wörtlichen Rede abgetrennt, z. B.: *Wir riefen: „Wir sind schneller!“*
- Steht der **Redebegleitsatz in der Mitte oder nach der wörtlichen Rede,** wird er durch Komma abgetrennt. Dabei verliert der Aussagesatz den **Schlusspunkt; Fragezeichen** und **Ausrufezeichen** bleiben stehen: *„Markus“, warnten unsere Klassenkameraden, „hör auf damit!“*

## Vielfalt und Wandel der Sprache

### Fremdwörter

▶ S. 197; 201; 203–204; 242–244; 255–257; 261

Fremdwörter sind Wörter, die ursprünglich aus einer anderen Sprache stammen und die wir in unseren deutschen Sprachgebrauch übernommen haben. Solche Fremdwörter lassen sich meist an der Aussprache oder an der Schreibweise erkennen.

- Viele Fremdwörter aus dem **Französischen** enden beispielsweise auf *-eur (Souffleur, Ingenieur), -age (Gage, Courage)* oder *-eau (Plateau, Tableau).*
- Zahlreiche Fremdwörter – oft aus den Bereichen Wissenschaft und Technik – kommen aus dem **Griechischen oder Lateinischen,** die über viele Jahrhunderte die Wissenschaftssprachen waren. Sie sind oft in Wortbausteine zerlegbar, die jeweils eigene Bedeutungen haben, z. B.: *Biologie = bíos (altgriech. für Leben) + lógos (altgriech. für Lehre) → die Wissenschaft vom Leben.*
- Häufig werden Fremdwörter aus dem **Englischen** (Anglizismen) ins Deutsche übernommen, v. a. in den Bereichen Medien, Mode, Wissenschaft und Wirtschaft/Handel. Man sieht oder hört diesen Wörtern ihre Herkunft an, z. B.: *Notebook, Shopping, Sale.*

### Standardsprache, Umgangssprache, Jugendsprache, Dialekt

▶ S. 100; 157; 161; 247–251

Fast alle Menschen verwenden unterschiedliche **Sprachebenen.** Es gibt:

- gutes, sprachlich richtiges Deutsch mit abwechslungsreichem Wortschatz (wird im Aufsatz und in Büchern verwendet). Das nennen wir **Standardsprache** (Hochsprache).
- eine einfachere Ausdrucksweise: *kriegen* statt *bekommen, rumhängen* statt *faulenzen.* Manches wird abgekürzt, z. B.: *rauf* statt *hinauf, mal* statt *einmal.* Das nennen wir **Umgangssprache** (Alltagssprache). Im Aufsatz sollte sie nicht verwendet werden.
- die **Jugendsprache.** Sie **unterscheidet** sich **von** der **Standardsprache** (Hochsprache) durch bestimmte **Wörter, Wendungen** oder den **Satzbau,** z. B.:
  *krass* (Jugendsprache) = *gut* (Standardsprache).
  Jugendsprache ist sehr **schnelllebig** und **verändert sich oft** innerhalb weniger Jahre.
- verschiedene Mundarten (ortsgebundene Sprachen). In Bayern sind das vor allem bairische, schwäbisch-alemannische und fränkische Mundarten. Diese nennt man auch **Dialekt.**

# Besondere sprachliche Mittel

## Stilmittel (rhetorische Mittel) ▶ S. 65–66; 98; 122; 126; 151; 196–197; 202–203; 225–227; 239; 275

- **Alliteration:** Zwei oder mehr aufeinanderfolgende Wörter beginnen mit dem gleichen Buchstaben, z. B.: *Dunkle Dinge drohen uns allen.*
- **Anapher:** Wiederholung eines oder mehrerer Wörter an Satz- oder Versanfängen, um Wörter zu betonen, z. B.: *Clarina heult auf einmal los. Clarina kann nicht antworten.*
- **Antithese:** Kombination gegensätzlicher Begriffe oder Sätze, z. B.: *jung und alt.*
- **Ellipse:** unvollständiger, verkürzter Satz durch Auslassen von Satzteilen, die leicht ergänzt werden können. Ellipsen können Gefühle zum Ausdruck bringen, z. B.: *Blau und Gelb. Spürt den Wind.*
- **Enjambement:** Zeilensprung, vom französischen *enjamber:* überschreiten, überspringen, bezeichnet das Übergreifen eines Satzes auf die nächste Verszeile, z. B.: *Aufatmen, für einen Moment eine / Pause auf der Straße.*
- **Häufung:** Verschiedene Begriffe werden aneinandergereiht, z. B.: ... *ist Feuer, Pest und Tod.*
- **Inversion:** Umkehrung der normalen Wortstellung im Satz, um damit etwas hervorzuheben, z. B.: *„Am Fenster ich einsam stand" (von Eichendorff: „Sehnsucht")*
- **Ironie:** unwahre Behauptung, die erkennen lässt, dass das Gegenteil gemeint ist, z. B.: *Das hast du ja wieder toll hinbekommen.*
- **Klimax:** Steigerung (oft dreigliedrig), z.B.: *Er bat, flehte, schrie sie an.*
- **Lautmalerei:** Ein Geräusch wird mit ähnlich klingenden Lauten wiedergegeben, z. B.: *rauschen, klappern.* Der Text wirkt dadurch lebendiger und man kann sich das Geschriebene besser vorstellen.
- **Metapher:** bildhafter Vergleich ohne das Vergleichswort „wie", z. B.: *Das Leben ist ein flüchtiger Traum. Die Blechschlange kroch langsam über die Autobahn.*
- **Neologismus:** Wortneuschöpfung, z. B.: *Glasseele.*
- **Oxymoron:** Verbindung zweier sich widersprechender Vorstellungen, z. B.: *bittersüß.*
- **Parallelismus:** Hier werden Sätze nach dem gleichen Muster aneinandergereiht, z. B.: *„Was itzund prächtig blüht, soll bald zertreten werden,*
  *Was itzt so pocht und trotzt, ist morgen Asch und Bein." (Gryphius: „Es ist alles eitel")*
- **Parenthese:** Satz, der in einen anderen eingeschoben ist und dadurch besonders betont wird, z. B.: *Am Nachmittag – er konnte es sich nicht leisten, noch eine Nacht in der Stadt zu bleiben – kam er niedergeschlagen und enttäuscht zu Hause an. (Lenz: „Nacht im Hotel")*
- **Personifikation:** Menschliche Eigenschaften werden auf leblose Gegenstände oder die Natur übertragen, um etwas Bestimmtes über sie zum Ausdruck zu bringen, z. B.: *Und die armen welken Blätter, / Wie sie tanzen in dem Wind!*
- **Rhetorische Frage:** Sie erwartet eigentlich keine Antwort, sondern man erhofft sich Zustimmung, z. B.: *Muss das denn sein?*
- **Symbol/Leitmotiv:** ein wiederkehrendes sprachliches Bild, Ding oder Handlungselement, das etwas anderes meint bzw. eine besondere Bedeutung hat und oft mehrdeutig ist (z. B.: *das Pferd in der Novelle „Der Schimmelreiter"*).
- **Synästhesie:** Verbindung verschiedener Sinneseindrücke, z. B.: *„Blickt zu mir der Töne Licht!" (Brentano: „Abendständchen")*
- **Vergleich:** Durch ihn werden zwei verschiedene Vorstellungen durch „wie" verknüpft, z. B.: *Sein Fleisch fühlt sich wie Eisen an.* So kann man sich das Gesagte besser vorstellen.
- **Wiederholung:** Ein Wort oder eine Wortgruppe werden mehrmals genannt, um die Wirkung zu verstärken, z. B.: *„stille, stille, lass uns lauschen!" (Brentano: „Abendständchen")*

# Arbeitstechniken und Methoden

## Lesestrategien

### Überfliegendes und aktives Lesen ▶ S. 54–56

Bei der Recherche trifft man durch **überfliegendes** und **orientierendes** Lesen eine gezielte Auswahl aus dem Materialangebot. Hat man sich für einen Text entschieden, liest man diesen am besten aktiv:
- Durch den gezielten Einsatz von Farben, Symbolen, verschiedenen Formen der Unterstreichung und aussagekräftigen Randkommentaren **visualisiert** man die **Struktur** des Textes, fasst Kernaussagen zusammen und hebt Wichtiges hervor.
- Für die Randkommentare nutzt man aussagekräftige **Abkürzungen** und **Symbole.**
- Mit den Markierungen geht man sparsam um und hebt nur das **Wesentliche** hervor.

### Tandemlesen ▶ S. 225

Mit der Methode Tandemlesen (▶ S. 225) könnt ihr zu zweit einen Text erschließen.

## Booksnap ▶ S. 162

Mit der Methode könnt ihr **eure Überlegungen und Erklärungen** zu einem Text **anschaulich darstellen:**
- Fertigt Fotos von einzelnen Textstellen oder Strophen an und bearbeitet diese am Handy.
- Hebt die Textstellen hervor, die euch besonders wichtig sind.
- Kommentiert diese Textstellen mit eigenen Textbeiträgen. Nutzt dazu auch die Möglichkeiten, euren Text zu formatieren (Farbe, Schriftart usw.).
- Ergänzt Symbole, Emojis oder Bitmojis, die zu den Textstellen passen.
- Speichert eure „Schnappschüsse".

## Effizient recherchieren ▶ S. 53

- **In der Bibliothek recherchieren:**
  - Nutzt eine Bibliothek in der Nähe und informiert euch über Nutzungs- und Ausleihbedingungen.
  - Lasst euch vom **Fachpersonal** Tipps zur gezielten Suche geben. Meist gibt es einen **Katalog,** der über **Suchbegriffe** oder **Schlagwörter** die vorhandenen Bücher oder Medien auflistet. Oft kann man auch einen **Online-Bibliothekskatalog** (Online Public Accesss Catalogue, kurz OPAC) nutzen.
- **Im Internet recherchieren:**
  Zur **Auswertung** eurer Suchergebnisse können euch folgende Hinweise helfen:
  - Wer betreibt die Seite? Ist ein **Impressum** zu finden, wo dies genau angegeben ist? Seriöse und geprüfte Inhalte findet ihr in der Regel bei staatlichen oder öffentlichen Stellen, z. B. Stadt, Regierung, Universitäten, Verbraucherzentralen oder bei bekannten Onlinezeitungen/-zeitschriften.
  - Sind die Informationen durch **Quellenhinweise** belegt?
  - Besteht der Text hauptsächlich aus Meinungen, Thesen oder Behauptungen?
  - Wie **aktuell** ist die Seite, das Material?

## Ein Handout erstellen

▶ S. 61

Ein Handout gibt **Aufbau** und **Kerninformationen** auf einer Seite wieder.

- Nennt auf dem Handout die **Namen der Vortragenden,** das **Fach,** das **Datum, das Thema.**
- Formuliert **Stichworte** oder kurze Sätze zu den wichtigen **Gliederungspunkten.**
- Gebt die **Quellen** an.

## Ein Portfolio erstellen

▶ S. 188–189

Ein **Portfolio** ist eine Sammlung aller Arbeitsmaterialien, die man bei der Beschäftigung mit einem Thema verwendet. Ihr dokumentiert damit euren Arbeitsprozess. Es besteht aus:

- einem gestalteten **Deckblatt** (das neben Bildern auch eine Fragestellung enthalten kann),
- einem übersichtlichen **Inhaltsverzeichnis,**
- eigenen (auch überarbeiteten) oder ergänzenden **Texten** und **Interpretationen** zum Thema,
- **Fotos** oder **Schaubildern.**

Wichtig ist der Nachweis der **Quellen,** wenn fremdes Material verwendet wurde. Zudem sollten der Arbeitsprozess sowie das Ergebnis **reflektiert** und schriftlich festgehalten werden.

## Quellen korrekt angeben und zitieren

▶ S. 61; 188–189

Bei **wortwörtlicher Übernahme** muss ein Zitat in **Anführungszeichen** gesetzt werden.
Bei **inhaltlicher Übernahme** verwendet ihr **Fußnoten** oder gebt in Klammern an, woher der Text stammt. Das gilt für Texte, Bilder und Grafiken. Gebt die Quellen so an:

- **Buch:** Autor/-in oder Herausgeber/-in, Buchtitel, Erscheinungsort, Verlag, Erscheinungsjahr des Buches, Seitenzahl, z. B.: *Meier, Hans: Beispielbuch, München, Musterverlag(,) 20.., S. 14–16*
- **Zeitung:** Name der Autorin / des Autors, Titel des Artikels, Name der Zeitung, Datum, Seite, z. B.: *Mustermann, Max: Bio-Gemüse vom Bauern, Ansbacher Anzeiger, 22.10.20.., S. 14*
- **Zeitschrift:** Name der Autorin / des Autors, Titel des Artikels, Name der Zeitschrift, Nummer/Ausgabe und Jahr, Seite, z. B.: *Namenlos, Eva: Alles Bio?, Mustermagazin 42/20.., S. 25*
- **Internet:** Seite/Pfad und Datum des Internetzugriffs, z. B.: *www.beispiel.de, am 22.10.20..*

## Präsentationsfolien gestalten

▶ S. 58–59

- Mit Präsentationsfolien kann man die **Struktur** und den **Inhalt** eines Vortrags veranschaulichen:
  - Die **Einstiegsfolie** stellt das Thema vor und macht das Publikum auf den Vortrag neugierig.
  - Die **Gliederungsfolie** stellt den Aufbau des Vortrags dar.
  - Auf **Inhaltsfolien** werden wichtige Informationen zu einzelnen Unterthemen zusammengefasst.
  - **Visualisierungsfolien** veranschaulichen Inhalte durch Bilder und Grafiken.
  - **Auflockerungsfolien** enthalten herausfordernde Fragen, Aussagen oder Bilder, die immer wieder das Interesse des Publikums wecken.
- Achtet bei der **Foliengestaltung** auf gute **Lesbarkeit** und auf eine einheitliche **Gestaltung** (Textmenge, Schriftfarbe, Schriftgröße, Hintergründe). Eine Folie sollte nur wenige, aussagekräftige Stichworte und nur ein bis zwei Bilder oder Grafiken zeigen.

## Plakate auf einer digitalen Pinnwand erstellen

▶ S. 50

- Informiert **sachlich** und **prägnant** über das Thema.
- Gebt den Informationen eine sinnvolle, leicht verständliche und ansprechende **Struktur.**
- Baut zur **Veranschaulichung** Links, Videos, Sprachaufnahmen oder Bilder ein.
- Überprüft die **sprachliche Gestaltung** (Rechtschreibung, Zeichensetzung, Satzbau, Stil).

## Wichtiges auf Lernplakaten veranschaulichen

▶ S. 201; 274

- Groß, gut leserlich und stichpunktartig notiert ihr die wichtigsten Aspekte.
- Mit Hilfe von Unterstreichungen, Farben, Aufzählungszeichen etc. strukturiert ihr das Plakat. Außerdem könnt ihr Zeichnungen und Abbildungen zur Veranschaulichung einsetzen.
- Wichtig ist, dass ihr nicht zu viel auf das Poster schreibt, damit es übersichtlich bleibt.
- Den größten Lerneffekt erzielt ihr, wenn ihr das Plakat selbst erstellt, anstatt es zu fotografieren.
- Ihr könnt es im eigenen Zimmer aufhängen und so den Inhalt immer wiederholen.

## Miteinander arbeiten

### Lernen in der Gruppe

▶ S. 276

In einer Lerngruppe könnt ihr effektiv zusammenarbeiten und Lernstoff wiederholen. Die gemeinsame Arbeit solltet ihr gut vorbereiten (Tipps für Lerngruppen ▶ S. 276).

### Gedankenaustausch mit der Bienenkorbmethode – Ergebnisse vergleichen

▶ S. 176

- Informiert euch in einer Gruppe über eure Stichworte und Erklärungen.
- Ihr könnt euch auch gegenseitig wie bei einem Quiz zu euren Stichworten befragen.
- Teilt die Ergebnisse im Anschluss im Plenum mit.

### Die Blätterlawine – Gemeinsam Ideen entwickeln

▶ S. 45

- Jede/-r notiert Gedanken, Ideen und Fragen zu einem Thema auf einem Blatt.
- Nach einer vorgegebenen Zeit wird das Blatt in einer bestimmten Reihenfolge weitergegeben.
- Jede/-r ergänzt, kommentiert oder beantwortet die Notizen der Vorgängerin / des Vorgängers.
- Dieser Vorgang wird wiederholt, bis die Blätter wieder beim Ausgangspunkt angelangt sind.

### Der „Heiße Stuhl" – Spielerisch lernen und Fragen zu einem Thema beantworten

▶ S. 277

Eine Schülerin oder ein Schüler sitzt auf dem „Hot Seat" und stellt sich den Fragen der Mitschüler/-innen. Weitere spielerische Methoden sind „Vier gewinnt" und „Pressekonferenz" (▶ S. 277).

### Die Kopfstandtechnik – Gemeinsam Ideen sammeln

▶ S. 141

Bei dieser Technik geht ihr vom Gegenteil einer Fragestellung aus, die ihr sozusagen auf den Kopf stellt (z. B.: *Vorteile → Nachteile, Ursachen → Gegenmaßnahmen*). Dazu sammelt ihr Ideen, von denen ihr dann Lösungen für die Ausgangsfrage ableitet.

### Die Piazza-Methode – Gemeinsames Brainstorming

▶ S. 207

Bei diesem **Brainstorming-Verfahren** bewegt ihr euch frei im Klassenzimmer, das sozusagen zu einer Piazza (ital. für *Platz*) wird, und tauscht euch auf ein Signal hin mit einer Mitschülerin oder einem Mitschüler zur Frage- oder Themenstellung aus. Die so gesammelten unterschiedlichen Meinungen können im Anschluss für die individuelle Weiterarbeit genutzt werden.

### Placemat (Tischset) – Gemeinsam Ideen sammeln

▶ S. 227

- Bildet Vierergruppen. Nehmt einen Bogen Papier und zeichnet in die Mitte ein freies Feld. Teilt das Blatt dann durch zwei diagonale Linien in vier Felder.
- Jede/-r schreibt ihre/seine Ideen zum Thema in das vor ihr/ihm liegende Feld.
- Nach zwei Minuten wird das Tischset im Uhrzeigersinn gedreht, sodass jedes Gruppenmitglied nun die Notizen der Vorgängerin / des Vorgängers lesen, kommentieren, korrigieren oder ergänzen kann. Dies wiederholt sich so lange, bis jede/-r alles gelesen hat.
- Zuletzt verständigt sich die Gruppe, welche Gedanken in die Mitte des Bogens notiert und im Plenum vorgestellt werden.

### „Predict a word" – Vorwissen zu einem Thema wiederholen

▶ S. 277

- Eine Schülerin / Ein Schüler mit Assistent/-in bereitet einen Vortrag vor dem Klassenraum vor.
- Die Klasse sammelt an der Tafel wichtige Begriffe, die im Vortrag vorkommen müssen.
- Referent/-in und Assistent/-in kommen zurück ins Klassenzimmer, stellen sich mit dem Rücken zur Tafel und die Referentin / der Referent hält den Vortrag.
- Fallen Begriffe, die an der Tafel stehen, so werden diese durchgestrichen.
- Die Assistentin / Der Assistent kann am Ende des Vortrags „spicken" und auf noch nicht genannte Fachbegriffe hinweisen, sodass die Referentin / der Referent diese ergänzen kann.

### Stummes Schreibgespräch – Schriftlich miteinander kommunizieren

▶ S. 190; 211

- Setzt euch in Gruppen von vier bis acht Personen zusammen. Jede/-r schreibt auf ein Blatt eine Aussage. Dann werden die Blätter reihum weitergegeben.
- Kommentiert nun die Aussage auf dem Blatt eurer Vorgängerin oder eures Vorgängers innerhalb einer vereinbarten Zeit (z. B. zwei Minuten).
- Dieses Verfahren wird mehrmals wiederholt. Dabei kann man auf die Ausgangsaussage und/oder auf einen der nachfolgenden Kommentare eingehen.
- Wenn ihr euer eigenes Blatt wieder vor euch liegen habt, lest ihr die Kommentare und führt ein Gruppengespräch zu den Meinungsbildern.

### Think-Pair-Share – Sich über Ergebnisse austauschen

▶ S. 210

- **Think:** In einem Zeitfenster erschließt ihr in Einzelarbeit Informationen und macht euch Notizen.
- **Pair:** Tauscht euch mit einer Partnerin / einem Partner über eure Ergebnisse aus und macht euch Notizen zum Thema der Partnerin / des Partners.
- **Share:** Die Paare präsentieren ihre Ergebnisse in einer Gruppe, die aus den einzelnen Beiträgen einen Vortrag erstellt. Alternativ stellen die Paare ihre Ergebnisse der Klasse vor.

# Textartenverzeichnis

# Autoren- und Quellenverzeichnis


**Amjahid, Mohamed (*1988)**
208 Das Urteil – Wie es ist, wenn man aufgrund seiner Hautfarbe anders behandelt wird*
aus: fluter / Mohamed Amjahid [23.03.2018]

**Benn, Gottfried (1886–1956)**
153 Kleine Aster
aus: Frühe Lyrik und Dramen. Klett-Cotta, Stuttgart 1982, S. 15

**Bertolaso, Marco (*1964)**
254 Eine kleine Geschichte des Hashtags*
aus: Marco Bertolaso / deutschlandfunk.de [10.01.2019]

**Bjerg, Bov (*1965)**
122 Auerhaus*
aus: Auerhaus: Roman. © Aufbau Verlag & Co. KG, Berlin 2017, S. 7, 26, 48–49, 53–57, 99–103, 106, 113–114, 126, 130, 142, 214

**Böll, Heinrich (1917–1985)**
177 Ansichten eines Clowns*
aus: Werke. Romane und Erzählungen. Hrsg. v. Bernd Balzer. Kiwi, Köln 1977, S. 78 ff., 85–88

**Borchert, Wolfgang (1921–1947)**
108 Die Kirschen
aus: Die traurigen Geranien und andere Geschichten aus dem Nachlass. Hrsg. v. Peter Rühmkorf. Rowohlt, Reinbek 1962, S. 14–17

**Brecht, Bertolt (1898–1956)**
102 Der hilflose Knabe
aus: Bertolt Brecht, Gesammelte Werke 12. Frankfurt a. M. 1967, S. 381
171 Mutter Courage und ihre Kinder*
aus: Gesammelte Werke. Band 4. Suhrkamp Verlag, Frankfurt a. M. 1967, S. 1349–1352

**Brentano, Clemens (1778–1842)**
317 Abendständchen* (Zitate)
aus: Clemens Brentano: Werke. Wissenschaftliche Buchgesellschaft, Darmstadt / Carl Hanser, München 1983

**Brussig, Thomas (*1964)**
131 Die Verwandelten*
aus: Die Verwandelten: Roman. © Wallstein Verlag, Göttingen 2020, S. 27

**Bürger, Gottfried August (1747–1794)**
154 Der Bauer an seinen Durchlauchtigen Tyrannen
aus: Gedichte. Hrsg. v. A. Sauer. Berlin, Spemann o. J.

**Conrad, Johannes (1929–2005)**
25 Wenn ich nur darf ...
aus: Praxis Deutsch Heft 226/2011. Friedrich Verlag, Seelze 2011

**Deutscher, Guy (*1969)**
246 Wie die Sprache unser Denken prägt*
aus: Der Tagesspiegel / Guy Deutscher [13.10.2021]

**Domin, Hilde (1909–2006)**
169 Exil
aus: Hier. Gedichte. S. Fischer Verlag, Frankfurt a. M. 1964
169 Ein Schriftsteller braucht drei Arten von Mut ...
zit. nach Peter Mohr: Drei Arten von Mut, https://literaturkritik.de/id/9244 [13.08.2021]

**Ehlers, Ingrid Ute / Schäfer, Regina**
21 Talkshow mit Tobias*
aus: Bin gut angekommen. Die wichtigsten sozialen Spielregeln für Azubis. Bildung und Wissen Verlag, Nürnberg 2011, S. 19–23

**Eichendorff Joseph von (1788–1857)**
317 Sehnsucht* (Zitat)
aus: Werke und Schriften. Bd. 1: Gedichte, Epen, Dramen. Hrsg. v. G. Baumann. Cotta, Stuttgart 1953

**Ferguson, Christopher**
72 Derlei Reaktionen sind ...*
aus: Hil / Der Spiegel [10.11.2014]

**Fiebig, Mike**
205 Schönheit kennt keine Behinderung*
aus: Mike Fiebig / Westfalenpost [27.02.2016]

**Frey, Yannic**
74 Machen Computerspiele aggressiv?*
zit. nach: https://games-im-unterricht.de/paedagogischer-hintergrund/machen-computerspiele-aggressiv [21.09.2021]

**Gönna, Lars von der (*1967)**
175 Rezension zur Aufführung „Mutter Courage und ihre Kinder"*
Martin Krumbholz: Keine Kapaune, aber mit Alles, zit. nach: https://nachtkritik.de/index.php?option=com_content&view=article&id=18678:mutter-courage-duesseldorfer-schauspielhaus-sebastian-baumgarten-bringt-brechts-anti-kriegs-klassiker-im-stilmix-aus-revue-comic-projektion-auf-die-buehne&catid=89&Itemid=84 [13.08.2021]

**Gryphius, Andreas (1616–1664)**
317 Es ist alles eitel (Zitat)*
zit. nach: https://www.projekt-gutenberg.org/gryphius/gedichte/chap003.html [11.02.2022]

**Heine, Heinrich (1797–1856)**
155 Die schlesischen Weber
aus: Heinrich Heine. Werke und Briefe. Hrsg. v. Hans Kaufman. Aufbau Verlag, Berlin und Weimar 1972

**Heinrich, Nils (*1971)**
234 Wo ist zu Hause, Mama?*
aus: Auf ein Wort. NDR Info, 10.01.2020 / Nils Heinrich

**Hoddis, Jakob van (1887–1942)**
152 Weltende
aus: Dichtungen und Briefe. Arche-edition des Expressionismus. Hrsg. v. R. Nörtemann. © 1987 by Arche Verlag AG. Raabe + Vitali, Zürich 1987

**Horváth, Ödön von (1901–1938)**
132 Jugend ohne Gott*
aus: ders.: Jugend ohne Gott. © Suhrkamp Verlag, Frankfurt am Main 1988, S. 69–72, 80–81, 86, 98, 104–105, 144–145, 147

**Hübel, Katharina**
230 Kinderschreck*
aus: Ende der Welt – Die tägliche Glosse © BR 2019 / Radiowelt / Katharina Hübel-Gohr; in Lizenz der BRmedia Service GmbH

**Kacvinsky, Katie**
44 Die Rebellion der Maddie Freeman*
aus: Die Rebellion der Maddie Freeman. Aus dem amerikanischen Englisch von Ulrike Nolte. Boje Verlag, Köln 2011, S. 7–9

**Kafka, Franz (1883–1924)**
103 Gibs auf!
aus: Beschreibungen eines Kampfes. Novellen, Skizzen, Aphorismen aus dem Nachlass. Hrsg. v. Max Brod. S. Fischer Verlag, Frankfurt a. M. 1969, S. 87

**Kaléko, Mascha (1907–1975)**
168 Emigranten-Monolog
aus: Verse für Zeitgenossen. 28. Aufl., Rowohlt, Reinbek 2012, S. 76
168 Der kleine Unterschied
aus: Sämtliche Werke und Briefe in vier Bänden. 1. Bd. Werke. Hrsg. und kommentiert v. Jutta Rosenkranz. dtv, München 2012, S. 665

**Kinkel, Nils / Less, Bettina**
42 Wie geht's raus aus der Filterblase?*
aus: ndr / Nils Kinkel / Bettina Less [12.01.2017]

**Kishon, Ephraim (1924–2005)**
95 Wenn man beginnt ...
zit. nach: https://gutezitate.com/autor/ephraim-kishon [05.04.2021]
96 Erholung
aus: Abraham kann nichts dafür. Langen Müller in der F. A. Herbig Verlagsbuchhandlung, München 1984
98 Hinter einer langen Ehe ...
zit. nach: https://gutezitate.com/zitat/225894 [13.08.2021]

**Kläsgen, Michael**
212 Konsum: Nachhaltig einkaufen ist hart, macht aber glücklich*
aus: Süddeutsche Zeitung / Michael Klaesgen [11.07.2019]

**Klesmann, Martin**
249 Isch mach disch Messer*
© Martin Klesmann [aus: Berliner Zeitung vom 14.09.2011]

**Unbekannte/Ungenannte Autorinnen und Autoren**

34 Freundschaften im digitalen Zeitalter*
aus: Jordan Raza, dpa [30.07.2020]

36 Nach dem Grundgesetz ...
aus: Philipp Otto: Urheber- und Persönlichkeitsrechte in sozialen Netzwerken (03.07.2017), zit. nach: https://irights.info/artikel/urheber-und-persnlichkeitsrechte-in-sozialen-netzwerken/5793

38 Welche Spuren hinterlasse ich im Netz?*
aus: André Martens, Dominik Criado / fudder.de [16.01.2019]

39 So funktioniert personalisierte Werbung im Internet*
zit. nach: https://www.welt.de/wirtschaft/webwelt/article160308665/So-funktioniert-personalisierte-Werbung-im-Internet.html [11.02.2019]

42 Definition Filterblase*
zit. nach: http://www.digitalwiki.de/filterblase/ [13.10.2021]

45 Kreide und Schultafel statt Computer im Silicon Valley*
aus: Barbara Munker, dpa [14.07.2019]

54 Von der Wachsrolle zum MP3 – die Geschichte der Tonträger*
von Kai U. Jürgens (Podcast 126), zit. nach: https://www.wissen.de/podcast/von-der-wachsrolle-zum-mp3-die-geschichte-der-tontraeger-podcast-126 [13.08.2021]

82 Gewalt gegen Rettungskraefte*
aus: Gewalt gegen Rettungskräfte. Ursachen und Lösungsansätze (01.09.2021), zit. nach: https://www.medi-karriere.de/magazin/gewalt-gegen-rettungskraefte/

83 § 323c StGB
aus: § 323c StGB – Unterlassene Hilfeleistung; Behinderung von ... – dejure.org

84 Respekt stärken*
aus: Pascal Höfig: #Stark für Dich: Kampagnenstart für Polizei und Rettungskräfte, zit. nach: https://www.wuerzburgerleben.de/2017/09/29/stark-fuer-dich-kampagnenstart-fuer-po%C2%ADli%C2%ADzei-und-ret%C2%ADtungs%C2% ADkra-ef%C2%ADte/ [19.08.2021]

90 Bayerns Richter schicken Jugendliche häufig in die Zelle
aus: dpa Deutsche Presseagentur [14.04.2015]

90 Warnschussarrest: Definition
aus: Warnschussarrest im Jugendstrafrecht – ein umstrittenes Zuchtmittel (06.12.2021), zit. nach: https://www.koerperverletzung.com/warnschussarrest/

91 Interview: Warnschussarrest ein Ausdruck der Hilflosigkeit
aus: Anna Lipscher, Katja Rudolph / HNA [17.04.2015]

128 Ein zauberschönes Buch ...
zit. nach Tobias Becker: WG-Roman „Auerhaus". Der Sommer ihres Lebens. https://www.spiegel.de/kultur/literatur/auerhaus-von-bov-bjerg-der-sommer-ihres-lebens-a-1043602.html [02.02.2022]

251 Die Lehrerin ...
zit. nach: https://www.bayerische-witze.de/schulkinder-lehrerwitze/ [13.08.2021]

256 Was ist ein Einstellungstest?
zit. nach: https://www.aubi-plus.de/bewerbung/einstellungstest/ [04.11.2021]

**Originalbeiträge**

Texte in Kapitel 1 (S. 16, 24, 26–27)
32 Kommunikation ...
39 Unter personalisierter Werbung ...
72 In einer Potsdamer Studie ...
131 Texte 1 bis 4 zur Figurenrede
164 Die Situation Literaturschaffender von 1933 bis 1945
165 Thomas Mann
176 Heinrich Böll
220 Erziehung heute
Texte in Kapitel 11 (außer S. 246, 249, 251, 253 f., 254, 256)
alle Texte in Kapitel 12

Die mit * markierten Texte wurden aus didaktischen Gründen gekürzt und/oder verändert.

# Bildquellenverzeichnis

**S. 4, 16 rechts:** Shutterstock/CandyBox Images; **S. 4, 37:** Shutterstock/alphaspirit; **S. 5, 51:** adobe stock/SergeyBitos; **S. 6, 69:** mauritius images/Fabio and Simona; **S. 9, 146:** bpk/Staatsgalerie Stuttgart; **S. 10, 163:** akg-images/Rainer Ehrt; **S. 11, 191:** Shutterstock.com/stockfour; **S. 14, 271:** imago images/Shotshop; **S. 15 oben:** Shutterstock/bikeriderlondon; **unten**: Shutterstock.com/VH-studio; **S. 16 links:** Shutterstock.com/Dusan Petkovic; **S. 19 oben links:** Shutterstock.com/Prostock-studio; **oben rechts:** Shutterstock/YAKOBCHUK VIACHESLAV; **unten links:** Shutterstock.com/VH-studio; **unten rechts:** Shutterstock.com/Antonio Guillem; **S. 20:** Shutterstock.com/Iakov Filimonov; **S. 23:** Schulz von Thun; **S. 26:** Shutterstock.com/ALPA PROD; **S. 31:** © John Atkinson/Wrong Hands; **S. 34:** Quelle: JIM-Studie 2019; **S. 36 links:** Shutterstock/fizkes; **Icons:** adobe stock (Audio, Hand, Herz, Sprechblasen), Adobe Illustrator/Rosanna Cunico (Smileys); **S. 38 oben:** © Thomas Plaßmann; **Icons: oben links:** adobe stock/Animaflora PicsStock; **oben Mitte:** adobe stock/Maksim; **oben rechts:** Shutterstock/Creative Stall; **unten links:** adobe stock/vectorchef; **unten Mitte:** Shutterstock/tatianasun; **unten rechts:** adobe stock/Just Me. Creative; **S. 39:** adobe stock/Gorodenkoff; **S. 49:** © Roger Schmidt; **S. 52 links:** Shutterstock.com/andrey_l; **rechts:** Shutterstock.com/Alexandra Suzi; **S. 53 oben:** © Verbund der Öffentlichen Bibliotheken Berlins (VÖBB); **unten:** Werner Keil: Musikgeschichte im Überblick. © Brill | Fink; **S. 55:** stock.adobe.com/Radomir Tarasov/Radnatt; **S. 57:** dpa Picture-Alliance/imageBROKER; **S. 58:** Bridgeman Images; **S. 59 links:** Bundesverband Musikindustrie e. V.; **S. 60:** Shutterstock.com/Luis Molinero; **S. 63:** akg-images/Science Source; **S. 64:** Shutterstock/SpeedKingz; **S. 67 oben links:** Shutterstock.com/vectorfusionart; **oben rechts:** Shutterstock.com/PrinceOfLove; **unten links:** Shutterstock/Olena Yakobchuk; **unten rechts:** stock.adobe.com/phonlamaiphoto; **S. 70:** Shutterstock.com/Dima Sobko; **S. 71:** Deutsches Jugendinstitut e.V.; **S. 74:** Shutterstock.com/Anton27; **S. 81:** Feuerwehr-Magazin; **S. 83 oben:** Aktionsbündnis „Lass retten"; **unten links:** dpa Picture-Alliance/xim.gs/Philipp Szyza; **unten rechts, S. 89:** Deutscher Gewerkschaftsbund/Wegewerk; **S. 84:** Bundesministerium des Innern, für Bau und Heimat/fischer Appelt; **S. 91:** Quelle: Bundesministerium der Justiz und für Verbraucherschutz; **S. 96:** Imago Stock & People GmbH/United Archives/FrankxHempel; **S. 99:** dpa Picture-Alliance/Albert Ostertag; **S. 103:** Interfoto e. K./Granger, NYC; **S. 106:** Adobe Stock/Rosanna Cunico; **S. 107:** Quelle: SPLENDID RESEARCH © Statista; **S. 108:** akg-images; **S. 110:** © wordle.net; **S. 121 links:** mauritius images/Old Visuals; **rechts:** adobe stock/Photographee.eu; **S. 122:** akg-images/Susanne Schleyer; **S. 128:** adobe stock/Patrick Daxenbichler; **S. 132:** Interfoto e.k./Sammlung Rauch; **S. 145:** akg-images; **S. 147 oben:** mauritius images/alamy stock photo/The Picture Art Collection; **unten:** bpk/Rudolf Dührkoop; **S. 148:** akg-images/Heritage Images/Mithra; **S. 150:** bpk/Nationalgalerie, SMB/Jörg P. Anders; **S. 151, 152:** akg-images; **S. 153:** interfoto e.k./Merk; **S. 155:** interfoto e.k./Sammlung Rauch; **S. 156:** bpk/Bayerische Staatsbibliothek/Archiv Heinrich Hoffmann; **S. 158:** stock.adobe.com/Ewa-Studio; **S. 162:** adobe stock; **S. 165 oben:** akg-images; **unten:** Thomas Mann: Der Amerikaner, S. Fischer Verlag, Frankfurt am Main 2011; **S. 168:** dpa Picture-Alliance/Röhnert; **S. 169:** bpk; **S. 170:** bpk/adoc-photos; **S. 171, 173:** © Freese/drama-berlin.de; **S. 176, 180:** bpk/Abisag Tüllmann; **S. 184, 185, 186:** © Network Movie/Wild Bunch Germany 2019/Georges Pauly; **S. 188 unten, S. 189 oben links:** Bridgeman Images; **S. 189 oben Mitte:** akg-images; **oben rechts:** dpa Picture-Alliance/ASSOCIATED PRESS/AP Content; **unten links, unten rechts:** akg-images; **S. 192:** Shutterstock.com/SERGEI BRIK; **S. 193:** stock.adobe.com/Tivtyler/rico287; **S. 200:** akg-images/Matthias Lüdecke; **S. 203:** Shutterstock.com/Prostock-studio; **S. 217:** © Klaus Stuttmann; **S. 244:** © Friedrich Retkowksi; **S. 245 links:** Shutterstock.com/Vlad Teodor; **rechts:** Shutterstock.com/Rose Carson; **S. 247:** adobe stock/Ivan Traimak; **S. 252:** Adobe Illustrator/Rosanna Cunico; **S. 255:** Shutterstock/New Africa; **S. 261:** adobe stock/Gerhard Seybert

# Sachregister

## Knifflige Verben im Überblick

| Infinitiv | Präsens | Präteritum/Perfekt | Konjunktiv I / Konjunktiv II | Imperativ Singular |
| --- | --- | --- | --- | --- |
| befehlen | du befiehlst | er befahl / hat befohlen | sie befehle/befähle | befiehl! |
| beginnen | du beginnst | sie begann / hat begonnen | er beginne/begänne | beginn(e)! |
| bieten | du bietest | er bot / hat geboten | er biete/böte | biete! |
| bitten | du bittest | sie bat / hat gebeten | sie bitte/bäte | bitt(e)! |
| bleiben | du bleibst | sie blieb / ist geblieben | sie bleibe/bliebe | bleib(e)! |
| brechen | du brichst | sie brach / hat gebrochen | er breche/bräche | brich! |
| brennen | du brennst | es brannte / hat gebrannt | es brenne/brennte | brenn(e)! |
| bringen | du bringst | sie brachte / hat gebracht | sie bringe/brächte | bring(e)! |
| dürfen | du darfst | er durfte / hat gedurft | er dürfe/dürfte | |
| einladen | du lädst ein | sie lud ein / hat eingeladen | sie lade ein/lüde ein | lad(e) ein! |
| empfehlen | du empfiehlst | er empfahl / hat empfohlen | er empfehle / empfähle | empfiehl! |
| empfinden | du empfindest | sie empfand / hat empfunden | sie empfinde / empfände | empfinde! |
| entscheiden | du entscheidest | er entschied / hat entschieden | er entscheide/entschiede | entscheid(e)! |
| essen | du isst | er aß / hat gegessen | sie esse/äße | iss! |
| fahren | du fährst | sie fuhr / ist gefahren | er fahre/führe | fahr(e)! |
| fallen | du fällst | er fiel / ist gefallen | sie falle/fiele | fall(e)! |
| fangen | du fängst | sie fing / hat gefangen | er fange/finge | fang(e)! |
| fliehen | du fliehst | er floh / ist geflohen | sie fliehe/flöhe | flieh(e)! |
| fließen | du fließt | es floss / ist geflossen | es fließe/flösse | fließ(e)! |
| geben | du gibst | sie gab / hat gegeben | sie gebe/gäbe | gib! |
| gelingen | du gelingst | es gelang / ist gelungen | es gelinge / gelänge | geling(e)! |
| genießen | du genießt | sie genoss / hat genossen | er genieße/genösse | genieß(e)! |
| gießen | du gießt | er goss / hat gegossen | er gieße/gösse | gieß(e)! |
| greifen | du greifst | sie griff / hat gegriffen | sie greife/griffe | greif(e)! |
| halten | du hältst | sie hielt / hat gehalten | er halte/hielte | halt(e)! |
| heben | du hebst | er hob / hat gehoben | sie hebe/höbe | heb(e)! |
| helfen | du hilfst | er half / hat geholfen | sie helfe/hülfe | hilf! |
| kennen | du kennst | sie kannte / hat gekannt | er kenne/kennte | kenn(e)! |
| kommen | du kommst | sie kam / ist gekommen | sie komme/käme | komm(e)! |
| können | du kannst | er konnte / hat gekonnt | er könne/könnte | |
| lassen | du lässt | sie ließ / hat gelassen | sie lasse/ließe | lass(e)! |
| laufen | du läufst | er lief / ist gelaufen | er laufe/liefe | lauf(e)! |
| leiden | du leidest | sie litt / hat gelitten | sie leide/litte | leid(e)! |
| leihen | du leihst | er lieh / hat geliehen | er leihe/liehe | leih(e)! |
| lesen | du liest | er las / hat gelesen | er lese/läse | lies! |